Atlantis

寻找亚特兰蒂斯

——与柏拉图的深度对话

李世安 李朋 著

UBOLATUDESHENDUDUIHUA

红旗出版社

图书在版编目（CIP）数据

寻找亚特兰蒂斯：与柏拉图的深度对话/李世安,李朋著.
—北京:红旗出版社,2011.12
ISBN 978－7－5051－2124－9

Ⅰ.①寻… Ⅱ.①李…②李… Ⅲ.①文化史－研究－世界－古代

Ⅳ.①K12

中国版本图书馆 CIP 数据核字(2011)第 270499 号

书　　名	寻找亚特兰蒂斯——与柏拉图的深度对话		
著　　者	李世安　李　朋		
出 品 人	高海浩	责任编辑	张明林　于鹏飞
总 监 制	徐永新	封面设计	李　妍
出版发行	红旗出版社	地　　址	北京市沙滩北街 2 号
邮政编码	100727	编 辑 部	010－64001608
E－mail	hongqi1608@126.com	发 行 部	010－64024637
欢迎品牌畅销图书项目合作		项 目 部	010－84026619
印　　刷	北京华邦印刷有限公司		
开　　本	710 毫米×1000 毫米	1/16	
字　　数	343 千字	印　张	22.5
版　　次	2012 年 2 月北京第 1 版	2012 年 2 月北京第 1 次印刷	
ISBN 978－7－5051－2124－9		定　价	39.80 元

前言

　　现代科学发现，在大洪灾之前，地球上真的存在过一片大陆，这片大陆上已有高度的文明，在一次全球性的灾难中，这片大陆沉没在大西洋中。而近一个世纪以来，考古学家在大西洋底找到的史前文明的遗迹，似乎在印证着这个假说。在民间的说法中，人们把这片陆地叫做"大西洲"，把孕育着史前文明的那个国度叫做"大西国"。其实，科学界早就给这片神秘消失的大陆命名了，那就是沿用了柏拉图提出的名字：亚特兰蒂斯。

创世纪局部——洪水（9000 年前的 大洪水）

而这超文明却在公元前 16000 年时突然沉入海底，以磁欧石为中心的能源系统发生爆炸，使地球的地基摇动，巨大的大陆就陆沉了，只剩下迁移到别处的人们，而亚特兰蒂斯人则消失了。可是，亚特兰蒂斯并非真的就此消失，因为这个大陆承担着不可思议的命运。

当时亚特兰蒂斯的生活非常奢华，因为根本无须用劳力赚取生活，一切都是自动化的，百姓享尽便利。一些边缘历史学家大胆猜测，说他们因为过度享乐而远离精神，违背上帝。大多数人面貌非常俊美，衣服由珠宝点缀，人们跳舞、聚会、服用迷幻药物。亚特兰蒂斯人用脑高达 90%，跟动物可轻易沟通，不但制造机器人，也通过基因工程创生半人半兽的"卡美拉"，例如美人鱼。他们已经实现了细胞重生和返老还童，整个城市都是机械管理，人不需专门读书，知识可以从特殊装置中吸取，十五六岁小孩的智慧就已超过现在的高等学者。独角兽也是他们基因改造出来的。

这个传说中的文明，在柏拉图的《理想国》、《克里底亚斯》等对话录的记载中，我们几乎无据可考。虽然从对话录的记载，我们能推测亚特兰蒂斯也是因为拥有高度文明，国家富强，反而导致人民的生活开始腐败，最后整个文明在大灾难中消失。

本书通过人类史前文明历史发展过程中遭遇的深刻危机，来揭示盲目的、不顾客观科学规律的发展所带来的灭顶之灾，来警惕高度生态文明发展过程中需要注意及避免的一些重大问题。

柏拉图讲述的故事

目 录
CONTENTS

目录
CONTENTS

第 1 章

亚特兰蒂斯之谜

　　传说中的大西洲在数千年前一个可怕黑夜的火山爆发之后便沉入了海底，这个被众人争相追捧的海底大世界就是亚特兰蒂斯，也就是这样一座空前繁荣的城市为后人留下了很多神秘的色彩，也正是如此的一座城，让柏拉图穷尽一生探寻，抱憾而死……自从柏拉图在其《对话录》中记录了一片传说中有高度文明发展的古老大陆亚特兰蒂斯（即大西洲）以后，世人对于这个史前理想国的追寻一直不曾停止。随着后世考古热的兴起，人们发现，传说中的亚特兰蒂斯似乎真的存在，而柏拉图似乎是在讲述一个真实的故事，而不是虚构的传说。

柏拉图心中的亚特兰蒂斯

　　"海格力斯之柱西边的大海中，有一个很大的岛，从那里你们可

柏拉图心中的亚特兰蒂斯

以去其它的岛屿，那些岛屿的对面，有一块被海洋包围着的大陆，那就是亚特兰蒂斯。"这段话选自柏拉图的《对话录》，也就是从这段文字中可以看到，柏拉图将亚特兰蒂斯看得何其重要，而且他一生追求的理想与亚特兰蒂斯也有着莫大的关系，随着历史层层迷雾的解开，随着柏拉图的理想之念，去寻找远古文明对后世的影响。

柏拉图穷尽一生的研究

最早记录亚特兰蒂斯的人是古希腊的伟大哲学家柏拉图。他在公元前350年撰写的哲学名著《对话录》中，曾记载了公元前421年他的老师、大哲学家苏格拉底与三个学生之间的一次对话。这次对话中的人物有柏拉图的学生柯里西亚斯，他也是柏拉图的表弟。柯里西亚斯在谈话中提及了他们家族的远祖、古希腊七贤之一的梭伦有一次到埃及去旅行的情况，梭伦在萨以斯城向一个老祭司请教古代的历史典故的故事。

梭伦与老祭司的谈话中，老祭司告诉梭伦关于埃及历史记载，大约9600年前，一支来自大西洋远处岛国亚特兰蒂斯的军队曾侵略欧洲。亚特兰蒂斯位于"海格力斯之柱"（即今直布罗陀海峡）之外，面积比北非和小亚细亚的总和还大，是个强大帝国的权力中心。面对强大的侵略者，当时的希腊人"是众多部族的领袖……邻近部族投降后，只好单独抵抗"。老祭司说经过一番苦战之后，希腊人"粉碎了敌人的入侵计划，使那些尚未屈从的人免于为奴，还解放了海峡内其他已被征服的城邦"。老祭司又说，为了惩罚亚特兰蒂斯，上帝引来的一场大洪水，于是"后来亚特兰蒂斯发生了猛烈的地震和大洪水，一昼夜之间，所有这些好战的人都遭到活埋，亚特兰蒂斯也就此沉入海中了"。

柏拉图不只在《对话录》中对亚特兰蒂斯进行了描述，而且在另一篇未完成的对话《柯里西亚斯》中，柏拉图再次记录了柯里西亚斯所说的亚特兰蒂斯的情况，这次说得较为详细和具体。柏拉图在这本书中描述亚特兰蒂斯是一个沿岸多山的国家，国家的正中间有一块开阔肥沃的大平原，那里不仅风景迷人，而且有丰富的矿产资源，特别是有一种闪闪发光的金属，被当地的人们称为山铜。亚特兰蒂斯是一个岛国，有天然的地理优势，而且岛上动物和植物繁多，还有许多大象。亚特兰蒂斯首都位于岛的中心，是一个富裕繁华的大都会，市中心是王宫和供奉海神波塞冬的神庙。殿内富丽堂皇，到处都有金、银和山铜的装饰。有三条宽阔的河流围绕着岛的中心，这些环形的运河和陆地把全岛划分为五个同心圆形的区域，另一条运河从中心贯穿各区，直通海岸。

而且柏拉图在这本书中详细讲述了亚特兰蒂斯的行政结构、典章礼节、巨大的商船队和许多壮丽的建筑，又说亚特兰蒂斯历经十个皇帝，国势一直富强。随着经济的发展，人们越来越富有，但是他们也越来越堕落，他们变得腐败无能，日趋堕落，"他们利欲熏心，只知争权夺利"。在这种情况下，即使没有传说中的"宙斯的惩罚"，也会逐渐走向没落。

柏拉图的一生并没有研究出亚特兰蒂斯的真实面貌，在柏拉图去世后的数百年间，古希腊、罗马的学者就曾对亚特兰蒂斯存在与否争论不休。支持柏拉图的人认为在《对话录》中，柯里西亚斯曾三次强调真有其事，苏格拉底也说，这个故事"好就好在是事实，这要比虚构的故事强得多"。而最先讲述这个故事的梭伦生活的时代比柏拉图只早二百年，而且他也是被认为最公正、诚实的人，因此他讲的故事是口头传下来的是完全可能的。而且在公元5世纪的罗马学者普洛克勒斯曾引述地理学家马塞勒斯的一个手抄本中的内容说亚特兰蒂斯的传说是由去过一个遥远的海岛的旅客收集的，据说那本手抄本后来被保存在亚历山大图书馆中。但可惜的是，后来亚历山大图书馆毁于战火，该手抄本也不知去向。

人们对于亚特兰蒂斯是否存在的争论一直没有停止，直到15世纪以后，哥伦布发现新大陆，再次掀起了欧洲人探险和寻找新领土的热潮，传说中失落的亚特兰蒂斯再一次成为世人关注的热点。但是这一次不再是依靠先前的记载，而是实际操作，探险家和科学家开始在全球搜寻亚特兰蒂斯。四百年来，人们引用《圣经》、历代神话和考古学的成果为依据，提出了四十多个被怀疑为亚特兰蒂斯的地点。但是被认为最有可能的有三处。

第一个地方是地中海上的圣多里尼岛。根据后世的资料记载，从公元前 1950 年到前 1470 年左右，来到该岛的克里特人曾创造了辉煌的迈诺斯文明。但公元前 1470 年的一次火山大爆发摧毁了圣多里尼岛的一部分，也毁灭了迈诺斯文明。今天其残余部分被称为西拉岛。有也先关的资料表明，大灾难之前，迈诺斯是当时最强盛的国家，而岛上的人善于用绳索捕捉野牛、供奉海神波塞冬等习俗，与柏拉图笔下的亚特兰蒂斯相似。而且根据当时的遗址可以看出来，火山爆发前的圣多里尼很可能就是一个环状岛屿，也与柏拉图的记载相同。但柏拉图说亚特兰蒂斯的毁灭是在 9000 年前，而圣多里尼岛的毁灭是在 900 年前。这中间的时间差是无法解释的，而且柏拉图还记载着亚特兰蒂斯是在"海格力斯之柱以外"，即大西洋，而圣多里尼岛却在地中海。这就不大能使人信服了。

第二个地方认为在大西洋的亚速尔群岛一带（这里恰好是直布罗陀海峡之外）。根据板块漂移说，亚速尔群岛就位于大西洋的"缝隙"一带。人们第一次发现亚速尔群岛时，就看到岛上四处奔跑的野兔。亚速尔群岛东南的加那利岛上还有牛、山羊和狗。但是没有人知道是什么人把这些动物带到岛上的，而且在亚速尔群岛周围的海洋中还生活着海豹。海豹应该生活在近海，从来不会游到海洋中心。但如果这里没有沉没的陆地，怎么会曾经是近海呢？但是尽管这样，还是与柏拉图笔下的亚特兰蒂斯有出入，柏拉图心中的亚特兰蒂斯是一个有高度发达的文明的国家，但是亚速尔群岛却是荒无人烟的地方，因此不被人信服。

迈诺斯文明

第三个地方就是在大西洋西南部的巴哈马群岛一带。有人在 1968 年在巴哈马的北彼密尼岛（又译北比米尼岛）附近的海底，发现了一些巨石建筑的遗迹。但是没有人能证明这些巨石建筑就是亚特兰蒂斯的遗址，而且在公元 9000 多年以前，如果有人能从巴哈马一带组织起强大的舰队远征数万里以外的希腊，似乎也难以令人置信。

后世的人虽然一直在寻找证据证明亚特兰蒂斯的存在，但是一直没有可靠的证据。人们对亚特兰斯蒂的记忆都只停留在柏拉图的《对话录》中。而柏拉图对亚特兰蒂斯的描述都止于那场大洪水，史前真的有大洪水吗？

《对话录》中的记载

《对话录》中讲出亚特兰蒂斯的是柯里西亚斯，他是苏格拉底的学生，也是柏拉图的表亲。他在对话录中多次强调了故事的真实性，而且他强调故事是他的祖先口头相传留下来的，他的祖先从最诚实的人梭伦那儿听说的，这无疑也增强了故事的真实性。

梭伦说这个故事不是他讲的，而是大约公元前 590 年，他到埃及去旅行的时候听到的。梭伦本来生活在尼罗河三角洲的一个叫萨利希耶的古城里，他在这期间遇到不少信奉"尼慈"女神的祭司。这些祭司都受过高等教育，而梭伦向来以渴望新知识而闻名，只要遇到他所不知道的知识，他一定刨根问底。梭伦在这期间向祭司请教了很多关于古代的事情。其中一位年纪最大的长者谈到了 9000 年前自己的祖先居住的雅典的英雄事迹，由此引出了亚特兰蒂斯的悲惨命运。梭伦听到这个故事的时候，感觉很吃惊，于是用希腊文记述了这个故事。他打算将这个故事写成史诗，但是最终因为他的去世而留下遗憾。

没有人知道埃及人是怎么样讲故事流传下来的，可能是刻在石碑上，也可能是记录在宗教的经典里，这样才使后世之人可以读到亚特兰蒂斯的故事。如果柏拉图的这个故事是真的，那么亚特兰斯蒂与希腊必然有某种很重要的关联。根据埃及人讲的故事，他们不仅仅只是听过这个故事，而且还很可能跟这个当时强盛的国家有密切的贸易关系。柏拉图很可能是将自己听到的故事用文学的方法进行改写后流传下来。

柏拉图提及亚特兰蒂斯的目的是谈论哲学，而不是讲述历史。柏拉图在《对话录》中想要阐述的是雅典人的智慧、崇高和正直的影响，并没有把亚特兰蒂斯作为重点。柏拉图认为雅典人就是他心目中正直的人，他描写的《理想国》其实就是拿亚特兰蒂斯和当时的雅典做对比，突出他心目中的城邦的优越。柏拉图不可能拿一个虚幻的故事与现实做对比，所以也说明亚特兰蒂斯是真的存在的，因此有人说，亚特兰蒂斯是柏拉图现实和理想的一种融合。

　　许多世纪以来，亚特兰蒂斯一直被人们认为是柏拉图杜撰的"理想国"和"乌托邦"，只是从文艺复兴以来，人们才开始谈论亚特兰蒂斯的真实性。到了 19 世纪，人们对亚特兰蒂斯的讨论更多、更广，各种关于亚特兰蒂斯的著作应运而生，还形成了一门新的"亚特兰蒂斯学"。美国考古学家德奈利一生致力于亚特兰蒂斯学的研究，被誉为"科学性的亚特兰蒂斯学之父"。他在《亚特兰蒂斯：太古的世界》一书中，不但考证柏拉图笔下的这块高度发达的文明之地确实存在外，他还提出亚特兰蒂斯人是印度和欧洲各民族祖先、欧洲字母源于亚特兰蒂斯、文明高度发达的古埃及是亚特兰蒂斯最古老的殖民地等观点。德奈利甚至还说，《圣经》开篇《创世纪》中记载的伊甸园，指的就是亚特兰蒂斯，这为伊甸园究竟在何处的争论提供了新的视角。

沉没的大西洲

很多科学家都认为柏拉图笔下的大西洲是真的存在，而且甚至有学者强调，柏拉图将亚特兰蒂斯进行描述的目的就是要告诉世人一个道理：一个国家和社会，哪怕再富强、再繁荣，文明程度再高，一旦开始腐败堕落，就会因触怒上帝而招致毁灭。

　　其实，这么多年，那么多的学者坚持着追寻亚特兰蒂斯的足迹，也恰恰反映出人们对宁静安详生活的一种向往。也许，正因为当今社会的喧嚣浮躁和熙来攘往，才使得人们怀念人类最初家园的恬静安逸和与世无争。人类从诞生至今，早已历尽磨难，身心疲惫不堪，寻找失去的文明，在某种意义上就是在寻找人们梦中的精神家园。所以说，亚特兰蒂斯所折射出的人文光芒是弥足珍贵的。

远古的没落的文明

> 亚特兰蒂斯位于岛的中心，是大陆的首都，主岛由三条宽阔的运河环绕，这些环形的运河和陆地把全岛划分为五个同心圆形的区域，另一条运河从中心贯穿各区，直通海岸……是众多部族的领袖……临近部族投降后，只好单独抵抗……粉碎了敌人的入侵计划，使那些尚未屈从的人免于为奴，还解放到了海峡内其他已被征服的城邦……他们利欲熏心，只知道争权夺利……伴随着猛烈的地震和大洪水，一昼夜之间，亚特兰蒂斯沉入海底。

这段选自《对话录》中的内容很形象地描述了亚特兰蒂斯的盛世辉煌。柏拉图将亚特兰蒂斯做了详细的描述，包括地理位置、部落组成、制度等等，但是所有的描述都在洪水中戛然而止，这是后世读者的遗憾，也可能是柏拉图的遗憾。有人说柏拉图穷极一生都在研究亚特兰蒂斯之谜，但是他可能也是带着这种遗憾离开了人世，这样就给后世的学者带去了永恒的话题。那么亚特兰蒂斯究竟有怎样的谜呢？为何柏拉图的描述会在洪水中戛然而止呢？这种似有似

《对话录》中描述的宫殿

无的文明对今天的人类有何影响呢？随着这些迷惑的逐步深入，古文明也逐渐地映入人们的眼帘。

柏拉图似乎对亚特兰蒂斯情有独钟，他在《对话录》中的记载为后人留下了宝贵的财富。这些可能是历史的传说被柏拉图记录下来有重要的意义，根据后世学者对亚特兰蒂斯的研究发现，当时的柏拉图生活的雅典盛世与亚特兰蒂斯盛世有很多相同的地方，包括盛传很久的希腊文明，都可能会受到亚特兰蒂斯文明的影响。与其说柏拉图在记录历史，不如说他在刻画现实社会。

柏拉图的家族有一位祖先是古希腊七贤之一的著名政治改革家和诗人梭伦，他曾在担任雅典卫城执行官任职期满后出国旅行，在埃及、塞浦路斯、小亚细亚等地漫游达 10 年之久。在他结束游历生活回到家后，潜心创作所听来种种传说，其中就提到了亚特兰蒂斯古国。梭伦以诚实著名，他记录的真实性不用怀疑，就连苏格拉底也说道："好就好在它是事实，这要比虚构的故事强得多！"蒲鲁塔克关于亚特兰蒂斯的记录也说："梭伦在遍访各地后，试图将听到得最多的关于亚特兰蒂斯的描述记录下来，这绝对不仅仅是神话传说，因为通过在萨以斯城向一位学识渊博的老祭司请教，他了解了大量的关于亚特兰蒂斯岛的情况；但是由于他当时年事已高，没有太多精力将这些一一撰文记载下来。他担心这对他来说将是一份几乎不可完成的工作，因此遂放弃了这种想法。"

现代科学发现，人类历史上曾经经历了一次大洪灾，在大洪灾之前，地球上或许真的存在过一片大陆，当时的这片大陆上已有高度的文明，在一次全球性的灾难中，这片大陆沉没在大西洋中。而近一个世纪以来，考古学家在大西洋底找到的史前文明的遗迹，似乎在印证着这个假说。

这片神秘的土地在民间被称作"大西洲"，人们把孕育着史前文明的那个国度叫做"大西国"。科学界沿用柏拉图提出的名字，将这片神秘消失的大陆命名为亚特兰蒂斯。柏拉图晚年的著作《克里特阿斯》和《提迈奥斯》两本对话录中都有提到过亚特兰蒂斯。

关于柏拉图记录的真实性在他其后的数百年间，古希腊、罗马的学者们就已经对亚特兰蒂斯的存在与否争论不休。支持柏拉图的人认为，在《对话录》中，柯里西亚斯曾三次强调确有其事，苏格拉底也说，这个故事"好就好在是事实，这要比虚构的故事强得多"。而最先讲述这个故事的梭伦也是以诚实著称天下，他本身就是真实的代表，而他的故事是依靠过去的口授流传下来的，这又多了一重真实性。客观地看待柏拉图讲述的这个故事，几乎故事中的每一个部分都能从古埃及或者秘鲁人的记录中寻到相似的痕迹；实际上，柏拉图对于亚特兰蒂斯的许多论述，都可以从享有"历史之父"美誉的古希腊历史学家希罗多德对于古埃及宏大的描述中得到印证；同样，在秘鲁人普雷斯科特的画笔下，人们似乎也寻找到了亚特兰蒂斯文明的缩影，例如"秘鲁的征服"中"在所有秘鲁人创造的文明中最为著名的，莫过于库斯科（秘鲁城市）的帝国文明，在纪念帝国的庙宇中，历代帝王聚拢起来的财富可谓富甲天下，以至有闻名于世的'黄金之殿'之称。金碧辉煌的圣殿恰如其分地诠释了它的秘鲁文名字——黄金矿。在它的西墙矗立着一座象征着神的雕像，那是一张人形的面孔，身后散发出四散的道道圣光，有如太阳神阿波罗一样。这座塑像立于一个巨大的黄金底座上，其上装点各色翡翠宝石；四壁和顶棚镶嵌黄金玉饰；殿堂内的各个角落都在刨光的玉石和星罗棋布的珍稀金属的点缀下熠熠生辉；即使是飞檐翘角的选材也毫不逊色。整座殿堂无处不在书写着奢华与尊贵，气势磅礴，谓为壮观……"

这样说来，柏拉图对亚特兰蒂斯的描述没有丝毫的夸张，也没有离奇的矫饰。这里的描写很真实，没有不食人间香火的天神，没有样貌骇人的蛇发女怪，没有令人厌恶的魑魅魍魉，也没有天生神力的擎天巨人。柏拉图向世人展现的只是一段平凡而简单的历史，其中的人物所做的盖庙、造船、疏通运河样样合情合理；那里的人如正常的人一样懂得耕种、买卖等，并且，他们已经将贸易发展到与周边国家的交往。追溯大部分民族的早期历史，或多或少都会有一些关于神或魔的传说，而柏拉图所讲述的这段历史却并非如神化般虚幻离奇，而仿佛是一段历史的再现，跟他生活的那个时代有着莫大的关系。

根据相关的史料记载，当时有一位别处移民过来的人，他来到这个地方后娶了一位姑娘，于是就开始在那里定居，安稳地生活了下来。也就是从那个时候起，一个强大的民族逐渐壮大起来。这是享有历史之父的古希腊历史学家希罗多德回忆的一位埃及牧师亲口向他讲述的一段历史。希罗多德说："他们认为在一万一千三百四十年前，'神'这个概念还尚未进入到人类社会……他们都坚决否认人是作为神的后裔的可能性。"由此可见，如果柏拉图是虚构的故事，那么他没有必要勾勒得这么完美，而且也没有必要将其讲述得如此平实而又入情入理。他完全可以将这段故事讲成像希腊神话般充满传奇色彩，充满魔幻经历，有仙女也有半人半兽神。种种迹象表明，这样的故事不是柏拉图勾勒出来的，而是一段历史的合理展现，也是一个民族在其国王的统领下繁衍生息，世代相传，创造出一段辉煌的人类文明史。

柏拉图在描述亚特兰蒂斯时说它是一个"伟大而充满传奇色彩的帝国，它国势强大、东征西讨，其触角曾经远及整个欧亚大陆"。"甚至整个大陆的各个角落都留下了它的痕迹"，而且，就连大洋彼岸的美洲大陆也保留了它的传说，在中南美地区，特别是秘鲁和密西西比山谷，至今仍保留着许多史前时代的城堡护堤。由此可见其统治范围之广。在当时，被它征服的土壤有非洲的埃及、欧洲的罗马。

柏拉图用自己的知识将亚特兰蒂斯的历史再现人类的面前，这不仅仅是为了还原历史，更重要的是对当时的雅典和希腊产生警示作用。同样是先进的文明，同样有发达的科技，也同样有远征的欲望，但是亚特兰蒂斯成为了历史，它的发展和没落对后世都有警醒的作用，它从兴盛至极到转瞬即逝，这其中有诸多的原因。柏拉图用文字的形式承载文明的没落，想借此来警醒沉浸在先进文明和发达文化中的希腊人，历史的发展有其重要的规律，自然界的万物都有规律，人只有生活在有节制的社会中，才能令城邦更和谐、更美好。

柏拉图心中的天堂

柏拉图在相关的著作中将亚特兰蒂斯描述成一个人间天堂。他描述亚特兰蒂斯的面积时说它比"亚洲和利比亚的总和还要大"。亚

曾经的辉煌

特兰蒂斯在柏拉图的描述中临近海边，岛上有绵延的崇山峻岭，草木繁盛的平原，盛产大象等各种动物，还有许多景色迷人的果园。生产的果子"又好看，又好吃，枝头硕果累累，吃也吃不完"。不但有美丽的岛上风光，而且就连地下的贵重金属的蕴藏也非常丰富。当时的人们认为那种金光闪闪的山铜是最值钱的，而亚特兰蒂斯的岛上那种金属最多。山铜是铜的合金，也许就是现代人所说的黄铜。

亚特兰蒂斯的首都建在岛中心，被誉为"不朽的太阳城"。国家的公共建筑大都用色泽调和的白、黑、红三种石块建成，既雄伟，又华丽，使亚特兰蒂斯的都城格外漂亮。这样的国都不仅是一个统一的强大的国家的象征，也是一种物质与精神文明高度发达的集中体现。城市的设计，更是独具匠心。全城以几个完整的同心圆划为五个区，运河系统四通八达，连接着各个大港口。柏拉图说，首都的运河和邻近港口"挤满了来自各地的船只和商贾。日日夜夜，人声鼎沸，非常热闹"。

亚特兰蒂斯的城市中心都是高大的宫殿和庙宇，柏拉图描述说："整个外墙铺上纯银，尖顶则铺黄金。庙内的天花板用象牙砌成，到处都有金、银和山铜做装饰；其他部分，例如墙壁、柱子和地面等都铺上一层山铜。庙里供着金塑的神像。神像站在六匹飞奔的马所拉的车上，头触庙顶，十分巨大。四周另有骑在海豚上的100名海中仙女……"这里的驾车的那个神就是掌管海洋和地震的"海神"。传说当年"海神"和"主神"、"冥王"三兄弟均分天下时，亚特兰蒂斯作为胜利的奖品分给"海神"管辖。"海神"做了该岛的至高无上的主宰，当他有了孩子之后，他们的家族在岛上繁衍，之后逐渐形成了一个有神性的民族。亚特兰蒂斯历经十个皇帝，他们把广大的帝国治理得井井有条，繁荣昌盛。

柏拉图的描述中"海神"制定了相关的法律，使亚特兰蒂斯人民世世代代安居乐业。"海神"的公正更获得天下人的一致敬仰。这些法律是"由早期那些皇帝刻在一根山铜柱子上，山铜柱子就放置在岛中心那座海神庙里"。

虽然亚特兰蒂斯的文明是空前发达的，但是最后也面临着没落的命运。亚特兰蒂斯后期的社会开始腐化了。民间竟崇拜起贪财爱富、好逸恶劳和穷奢极欲的各种伪神来，不再是之前的崇尚道德和信仰。一向对人性感到悲观的柏拉图写道："到了圣洁的一面逐渐黯然失色，并被凡俗魔障掩盖，以致人欲横流的时候，那些担不起齐天洪福的亚特兰蒂斯人，就干起不正当的事来了。明眼人都看出亚特兰蒂斯人日趋堕落，他们天生的美德逐渐丧失。不过，那些盲目的俗人，利欲熏心，不明是非，还兴高采烈，以为得天独厚。"

亚特兰蒂斯人荒淫无度，逐渐走向腐化败坏的时候发动了一场征服世界的战争。他们派遣当时最先进的舰队进攻其他岛屿，奴役地中海沿岸居民。当时唯一能够与亚特兰蒂斯敌对抗衡的，只有供奉掌管智慧、工艺及战争之神"雅典娜"的雅典。当时的雅典用重甲步兵阻遏了入侵的亚特兰蒂斯人，战争以亚特兰蒂斯的失败而告终。

虽然亚特兰蒂斯与雅典的战争结束了，但是这并不是亚特兰蒂斯灾难的开始，真正的灾难是战争后诸神为了惩罚亚特兰蒂斯对信仰的背叛而发动的洪水。柏拉图写道："在这种情况下，天神宙斯决定惩罚亚特兰蒂斯人。因此，他召集诸神来到自己的神殿内，诸神齐聚于神殿之后，他说……"

柏拉图的记录戛然而止，但亚特兰蒂斯的命运却是有所共知，突如其来的洪水和大地震在一夜之间将这片辉煌灿烂的文明之地卷入了滔天的洪水之中，瞬间沉入海底，消失在人们的眼前。

按照柏拉图的说法，亚特兰蒂斯所有的一切都发生在远古时期，距柏拉图生活的时候相距约2000年。柏拉图认为亚特兰蒂斯在"大洋"中，就是"海格力斯之柱"以外波浪滔天的"西海"，"海格力斯之柱"就是今日的直布罗陀海峡，也就是大西洋中。之后的人们研究亚特兰蒂斯的热情一潮高过一潮，跟柏拉图所说时间和空间有重大的联系。

柏拉图将亚特兰蒂斯记录在《对话录》中，无疑增加了故事的真实性。也是因为这份记载，勾起了很多人对亚特兰蒂斯这块史前文明之地的无限向往，之后的很多科学家们为了寻找它的足迹而深入海底，从他们发现的迹象表明，柏拉图讲的故事具有真实性。

现实中的亚特兰蒂斯

我们且谈谈当前的问题，瞧我说得对不对。假如我们经常说的美、善以及这类本质都是有的，而我们由感觉接触到美的、善的或这类东西的时候，总觉得是以前已经认识的，并且总把当前的感觉去和曾经有过的认识比较，这不就证明我们早就有了这等等抽象的概念吗？这不也就证明我们的灵魂在我们出生之前早就存在了吗？假如这些抽象的概念压根儿是没有的，我们的议论不就全没意义了吗？如果这种种抽象的概念是有的，那么，我们的灵魂在我们出生之前就早已存在了。如果说，都是没有的，那么灵魂也是没有的。能这么说吗？能这么确定吗？

《对话录》中的这段对话似乎透露了柏拉图创作《理想国》的背景，因为当前的问题很棘手，是需要解决的，人们似乎不再遵循传统的道德理念，人们的认知也发生了改变，似乎都和之前不一样了，那么这有些改变究竟是在怎样的背景下发生的呢？

很多人对《理想国》中的内容感到困惑，虽然为柏拉图所著，但是其中却全是苏格拉底的言语，记录了苏格拉底作为主角和别人的对话。想要了解这其中的各种缘由，首先要懂得柏拉图的生活背景以及创作背景。

柏拉图生活的时代最大的事情就是政治事件，这个事情从公元前5世纪中叶就已经开始了，是历史赫赫有名的伯罗奔尼撒战争。战争从公元前431年开始，直到公元前404年才结束，持续的战争不仅消耗了大量的人力和财力，而且在这种混乱的时候，严峻的战争也在考验着人们的道德。很多事实表明，传统的道德在战争的困苦中不堪一击，百姓流离失所，传统道德被挑战，新的道德观念兴起，柏拉图就是在这样的时代背景下重新思考问题，勾勒自己的理想之国。

人们在读《理想国》的时候似乎能够看到其中对话的背景时间和地点，戏剧发生的地点是雅典西南七公里外的雷埃夫斯港，剧中的人物大致有苏格拉底、克法洛斯、玻勒马霍斯、格劳孔、阿德曼托斯、色拉叙马霍斯等。根据泰勒（A.E.Taylo）在《巴拉图——生平及其著作》中考证《理想国》的戏剧时间是："（根据种种原因）所有这些需要考证的事情凑合起来，暗示设想的谈话年代一定是尼西亚斯和约（公元前421年）或公元前422年以前的休战时期。……苏格拉底必须被认为不过是在中年，大约50岁。

石人像

菲尔德（G.G.Field）在《柏拉图及其同时代的人》中认为柏拉图开始写作《理想国》的时间大概在公元前375年，但是泰勒认为柏拉图于公元前388年就开始了写作。至于这本书面世的时间，巴克（Ernest Barker）则在《希腊政治理论：柏拉图及其前人》中认为柏拉图在写这本书的时候是 40 岁，也就是说大概在公元前 387 年。

这些考证都表明，柏拉图创作《理想国》的时间和它其中体现的时间出现了年代差，这其中大概有 40 年，那也就是在公元前 405 年，此时的雅典决定性的被斯巴达击败，雅典的伟大时代已经成为历史，柏拉图会不会是因为这些事情而受到影响，从而在《理想国》中有所体现呢？

关于这个问题的思考，克罗斯（R.C.Cross）和乌斯利（A.D. Woozley）在《柏拉图的〈理想国〉：一种哲学性的评论》中有这样的描述："联系到柏拉图在《理想国》中所首要关心和讨论的问题，在他所成长的公元前 5 世纪最末四分之一年代里和他在公元前 4 世纪写作《理想国》的年代之间，没有突然的改变。关于道德标准和政府的问题，也就是《理想国》所关心的，这些问题被公元前 5 世纪的智者们给予显著的关注，并且被伯罗奔尼撒战争所尖锐化，这些问题持续到公元前 4 世纪，并且无论如何确实是恒久的问题。《理想国》有一些特别的部分最好被读作反对一种独特的公元前 4 世纪背景的，但是在《理想国》的戏剧时间和它的实际创作时间之间裂隙的意义要比它所看起来的样子要小得多。"

一个个迷团

这一段话充分地表明，问题的关键不在于柏拉图创作《理想国》的实际时间和戏剧中所突出的实际年代，也因此很容易让人联想到柏拉图生长的时代背景。公元前 4 世纪到前 5 世纪之间最著名的莫过于那场被修昔底德成为比过去发生的任何战争都"更伟大的战争"，即伯罗奔尼撒战争。

修昔底德曾经有这样的

一段文字描述了那场战争给希腊人的道德带来的冲击和破坏："城邦和个人都遵循更高的指导，他们还没有径直地堕落到使他们的行为违背他们的意志的地步。但是战争带走了日常生活的富裕，战争是一个严厉的主人，并且它使人们的激情在面对他们的处境时变得相似。当公民的冲突在城邦里开始的时候，人们先前所作所为的事态使得后来发生的冲突变得越来越糟。人们在他们事务中的机灵和他们在复仇的非同一般的特征方面，都要试图超过一切曾发明过的。"

这段话很充分地体现了传统道德在那个战乱的年代变得不堪一击，人们由原来的淳朴变得"机灵"，并且彼此之间充满了"仇视"和不信任，这些变化不只是平民百姓，还有那些社会上层建筑的"体面人"。似乎是中国经历的"礼崩乐坏"的年代，这样的情形下，柏拉图对于道德的思考必然充满了一种必然性。

《理想国》的出现，可以说是那个时代的一种道德的体现，也是柏拉图内心希望的表达，他将自己的思想和理念融于这样的巨作之中，虽然整个对话没有自己的，都是借助苏格拉底的口吻完整地表达了自己的理想，这就是《理想国》的创作背景。

亚特兰蒂斯的乌托邦

苏格拉底一生博学多才，但是他自己本人的著作却没有流传下来，倒不是他没有能力，而是他不愿意让自己的观点成为静止不变的事物。他认为即使是理论的东西也有变动，后人不应该将思想停留在一处固定不变，而是应该与时俱进，充分地发挥自己的想象，凭借记忆去转换。苏格拉底去世后，他的弟子柏拉图和色诺芬以写作的方式来纪念他。

色诺芬是政治人物，虽然他活跃在政坛上，但是他也写了很多作品来纪念自己的老师苏格拉底，例如《远征记》、《希腊史》、《经济论》、《居鲁士的教育》、《回忆苏格拉底》等，但是在色诺芬在学术界并不被人看好。著名的英国史学家约翰·布瑞在他的《古希腊的历史学家》一书中这样评价色诺芬："色诺芬在史学领域和哲学领域中，都是一个浅尝，他略有文才，写过多种多样的著作。只有把那些著作加在一起，才使他在希腊文苑中占有一席之地。实际上他的才智是平庸的，不能深入地观察到事物的本质。如果他生活在现在，也许是个第一流的记者……就史学方面而言，他的真正贡献是写了一些回忆录。"色诺芬在《回忆苏格拉底》一文中，将苏格拉底的学识、美德以及出众的口才进行了详细的介绍，但是他对苏格拉底的思想理论认识的比较肤浅，远不及柏拉图的认识深刻。

柏拉图是苏格拉底最得意的弟子，他不但继承了苏格拉底的学术思想，而且比苏格拉底的研究更为透彻些，因此在他的多数著作中出现的形式就是苏格拉底和别人对话。柏拉图将苏格拉底刻画得栩栩如生，将苏格拉底与众人的交流刻画得像身临其境一样，柏拉图笔下的苏格拉底不但谈吐不凡，充满了幽默感，而且是一位充满了智慧的、有远见的学者，也因此让很多人难以忘怀。

很多人不明白为什么柏拉图要用苏格拉底作为对话的主角，而且整本书都似乎是在阐述苏格拉底的理论，后世的研究学者认为柏拉图之所以这么做，是因为自从苏格拉底被害之后，他的弟子大都选用这种对话的形式来纪念自己的老师。也有学者认为，这种"对话"的行文在当时比较盛行，是主要的写作方式，柏拉图也只是跟别人一样而已。

关于柏拉图选用苏格拉底作为主角有很多种猜测，也因此让越来越多的研究者去关注这种对话，不管后世的研究出来怎样的结果怎么样，但是有一个共同特点，那就是苏格拉底的对话是一种思想的交流。柏拉图不但要让人们知道苏格拉底，了解他是什么样的人，更重要的是，要让人们对自己的生活和人生做出理想的思考，他要让更多的人明白思想的力量、智慧的价值和道德的意义，这样才是柏拉图创作的真正意图。

《理想国》的思想构架是人类历史上第一个乌托邦方案，这里的国家是一种理想的状态，这个国家的统治者是知识渊博的哲学家，他们不但有智慧，而且有能力将国家治理得井井有条。这个国家里充满了正义、智慧、勇敢、节制，国家里的公民也分为三个阶层，他们是统治者、护卫者、生产者。每个公民都努力做好自己的事情，使国家处于一种和谐的状态。

《理想国》是柏拉图的代表作，全书以"正义"作为贯穿全文的主线，柏拉图在书中探讨了哲学、政治、伦理道德、教育、文艺等问题，为人类描述了一个安静而和谐的社会，因此被后世的人称为理想之城或者"乌托邦"。

柏拉图的一生写了很多著作，但是其中最著名的要数《理想国》了。这本书不但体现了柏拉图的才思敏捷、研究广泛，更重要的是倾注了柏拉图的感情，据说柏拉图写这本书历时 16 年，是他的呕心沥血之作，也是他智慧的结晶。书中不但包含了柏拉图对自己此前哲学思想及著作的概括和总结，而且也将当时的各门学科进行了综合，是一本"百科全书"式的书籍。19 世纪美国思想家爱默生说："柏拉图就是哲学，哲学就是柏拉图。烧掉所有的图书馆吧，因为它的价值都在这本书了。"由这句话看出这本书的价值所在。

柏拉图在《理想国》中用苏格拉底作为主角，其实苏格拉底的观点也是柏拉图的观点。柏拉图借着苏格拉底的观点来表达自己的思想，全书运用对话的形式，将苏格拉底的幽默、风趣、智慧、博学能展现了出来，对话的内容涉及哲学、政治、伦理道德、教育、文艺、宗教信仰等问题，为世人描述了一个他认为的"全世界第一等好的国家"的理想境界。

《理想国》整本书以"正义"作为主线贯穿全文，以追求人类永恒的理念——真善美的统一作为一生最高的目标。柏拉图的理想之境体现了一种正义、智慧、勇敢而节制，这个国家规模适中、面积适度，有统治者、辅助者和生产者三个阶层。他们分别代表着智慧、勇敢和欲望的品性。"理想国"中的统治者是智慧而博学的哲学家，他们是经过系统教育培养出来的，依靠学术的智慧和道德的力量去管理国家；辅助者也就是守卫者，包括士兵、将领、行政管理者，他们也是经过系统的教育培养出来的，他们的认为就是用忠诚和勇敢捍卫国家的安全，同时也要帮助哲学家们管理国家；生产者要为全国的人民生活提供物质保障，他们也要接受一定的技能培训，这样才可能尽其所能地发挥自己的才能，为国家的建设尽心尽力。这样等级分明的国家自然会人尽其职，所谓有什么样的国家自然就有什么样的人民。

柏拉图将《理想国》分为十卷，每一卷都有不同的内容。第一卷是全书的切入点，柏拉图交代了对话的人物及环境，并在交谈中引出全文贯穿的主线"正义"。从内容上分析，第二卷到第四卷既承接了第一部分，也提出了社会分工基础上的国家生产论。第五卷至第七卷是柏拉图思想集中体现的一部分，这部分也是相对独立的一部分，这部分在史学史上的体现也比较明显，主要讨论了统治者的素质及如何培养的为题。柏拉图在这部分中提出了对今天而言也比较先进的思想。比如男女平等、财产共有、优生优育、托儿所等等，苏格拉底为了逐层地揭示"善"的理念，开始了著名的"洞穴"的论述。第八卷、九卷似乎回到了第一卷，重新将"正义"引入人们的视线。第十卷则主要论述了诗歌艺术以及灵魂的意义。

《理想国》的内容涉及广泛，不但有政治学、伦理学、心理学、教育学、社会学、文艺学等领域，而且对人类思想的影响也是长远而有深意的。被称为后世的经典之作一点都不"徒有虚名"，不但包含了柏拉图的治国理想，更重要地体现了柏拉图对社会发展的一种认识和解剖，是人类思想认识的一次深入，也是对社会文明发展的一种深入的了解。

亚特兰蒂斯也有曾经辉煌的历史，但是它最终沉入海底，这也给后世的人们一个警醒。或许柏拉图就是在亚特兰蒂斯中寻找到写作的灵感，他希望的国家应该是道德至上的，而不是像亚特兰蒂斯一样沉浸在物质的享受之中，不把物质的拥有作为一种国家富强的象征，而是在物质富足的时候，更加注重精神文明。这样的理念即使在今天也有重要的意义。

亚特兰蒂斯的原型理念

柏拉图认为理想之邦的掌权者应该是智慧而博学的哲学家，他反对雅典的民主制，因为他觉得凡事有决策的事情都需要一帮人去投票决定，这样不但会让人感到郁闷，而且失去了时效性。就如他在《国家篇》里举例的那样："请设想有一队船或一只船，船上发生这样的事情：船上有一个船长，他身高力大超过船上所有船员，但是耳朵有点聋，眼睛不怎么好使，他的航海知识也不太高明。船上水手们都争吵着要替代他做船长，都说自己有权掌舵，虽然他们从没学过航海术，都说不出自己在何时跟谁学过航海术。而且，他们还断言，航海术是根本无法教的，谁要是说可以教，他们就准备把他碎尸万段。同时，他们围住船长强求他，甚至不择手段地骗他把舵交给自己；有时他们失败了，别人被船长同意代为指挥，他们就杀死别人或把别人逐出船去，然后用麻醉药或酒之类东西把高贵的船长困住；他们夺得了船只的领导权，于是拿出船上库存，吃喝玩乐，他们就照自己希望的这么航行着。不仅如此，凡是曾经参与阴谋，狡猾地帮助过他们从船长手里夺取权力的人，不论是出过主意的还是出过力的，都被授以航海家、领航、船老大等等荣誉称号，对不同伙的人，他们就骂是废物。其实，真正的航海家必须注意年、季节、天空、星辰、风云，以及一切与航海有关的事情，如果他要成为船只的真正当权者的话；并且，不管别人赞成不赞成，这样的人是必定会成为航海家的。如果不是事实如此的话，那些人大概连想都没想到过，在学会航海学的同时精通和实践这一技术是有可能的。你再说说看，在发生过这种变故之后的船上，一个真正的航海家在这些篡了权的水手中会被怎样看待呢?他们不会把他叫做唠叨鬼、看星迷或大废物吗?"

柏拉图想通过这个比喻来告诉人们，治国的道理其实跟航海的技术一样，不应该把权力交给普通大众，他的终极目的是想用哲学家的智慧来管理国家，让老有所养，人们富足安慰地生活。柏拉图认为单个人的不可能去实现自己的幸福生活，因此需要人们彼此团结合作，这样才能构建和谐而美好的生活。

柏拉图的终极目的是要回答灵魂的正义："我应该如何生活"，他认为个体的幸福是在城邦中获得的，所以在找到自己该如何生活的时候就应该先考虑城邦的意义："我们应该如何生活。"而且在柏拉图的概念里，城邦的正义要比个体的正义容易处理。柏拉图认为城邦里的个人应该人尽其职，不同的人拥有不同的才能，因此在某些方面比别人要做得好，所以要尽可能地发挥自己的强项；而且一个人选择了自己的兴趣爱好的时候要懂得坚持，这样才能更好地获得别人所没有的技巧。

说到这里可以想到柏拉图理想的城邦有三个阶层，他们分别是统治者、武士、生产者，作为哲学家的统治者博学而有智慧，武士勇敢地保卫自己的国家和人民，生产者有节制地生活着。他们彼此不相干扰，各司其职地生活着，不互相僭越，这样的城邦才是理想之邦。

虽然柏拉图的思想理念在今天的社会看来有一定的局限性，但是有很多地方是值得后人借鉴的。比如团结合作，比如重视知识等，他的目的不是满足雅典人的富裕，也不是为了某一个阶级而服务，而是为了实现人类的梦想，这与当今社会的最高梦想是一样的。如今的社会也倡导和谐，提倡团结友爱，这些观点在今天依旧具有重要的现实意义。

■ 亚特兰蒂斯的人性思想

柏拉图在构建理想国的时候突出了自己思想中理念，他认为人的灵魂应该由理智、激情和欲望组成。就如理想国的成员组织一样，哲学家是统治者，拥有至高无上的权力，但是他们必须是博学的哲学家，他们代表着灵魂中的理性部分。其次是勇敢的守卫者，他们不但勇敢，而且将激情体现得很完美，他们用生命的忠诚去捍卫城邦的和谐，他们是先天的和后天的教育培养的结果，代表着灵魂中的激情。城邦中的第三部分代表着灵魂中的欲望，他们有自己的手艺，他们与统治者和守卫者各司其职，互不干扰，各自做好自己分内的事情，这样就是个人的正义。一旦三者不能协调，那么就是不正义。柏拉图认为，正义是一种具有美德的道德，是人性善的表现，而不正义是一种人性的邪恶，是一种丑陋的表现。

由这可以看出，柏拉图将人性与政体紧密联系在一起，人性的变化导致了政体的变革。他理想的组成应该是各司其职，一旦有人僭越或者改变立场，那么就会出现混乱。就如他所说的："有多少种不同类型的政治就有多少种不同类型的人们的性格。……政治制度是从城邦公民的习惯里产生出来的；习惯的倾向决定其他一切的方向。"这里柏拉图所说的"习惯的倾向"就是指人性中的理智、激情和欲望这三个部分哪个占据主导地位。根据这三个部分在人性中的作用不同，他认为存在着五种政体类型，它们依次是王政、荣誉政体、寡头政体、民主政体和僭主政体。

柏拉图认为制度的产生是因人而异，不管实行什么样的制度，但是都是以城邦的利益作为前提的，城邦的正义是为了实现城邦成员个人的利益。如果个人为了自己的私欲而置国家大众于不顾，秩序混乱，那么必然会招来灭亡的结局。柏拉图有关于亚特兰蒂斯这样的记载：

"至于这些王国彼此之间的关系，主要还是靠作为象征着波塞冬权威的沿袭下来的法律所维系。而记载着'波塞冬神律'的神柱就矗立在亚特兰蒂斯岛的中心——波塞冬神庙的旁边。每隔五六年，十位国王就会在这里聚首，以示对祖先波塞冬的纪念和敬意。他们会商讨一些大家共同关注的公共事务，调查是否有人触犯了整个帝国的法律，并对此做出相应的裁定——在最后的判决之前，他们彼此会做出这样的约定：所做出的任何决定都必须在波塞冬神律的规定范围之内；十位国王要单独留在神庙内，向祖先神圣进行祷告和宣誓，保证自己永远都对帝国保持忠诚，彼此之间绝不兵戎相见，共同遵照神的训谕和平相处；对于胆敢冒犯神谕的任何人，要用棒刑甚至绞刑对其进行最严厉的惩处；至于他们所遵奉的神律即是神柱上所刻下的律令；作奸犯科者必须要被绳之以法，要在神律面前被处以死刑，用自己的头颅和鲜血洗刷自己的过错。同时，在神柱上的律令旁边，还刻下了庄严的誓约，誓约祈求万能的神能对于不忠的行为予以宽恕。在向神祷告完之后，他们每个人都把食指割破，将鲜血滴入同一个杯中，作为歃血盟誓；在神柱面前进行完'涤罪'仪式后，触犯刑法者便会被处以火刑。此时，他们用手指从盛有自己鲜血的金杯中蘸取酒水，掸向熊熊燃烧的火焰，口中念念有词，向神明保证自己是在秉承圣灵的旨意，惩罚那些有罪的人，波塞冬神律将永远作为他们信奉的唯一准则。随之，他们会将杯中的血酒一饮而尽；晚饭后，随着夜幕徐徐降落，那团燃烧的火渐渐冷却下来，此时，他们会身披蓝色长袍，夜色中端坐在残留的余烬周围，将最后的火光扑灭，行刑的过程到此也便宣告结束；对于这次刑罚，他们会在黎明时将此记录在一块金牌上，并将这些金牌连同身穿的蓝袍一起保存下来作为永久的纪念。在亚特兰蒂斯帝国记载的历史中，曾有许多有关判罚的特殊案例，但最重要的要数下面这个：所有亚特兰蒂斯的子民永远都不应同室操戈、兵戎相见，当任何城市的任何人妄图颠覆王权时，所有邻邦兄弟都要来帮助他、拯救他。正如他们的祖先一样，他们处理任何问题时都应同舟共济、同仇敌忾、同商国策，他们都要承认亚特拉斯家族至高无上的地位；十个王国的国王中，没有谁可以有权独自决定其他兄弟国王的生死，除非十位国王中多数人同意这一决定。"

"这就是天神赋予亚特兰蒂斯帝国巨大的权力；作为帝国至高无上的信条，它指引着整个国家的一切，历史告诉我们：亚特兰蒂斯的历代子孙，只要秉承这条信念，遵奉帝国的法令，对祖先神明心存感念，彼此就一定能够和平相处；因为他们拥有的这条信念会指引他们对每件事都做出正确的决断，以仁爱和智慧处理现实中的各种问题以及彼此之间的交往。他们鄙视一切，除了美德；他们不会彼此觊觎财富、贪图金银，这些对于他们似乎更像是一种负担；他们不会因为豪华和奢侈而忘乎所以，财富根本不可能夺走他们的自控能力；他们总是头脑冷静、心灵纯净，他们清楚地懂得，财富只有靠彼此之间真诚的友谊和坦白的襟怀才能愈积愈多，热情和尊重对于他们远比金银更加重要，因为物质是随时都可能消失的，唯有情谊可以永恒。"

"正是依靠这种折射在历代亚特兰蒂斯人身上的精神，依靠他们对神明的始终如一的无限尊崇和信诺，我们才看到前面所讲述的那个异常强大的亚特兰蒂斯帝国；但他们圣洁的一面逐渐消失，变得腐败无能，日趋堕落，他们利欲熏心，只知争权夺利。在这种情况下，大神宙斯决定惩罚亚特兰蒂斯人。因此，他召集诸神来到自己的神殿内，诸神齐集于神殿后，他说……"柏拉图所记录的对话到此戛然而止……

柏拉图似乎在讲一个古老的故事，但是故事的开头是美好的，而结尾却是令人深思的。亚特兰蒂斯拥有的不仅仅是金钱，还有高度发达的文明，但是，就是这样一个黄金帝国，它没落了。它没落的原因是"变得腐败无能，日趋堕落，他们利欲熏心，只知争权夺利"。这就打乱了柏拉图构建的"乌托邦"。柏拉图的理想之邦是人尽其职，为了国民大众尽心尽力，而不是为了自己争权夺利而利欲熏心。这样和谐的状态一旦被打破，必然会破坏整个体系，那么灭亡也是必然的结局。

亚特兰蒂斯的社会正义

苏格拉底与克法洛斯的谈话由人生谈到了金钱，进而谈到了正义。这里的正义是柏拉图心中的"理念"。苏格拉底的死让柏拉图更加认清了社会的现世，他对现实的政治绝望了，他离开雅典，自我放逐了十来年，这十来年里他苦苦追寻和思索"我们应该如何生活"。柏拉图在《第七封信》中写道："事实上，我被逼得相信，社会或个人找到正义的唯一希望在真正的哲学，否则人类永无宁日。"

柏拉图也是通过这段话透露出了书写《理想国》的目的，他是为了帮助人们彻底摆脱"永无宁日"的无序和混乱，提倡哲学，并倡导国家的统治应该由哲学家来领导。而且他的理想并不在于构建一个为了成全某个阶级而存在的稳定、安全、有秩序的国家，而是一个为了全体人们的最大的幸福。这跟如今社会倡导的"共产主义理想"有异曲同工之妙。

柏拉图通过苏格拉底和克法洛斯的谈话道出了自己的理想之邦，克法洛斯代表的是雅典旧习俗的"权威者"，他的观点认为：欠债还钱是天经地义的事情，只要做到了欠债还钱就是一种问心无愧的事情，这就是一种正义。但是苏格拉底并不认为这样就是正义，他用一个例子来说明归还别人的东西不一定就是正义，有时候还会带来灾难。今天的哲学在讲这些的时候就是"具体的问题具体分析"。

虽然"欠债还钱"在如今的社会也有现实意义，因为这是大家公认的一个道理，似乎不应该成为正义的范畴，但是柏拉图却对这千年的习俗提出了疑惑。苏格拉底在交谈中设置各种问题，提出了疑惑，也引出了别人的思考，这样既不会左右别人的思想，也会让人们自己去思考这个问题。柏拉图不但强调了正义的意义，而且强调了构建理想之邦需要的条件，柏拉图一生苦苦追求的就是自己心目中的"正义之邦"。但是真正的正义不应该只是一种善恶的标准，

遗迹

柏拉图的正义观可以说是城邦正义和个人正义、社会关系与人的灵魂和谐的统一。这样的理念在如今具有一定的局限性。

格劳孔曾经讲过一个故事，大概的意思是说吕底亚有一个牧羊人，一个偶然的机会，这个人得到了一枚金戒指。这个金戒指有一个特殊的功能，如果戴戒指的人能够将戒指上的宝石转向手心，那么别人就不会看见他；如果把戒指的宝石转向外边，那么别人就能看见他。这个人发现了这个奇异的功能之后就设法在国家中谋得了一个给国王当使臣的职位，之后不久他勾引了王后，然后借机杀了国王，乘机夺取了王位。如果正义的人和不正义的人各戴一只这样的戒指，那么一个人能坚定不移地做好事，那么另外的一个人就能随意行为地做自己要做的坏事，这种情况下，两个人都是随心所欲，这点来说他们的本质是一样的。这也就证明，没有人把正义当成自己的好事，心甘情愿地去实行，做正义事是勉强的。在任何场合之下，一个人只要能干坏事，他总会去干的。

正义是人类社会的不断追求，人类社会的发展是正义实现的程度和范围不断提高与扩大的过程。其实这种正义就是指一种社会的稳定、和谐、不断完善的过程，这样的城邦符合每个臣民的利益，使不同的人，具有不同才能的人各行其是，保持内在的和谐，并维护外在的有序，这是一种理想的状态。

社会上不可能有真正的正义，也没有柏拉图所说的那种纯粹的正义。最根本的是提高人们的道德水平，树立正义观，建立良好的制度，进行良好的教育。只有使正义内化于人心，人们才会主动、自觉的行正义之事，我们的社会才会和谐，人民群众的根本利益才会得到根本的保证。

柏拉图在大量的记载中写了亚特兰蒂斯，因为柏拉图心中的亚特兰蒂斯也是一个社会的雏形，他心中的希腊就应该像亚特兰斯斯那样的完美，当然希腊当时存在的很多问题与亚特兰蒂斯一样，例如崇尚金钱、贪婪、发动战争等等，柏拉图写亚特兰斯蒂也想着对当时的希腊有警醒的作用，他将自己心目中最完美的理想通过一个可能存在的古文明展现了出来，同时对他生活的希腊也是一个警示的作用。

传说与真实的对峙

"海格力斯之柱西边的大海中，有一个很大的岛，从那里你们可以去其他的岛屿，那些岛屿的对面，有一块被海洋包围着的大陆，那就是亚特兰蒂斯。"这段话选自柏拉图的《对话录》，也就是从这段文字中可以看到，柏拉图将亚特兰蒂斯看的何其重要，而且他一生追求的理想与亚特兰蒂斯也有着莫大的关系，随着历史层层迷雾的解开，随着柏拉图的理想之念，去寻找远古文明对后世的影响。

柏拉图故事的真实性

关于柏拉图记录的真实性在他其后的数百年间，古希腊、罗马的学者们就已经对亚特兰蒂斯的存在与否争论不休。支持柏拉图的人认为，在《对话录》中，柯里西亚斯曾三次强调确有其事，苏格拉底也说，这个故事"好就好在是事实，这要比虚构的故事强得多"。而最先讲述这个故事的梭伦也是以诚实著称天下，他本身就是真实的代表，而他的故事是依靠过去的口授流传下来的，这又多了一重真实性。客观地看待柏拉图讲述的这个故事，几乎故事中的每一个部分都能从古埃及或者秘鲁人的记录中寻到相似的痕迹；实际上，柏拉图对于亚特兰蒂斯的许多论述，都可以从享有"历史之父"美誉的古希腊历史学家希罗多德对于古埃及宏大的描述中得到印证；同样，在秘鲁人普雷斯科特的画笔下，人们似乎也寻找到了亚特兰蒂斯文明的缩影，例如"秘鲁的征服"中"在所有秘鲁人创造的文明中最为著名的，莫过于库斯科（秘鲁城市）的帝国文明，在纪念帝国的庙宇中，历代帝王聚拢起来的财富可谓富甲天下，以至有闻名于世的'黄金之殿'之称。金碧辉煌的圣殿恰如其分地诠释了它的秘鲁文名字——黄金矿。在它的西墙矗立着一座象征着神的雕像，那是一张人形的面孔，身后散发出四散的道道圣光，有如太阳神阿波罗一样。这座塑像立于一个巨大的黄金底座上，其上装点各色翡翠宝石；四壁和顶棚镶嵌黄金玉饰；殿堂内的各个角落都在刨光的玉石和星罗棋布的珍稀金属的点缀下熠熠生辉；即使是飞檐翘角的选材也毫不逊色。整座殿堂无处不在书写着奢华与尊贵，气势磅礴、谓为壮观……"

这样说来，柏拉图对亚特兰蒂斯的描述没有丝毫的夸张，也没有离奇的矫饰。这里的描写很真实，没有不食人间香火的天神，没有样貌骇人的蛇发女怪，没有令人厌恶的魑魅魍魉，也没有天生神力的擎天巨人。柏拉图向世人展现的只是一段平凡而简单的历史，其中的人物所做的盖庙、造船、疏通运河样样合情合理；那里的人如正常的人一样懂得耕种、买卖等，并且，他们已经将贸易发展到与周边国家的交往。追溯大部分民族的早期历史，或多或少都会有一些关于神或魔的传说，而柏拉图所讲述的这段历史却并非如神化般虚幻离奇，而仿佛是一段历史的再现，跟他生活的那个时代有着莫大的关系。

根据相关的史料记载，当时有一位别处移民过来的人，他来到这个地方后娶了一位姑娘，于是就开始在那里定居，安稳地生活了下来。也就是从那个时候起，一个强大的民族逐渐壮大起来。这是享有历史之父的古希腊历史学家希罗多德回忆的一位埃及牧师亲口向他讲述的一段历史。希罗多德说："他们认为在一万一千三百四十年前，'神'这个概念还尚未进入到人类社会……他们都坚决否认人是作为神的后裔的可能性。"由此可见，如果柏拉图是虚构的故事，那么他没有必要勾勒得这么完美，而且也没有必要将其讲述得如此平实而又入情入理。他完全可以将这段故事讲成像希腊神话般充满传奇色彩，充满魔幻经历，有仙女也有半人半兽神。种种迹象表明，这样的故事不是柏拉图勾勒出来的，而是一段历史的合理展现，也是一个民族在其国王的统领下繁衍生息，世代相传，创造出一段辉煌的人类文明史。

柏拉图在描述亚特兰蒂斯时说它是一个"伟大而充满传奇色彩的帝国，它国势强大、东征西讨，其触角曾经远及整个欧亚大陆"。"甚至整个大陆的各个角落都留下了它的痕迹"，而且，就连大洋彼岸的美洲大陆也保留了它的传说，在中南美地区，特别是秘鲁和密西西比山谷，至今仍保留着许多史前时代的城堡护堤。由此可见其统治范围之广。在当时，被它征服的土壤有非洲的埃及、欧洲的罗马。

■ "赫拉克勒斯之柱"

柏拉图在两篇著名的对话著作《克里齐》和《齐麦里》中都详细记述了大西洲的故事。

柏拉图笔下的大西洲是个美丽富饶的文明岛国，坐落在"赫拉克勒斯之柱"以外波浪滔天的西海，也就是今日直布罗陀海峡以西的大西洋中，面积大概有207.2万平方千米。虽然是一个岛国，但是岛上的气候温暖如春，景色宜人，周围有茂密的森林，森林里有各种的动物。岛上处处都有鲜花，有各种不同品种的果子，树上挂满了果实。岛上的河中鱼虾成群地游弋着，那里气候温和，森林茂密，花草繁盛，硕果累累：河中鱼虾成群，而且岛上还盛产金、银和古代人认为最宝贵的那种金光闪闪的山铜，真可谓是一片得天独厚的乐土。

岛屿的重心是全国的重心，修建的有宏伟的建筑，看起来整座都城都显得宏伟壮观，特别是那富丽堂皇的宫殿和庙宇，都是用金、银、山铜和象牙装饰起来的。岛上不但有适合人群居住的环境，而且岛上的交通运输也是空前发达的。岛上还有四通八达的运河系统、建筑完美的桥梁、日夜繁忙的港口……大西洲十二个主要岛屿分别由十二个国王掌管，国家繁荣昌盛，人民安居乐业。公正圣洁的海神被认为是岛国的无上主宰。海神制定的法律被刻在一根山铜柱上，获得大西洲人一致的信奉和景仰。

柏拉图说大西洲有空前繁华的文明，但是之后的人们开始好逸恶劳，不思进取，慢慢的大西洲的社会开始腐化了，邪恶代替了圣洁，贪财爱富、好逸恶劳、穷奢极侈代替了天生的美德，最后甚至对外发动侵略战争，企图奴役直布罗陀海峡以东地区的居民。这触怒了海神，上天决意要狠狠惩罚背叛大西洲传统信仰的人。不久，灾难终于来临，在一次特大的地震和洪水中，整个大西洲仅在一日一夜中沉沦海底，消失于滚滚的波涛之中。

这个故事听起来十分玄乎，但柏拉图多次强调，它是历代相传，并非虚构。而且柏拉图为了证实这个传说的真伪曾经亲赴埃及，请教过有名望的僧侣。可是，柏拉图哪里知道，正是这个疑幻疑真的传说，让后人无休止地争论了足足两千多年。

波塞冬的城市

关于亚特兰蒂斯的形成，有个美丽的传说。

希腊神话中，奠定众神地位的"提坦之战"结束后，宙斯三兄弟抓阄决定各自的领地，结果是宙斯得到大地与天空，哈迪斯获得地狱，而手持三叉戟的波塞冬则获得了广袤的海洋，成为海神。波塞冬的领地延伸至大西洋，那是一座极其美丽丰饶的巨岛。

这座岛上原本生活着伊夫纳人，这个部落的族长的女儿克里特在失去父母后按照惯例继承了族长的位置，成为部落的女酋长。波塞冬来到自己的领域看到克里特，他被她的美丽所吸引，他怦然心动，为了能够与克里特长相厮守，而又不愿意外人来打扰，于是他将原本完整的巨岛分割成多份。他将克里特生活的小岛用几道山水围起来，这些山水相间的地方或大或小，环环相绕，形成相同面积的两块陆地和三片水域，所以没有人能找到这片小岛，即使是过往的船只和经常航海的人也没有听说过这个小岛。

波塞冬自然能很容易地找到这个小岛，而且他还从地下向小岛引进了两条溪流，这两条溪流便是小岛上的水源，它们一条是暖泉，一条是冷泉。这样的两道泉水为小岛提供了丰富的物质。

不久之后，波塞冬与克里特在这个美丽的岛上生下了五对双胞胎儿子，于是便将这座岛划分为 10 个区域，分别交由 10 个儿子来统治。波塞冬将最长的儿子立为最高统治者，并将妻子所居住的小岛交由长子来统治。这片土地面积最大，而且也是环境最好的一块。他们的大儿子叫"亚特拉斯"，所以他管辖的这个地区也叫"亚特兰蒂斯王国"。波塞冬将其他的区域分给别的孩子，他们各自成立自己的王国。这十位国王在自己的领地享有绝对的权力，建立不同的国家，为了彼此之间的沟通和交流，他们每隔几年都会聚会一次。

他们在波塞冬的神殿里聚集，然后商讨彼此的关系和统治的权力，一旦他们协议的内容达成共识，他们便会将波塞冬的神殿中饲养的牛的喉咙割断，然后用牲口的血液在神殿的柱子上写下决议条文，这样做的目的是增强决议神圣不可侵犯的权威性。他们和他们的后人一直沿用着这种方式统治着自己管辖的国家，他们的势力范围超越了国土界限。

波塞冬为防止他的儿子之间为了利益争斗，他特地取下自己当做武器的三叉戟上的一截铜柄，然后将其深深地植入土中，亲手刻上禁止争斗、欺骗、纵欲的戒律全文，命令他的几个孩子也将各自的鲜血涂抹在铜柱上，要求他们立下永不违背的誓言。这尊铜柱后来被称为"神律铜柱"。

亚特拉斯作为最大领域统治者，他命工匠用岛屿上最珍贵的大理石将波塞冬的形象刻成巨大的雕塑，安放在神律铜柱之前，然后将波塞冬的神殿进行扩建。亚特拉斯还命人以波塞冬神殿为圆心，在四周开掘三道环形运河，以桥梁作为交通连接内外。三道环形运河之间加盖了很多房屋和官邸，四周种满了桂花树和橄榄树，这样的住房提供给官员和贵族居住。而亚特拉斯本人居住的宫殿则是围绕在波塞冬神殿四周，他这样设计房屋建筑以便日夜聆听父亲的神谕。之后不久，亚特拉斯新建的巨城成了首都，命名为"波塞冬尼亚"，意思是"波塞冬的城市"。

阿特凯西斯的预言

喜欢四处游走的海神波塞冬在一次出走之后再也没有回到这座以他命名的城市。克里特终日以泪洗面，郁郁而终。据说她浅褐色的眼睛里流出的泪珠，全部化作了山中琥珀——后来被其子孙视为珍宝，称之为"山铜"。亚特拉斯王在登基时宣布，这片海中乐土今后将有一个正式名称——"亚特兰蒂斯"，意为亚特拉斯王的土地。

传说亚特兰蒂斯北部的山脉地区有个属于大地女神盖亚的黄金果园，那个园子里盛产着象征尊贵、美丽、权力的金苹果，由亚特拉斯王亲自守护。

不久以后，亚特拉斯王因为与宙斯的儿子珀耳修斯发生争执，其中误中珀耳修斯的诡计，亚特拉斯王看见了女妖杜莎的头颅，于是亚特拉斯王巨大的身躯瞬时石化，变作亚特兰蒂斯大陆东北部巍峨的亚特拉斯火山。自此以后，居住在奥林匹亚科斯山下的宙斯后人成了亚特兰蒂斯人不共戴天的死敌。

亚特拉斯王变成巨石之后，由他的长子阿瑞蒙泰斯在另外九名诸侯王兄弟的拥戴下继位。阿瑞蒙泰斯为了酬谢其他兄弟的拥护，他授予九诸侯土在各自领土内享有独立的统治权，各领若干城邦，拱卫亚特拉斯家族所领的亚特兰蒂斯王国。每到五年一度的海神节，九位诸侯王必须拿着象征各自领土的铜板地图进入波塞冬尼亚祭祀海神，并向国王朝贡称臣。阿瑞蒙泰斯王在位期间，将亚特兰蒂斯管理得井井有条，而且逐渐地走向繁荣，慢慢地成为世界的强国。后来阿瑞蒙泰斯王去世，与众多平民、贵族的坟墓同葬在亚特拉斯山下的"安息谷"。

亚特兰蒂斯人具备高尚的美德，他们崇敬海神、虔诚淳朴、诚信博爱、不渔不猎，以果菜为食。整个大陆上生物繁衍，品类繁盛，天人之间和谐无比。

当亚特兰蒂斯到了第四代国王武拜王统治时期，国家就面临着危机，这个危机不是来自本国内，而是来自海上的危机，崇尚武术的古利克托尼亚人贪图亚特兰蒂斯的富庶，开始频频向大陆沿海发动攻击。素无戒备的亚特兰蒂斯人损失惨重，每年皆被掠走无数人畜。

不久之后，野心勃勃的古利克托尼亚国王克朗涅率领庞大的划桨舰队向亚特兰蒂斯发动总攻，亚特兰蒂斯无法承受外在的战争，很多城池都在战火中毁灭。忒拜王亲率库克罗佩斯亲卫军抵抗，不幸在"罗提斯大泽战役"中全军覆没，国王战死。诸侯军队也相继被击败。克朗涅率古利克托尼亚战士攻陷波塞冬尼亚外城，将残余的亚特兰蒂斯人团团围在波塞冬神庙之中。

诸侯王为了王位在神柱前争吵着，他们为拥立谁为新任国王而争吵不休。以伊萨克国王老埃契乌斯为首的北部诸侯主张拥戴忒拜王胞弟卡耐翁；以莫贝林国王梅拉麦加斯为首的北部诸侯则主张遵守波塞冬神律遥立临阵逃亡的忒拜王之世子赫丘提亚斯。

当大家争论不休，不知道该推选谁的时候，卡耐翁挺身而出，以一席精彩的演说感动了在场所有人。在全体亚特兰蒂斯人虔诚的祈祷声中，神庙穹顶射入金光，神律之柱顶端出现了波塞冬昔日情人——正义女神阿斯特蕾亚的雕像。这时候，亚特兰蒂斯人的心中响起了正义女神的声音，纯洁的亚特兰蒂斯人获得了女神的永久的祝福，每个人的身上都充满正义的力量，而且是源源不断的。

接受阿斯特蕾亚祝福的亚特兰蒂斯人在卡耐翁王的指挥下，重创古利克托尼亚人于歌斐亚海滩。克朗涅乘船逃跑了，没有人再敢来侵袭亚特兰蒂斯。亚特兰蒂斯人的护国战争结束。亚特兰蒂斯人也因之获得了永恒之力。

卡耐翁王成为亚特兰蒂斯人的英雄楷模，他在继承王位之后便秘密拜访了大预言家阿特凯西斯。阿特凯西斯向前来拜访的卡耐翁王讲述了可怕的预言："亚特兰蒂斯人彻底堕落，阿斯特蕾亚的黄金天秤不复平衡，波塞冬的王国将被无边的毁灭吞噬。"阿特凯西斯并用秘宝预言之镜向国王展示了亚特兰蒂斯毁灭时的惨状，卡耐翁王为国家的前途感到束手无策，不久忧虑而死。

堕落的亚特兰蒂斯人

亚特兰蒂斯国王卡耐翁去世了，他生前并没有任何子嗣，当初在神殿旁争论的亚特兰蒂斯王位的赫丘提亚斯王子终于得以继位。由于嫉恨伊萨克国王老埃契乌斯拥戴卡耐翁王，竟派刺客将其刺杀于波塞冬神庙之内。他们的事情败露之后，老埃契乌斯之子小埃契乌斯借机发动政变，想取而代之国王的位置，但是赫丘提亚斯王亲率库克罗佩斯亲卫军讨伐，却被伊萨克边境装备简陋的义从军奇袭击败。赫丘提亚斯王本人竟被生擒，受尽羞辱后被放回，被全国传为笑柄。从此亚特拉斯王族的权威一落千丈。

九诸侯之一的梅洛普国王墨涅拉俄斯击败了叛乱的小埃契乌斯。野心勃勃的墨涅拉俄斯乘机请求授予梅洛普王国自墨涅拉俄斯父子在领地安菲特里亚岛建造大型港口，建造贸易船，大力发展海运贸易，获得别国难以想象的暴利。同时，他又向国王进贡大量美色珍玩，使国王整天沉迷其中，不理朝政，荒淫无度。这样墨涅拉俄斯就能遥控王廷朝政。其他的国家纷纷效仿墨涅拉俄斯的方法，于是亚特兰蒂斯大陆的海面上很快就遍布商船。诸侯们都获得丰厚利润，实力渐长，相形而下，亚特兰蒂斯王廷显得贫困不堪。王室与贵族的实力差距渐渐被拉开，大陆的民风也变得逐渐功利奢靡，甚至为了制作船舶大量砍伐森林。

当亚特兰蒂斯的王位传到第七代的时候，国王厄玛托诺斯不愿坐视亚特拉斯王室衰弱，下令集倾国之力在首都波塞冬尼亚东方建立奢华无比的巨港狄奥尼迦亚，并砍伐大片森林，建立国王舰队。同时命人扩建首都波塞冬尼亚，将其建成了连奥林匹亚科斯山上的众神都会忌妒的伟大都城，借此炫耀王室的威严。

亚特兰蒂斯的其他诸侯国也效仿波塞冬的建筑，举国齐建重大的工程，他们纷纷大兴土木，互相攀比。在上层的带动下，富庶的亚特兰蒂斯充满了奢靡、浮华的风气，海神子孙们原本的美德渐渐淡薄。

厄玛托诺斯王通过各种手段分化了诸侯间的私下联盟，最终挑动八国诸侯率领大军渡海讨伐大陆西南角安菲特里亚岛上的梅洛普国王墨涅拉俄斯，但国王钦命的八国诸侯的统帅却是厄玛托诺斯王的亲信弄臣赫利瑞德阿斯。

结果诸侯联军的运兵船在摩洛斯海峡被墨涅拉俄斯之子索埃狄思奈斯的精锐战舰击溃，赫利瑞德阿斯溺死，诸侯军纷纷倒戈，紧接着，主部队就跟从梅洛普王开始反攻波塞冬尼亚。正当梅洛普舰队出现在狄奥尼迦亚港东方的时候，叛军总帅墨涅拉俄斯却在军中暴卒。厄玛托诺斯王侥幸躲过灭顶之灾，与新任梅洛普国王索埃狄思奈斯签订城下之盟。

这份契约的内容包括：王庭必须常设大摄政官常驻王庭，由九位诸侯王公推选出，总统一切政事。契约签订后，厄玛托诺斯王被软禁在不见天日的波塞冬神庙中，郁郁而终。国王的权威一落千丈，亚特拉斯血统的王族成了名副其实的傀儡。

亚特兰蒂斯的战争

亚特兰蒂斯的第一代大摄政官索埃狄思奈斯掌握政权后，他着手于发展远洋贸易，而且开始向亚特兰蒂斯周边的各国派遣贸易船队，以岛上盛产的金银换取别国的商品，很快就积得巨额财富。

不久之后，当其中的一支亚特兰蒂斯贸易船队在海上进行交易的时候被北方岛国艾斯兰特的军队抢劫。索埃狄思奈斯下令武装舰队讨伐，以泰山累卵之势攻灭艾斯兰特。这次的战争以亚特兰蒂斯的胜利而终结，也是这场战争的胜利，让亚特兰蒂斯人沾沾自喜，他们被胜利冲昏了头脑，认为自己所向无敌。从此，每支贸易船队外出都要配备武装战舰护送，别国稍有不从，即行剿灭。

当索埃狄思奈斯死后，南方的莫贝林国王帕西特雷亚为夺权发动了一场夺权的内战，击败了梅洛普王国，帕西特雷亚取而代之地成了新一代大摄政官。后来这就成了惯例，每一代大摄政官人选更迭之际，亚特兰蒂斯必定会爆发剧烈的内战。但内战并不影响亚特兰蒂斯的继续繁荣。

亚特兰蒂斯的发展飞速是在摄政官的时代，当时他们大力发展贸易往来，加强对外的贸易。这样就积蓄了海外的贸易利润。而且伴随着经济的发展，他们的军事力量如日中天，周边诸国望风臣服，国家势力范围直逼地中海西陲的海格力斯之柱。

国家的繁荣包括各个方面的，经济的快速增长也带来科学和文艺的进步。正义女神的祝福之力，不但为亚特兰蒂斯人提供充沛的体力，更重要的是，它大大提升了亚特兰蒂斯人的智力。亚特兰蒂斯人发明出越来越多的木制或金属机械，并利用阿斯特雷亚祝福之力为机械提供能量，大量应用于建设和军事。亚特兰蒂斯人所创造的灿烂文明，远远超越了时代的发展，高高凌驾于诸国之上。

亚特兰蒂斯过快的经济增长带来了对物的需求，而亚特兰蒂斯人过度的发展导致了亚特兰蒂斯环境恶化，他们为了制造更精美的工具，于是大肆采伐森林，破坏物种。岛上的森林和草场被大量破坏，原本和谐共生的野生动物渐渐消失。亚特兰蒂斯人开始违背祖训，开始捕杀动物食用。由于对外贸易的需求，亚特兰蒂斯人大量屠杀动物获取牙、角、皮毛以牟利。

同时，经济发展带来了亚特兰蒂斯的富足，人们被金钱充斥着。人们生活在富足的环境中，不会有忧患意识，也是这样的过度的富足和成就，使得亚特兰蒂斯人开始沉溺享受，懒惰、贪婪、淫荡诸罪如附骨之蛆，腐蚀着他们的灵魂。高傲的亚特兰蒂斯人认为自己是天之骄子，万物皆备于我，渐渐开始轻慢神祇、漠视道德，最终促使亚特兰蒂斯人逐渐走向彻底堕落的深渊。

当亚特兰蒂斯的国王更换到第八代的时候，也就是到了第八代亚特兰蒂斯国王普罗波瑞亚统治时期。在贵族潘诺阿的谋划下，大摄政官彭瑟斯国王克莱提厄斯在进入王宫时，惨遭伏兵杀死，其长子也同时被杀。克莱提厄斯的次子泰西里亚斯由于貌丑腿瘸，侥幸逃过一劫，被流放到大陆中央的乌瑞亚山区做苦力。

泰西里亚斯流浪到了一个山区，并在那里结识了山民义从领袖恰巴斯，两人相见恨晚，很快结为莫逆之交，而泰西里亚斯发誓要报仇。十几年后，当初专横的潘诺阿病死，饱受欺凌的普罗波瑞亚王夺回政权，宣布为枉死的克莱提厄斯父子昭雪，并召回了泰西里亚斯，命其继任彭瑟斯国王，并授以王廷官职。

泰西里亚斯擅长使用心计，他掌权后便通过巧妙的政治手段逐渐清除政敌，被国王任命为大摄政官。普罗波瑞亚国王病死后，泰西里亚斯以闪电般的速度肃清了最后的反对者，软禁继任国王吕刻萨波斯，然后开始自己的复仇计划，逐一地血洗自己的仇家。血气方刚的吕刻萨波斯王不甘大权旁落，与近臣商议暗杀泰西里亚斯，不幸事泄，被软禁在波塞冬神庙中。

泰西里亚斯的残暴行径激怒了加那利国王慕波斯，于是加那利国王以波塞冬神律为号召，率领四个诸侯国联军讨伐泰西里亚斯。泰西里亚斯动员了三个诸侯国的兵力迎战。双方大战于厄俄斯北部平原。双方的激战中，泰西里亚斯的军队士气逐渐委靡，而且慢慢地显露出颓废的趋势。当战争进展到关键的时候，泰西里亚斯的挚友恰巴斯率领乌瑞尔义从军居高临下突袭加那利联军背后，阵斩主帅慕波斯，彻底扭转了战局。泰西里亚斯大获全胜，将所有的战俘用酷刑虐杀。

战争以泰西里亚斯的胜利而结束，于是泰西里亚斯率军征讨诸侯国与各城邦，所到之处无不残灭。原本支持泰西里亚斯的诸侯国也被他用政治手段吞并。所有的地图铜版都落到泰西里亚斯手中，这个时候才是亚特兰蒂斯的第一次统一。泰西里亚斯为了彻底根除隐患将所有被俘虏的诸侯以及他们的家人绑在波塞冬神律铜柱上，当着吕刻萨波斯国王的面一一烧杀。饱受刺激的吕刻萨波斯彻底发疯。

亵渎神灵的宣言

取得战争胜利的泰西里亚斯像疯了一样，四处虐杀。这个时候，大预言家阿特凯西斯以天象之变严重警告泰西里亚斯，如果他不懂得收敛自己，那么亚特兰蒂斯会有灭亡的危险。泰西里亚斯对预言家的预言不屑一顾。阿特凯西斯拿出预言之镜向所有人展示亚特兰蒂斯毁灭的预言。当泰西里亚斯看到这面镜子的时候很生气，然后拔出剑将镜子击碎，并大声地说："我就是神。"

不久之后，征服了安菲特里亚岛的泰西里亚斯亲手在波塞冬神庙中弑杀了国王吕刻萨波斯，然后宣布自己继承王位。而且在继任仪式上，他自己动手为自己加冕祝福，拒绝向海神献祭，亲手用剑刮削神律铜柱上关于篡弑的诅咒，严重地亵渎了神灵。神律之柱上的神圣律文瞬间化为乌有。泰西里亚斯被这样的情形所激怒，于是下令永远封闭波塞冬神庙。

泰西里亚斯登上王位当了国王以后便开始下令拆除波塞冬神庙以外的所有神庙，然后命令各地修建和供奉象征他自己无上权威的菲勒斯通天塔。他还要求史官修改国家的历史记录，并下令官员们拆毁"安息谷"中历代国王和贤者的陵墓，专为自己修建一座高耸入云的巨大菲勒斯通天塔，用来彰显自己的成功。

泰西里亚斯执政时期的亚特兰蒂斯空前的发达，不管是经济还是文化都走在同时代的前端。也就是这样的富足和成功，让亚特兰蒂斯开始走向没落，整个国家已经完全腐坏。环境极其恶化，除了亚特兰蒂斯人，没有任何野生动物生存，欺诈、腐败、功利、色情、贪婪与杀戮，遍布岛屿的每一个角落，人与人之间再没有任何感情，整个国家弥漫这一种堕落的气息，没有一点欣欣向荣的样子。亚特兰蒂斯人不再有自己的信仰，他们对海神也不那么的敬畏，他们变得只认识自己，也只崇拜自己，伟大的神灵也远离他们而去。

泰西里亚斯年纪大了，自己变得也不是之前的威猛和勇武了，他决定在生命结束之前亲手完成封神的夙愿。他向万民宣布了一个决定，他要在有生之年完成连亚特兰蒂斯的祖先也无法完成的丰功伟业，就是远征希腊。他要征服希腊，并且征服奥林匹亚科斯山的诸神。狂热的民族情绪点燃了亚特兰蒂斯人膨胀的野心，民间情绪沸腾到达顶点。

泰西里亚斯开始了自己的远征行程，他首先派出使者出使诸国，勒令他们在自己的国家建立象征菲勒斯崇拜的通天塔，以示臣服。日后的美洲、非洲都出现了类似的金字塔遗迹，正是当年的余绪。

世界各地的人们被泰西里亚斯的威风所折服，为了使国家免于战争，很多人都望风臣服。其中只有宙斯的后代——奥林匹亚科斯

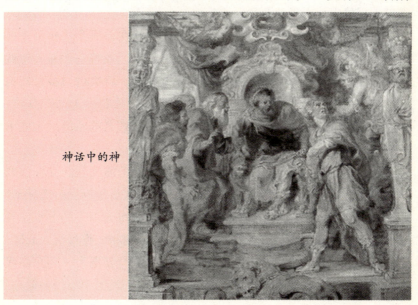

神话中的神

山下高傲的上古希腊人拒绝了他们的要求。泰西里亚斯随即宣布调集全国军队远征希腊。大军出发前，泰西里亚斯唯一的朋友、曾在厄俄斯平原大战中立下奇功的大将恰巴斯为阻止浩劫，当场刺伤泰西里亚斯，最终被泰西里亚斯亲手杀死用来祭奠军旗。

紧接着，泰西里亚斯率领五万战士、一千艘战舰开始东征希腊。当他们的战船经过地中海西陲入海口时，泰西里亚斯王下令所有舰船射击海格力斯之柱，竟将巨大的山体轰塌。

希腊人也不甘示弱，面对亚特兰蒂斯的入侵，他们勇敢迎战。双方交战，上古希腊人虽然勇猛异常，但肉体凡胎难以对抗具有永恒祝福之力和先进机械的亚特兰蒂斯人，节节败退，退守东进的唯一入口穆斯奎尔峡谷。第二天，亚特兰蒂斯人在暴风雨中仰攻不利，整个军队的士气都受到挫败，两军开始对峙的局面。

泰西里亚斯带着军队远征，但是本土的人们在安息谷中修建高耸无比的菲勒斯通天塔，当工程正在进行的时候，眼看着就要连接到天上的时候，突然发生了坍塌，而且是毫无征兆地全面崩塌，声彻天地。矗立在波塞冬神庙里神律之柱顶端的正义女神像潸然泪下，阿斯特蕾亚之泪落在神像手中象征善恶二元的黄金天秤上，破坏了二元平衡，泪珠迸散——正义女神阿斯特蕾亚之泪，正是为亚特兰蒂斯人提供永恒力量的源泉。

那些被泰西里亚斯带着远征希腊的士兵们在穆斯奎尔峡谷正在与夜袭的上古希腊人激战，也就是在那一瞬间，亚特兰蒂斯人忽然却失去了祖辈相传的永恒之力，纷纷瘫软在地，巨大的机械兵器也失去了维持动力，一时兵败如山。上古希腊人乘势发起殊死反攻，妄想征服世界的泰西里亚斯王在乱军中被不知姓名的希腊战士取下了首级。

亚特兰蒂斯的本土内，曾经维系着亚特兰蒂斯大陆的支柱波塞冬神律铜柱轰然崩塌，波塞冬神庙毁灭。瞬间天昏地暗，海天狂暴，亚特拉斯火山猛烈喷发，漫天火雨笼罩大地，海啸引发的洪水席卷整个世界。数声悲鸣后，亚特兰蒂斯大陆分崩离析，慢慢沉入海底。而在远方的穆斯奎尔峡谷，无论是高傲的亚特兰蒂斯人，还是尚武的上古希腊人，统统被愤怒的海洋毫不留情地吞没，不留任何痕迹。

亚特兰蒂斯曾经的辉煌不可一世，所有的历史都灰飞烟灭，随着灾难沉入海底。

应证历史的猜想

柏拉图通过讲故事的方式还告诉世人一个事实，他故事中的主角亚特兰蒂斯有强大的权力，而且有一个稳固的中心。这个权力中心能够将从埃及到秘鲁的地区征服，他们实际上都是被一个共同的王朝所征服，甚至连史前时代的印度也曾一度沦为它的附庸，这再次印证了亚特兰蒂斯帝国实际是当时整个世界的权力中心。

后世的学者研究发现，能够证实柏拉图故事的真实性的就是今天人们在大西洋北部的亚速尔群岛发现的黑色、红色和白色的熔岩。柏拉图曾经曾经描述亚特兰蒂斯王国的城墙说它是由黑色、红色和白色的石头所砌成。考古学家托马森教授分析说："这些不同颜色的火山岩焦灼在一起，让人联想当初火山喷发时的壮观景象，它们有如礼花焰火般从不同地质年代的地下喷薄而出，而最早的地质纪年就应该是 9000 年前的亚特兰蒂斯岛。"他通过研究描绘出了亚特兰蒂斯当时那庞大的黑色城墙的样貌。

柏拉图曾经描绘说："早在许多年以前，亚特兰蒂斯平原就已经被生活在这个王国的居民所耕耘。"如果今天的人们能够根据自己的发现能够证实这块土地上曾经出现了最早的农业和畜牧业，种植和培养了小麦、谷物和燕麦等等，那么这也是对柏拉图所讲故事的一种证实，这样的话柏拉图的那段话就更加言之凿凿了。人们很自然地就会想到，如果要迎来这样一个伟大的史前文明时代，所有的这些不正是人类从愚昧原始的状态向城市化文明过渡的必备条件吗？

人们可以试想一下，一块适合宜居的陆地，四周被环形的沟渠围绕着，山上的溪水水流而下，可以把这想象成人类文明的发源地。按照《圣经》上的描述，这样的地方就是伊甸园的象征。其实海神波塞冬的名字并非柏拉图所创，这个欧洲有史以来最早的神至今仍受到人们的膜拜；"波塞冬情结似乎已经成为所有前希登（黎巴嫩港市）时代的殖民地共有的一种独特的文化现象。"这种膜拜"首先源于西班牙，然后远播到北非，尤其是在意大利人们把这种文化发挥到极致。但它的传播远未到此停止，它的影响在不停蔓延，到大西洋的众多海岛，到爱琴海周围的广大地区，一直到色雷斯。"

希腊神话的代表有很多，例如波塞冬，例如尼普顿，但是不管是谁，与之相比，还是波塞冬以其独立于战车上的威武形象更容易被人们铭记，波塞冬逐渐成为"海神"真正的代名词。不仅如此，就连牵动波塞冬战车的马匹都变得神秘异常，甚至需要柏拉图来专门进行撰文释疑。波塞冬成为海神的原因无非是他统治了这片海域，管理了这片神秘的大空翼，从而让大陆上生活的人们都能够敬仰他，慢慢地把他供奉起来，知道后来发展成为之生活在这块大陆上的民族集体顶礼膜拜的海神；人们之所以把波塞冬和马联系在一起，是因为马是在亚特兰蒂斯大陆最先被人类驯养的动物。而且就如柏拉图所说的那样，亚特兰蒂斯人已经开始通过举行马赛来锻炼马匹奔跑的速度；而波塞冬典型的立于马匹所拉的战车上的形象，自然也不是毫无根据的凭空捏造，原因很简单，马车同驯马一样也是亚特兰蒂斯人的首创；后来，波塞冬的后代族人们将这些战车从埃及传送到不列颠岛。众所周知，不管是历史上的什么时期，人们用来祭祀海神波塞冬最好的选择都是马匹；人们在祭祀波塞冬的时候先将马匹进行屠宰，然后再被从万丈悬崖推入到茫茫大海中。这种以马祭神的传统被斯堪的纳维亚半岛的异教徒们始终保留着，而且也曾在欧洲靠近海岸线的国家风行一时，直到他们转变为基督徒，才被教会勒令取消了这些习俗。

而且后世的学者们发现，在柏拉图的描述中，很多的腓尼基人传说中的神都出现在亚特兰蒂斯国王身边。如果柏拉图讲述的这个故事仅仅是个寓言的话，那么希腊人又是从何得到这些众神的名字呢？于是有人开始怀疑，难道柏拉图所讲的"此果有硬壳，其汁可饮，肉可食，其油亦可用"，就是可可果吗？

柏拉图在描绘亚特兰斯蒂的时候说围绕着亚特兰蒂斯的是水，水环山绕的地形很难让外人发现。而且柏拉图的主要用水是有两条不同温度的水泉供应的，水源可谓是冷热泉俱有。很多人开始猜测，当时的那个科学技术到底先进到什么程度，亚特兰蒂斯怎么会有热泉呢？而且柏拉图又是怎么知道的呢？难道仅仅是他突发奇想，一时间在脑中勾勒出的图画吗？当然不是，最有力的证据就是在被认为是亚特兰蒂斯古城遗址之一的亚速尔群岛就有很多热泉；当然，柏拉图说这番话时也应该是根据自己的经验判断其准确性的，科学研究发现，热泉是火山频发地区普遍存在的一个典型特征。

柏拉图还说："（亚特兰蒂斯）整个国家都处在海滨的一块高耸而陡峭的土地上，但是在城市的周围却是一片辽阔的平原，它周遭被崇山峻岭所包围，地势平缓，一直延伸向大海。"柏拉图的整个轮廓看起来很像"海豚的背脊"，它在幽静的深海中安睡，一点都不引人注意。柏拉图描述最多的就是亚特兰蒂斯的外貌特征，"环绕的群山"从北面将这个大平原笼罩起来，这样的地形地貌与亚速尔群岛的山脉耸立的山峰看起来一样。

柏拉图的故事讲到大洪水的时候戛然而止，可想而知，亚特兰蒂斯文明在瞬间沉入海底，并且涉及了许多有关航海的问题。数千年以来，人们始终相信大西洋是一片"被厚厚的泥沙覆盖的、扑朔迷离的、在黑暗中充满神秘色彩的海洋"。在古代历史中，波塞冬的三叉权杖或者叫做三叉戟不断地出现，而在印度人的神中，或者追溯许多民族古老宗教信仰的源头，人们都可以发现波塞冬的三叉戟

大西洲的一座岛屿

出现过。

人们不难想出古罗马教皇的"三重冕"以及象征王权的三重圆圈所代表的寓意："在所有的数字中三是个神圣的数字，它曾被视作完美的象征，因此他常常被用来描绘至高无上的神，或者世俗中最高权力的代表——国王、皇帝或者君主。正是由于这个原因，有关三的各种不同形状的图案今天会经常被用于腰带、领带和许多需要打结固定的环形物体上，同时这个特征在中美洲的尤卡坦半岛、拉美的危地马拉、墨西哥的恰帕斯以及墨西哥城等地的艺术品中都频繁出现，只要有地位最高的神出现，它都会如影随形，相伴其右。"同样的，对照亚特兰蒂斯的国王十位国王加冕登基的情形看出来，这种形式被历史永久地封存和纪念，成为不朽。"从圣经中，我们会惊奇地发现，对于许多原始的部落族长的描写竟然与世界上的不同民族的传统有着那么多相近的吻合。十这个数字在《创世纪》中被提到。世界上的任何民族，无论到何时，都不会忘记他们的祖先，每当他们回望祖先的往事时，无论是发生在大洪水前还是后的事情，也无论那段历史是否真的存在过，但它们始终都具有一个共同的特征，那就是都与这个神秘的数字十有关，曾经有人试图将其与后来的宗教哲人对数字赋予的特殊意义的阐释联系起来进行推测，但最终却未得其解。在古巴比伦的迦勒底文化中，有关十位国王统治这个古老帝国的传说已经延续了数千年的历史。此外，在古代波斯人的传奇中，对于海神波塞冬的溢美之词也是不绝于耳，'他是古代法律的缔造者，他只以饮用纯洁的神酒为生，他始终是神圣的化身。'在印度，我们知道有九位婆罗门长老，他们再加上众生之父婆罗吸摩，刚好凑够十位，于是他们就被后人称为'十父'。德国人相信奥丁神有十位祖先，阿拉伯在历史上也有关于十位神秘国王的传说。柏拉图讲述的这个故事从这些传说中进一步得以确认。在一部现已遗失的古希腊著作中，保留了希腊哲学家普罗克洛斯曾经引用的一段评价柏拉图的文字，文中提到这个四面临海的岛屿，位于'海格力斯之柱'以外，并称'在大西洋上众多的岛屿之一，岛上的居民从他们祖先那里流传下对亚特兰蒂斯的记忆，那是一个相当大的岛屿，并曾在很长一段时间统治着大西洋上的所有岛屿'。"

埃伊连在他的《异读历史》中曾谈到瑟欧庞普斯（公元前 400 年）记录的有关迈达斯、弗里吉亚（小亚细亚中西部古国）国王和塞列努斯〔(希腊）森林神的首领，酒神的养父〕之间的一次特殊的对话，他们的谈话中塞列努斯曾经提到在大西洋以远有一块广阔的大陆，"它的面积比整个小亚细亚、欧洲和利比亚三者之和还要大。"他还谈到岛上居住着一支叫做梅洛普的人，他们在那里建筑了很多重要的大城市，而且发展农业和畜牧业。他们的谈话让很多人相信那个国家所在的大陆是大西洋上一座孤立的岛屿。之后出于好奇的原因，很多人曾经漂越海峡，想到寻到希腊神话中的这片北方乐土。

研究埃塞俄比亚的著名的历史学专家马塞勒斯说："高卢人自古以来就对亚特兰蒂斯的历史非常熟悉，他们从生活在比基督还要早一个世纪的古罗马人那里了解到这些。在高卢地区曾经生活了三种不同的人。其一是本地土著，据猜测应为蒙古人，他们曾经很长时间都居住在欧洲；其二为另一个岛屿过来的入侵者，有理由相信他们应该就是亚特兰蒂斯人；其三是高卢人中的亚利安人。"

但他谈到这个问题的时候，他曾经叙说在大西洋上共有七座较大的岛屿。或许人们从加那利群岛（位于北大西洋东部，1497 年起沦为西班牙殖民地，后被改为西班牙的两个省）上的居民那里，能够了解到更多的对于亚特兰蒂斯的往事，"毕竟亚特兰蒂斯帝国曾经很长时间都统治着这些小一些的岛屿。"

同样的研究人类的学者迪奥德鲁斯认为，腓尼基人发现了"一座大西洋上的巨岛，它位于'海格力斯之柱'之外，从非洲海岸出发要航行七天才能到达那里。这座岛屿具有得天独厚的自然条件，土壤肥沃，资源充足，物产极其丰富。且自然景观异常绮丽，清澈的河流、连绵的群山还有成片的绿色森林。岛上的居民生活非常怡然，他们在夏季经常到薄雾笼罩下的拥有美丽花园的乡村别墅中度假。那里也是钓鱼和游戏的好去处；气候相当的宜人，一年四季总是青山绿水，鸟语花香"。古希腊著名作家荷马、普鲁塔克等人都曾在作品中也同样地提到了这片大西洋中的岛屿，圣·克莱门特在写给科林斯人的诗文中说"在那个国家，黄金和白银几乎遍地皆是，那里的人对待金银简直就像我们对待废铜烂铁一样毫不吝惜"。

　　仔细阅读《圣经旧约》就会发现有大量关于大西洋海上的这片"海上的群岛"的引述，特别是以赛亚（公元前七八世纪希伯来大预言家）和以西结（希伯来预言家）二人的关于这片岛屿的长篇大论。那些生活在内陆上的犹太人是怎么看待《圣经》中的描述呢，他们和这样的大洋和大岛有着怎样的关联呢，是不是存在着某种内在的必然性呢？

　　亚尔古英雄的诗歌中素以崇拜酒神的神秘教而闻名，这些诗歌中曾记载着古利克托尼亚人入侵大西洋众多岛屿的故事。其中的诗文说："那时，一头黑发的波塞冬对克朗涅怒目而视，手持黄金锻造的三叉戟与利克托尼亚人厮杀一起。"

　　柏拉图在对话中称，埃及人告诉梭伦亚特兰蒂斯的毁灭发生在9000年前的一次大洪灾，依照那个时间推算就是公元前9600年左右。虽然过去了很多年，但是这样的时间地质学家依旧会发现些什么。试想地质学家能够根据欧洲发现的洞穴，就能追溯回50万年前的人类遗迹；而根据从美国加利福尼亚的高原山脉基座下的深层土壤中发掘出来的颅骨化石，科学家们已经断定在这座山形成以后不久就有人类在这里生活。

　　著名的学者奥博特先生曾经在布鲁塞尔国会咨文中阐述，人们可以根据现有的科学知识，将天文的知识来研究埃及人和亚速人，而且可以准确地计算出生活在距今11542年前人类的文明程度，如果科学能对这样年代久远的历史尚能够进行如此精细的年代推算，那么对于公元前9000年前的事情也可以轻而易举地掌握。

　　科学家用最先进的方法对亚特兰蒂斯进行考察发现，亚特兰蒂斯很可能就是在史前文明出现的，而且研究人员对亚特兰蒂斯的起始年代进行考证的过程中发现，同是这块大陆，但在语言上却存在着巨大的差异，这说明亚特兰蒂斯文明形成前后时间的跨度。但由于连史前世界的各个民族对亚特兰蒂斯的记忆都如此之少，因此只能说明一个事实，亚特兰蒂斯是曾经存在的，但是在一场突如其来的变故中被毁灭，而且没有留下一点的痕迹，这就感觉像从未有过这片土地存在一样，历史瞬间便又回到了遥远的从前。

　　古希腊历史之父希罗多德曾经讲到，他从埃及人那里了解到，埃及人最早供奉的大神是赫尔克里斯（大力神，主神宙斯之子，力大无比的英雄）神，他是在亚马西斯统治他们之前的17000年前，被八位天神创造出来的十二位神之一。

　　柏拉图讲述的这个故事起源于埃及人，亚特兰蒂斯是一个举世公认的保留着大量历史记录的古老民族，他们甚至可以将自己的历史追溯回遥远的远古时代。也只有他们能够有资格对希腊人、罗马人和现代世界的一切寓言和传说嗤之以鼻，而且让人觉得无可辩驳，毕竟祖先们对这个世界的地理、历史的了解太有限了，后世的研究者也不一定能够从远古的遗留来发现更多的东西，更多具有价值的参考的东西。人们能够知道只是地球上可能真的存在某个地方，而且这个地方在顺便化为乌有，但是具体的东西和一些研究，还有待专业人员的考证。柏拉图后世的学者们锲而不舍的研究，希望能够还原历史的真相。

一个比较可信的答案

　　现代的地质学观点足以证明历史上的"沧海桑田"是可能的事情，偌大的陆地可以被海洋吞噬，茫茫大洋中也会升起一块新陆地。气候变迁、冰川融化、海面上升，以及诸如火山、地震等地质灾变，都可能造成像大西洲那样的厄运。但是很多人想不通，为什么会在大西洋中发现12000年以前的文明，这在人类历史上正值旧石器时代晚期，难道地球上还存在过比古埃及、古印度等已知古文明更早的史前文明吗？

　　1870年，德国著名考古学家舒里曼在希腊伯罗奔尼撒半岛北部发掘出迈锡尼文明遗址。30年后，英国著名考古学家艾凡斯又在克里特岛上发掘出更早的迈诺斯文明遗址。这两年考古学上的伟绩轰动了世界，人们不约而同把它与失踪了的大西洲联系起来了。

　　克里特岛位于爱琴海南端，面积大约为8331平方千米，是爱琴海中最大的岛屿。希腊神话中说这块土地属于米诺斯王，所以艾凡斯就把在克里特岛发掘的遗物命名为"米诺斯文明"。

　　科学家们甚至推测说，克里特岛的古代民族在埃及、西亚先进文明的影响下，创造了自己的文化。迈诺斯文明的黄金时期大概是公元前 20 世纪至公元前 15 世纪的 450 多年间。克里特岛主要遗迹就是著名的诺萨斯王宫。这座王宫规模宏大，结构复杂，千门百户，曲折相通，它使人不由想起希腊神话中拘禁牛首人身怪物米诺托洛斯的迷宫。岛上还有很多这样类似的宫殿。

后世的考古发现，迈诺斯人在许多方面远远走在时代的前面。他们当时使用的文字极其复杂，而且发现在宫殿里有不少巧夺天工的壁画和陶器彩画；他们的手工业也很发达，不但能制作精细美观的青铜器皿、金银工艺器，而且还建造了坚固轻便的远航船只，商船队遍布古代世界各地；他们利用水管排水，这在当时是极其复杂的工程，而且他们懂得把凉风引入屋内调节空气。当世界上其他民族大多还把妇女当做财产的时候，迈诺斯妇女已有崇高的地位，他们的宗教就是以崇奉一个露胸的母仪女神为中心，壁画上有很多是以优雅的妇人像为题材，她那服饰华丽的容姿，显示出妇女在当时之受人尊重。

克里特岛风景宜人，岛上的人们都生活的安慰快乐，人与人之间团结和睦。到处洋溢这一片和谐的气息。但是，在公元前 15 世纪之后不久，正处于鼎盛时期的迈诺斯文明却突然消失了。考古发掘的结果表明，迈诺斯的城市全都在同一时期被毁灭。这一切，与传说中的大西洲何等相似。

近代火山学的进展，克里特岛的灭亡与来自桑托林岛（克里特岛以北约 113 千米）上的一次猛烈的火山爆发有莫大的关系，那次大爆炸之后随之发生的巨大海啸。用放射性碳测定桑托林岛上所发掘出来的烧黑了的石屋遗迹、烧焦了的人牙等，获知火山爆发的时间正是在公元前 15 世纪。

根据先进的技术考证分析，当时的火山爆发放出的辐射能量相当于 500～1000 枚原子弹同时爆炸，堪称世界上有史以来最猛烈的一次。耸立在桑托林岛中部高达 1500 多米的火山堆，喷出了千百万吨岩浆，炽热的浮石像雨点般洒下来，火山灰随着地中海东部的夏风吹向东南方，散落范围广及 25 万平方千米，最远点离火山 700 千米，最厚处达百米以上，即使在今天的地中海，也可以找到几米厚的火山炭层。极大的内部压力，迫使火山发生惊天动地的大爆炸，火山自行崩塌陷落，造成一个圆周足有 60 千米的火山口。整个桑托林岛也在火山爆发中化为乌有。

但是桑托林、克里特与大西洲之间有很不相同的地方，最大的症结便是在时间和面积上，两者在时间上相差了 8000～9000 年，在面积上相差了近 200 万平方千米。考古学家认为，这很可能是柏拉图的疏忽，他把代表"一百"的埃及数字符号误作"一千"了，从而把所有数字都扩大了十倍。如果去掉一个额外的零，那么大西洲的故事应该发生在索隆去埃及旅行的 900 年以前，即公元前 15 世纪，这正是桑托林火山爆发的年代。依照那样的记录，那么大西洲的面积应该是 20.72 万平方千米，这又正与当时桑托林、克里特所在的地中海东部诸岛的范围相仿。而所谓"海格力斯之柱"，据说在接近克里特岛的希腊海岸，有两个岬角也叫此名；所谓西海，实乃地中海。

根据柏拉图的记录，最了解大西洲的是古埃及人。不只是因为埃及人是讲述故事的人，而且根据当时的记录来看，埃及与亚特兰蒂斯有贸易往来。史书上记载，古埃及人把来自埃及西北方某地（即克里特岛）的商人、水手唤作"凯夫秀人"。桑托林火山爆发时，古埃及北部也深受火山灰和海啸巨浪之害，即史书上所称的"十大

希腊海岸

灾殃"。这次灾祸给古埃及人留下深刻的印象，因为从此以后，昔日常来常往的凯夫秀人一下子不见了，尼罗河的港口里再也看不到他们的船只，西北方的富庶岛国失踪了。这可能就是关于大西洲的传说。

后世的科学的证据

自从柏拉图提出了亚特兰蒂斯之后，很多学者就在研究这样的盛世文明，即使没落了，但是具体的位置在哪儿。直到 1665 年，一个名叫阿塔那斯·柯切尔的神甫第一次提出亚速尔群岛和加那利群岛是大西国遗迹这个理论的。他的关于大西国位置的观点在后来几个世纪的发现——证实了。

著名的法国地质学家泰尔米埃在大西洋考古的时候发现大西洋海底有两条纵向的海沟，在两条深沟之间，有一个中央火山区。海底的陆地痕迹为南北走向。其中明显可见的是杨玛廷岛、冰岛、佛得角群岛、阿森松岛、特罗斯坦达库尼亚群岛。这些都是消失了的大陆火山的遗迹。这个发现同时证明了之前有人提出的在欧洲和美洲之间有一块陆地的说法。

1898 年夏天，有一条船在布雷斯特同科德角之间敷设电缆。突然间海底电缆发生断裂，船上的工人马上投入了紧张的抢修工作。出事地点是北纬 47°，巴黎以西西经 29° 40′，在亚速尔群岛之前 900 公里处，那里的水深达 3100 米。人们在打捞失事船只的时候发现海底有陆地山脉的特征，这个陆地山脉除了表面的谷底之外没有淤泥，而且岩石顶端呈锋利的尖状。船员们带回了一块岩石，也就是被称为"玄武玻璃"的岩石，现在一直保存在矿业学院。

"玄武玻璃"的发现引起了更多的人兴趣，包括其中法国地质学家皮埃尔·泰尔米埃。泰尔米埃通过实验和研究发现，这块发现于深海处的岩石虽然经过海水的浸泡，历经久远，但是在水中一直没有能变硬，而拿到岸上在空气中它却坚硬起来了。泰尔米埃因此得出结论：从 3100 米深水中采来的这块石头曾受到过大气的压力，因为在这个地方，过去曾同周围地区一样一度露出水面；显然，不久以前发生的地壳激变（这里的"不久以前"，应该从地质学角度来理解）使这里下陷了 3000 米；欧洲同美洲之间有过一块陆地，这块陆地在激烈的地质变动时不见了。

之后，泰尔米埃对大西洋诸岛进行了研究，特别对亚速尔群岛进行了深入的考察和研究，泰尔米埃研究的结果发现，这些大西洋的岛屿所具备的特点恰好同柏拉图所描写的完全相符。泰尔米埃还发现有两条纵向海沟，一条沿欧非大陆，另一条则沿着新大陆。从而提出新的观点，如果这里是陆地的话，它极有可能是连接欧洲和美洲的"桥梁"。其实早在泰尔米埃的地质假设没有提出之前，这样的结论就被人们证实了。

南美洲的一些偏僻山区里生活着一些纯粹的亚洲长相的人。有人说他们来自蒙古，有人提出了疑义，在当时没有任何交通工具的情况下，这些人是怎么绕着地球转了半圈的，从蒙古来到南美洲可能性大吗？

早在 16 世纪，西班牙人就十分吃惊地在墨西哥发现了希伯来和埃及式的建筑物，墨西哥的土著人讲的是希伯来立法者摩西的同胞所操的语言，这似乎说明，这些同胞中有些人没有跟随其他人向红海迁移，而是穿过非洲，向西走上了柏拉图所说的那块土地，最后来到了阿兹特克人的国度里，即墨西哥。

同样在 1952 年，一位专门研究寄生物的学者乔克通过研究发现，那些出现在南美的鸵鸟同非洲鸵鸟极为相似。这些鸵鸟不但外形相似，而且就连它们身上的寄生虫也是一样的，这是其他动物所没有的现象。因此，只有一种可能性才能使两岸出现同一现象，即鸵鸟曾经从非洲"迁移"到美洲，或从美洲"迁移"到非洲。

从这些事例可以看出，地质学和生物学都能够证明大西国位于大西洋，而且在人类学和人种学上也有先关的证明。莫里斯·夏特兰在《我们的祖先来自宇宙》一书中写过这样一段话：

"最近，人们发现约 2900 年前墨西哥东海岸就有一批种植麻和棉花的印度和腓尼基的农业移民，同时还发现了开采铜和锡的苏美尔和腓尼基的矿业移民，这些移民也许还开采金和银，不过年代要早一些，在 4300 多年以前，地点也不是墨西哥，而是秘鲁和玻利维亚的山区。另外，在亚马孙河流域的石崖上，人们还找到了古希腊克里特人的线状文字，这表明那些移民越过大西洋，顺亚马孙河逆流而上。"

同样身为国际语言学院创办者的孙子查尔斯·伯利茨在他有关大西国的专著中写道："极其明显……在美洲印第安人的语言中很多词汇的宗教含义同大西洋另一岸古代语言中的一些词汇十分相似。"

不仅如此，生物学、人类学和人种学也不断提供新的证据，证明从前在旧大陆同新大陆之间确实存在着一座"桥梁"。今天的许多地质学家和史前史学者认为，大西国曾经存在是个历史事实。地球物理学也从自己的角度告诉人们，很久以前曾发生过一系列冰川袭击，结果造成了大西洋中一连串的下陷。这个下陷过程贯穿了整个冰川消退时期，也就是说，从公元前 6500 年一直持续到公元前 1950 年，这一年代同柏拉图书中的年代是完全一致的。

亚特兰蒂斯研究的新发现

1956 年，著名的雅典地震学家安吉洛斯·加兰诺帕勒斯教授前去参观塞拉岛（桑托林群岛未沉入海底的数个小岛屿中的一个）上的火山灰水泥矿井。当他走到井底的时候，他无意间发现了一栋被火烧黑的废墟，而且还在废墟里发现了被烧成炭的木头，其中还有一男一女和牙齿。加兰诺帕勒斯经放射性碳分析测定，那些在废墟中发现的人死于公元前 1400 年前后，也就是公元前 15 世纪。石屋上有厚达 100 英尺的火山灰，这表明把石屋埋入地底的火山喷发可能真是人类历史上最大的一次。

科学家们为了研究桑托林火山爆发究竟有多猛烈而查阅了 1883 年东印度喀拉喀托岛火山爆发的记录。资料现实，那次火山爆发使喀拉喀托岛的底部裂开，这样海水就涌入火山的底部，从而和滚烫的岩浆相掺和。膨胀的气流产生了无法抗拒的压力，掀掉了 1460 英尺高的喀拉喀托山的顶峰，喷出的烟尘火柱窜入 33 英里的高空，把岩石甩出 50 英里之外。火山尘缭绕地球扩散，世界各地的落日变得血红，数月后竟然引得美国康涅狄格州和纽约市的消防队都出动了。等到这次喷发施尽淫威终于平息下来时，火山的空壳塌陷进一个 600 英尺深的海底火山口。因此而产生的海啸毁灭了 295 个城镇，淹死

36000 人，还把一艘轮船推进内陆两英里。爆发时的轰鸣声使方圆 480 英里内的房屋全都震动，声音则传到 2000 多英里之外。

地质学家研究发现，桑托林岛火山爆发和印度喀拉喀托岛的火山爆发属于同一类型的火山爆发，但是比它还要猛烈许多倍。当时在空中释放出的能量相当于数百个氢弹同时爆炸。据加兰诺帕勒斯估计，覆盖在桑托林岛上的火山灰厚达 100 英尺，而喀拉喀托的火山灰只有 1 英尺厚。风把桑托林岛的火山灰吹遍 80000 平方英里的地区，主要是吹向东南方，沉积在海底，至今仍然存在数英寸至数英尺厚。

喷发停息以后，成为空壳的火山陷入海平面下 1200 英尺的火山口中，造成巨大的海啸，旋涡中心的波浪有 1 英里高，滔天巨浪以每小时 200 英里的速度呼啸而去，犹如百英尺高的堵堵长城，粉碎了克里特岛沿岸，在不到 3 小时内吞没了尼罗河三角洲，又继续淹没了 640 英里之外的叙利亚古港乌加里特。

这些数字都能够证明桑托林岛火山爆发带来的物质后果，而它对人类历史产生的影响则可能更为深刻。研究发现，西方文明的美学、思维和民主等可以追溯到古希腊。但是当桑托林火山爆发的时候，古希腊居住的还是一些原始的部落。之后希腊成为文明的摇篮。古希腊繁荣起来的伟大文化其实发祥于一个名为米诺亚的民族。米诺亚族的人口几乎达到了数百处，居住在克里特岛上的 10 多个城市，外围居民则住在桑托林及其他小岛上。他们使用一种很复杂的文字，热衷于各种体育运动，如拳击、摔跤和斗牛。人们使用带抽水设备的厕所，在夏天，人们会把凉风通入房屋调节空气。不仅如此，他们的手工艺也是世界上领衔的水平。他们创造了精美的花瓶、装饰物，以及艺术高超的壁画。米诺亚人的使者和船队遍及当时世界的各大洋。

公元前 15 世纪晚期是米诺亚文明发展的鼎盛时期，但是就是这个时候，米诺亚文明却瞬间消失了，而且消失的了无声息。考古发掘表明，所有的米诺亚城市在同一时期被一扫而光，大宫殿都毁灭了，巨大的石柱像散乱的火柴棍一样杂乱倒地。

人类无法解释米诺亚文明的消亡的原因，它的消亡一直是个谜。

近年来的地质研究者发现引起这场毁灭性灾难的是桑托林火山爆发：爆发本身造成了大破坏、冲击波以及随后发生的海啸。大量的火山灰降落下来，填满了克里特岛的肥沃土地，毁坏了庄稼，并使这个岛上的土地数十年不能耕种。几乎整个米诺亚民族都灭绝了。

大爆炸摧毁了整个文明，但是也有不少的幸存者。当大爆炸发生的时候，很多人爬上了高山，也有人当火山爆发时正在远航。考古证据表明，他们当中的大多数人逃到了克里特岛的西部，从那儿北渡，到达临近希腊海滨的迈锡尼城。当时希腊虽然也遭到海啸的侵袭，但幸亏刮的是西北风，因而没有受到火山尘埃的影响。

幸存的米诺亚人很快迁徙到了别处，也是因为他的迁移导致迈锡尼文明在公元前 1400 年前后繁荣起来，相关的文字记载显示，希腊的历史也就是从这个时候开始的。幸存的米诺亚人民将他们自己的曾经使用的文字、艺术、射箭等体育运动传授给希腊人，所有这些在当时的大陆还闻所未闻。他们教会希腊人制造青铜器和金器，还可能曾帮助后者营造大陵墓和宫殿，这些正是米诺亚文化的精华。

希腊人虽然倚靠着自己的发展成为屈指可数的古文明，但是不管他们多么的繁荣昌盛，他们并没有完全米诺亚民族的毁灭，没有忘记人类历史上的种种灾难，这些灾难以传说的形式代代相传，亚特兰蒂斯的故事也许就是其中之一。

后世的学者通过研究发现了不同的证据，他们也提出了不同的问题。例如加兰诺帕勒斯认为，柏拉图所说的讲述故事的公正的人梭伦在听故事的时候肯定是读错了埃及数字符号，把"100"读成"1000"，因此使所有的数字增大了 10 倍。如果去掉那个多余的"0"，毁灭的年代应该是发生在梭伦生前 900 年，即公元前 15 世纪。这个时间与桑托林岛毁灭的时间相吻合了。而且根据推断发现亚特兰斯蒂的面积应该在 80000 平方英里，恰恰和东地中海群岛的面积一致。

而且根据柏拉图提到的亚特兰蒂斯的整体结构来看，亚特兰蒂斯的国都应该在平原上，而这样的地形和克里特岛上米诺亚人城市菲斯托斯所在的平原很相似。而对岛国上属于海神波塞冬圣地的那部分地区的描述，加兰诺帕勒斯认为无论是地貌特征还是形状大小，都与桑托林岛相吻合。直到今天，在海底火山口仍能辨认出水道和港口的遗迹（美国海军水文地图业已证实这一点）。这些以及其他相似之处至少已使一位著名历史学家得出结论说："亚特兰蒂斯之谜已最终得到了解答。"

改变人类历史的遗嘱

著名的考古学家亨利·谢里曼从不盲目相信任何书本或考古学家的理论，他总是喜欢亲临现场，获得第一手材料，他相信"一切事实胜于雄辩"。正是他这种严谨的态度，使他发现了希腊古城特洛伊，从而名声大噪。谢里曼认为，即使是神话传说，也会有其事实依据存在的可能性，而且有一部分是可以作为参考资料的。他对传说中的亚特兰蒂斯发生了兴趣，并着手进行了调查。

亨利的一生都是在从事考古研究，就在他去世前不久，他叫人找来了一位朋友，亲手交给他一个信封，上面写着："此信只能由我家的一名成员拆看，而这名成员必须发誓将自己的一生献给信中大致描绘的那个研究事业。"

就在亨利临死前的一个小时，他让人给他拿来纸和笔，用他那颤抖的手写下了最后几个字："对密封的信封里补充一个神秘的内容。请敲碎鹰头瓦罐，仔细查看罐内之物。在塞依斯寺院废墟东面的查卡纳山谷墓地里。很重要。你将找到证明我的理论的证据。黑夜已经来临，永别了。"

亨利最后的这封信落到这个朋友的手中，看似小说的情节，其实只是故事的开头。亨利去世的时候，他的孙子保罗·谢里曼正在俄国学习。他接着回到了德国，随后又到东方继续自己的学业，直到1906年。

当保罗回到家的时候，那个曾经受托于亨利的朋友找到了他，他将当年亨利交给他的信交给保罗·谢里曼。保罗·谢里曼接过东西感到十分奇怪，他庄重地撕开了信封，里面是一些照片和几份材料。

打开信封的第一份材料写道："打开这个信封的人，必须正式发誓继续我的未竟事业。我已经得出了结论：亚特兰蒂斯不仅是美洲同非洲和欧洲西海岸之间的一块大片陆地，而且它还是我们全部文明的发祥地。专家们对此已有过多次争论。一些人认为，有关亚特兰蒂斯的传说仅仅是诗歌里想象的东西，其根据只是关于公元前几十万年以前发生的那场洪水的片断材料。另一些人则认为，这个传说是有历史的真实性的，不过还无法拿出证据来。"

"在信袋里，有一些文件、笔记、文章和文字证据，我认为这些东西都同亚特兰蒂斯有关。仔细阅读这些材料的人必须保证，接过我的研究工作，尽一切可能争取拿出有决定意义的成果来。首先，他可以运用我在此交给他的一切材料。其次，他不应忘记宣布，我是这些新发现的真正发起人。法兰西银行里有一笔款子，谁能拿出最后结论，谁就可以领取这笔钱，估计它能偿付一切调查研究之费用。愿上帝为这项重大的工作提供方便。亨利·谢里曼。"

法国的科学家有个传统，他们通常会用生命来捍卫自己的研究成果。亨利·谢里昂也是这样，他直到临死前才把自己对亚特兰蒂斯的第一手材料交给自己的孙子。他的遗嘱震惊了世界。

保罗在祖父遗留下来的信封里发现了祖父的遗嘱，原来亨利·谢里曼在挖掘特洛伊古城时发现了特洛伊王的"宝物"，那是一个青铜罐，里面有一些物件，都用腓尼基语写着：属亚特兰蒂斯克诺斯国王。

1883年，亨利·谢里曼在法国卢浮宫又发现了一些来自中美洲的帝华纳科古城的发掘物。他惊讶地发现，这些东西的材料和形状同特洛伊王的"宝物"中的物件一模一样。之后亨利·谢里曼对这些东西进行了深入的调查研究。这位考古学家请人对特洛伊王的宝物作了一次化学分析，结果表明，这些东西是用某种黏土制作的，但在腓尼基和中美洲都找不到这种黏土。

发现的特洛伊王的宝物中还有几件金属制品。而且通过科学的化验证明，这些金属是由白金、铝、铜组成的，换句话说，这是一种合金，但在迄今考古学家们发掘到的古代物品中，这样的合金是从未见过的。有人怀疑这跟传说中亚特兰蒂斯人的"奥利萨尔克"——古希腊传说中的青铜有着莫大的关系。

虽然研究有了重大的发现，但是亨利·谢里曼的热情没有就此止步。他开始着手研究玛雅文化，看看它同欧洲的其他古文化有没有共同之处。经过分析，他出乎意料地发现了许多重要的共同特点，这是他所不敢想象的。他发现有埃及文化同玛雅文化具有惊人的相似之处。当时的地域环境现实，那些欧洲人是不可能到美洲去的，而玛雅人也是不可能到欧洲来的，因为他们都不是出色的航海家。因此亨利·谢里曼得出结论：传说应该是真的，当新大陆和旧大陆交替的时候，一定有一块宽阔的陆地作为两个大陆之间的桥梁。这块陆地就是亚特兰蒂斯，这里的居民曾向埃及和中美洲迁移。

保罗·谢里曼从祖父手中接到了这样奇怪的遗产。当他明白了这一切情况后，他就遵照祖父的遗愿，走上了寻找亚特兰蒂斯的征途。接下来的 6 年时间，保罗·谢里曼走遍了埃及、中美洲和南美洲，并仔细地参观了许多博物馆。之后于 1912 年，他在《纽约美洲报》上发表了一篇文章，题目为：《我是怎样发现一切文明的发祥地亚特兰蒂斯的》。

保罗的文章已经发表就引起了国际学术界的关注，但是远古文明的谜底并没有因此而揭开，保罗·谢里曼在这篇文章中只是介绍了上面说的那些情况，即他祖父的发现以及他接受"遗产"的传奇般的经过。

出了提到祖父的一些考古的发现，他也根据自己多年的考古发现讲到了在埃及的考察以及他在塞依斯寺院废墟旁的发掘情况。保罗曾经在废墟附近发现了两枚金属货币，其材料同特洛伊王的宝物的合金完全一样，甚至在非洲还发现了一个用同样合金制成的儿童的头，还有人说保罗发现了两本极其惊人的手稿。这两本手稿一本是用玛雅文字书写的，现在被珍藏在不列颠博物馆。这本东西叙述说，在公元前 8000 年的一个叫做"穆鲁克 11"的日子里，忽然发生了剧烈的地震。震区遭到严重的破坏，几百万居民同这块陆地一起一夜之间沉入了大海。另一本东西是古老的迦勒底文本。人们惊奇地发现，在两本不同文字的手稿里都出现神秘的"穆"字。由此可以断定它们有一个共同的起源。

保罗·谢里曼的文章没有提供更多的细节，不过这位考古学家宣布，他将出版一部著作，公布他有关这些问题的全部证据。时隔多年，保罗·谢里曼销声匿迹了。关于这其中的原因有很多人发表了不同的揣测，尽管理由千变万化，但是人们对亚特兰蒂斯的热情依旧没有减少。

油画描绘的亚特兰蒂斯人们的生活

第2章
亚特兰蒂斯的灾难

　　柏拉图在讲述亚特兰蒂斯的故事的时候提到说梭伦听到这个故事是从一个老祭司那儿听说的，祭司说在亚特兰蒂斯兴盛的时候曾经扩展了他的帝国疆域，成功地达到埃及的边界。但是后来遭到了埃及人的抵抗，雅典人领导的联盟成功地击败了亚特兰蒂斯的进攻。此后有大量的灾难，包括地震和洪灾，毁灭了希腊的大部分，将亚特兰蒂斯淹没在波涛之中。柏拉图之后的几个世纪的研究者都将亚特兰蒂斯的毁灭指向了几个世纪以前的那次大洪灾，那次洪水的暴发对世界产生了怎么样的影响，至今还是未解之谜。

未解的灾难之谜

　　19世纪美国议员伊格内修斯·唐纳利对柏拉图讲的故事做了深入的研究，并将自己的研究发现记录在一个小册子里，这个册子于1961年出版，其中有段这样的内容：在西班牙和百慕大之间的大西洋海底岩床上，呈现在第一视野中的遗迹，表明了以前亚特兰蒂斯的存在。深海探测器在西班牙西部发现了一个有3000英尺

海底的遗迹

深的河谷，这个海床向下有 2000 英尺深并且直接延伸到了百慕大三角的另一座山峰。因而亚速尔群岛是亚特兰蒂斯仍然露出地面的剩余部分。但是从地质上测量海床，如果发生了任何沉没，应该是在 10 万年前或在假设的亚特兰蒂斯消失之前。

公元前 9000 年大灾难

如果说柏拉图的叙述是真实存在的，那么在遥远的过去，大西洋中确实存在一个大岛屿，或者是一块大陆，而且，从地质学的角度说，这块陆地是确确实实存在着的；而且后世的探索发现，柏拉图所说的沉入海底也是十分可能的事情。种种迹象表明，亚特兰蒂斯是真的存在，而且关于这个巨大灾难的记忆被保留在了人类的传说中，这一点也是可以肯定的事情。

大洪灾中，岛屿上的国家和它的全部人口在几个小时内就毁灭在了一场可怕的震动中。这些人随着洪水的暴发而湮灭，没有人会记录当时发生了什么，即使他们是文明的祖先，也是文明的捍卫者，但是他们的脑海中不可能对这次灾难没有深刻的印象，整个人类历史中也不可能没有它模糊的阴影。但是后人通过对希伯来人、亚述人、腓尼基人、希腊人、库施特人等的研究发现，在哪里会发现关于大洪水的传说，而且所有的这些传说都明显地指向亚特兰蒂斯的毁灭。

莱诺蒙特说："结果是我们确定了大洪水的故事在人类民族的所有分支中都是普遍存在的，例外只有一个，就是黑人。那么，这样精确和内容和谐的回忆不可能只是人们自己发明的神话。没有任何有关宗教的或者有关人类起源的神话具有如此的普遍性。它肯定是来源于对一件真正的、可怕的事件的记忆，这种记忆在我们民族祖先的脑海中是如此的深刻，以至于他们的后代们从来就没有忘记过它。这场大灾难肯定是发生在人类发源地的附近，而且是在这几个主要民族起源的家族分散之前；因为为了解释这些传说的广泛传播，而认为在我们所能想象的地球上的众多不同的地方，不同地域可能出现了如此精确相似的现象——即，人们的记忆已经假定出了一个相同的形式，而这个形式又同样地呈现出了在这种情况下在人们的脑海中不可能出现的情况——是毫无批判力的，因为那根本就不可能。

"但是我们发现美洲关于洪水的传说可能并不是原始的版本，它是从别处引入的；毫无疑问，它还保留着从稀有的黄色人种中引入的那些特点，事实上这些传说就是从这些黄色人种中找到的；最后，同样毫无疑问的是在大洋洲的腓尼基人中也存在这样的传说。另外三个无疑是非常特别的种族，他们关于洪水的传说并没有经过彼此的借鉴，事实上，他们的这些传说都是原始文本，而且都可以追溯到最古老的年代。这三个民族恰恰源于《圣经》中的诺亚——《起源篇》的第十章中给出了这些民族的由来。这项我认为是不可否认的发现使得这个在《圣经》中记载的传说被赋予了不可思议的历史和现实价值，虽然在另一方面，这可能导致它在地理学和人种学上的价值更为有限……

"但是，现在的情况使我们能够毫不犹豫地断言，《圣经》中的大洪水是一件真实的历史事件，而不是神话，至少它在亚利安人或印欧语系人种、闪米特人——即阿拉伯人和库施特人这三个民族祖先的头脑中留下了深刻的印象——也就是在古代世界三个伟大的民族中留下了深刻的印象，而这三个民族——在这些民族的祖先还没有分离之前，而且在他们共同定居的亚洲区域——构成了人类社会一个更为高级的群体。"

柏拉图认为"席卷所有人的大洪水"与毁灭亚特兰蒂斯的洪水是同一时期。而且塞伊斯的牧师告诉所罗门"在席卷所有人的大洪水"之前，雅典有一个高贵的民族，他们做了很多高贵的事，其中最后的一件也是最伟大的一件事就是抵制住了亚特兰蒂斯人征服他们的企图。也是雅典做了这件事情之后，发生了亚特兰蒂斯毁灭的事情，大洪水的暴发不但湮灭了亚特兰蒂斯，而且毁掉了整座岛屿，包括其中的一部分希腊人，所以，还保留对很多部分洪水的记忆的埃及人把它看做"席卷所有人的大洪水"。这也证明了史前洪水的真实性。

现代的火山爆发

学者在研究这个大洪灾是否存在的时候首先研究的是地质结构的问题。其实，无论海面是持续上升还是持续下沉，都会在地层都会留下它的历史痕迹。由此可以推测，今天人们生活的大陆可能就曾在水下沉睡了若干年，而组成这些陆地的最基本要素的岩石自然也要浸泡于水下；不仅如此，大部分沉积水下的岩石还可能是不同大陆的碎岩或者冲积物混杂在一起的"合成品"，这些岩石或者土壤有些是经过海底长时间的洋流冲击而形成的。其中的高山平原等地形经过火山、地震、霜蚀、冰冻、风吹、雨淋的自然作用，最后也被席卷进大海，最后再形成今天坐落于各地的地下岩层。可以说，大陆是曾经的海洋，海洋是曾经的大陆，只是因为历史变迁的原因，大陆和海洋进行了颠倒。由此可以推断出，今天大洋洲上的群岛曾经是一块沉没大陆的山尖，这片大陆从印度一直延伸到南美。

大洋洲上发现的大陆被科学家称为莱缪里亚，科学家们并且断言，这块大陆上很有可能就是某一支人种诞生的发源地。科学家对大西洋进行的一个地理形成的检测表明再次验证了之前的推断，大洋洲上确实曾经有一片大陆。而且实验的结果表明，大西洋洋底的构成主要为45000英尺厚的岩石、沙子、砂砾和泥土的混合沉淀物，这些沉淀物的混合来自北方和东方。《美国大百科全书》记载说："它们表明这些大陆形成以前的碎岩曾受到雨水、河流、海岸线的湍流以及其他各种形式的自然消蚀作用；这些海底沉积物几乎构成了大西洋地下的全部，由此可知，构成现在的北大西洋海底大陆的主要部分形成的时间要早于美洲，至少应该在美洲历史上的古生代以前。为什么这样说呢？原因很简单，大西洋地层下面岩石的厚度数据显示，它与地球东部的地质结构非常接近：位于宾夕法尼亚州和弗吉尼亚州之间的阿帕拉契亚山脉的古生代岩石的最大厚度在25000到35000英尺之间。而位于伊利诺伊州和密苏里州的岩石的最大厚度却只有3000至4000英尺；根据研究我们发现，越是粗糙的年代久远的岩石混合物大多集中在东部地区，而越往西，沉积在洋底的岩石质地就越精细；其说明的道理便是，更多细小的砂砾随着海水的冲击从东方来到西方。"

这段话也对欧洲大陆的衍化发展史做了详细的阐述，也就是人们说的地质学与地理学之间的关系。而这个大陆衍化的发展史与盖奇教授得出的结论是一致的。盖茨教授说，欧洲最早的大陆出现在北部和西北部，其中包括斯堪的纳维亚半岛、芬兰、不列颠岛的西北部，而且这些部分要一路向北延伸，穿越北极一直抵达北美大陆。人们无法想象这块原始大陆的高度和广度，但是单从大陆解体后留给后人的那些巨大的岩块就可以看到其中的历史。在古代英国威尔士南部志留人居住过的地方有一块巨岩，它形成的山峦从马赛一直绵延到北角（1800 英里），宽度超过 33 英里，平均海拔高度达到 16000 英尺。当初屹立在今天大西洋领域的衔接欧美大陆的那片土地早已不见踪影；随着历史的发展，地壳不断地上升，从而形成新的大陆，而那些原本在陆地上的高原、山丘等沉入海底。仅仅在五千年内，瑞典、丹麦和挪威的海岸就已经从 200 英尺上升到 600 英尺。

著名学者温歇尔教授说："我们周围的世界始终都处在不停的巨大的变化之中，但是我们却浑然不知。我们曾经见识了火焰中的世界，也感受到遭受撞击下的地球；我们亲眼目睹了南美大陆的海岸线在一个小时之内上下升降十五英尺的巨变，我们还知道安第斯山脉在短短七十年间已经下沉了 220 英尺……这种惊人巨变同样发生在中国的海岸线。根据估测，这座古代的都城很可能位于这个帝国的中心附近，但是现在这里早已是一片汪洋大海，它的位置就在朝鲜半岛附近……曾经有一段时间，生活在巴尔干半岛的色雷斯人用岩石填海修筑了一条道路，使得黑海下沉。这种情况在北部和东部地区同样存在。现在这片地区已经几近干涸，闻名于世的古利克托尼亚地区，已经变成一望无际的俄罗斯大草原和夯实的欧洲谷仓。"

科研人员的研究发现，现在的人们能够找到足够的证据证明历史上曾经有一段时期，整个大不列颠岛完全淹没在 1700 英尺的洋面以下。那些曾经被海水覆盖的大陆上布满了厚厚的沙床、砾石和土块，这样的地质被称地质学家称作"北方冰碛"。当大不列颠岛再次浮出水面时，这些水底沉积物也就随之重见天日；同样，科研人员在今天的意大利西西里岛也发现了这样的证据，西西里岛曾经也处于深水中，但是后来因为海底火山爆发的原因，骤升 3000 英尺；同样的撒哈拉沙漠也曾经在水下沉寂了许多年，但是因为地壳的运动上升平原，而称为今天那些灼热的沙砾。

从地质上来说，亚特兰蒂斯的沉陷在那个时期，仅仅是一系列历史巨变中的最后一个，通过这次变故，曾经一度为大西洋上的非常庞大的一艘"巨型战舰"缓缓沉入海底，而新的陆地又从它的两旁逐渐升起。

柏拉图的故事中，亚特兰蒂斯的毁灭是因为自然界的一次"痉挛"而引起的。古人对于这样的观点认为是一个神话。但是对这科技的发展，科学技术的不断进步，人们对科研知识领域的不断扩展，许多传统的自然之谜正逐渐被现代科学揭开其神秘的面纱，越来越多的史前资料现实，柏拉图讲的不是神话，而且这一事件发生的历史甚至距离我们今天很近。我们既然知道有那么多的岛屿是从海平面以下"拔地而起"，又有众多的陆地在惊涛骇浪中沉没，那么亚特兰蒂斯也可能是在这样的地震和洪水中被吞噬的。

地中海附近的火山爆发

1783 年，冰岛经历一场前所未有的灾难。在一个月不到的时间内，距离海岸线 30 英里左右的海底火山接连喷发。火山爆发喷射出大量的火山灰和浮岩，这样方圆 150 英里以内的海面全部被火山灰覆盖，海上过往的船只都无法通行。也就是这次火山爆发之后，冰岛附近的海洋上露出了一个新的岛屿，岛屿甚至还有高耸的悬崖，它被称作丹麦大帝，而这个岛则被称作新岛；但是这个岛只在陆面上存在了一年，一年后，它再次消失在海平面上，只留下一个距水面 30 英里的暗礁。冰岛的这场火山爆发造成 9000 多人丧生，而当时冰岛全国只有 50000 人口；20 多个村庄被大火和洪水所吞噬，大团的熔岩喷薄而出，纷纷扬扬地从天而落，景致煞是骇人。

同样的灾难发生在印尼爪哇岛。1822 年 10 月 8 日，一场大地震突然降临，让岛上的居民措手不及。莱尔在《地质学原理》一文中记载说："随着一声巨大的爆炸声响，大地开始颤抖，滚烫的沸水和泥浆夹杂着燃烧的硫磺石、火山灰和坚果大小的岩砾，如水银泻地般从山顶喷涌而出，顺流而下。方圆四十英里以内的河流表面到处都是漂浮的火山倾泻物。第一波火山喷发大约持续了五个小时；在接下来的数天内，瓢泼大雨倾盆而下，河水迅速泛滥成灾，并伴随着大规模的泥石流，整座岛屿在一场空前的大洪水中摇摇欲坠……

第四天（10 月 12 日），火山再度喷发，这一次的强度比四天前更加猛烈，沸水和滚烫的热泥又一次注满了大小河流，巨大的玄武岩被从火山口擎天抛出足有七英里远的地方。与此同时，一场大地震接踵而至，整座山面目全非，山尖被拦腰折断，倒向原来覆盖着荫荫郁郁的绿色森林的一边，并砸出一道巨大的半圆形的鸿沟。这场灾难造成超过 4000 人丧命，114 个村庄被彻底摧毁。"

1831 年，位于西西里岛附近的地中海中诞生了一座全新的岛屿，它被命名为格拉汉姆岛。它的出现也是伴随着海底地震而出现的，据相关的资料记载，这次地震喷出的岩浆高达 60 英尺，方圆 2400 英尺以内的海平面迅速上升。地震爆发后的一个月的时候，那座小岛就出现在海平面上，而且高 200 英尺，方圆 3 英里。但是出现后不久又消失了，沉入了海底。

现代的科学研究表明，大西洋东北部的加那利群岛很可能是亚特兰蒂斯帝国原址中的一部分。1730 年 9 月 1 日，群岛中的兰斯罗塔岛爆发了一次近代以来最大规模的火山喷发，一个晚上的时间，岛上的一座小山发生剧烈的震动，火山喷发物瞬间从山体上喷射出来。几天之后，另一个火山也喷发了，汹涌磅礴的熔岩流很快将附近的数个村庄吞噬掉。这场火山喷发演变为灭顶之灾，更多的岩浆涌了出来，流向村庄，而且持续十多天的时候。岩浆的流淌有增无减，越来越多的熔岩流从火山口喷涌而出，很多村庄都被岩浆覆盖，

探寻过去的辉煌

岛屿的一角在一声巨大的轰响中缓缓沉入海底。不计其数的死鱼漂浮在海面上，被海浪冲到海滩；整座岛上的牛羊牲口无一生还，有的是被岩浆涌现烧死的，有的则是被蒸汽般的温度闷死的。岛上的居民也没有能够幸免，这场可怕的灾难足足持续了五年。兰斯罗塔岛的三分之一都被厚厚的熔岩所覆盖。

圣多林海湾地处希腊爱琴海，它有上千年的历史，而且这座火山长期活跃着，也因此而成为一处著名的风景名胜。古罗马政治家普林尼曾经在他的著作中描写过这处景观。大概是公元前186年，一座名为"神圣岛"的小岛从海平面上升起；公元19年，另外一座被称为"神岛"的岛屿也从海底长出来。1573年，被称作"小骄阳岛"的海岛从天而降。1848年，地中海部分地区持续了将近三个月的火山，火山喷发结束后，海中诞生了一片沙洲。稀拉岛的一场地震摧毁了无数的房屋，从海底泛上的硫磺导致50人丧生，1000多口牲畜毙命。最近对这些岛屿进行的一次勘查表明，由于海底的地质运动异常活跃，目前的圣多林岛几乎全部都已经沉入水下。同样的在1819年的时候，在印度一个名为新德里的城堡，在一场地震过后整体陷入地下，其面积大约为2000平方英里。

考古学家蓬斯于1828年乘船来到新德里的废墟。这座废墟其实就是在海底发现了一座塔，它是仅存的比较完整的遗迹。这座城墙的顶部高出海平面上两三英尺，其样貌仍依稀可见；站在塔顶上看到的一望无际的大海。另一位地质学家利耶尔看到眼前的情形，在他的《地质学原理》中感叹道："展开你丰富的想象吧，人类的工业革命发展越快，污染也就越多，如果再这样肆无忌惮地制造废水，迟早有一天，地球上唯一还能看得到的陆地就是靠地震抬升起来的陆面了。"人们能很容易地从利耶尔的著作中看到沉没的新德里沉默时的凄惨画面。

1815年4月，人类有史以来最可怕的火山喷发发生在大约距爪哇岛东部两百英里的萨姆巴瓦岛的汤勃罗省。那是1815年的4月，火山喷发持续到七月，期间最猛烈的是7月11和12日。巨大的爆炸声在方圆一千英里以内都能清晰可闻。整个汤勃罗的人数为12000人，火山爆发的时候只有其中的26个人幸免于难。《爪哇史》第五卷和第一卷中记载："咆哮的旋风将人、马和牛统统抛到空中，即使成百上千的参天大树也被轻易地连根拔起撕裂，海面上到处飘浮着树木的残骸，空气中弥漫着呛人的灰烬。海上漂浮的余烬随着波浪向西一直到达苏门答腊，这些灰烬足有 2 英尺厚，遍布数十英里的海面，过往的船只根本无法通行。天空中弥漫着铺天盖地的浓烟和灰烬，即使是在白昼，也要比平日的黑夜更加深邃可怖……历史将永远铭记，这座城市叫做汤勃罗，位于萨姆巴瓦的西侧，从海中溢出的海水，一直冲上海岸数十英里，以至于在原来的那片陆地永久地留下一块深 18 英尺、方圆 1000 英里的大水塘。同月，在阿姆博伊纳岛，陆地豁开一个大口，淤水流干后，它又慢慢合上。"

现代最大规模的地震发生在葡萄牙首都里斯本，这个地方也是最靠近亚特兰蒂斯的地方。1775 年 11 月 1 日，一声如同雷声一样的闷响传入人们的耳中，当人们还没有反应过来的时候，天地间开始摇晃，整个城市也摇摇欲坠的样子。在短短的六分钟内，城市的60000 人陷入的灾难之中。一群幸免于难的人逃到了用大理石铺筑的新码头上，当他面以为能够躲过灾难的时候，码头沉入海底，没有人能够独活。当时，这个港口附近还停泊着许多小船，上面同样装满了人，他们也被港口沉陷时产生的巨大旋涡一并卷入海底。没有任何沉没的残骸再升上水面，现在码头下的水深达 600 英尺。考古学家哈姆博特回忆这段历史时仍心有余悸，"那场地震发生时，地球表面的相当于四倍欧洲大的地方都同时感受到它带来的震颤。它波及的范围之广无与伦比，从波罗的海一直到西印度群岛，从加拿大一直到阿尔及利亚。从摩洛哥开始的八个国家的陆地被扯开一个大口，吞噬了 10000 人后再度合上。"

这次地震被称为是继 9000 年前的那场灾难之后的又一场惊天的浩劫，而且这个地方也是距离柏拉图所说的亚特兰蒂斯的存在最近的地方。因此说亚特兰蒂斯毁于灾难很有可能。

爱尔兰的火山爆发

地轴线附近的火山地带大都是活火山，这条火山地带一直延伸到冰岛，爱尔兰就在这条火山带上，因此在历史的长河中，这条火山带活动十分频繁。古代纪年表留下了大量的关于它喷发的记录。1490 年，在位于这座火山附近的爱尔兰斯莱戈郡的公牛山，有一百人和数百头牛葬身于咆哮的火山熔岩中；1788 年 5 月，英格兰的诺克雷德山发生火山爆发，火山喷发涌出的岩浆长达 60 码宽，持续流淌了 39 个小时，摧毁了鲍约文村及村内所有居民，只有一家四口人在灾难中得以逃生。

考古学家总结的资料显示，里斯本和爱尔兰，以及亚特兰蒂斯以东地区，较易发生较强震级的地震。而西印度群岛和以此为中心的西部地区也容易发生火山爆发的情形。1692 年，牙买加发生了强烈地震。地震发生的时候大地裂出了一个大口子，大量的洪水涌入，很多人丧生；那些不幸跌落夹缝中的人们惨遭挤压而死；很多人只有头部留在地面以上。位于波特罗伊镇的大约一千英亩的大片土地在不到一分钟内迅速沉没，浩瀚无边的海水铺天盖地地将其瞬间吞噬掉。

亚速尔群岛同样位于火山频发地带的中心。历史的记载显示这里曾多次受到火山和地震的猛烈侵袭。1808 年，一座位于圣乔治岛的海拔 3500 英尺的火山突然喷发，这场火山喷发持续了六天，火山喷发停止后，原本充满生机的岛屿成为一片荒岛。1811 年，圣米格尔附近的一座海底火山喷发，火山喷发后新出现了一座高达 300 英尺的小岛，被命名为萨姆布里纳，但是它却很快再次沉入海底。类似的火山喷发还于 1691 年和 1720 年两次发生在亚速尔群岛。沿着一条狭长的地带，地球表面出现一道巨大的裂痕，这条裂缝呈南北方向伸展，中间穿过大西洋，而且人们发现在这条火山带上有许多活火山和死火山。其中活火山包括冰岛的奥拉法、海克拉和劳达卡姆巴火山；亚速尔群岛的皮克火山；特尼里费峰火山；佛得角群岛之一的佛戈火山；死火山包括冰岛的几座，还有非洲西北部大西洋中的马德拉群岛上的两座；而在菲尔南多岛、南大西洋的阿松森岛、圣海伦岛以及特里斯坦岛则都是火山的发源地。

莱尔的《地质学原理》中有段这样的记载："在《航海杂志》1835 年版第 642 页、1838 年版第 361 页，以及《Comptes Rendus》杂志 1838 年 4 月期，都专门谈到了许多有关火山、地震、地下水、熔岩灰和火山灰的问题，这些由地内运动引发的自然现象自从19世纪中期以来就开始受到关注，在西经20度22分左右的开阔海面空间范围内，大约再向南半度就是赤道。达尔文说，这些事实似乎表明在大西洋中间有一个岛屿或群岛正在逐渐形成。一条连接圣海伦岛和阿森松岛的直线正在形成，如果它继续延长下去，就将慢慢断开这个火山频发地带。如果这里最后会形成陆地的话，那它最初就不会成为火山运动活跃的地区，因为那里已经生长出火山虫。在亚速尔群岛之一的圣雅戈岛，在水平线以下的地层中发现了石灰质岩层，其中包括近代的海洋物种贝壳类化石，被80英尺厚的玄武岩所覆盖着。我们很难评价这些可能在未来的两三千年内出现的岛屿在商业和政治方面的重要性，但它们的确将会从圣海伦岛与阿松森岛之间的大洋下冒出。"

不管是史前的资料考证，还是后世的推理证据都显示了那场曾经摧毁了亚特兰蒂斯城的大火至今仍在海洋深处缓慢燃烧。柏拉图描述的那个"痉挛"还随时有可能爆发。那些因为地壳运动而长埋海底的陆地也有重见天日的那一天。没有谁能给亚特兰蒂斯的沉没一个标准的答案，人们只有沿着前人的脚步继续前行，去寻找那神话般的故事。

大洪水传奇故事中亚特兰蒂斯的毁灭

很多人认为人类似乎已经证实了柏拉图所讲故事的真实性，在遥远的过去，大西洋中确实存在一个大岛屿，或者说几乎是一块大陆，而且，根据近些年的考古资料现实，地质学能够证明大西洋上确实曾经有一片岛屿，这也进一步证明了它以柏拉图所描述的方式沉入了海底这一说法是十分可能的。

这个巨大的灾难虽然过去了很久，但是作为一种记忆一直保留在任的脑海中。也就是这次毁灭性的灾难中，整个国家和它的全部人口在几个小时内就灭在了一场可怕的震动中。被灾难包裹的人曾经是两个大州的伟大民族的祖先，他们自己就是他们那个时代文明的保护者。因此他们的脑海中保留着对这次灾难得深刻印象，整个人类历史中也不可能没有它模糊的阴影。因此，后世的研究学者无

画家描绘的亚特兰蒂斯

论是求助于希伯来人、亚述人、腓尼基人、希腊人、库施特人还是美洲的居民，都能够发现大洪水的传说，而且也会看到其中的很多证据指向亚特兰蒂斯。

勒若尔芒在《当代启示》中描述说："结果是我们确定了大洪水的故事在人类民族的所有分支中都是普遍存在的，例外只有一个，就是黑人。那么，这样精确和内容和谐的回忆不可能只是人们自己发明的神话。没有任何有关宗教的或者有关人类起源的神话具有如此的普遍性。它肯定是来源于对一件真正的、可怕的事件的记忆，这种记忆在我们民族祖先的脑海中是如此的深刻，以至于他们的后代们从来就没有忘记过它。这场大灾难肯定是发生在人类发源地的附近，而且是在这几个主要民族起源的家族分散之前；因为为了解释这些传说的广泛传播，而认为在我们所能想象的地球上的众多不同的地方，不同地域可能出现了如此精确相似的现象——即，人们的记忆已经假定出了一个相同的形式，而这个形式又同样地呈现出了在这种情况下在人们的脑海中不可能出现的情况，而这个形式又同样地呈现出了在这种情况下在人的脑海中不可能出现的情况。"

"但是，现在的情况使我们能够毫不犹豫地断言，圣经中的大洪水是一件真实的历史事件，而不是神话，至少它在亚利安人或印欧语系人种、闪米特人——即阿拉伯人和库施特人这三个民族祖先的头脑中留下了深刻的印象——也就是在古代世界三个伟大的民族中留下了深刻的印象，而这三个民族——在这些民族的祖先还没有分离之前，而且在他们共同定居的亚洲区域——构成了人类社会一个更为高级的群体。"

柏拉图认为"席卷所有人的大洪水"与亚特兰蒂斯的毁灭是一致的。塞伊斯的牧师告诉所罗门"在席卷所有人的大洪水"之前，雅典有一个高贵的民族，他们做了很多高贵的事，其中最后的一件也是最伟大的一件事就是抵制住了亚特兰蒂斯人征服他们的企图；并且这以后就发生了亚特兰蒂斯毁灭的事，这次湮没了整座岛屿的灾难也毁掉了大量的希腊人。所以，还保留对很多部分洪水的记忆的埃及人把它看做"席卷所有人的大洪水"。

毁灭性的大洪水

"大洪水"是远古的人类流传下来的神话中最为悲惨的故事。没有一个神话故事能入它一样的深入人心，也没有一个神话能在世界各民族中广为流传。这其中几乎所有的民族都将"大洪灾"当做民族的开端，是人类文明的起源、生存和发展的起点。"大洪水"之前的人类处于一种懵懂的状态，灾难之后才有各个民族的兴起。这个意义上来说，"大洪水"是人类文明的催化剂，是人类从洪荒时代向文明时代转折的起点。

世界各地的洪水神话

印度有也一段关于洪水的神话，其中的主人公叫摩奴。传说摩奴曾经救过一条鱼，之后这条鱼为了报答摩奴的救命之恩，将人类面临洪水的灾难告诉了他，然后叫他准备一条船，之后带着他顺利地避过灾难的袭击。后来洪水渐渐退去，陆地露出了海平面，但是之前陆地上生存的万物和所有的生灵都被洪灾洗劫一空，只有摩奴一个人活着。一年之后，突然从水里走出一个女人，她自称是"摩奴的女儿"，于是摩奴便娶她为妻，生儿育女，他们也就是人类的祖先。

这样的神话在中国也有出现。只是中国的神话传说中人类的祖先是一堆兄妹。男的叫伏羲，女的叫女娲。人类的大洪水到来的时候，他们一起躲在了一个葫芦里，随着洪水的退去，他们爬出了葫芦，成为人类上仅存的幸存者。之后他们便结为夫妻。一年之后，女娲便生下了一块石头。他们本以为是孩子的，却无端地变成了石头，他们很生气，于是将石头敲碎后从昆仑山顶撒向山下。就在这个时候奇迹发生了，那些跌落在山里的变成了飞禽走兽，而那些跌落在海里的就变成了游弋的鱼虾；落在平川旷野的变成了人，但是因为从上至下的跌落，所以有了今天的残疾人。

印第安人在他们奉为神圣的经典《波波武圣》里面有记载了关于洪水的神话传说。故事的大致是说天神们开天辟地之后便用木头雕刻了一批人，他们像天神一样有思维，能自由地活动，有喜怒哀乐等等。但是有一天，这些人类失去了天神的欢心。于是，天神发动了一场大洪水，淹没了他们雕琢的木头人……但是在这场大洪灾中，有两个被称作"大父和大母"的木头人存活了下来，他们在灾难之后重新修建了家园，成了世世代代人类的祖先。

除了这些地方的神话传说，在埃及、希腊、罗马以及遍布于南美洲和北美土著部族中都有关于洪水的传说。至于《圣经》中那段著名的"诺亚方舟"的故事，则早就家喻户晓了。总之，在人类的记忆中，洪水不但存在，而且是人类文明的起源，是被传播的最为广泛的神话故事，可见它与人类的文明有莫大的关系。

尼尼微泥板的记载

最早的洪水传说是保留在尼尼微泥板上的。

1850 年，美国业余考古专家亨利·莱亚德士在两河流域发掘了亚述王国的首都尼尼微，在这次发掘中出土了 24000 多片破碎的黏土板书，这些板书上面刻着奇怪的文字。经过一段时间的研究发现，这里面记载的是一个引人关注的洪水故事。

故事的大致内容发生在远古时代，当时的人类触犯了天神，大护法神恩里尔决定发动一场洪水来消灭人类。水神艾亚是人类的朋友，他把这场洪灾提前预告给了人类一个叫乌纳皮斯汀的人，这个人是水神认为最正直的人。

水神对着一堵芦苇房的墙壁，反复地向乌纳皮斯汀叙说关于洪水的警告："拆掉你的房子，建造一艘船，抛弃所有的财物，赶紧逃命去吧！……听着，赶紧拆掉房子，依照一定的尺寸，按均衡相称的长宽比例建造一艘船，将世界上所有生物的种子贮存在船中。……芦苇房啊，芦苇房！墙，墙！噢，听着呀，赶紧拆掉房子，造一条船吧！"

乌纳皮斯汀对水神的话不敢怠慢，听完神的旨意后立刻动手建造了一艘大船。可怕的灾难来了，顿时天昏地暗，风暴之神将白昼转变成黑夜，摧毁大地如同敲碎一只杯子。根据黏土板的记载，头一天的时候，风暴席卷着整个大地，四处引发山洪……天地间一片漆黑，伸手不见五指。众神也吓得仓皇逃走，纷纷逃到天神阿奴居住的天宫，蹲伏在宫殿四周，缩成一团，像一个个受惊的小狗。一连六天，暴风雨不断地吹袭着，汹涌的浪潮翻滚过来，洪水淹没了整个世界，暴风和洪水同时咆哮着，像两支交锋的军队。等到第七天黎明的时候，南方刮来的暴风终于平息，海面逐渐恢复平静，洪水开始消退。大地死一般地沉寂，到处都是海水，地球上没有生灵……

乌纳皮斯汀根据神的指示而幸免于难，他们一家人活了下来，他们也成就了新一代人类的祖先。根据相关的考证，这批出土的泥板是公元前700多年的制品。几十年之后，另一批记载大洪水的泥板在乌尔发掘出来，他的制作时间更早，大约在公元前3000年。

圣经中的大洪水

人们发现在《起源篇》的第六章至第八章中有《圣经》中关于大洪水的记载：

很久很久以前，当人类开始在地球表面繁殖的时候，他们也生下了女儿，上帝的儿子们看到人类的这些女儿都很美丽，于是他们就把他们选择的那些人类的女儿娶做了妻子。

上帝说他的灵魂不会一直和人类抗争，因为他也有肉体：虽然他能生存 120 年。上帝存在的日子里地球上有很多人，在那之后，上帝的儿子们娶了人类的女儿组建自己的家庭，于是上帝有了孙子，之后这些小孩子同样变成了巨人，就是《圣经》中记载的那些古老的享有盛誉的巨人。

人类出现了之后，慢慢开始有了丑恶的习性。上帝看到地球上人类的邪恶行为是非常严重的，每种对他内心想法的想象都仅仅是不断的邪恶。这使上帝非常懊悔创造了地球上的人，他的心因此而感到非常悲痛。因此便想引来一场洪水淹没世界。

诺亚是一个天性善良的人，他正直不阿而且深得上帝的喜欢，于是上帝对他说："我将要消灭人类，但是你秉性善良，而且处处为他人着想，与那些自私自利的人截然不同。所以我才告诉你这个秘密。这样你和你的家人就能躲过灾难。只要你用歌斐木造一艘长宽一样的方舟，然后带上各种动物，每种动物都有公母，带上粮食和种子。我会降 40 天的大雨来惩罚人类的愚蠢和邪恶。"

于是诺亚按照上帝对他的命令做了一个方舟出来。然后带上自己的家人和上帝说的动物及种子。洪水来了，诺亚、诺亚的妻子、诺亚的儿子们和他儿子们的妻子们一起登上了方舟。正如上帝说的那样，他们携带的动物都是一公一母，一雄一雌。

洪水把地球淹没了 40 天，人类居住的地方被淹没了，然后水位上涨，方舟暴露了出来，而且被抬到了地球上面。洪水泛滥，水位升得更高了；于是方舟也升到了地表以上。很多高山大川都淹没在洪水里，地上的飞禽走兽都了然无存，更别说人类了。陆地上只有诺亚和方舟中和他在一起的生物活了下来，诺亚的方舟随着潮水漂到了亚拉腊山山顶。

后来天上下的雨停了，洪水逐渐从地球上退去，方舟还停留在亚拉腊山上。诺亚想着世界上变成了什么样子，于是他放出了一只乌鸦，这只乌鸦在地球上方飞来飞去，直到地球上的洪水全部消退变干。他还放出了一只鸽子，晚上鸽子回来了，嘴中衔着一片摘下来的橄榄叶。于是诺亚知道洪水从地球上消退了。此时的大地开始复苏，一场崭新的生活即将开始。诺亚和他的家人从方舟中出来，重建洪灾后的世界。

人们为了纪念这场人类的劫后余生，将鸽子和橄榄看成和平的标志，而诺亚方舟则永远地留在亚拉腊山山上。诺亚为上帝建造了一座神坛；他抓住了每一种走兽和每一种家禽，并且在神坛上供上了烤熟了的祭品。诺亚方舟的故事发生在公元前 4000 年左右，距今约 6000 年。现代科学证明，这一时期是第四纪全新世多雨的大西洋期，可能产生过巨大的洪水。随着人们对其他民族关于大洪水的传说的进一步论述，大洪水之前的世界就是亚特兰蒂斯的事实越来越明显。

古巴比伦的大洪水

迦勒底语中大洪水的故事有两个版本，虽然他们的发生不在同一时间，但是体现出来的特征却是惊人的一致性。现在人们能够读到的最古老的，也是最简短的一个版本就是博弱瑟斯从巴比伦的宗教书籍中截取的，并且被引入了他为希腊人所写的历史书中。

迦勒底的牧师这样继续写道："奥巴特斯·埃尔巴拉图死后，他的儿子奚苏锡洛斯接替王位成了国家的统治者。大洪水的暴发就是在他的统治期内，其中的相关记载是这样的：克若诺斯在奚苏锡洛斯的梦中出现在他面前，并且宣告在这个月的十五号会有一场洪水，到时候所有的人类都要灭亡。奚苏锡洛斯需要将所有事物的开端、过程和结果记录下来，并且将记录好的东西埋在西巴拉的太阳之城中。之后修建一艘船将他的家人和需要的食物一起放在船上带走，还要让动物、鸟和四足兽也登上这艘船；最后他还应该准备好航海用的一切用品。当奚苏锡洛斯询问船只该驶向什么地方的时候，得到的答案是'朝着神的方向'，并且他还得到为人类祈福的命令。

奚苏锡洛斯按照神的指示做了一个长宽都一样的大船，他收集了神指示所有的东西，然后让他的家人和他一起登上了这条船。当洪水到来的时候，他们幸免于难，当世界恢复平静的时候，他们发现在船的顶棚上开了一个口，此时的船停在了一座山的山顶上。于是奚苏锡洛斯和他的家人一起下了船，然后搭建了一座神坛，并且在那里向神献祭；在同一个时刻，他和伴随他的人们一起消失了。

那些停留在船舱的生物没有看到奚苏锡洛斯和他的家人们回去，于是它们下船去寻找，它们开始四处叫喊着奚苏锡洛斯。但是它们再也没有看到奚苏锡洛斯；此时一个来自天堂的声音告诉他们应该向神表示虔敬；并且告诉它们，实际上奚苏锡洛斯已经因为他的虔敬得到了奖赏，即被带到了神居住的地方并和他们居住在了一起，奚苏锡洛斯的家人也因此享受到了这样的荣誉。神还指示他们说他奚苏锡洛斯他们将会返回巴比伦，并且他们会挖出埋在西巴拉的书写之物，然后将书中的内容在人类广为传播。神还指示说他们以后生活的国家就是亚美尼亚。当神说完之后，这些生物开始向神祭拜，之后它们便步行返回了巴比伦。奚苏锡洛斯的大船在亚美尼亚着陆，在亚美尼亚古德扬山脉上仍然能够发现它的一部分，所以现在的很多朝圣者都前来这里朝拜，他们会带来他们从它的碎片上刮落的柏油，然后用于避开魔法的不利影响。至于奚苏锡洛斯的伴随者们，他们来到了巴比伦，挖出了留在西巴拉的书写之物，创建了很多城市，建立了庙宇并且重建了巴比伦。"

勒诺尔芒说：虽然这个版本很有趣，但是毕竟是从别处流传来的，与这个版本相比，我们现在能够给出一个迦勒底—巴比伦的原始版本，这个版本是在尼尼微发掘出来的楔形文字的石碑上发现的，而且这些石碑上的文字已经被乔治·史密斯翻译出来了，翻译成了通俗易懂的文字，现在这份译本被保留在大英博物馆中。关于大洪水的传说被记录在第十一块石碑上，或者是乌鲁克城大型叙事诗的第十一段。这首诗中的男主人公是一个像海格力斯一样的人，他的名字并没有被确定，他得了一种病（类似于现在的麻风病），为了治愈这种病，他去询问被从洪水中救出的族长卡西萨特拉，这位族长在洪水的灾难暴发的时候被神送到了一个遥远的地方，之后便在那里生活。这个人找到古老的族长，然后要求他说出使他获得这种永恒的特权的事件，后来那位族长被他说服了，并且描述了他所经历的那场大灾难。

卡西萨特拉族长对照尼尼微宫殿中的图书馆中保留的三份诗的抄本，几乎没有停顿地把这个故事复述出来。亚述国王阿术尔巴那巴命令人们将这三份抄本在公元前 18 世纪制作出来的，它们出自乌鲁克城僧侣图书馆中的一份样本，这个图书馆最初是由迦勒底帝国的统治者们建造的。因此人们很难确定亚述的作家抄写原本的确切日期，尽管如此，但是通过事情的叙述还是可以追溯到那个古来的时代。至少是他们年代的 17 世纪之前，或者可能更早；由此可以得出，这个时代是比摩西的时代更早，这个时代几乎是和亚伯拉罕相同的时代。现存的这三分抄本所表现出来的变化证明那份原始体裁的被称为"僧侣"的书写作品的就是原本，这份作品在公元前 18 世纪就已经是很难被译为普通文字的了，因为誊写者们在誊写的时候对其中的一些符号的翻译不一样，所以在那种情况下，他们只能将那些无法理解的图案画出来。最后，通过这些对比可以得出的结论是，这份手稿誊写翻译之前一定是一份最古老的稿本，因为原本中已经有了写在行与行之间的评论。一些誊写者已经把这些评论引入了他们的作品。另外一些誊写者则把它们省略了。

卡西萨特拉族长有了这些初期的判断后给了来人一个完整的叙述。他揭露的不只是保留下来的历史，而且还有神对他的判决。

卡西萨特拉族长告诉来人，他知道的舒里帕克城城坐落在幼发拉底河上，也是一座古来的城市，但是那里的人们对神并不尊敬。于是神听从了别人安娜的忠告，天地之神提议制造一场大洪水，并且得到了诺班、那古和亚达的赞同。于是天地间暴发了一场大洪水。之后他便听到了神的指示："洪水到来之前你要建造一艘船，并且要尽快地完工，这样你在登船的时候还要带上相关的动物和植物，带上所有有生命的物质。你要建造的这艘船应该有六百腕尺长，船做好后你要让它下水，把这艘船关闭起来，然后等待我的通知。船的里面要存放你的谷物、家具、粮食、财宝，还有你的男仆们、女仆们以及那些年轻人们。之后要把田里的牲畜和平原上的野兽聚集起来，要把它们放在门口保存。"

卡西萨特拉族经过五十天的努力终于把船建造起来了，在它覆盖物上面共有十四根的是它的椽，上面总共有十四根。卡西萨特拉族长在船造好后得第六天登上了这艘船，然后把这艘船分成了几层，接着又把这艘船的内部分成了一个一个的小隔间。之后查看了那些裂缝，添加上了缺少的东西。最后从船的外面三次倒上了 3600 量度的柏油，在船的里面也倒了 3600 量度的柏油。做完这些工作便找来 3600 个人，挑夫们用头顶着成箱的食物三次才把它们送上了船。卡西萨特拉族长留下了 3600 箱作为他和家人的食物，船员们自己两次把 3600 箱食物平分了。为了储备在船上的事物，卡西萨特拉族长杀了很多的牛，然后规定了船上人员的口粮。而且准备了大桶的饮料和水酒。所有的东西都填满了船舱。之后卡西萨特拉族长便将物品进行分类。

卡西萨特拉族长把所有的白银都收集在一起，将所有的黄金进行分类收藏，然后将船上有生命的聚集在一起，让他们分批地登船。然后将那些男人和女人们进行分批的安排。之后告诉他们说："太阳神曾经跟我说过，今天晚上将会有大雨从天上落下来。我们现在一起到船里去，然后把门关上。"卡西萨特拉族长回忆说，那天晚上当大雨倾盆而至的时候，他感觉非常害怕，他走进了那艘船，并且关上了门。等到第七天的时候，洪水般的雨开始变弱了，在地球像地震一样颤动之后肆虐的可怕的洪水也变得平静了，海水像是要变干，风停止了，水也停止了向外奔涌。卡西萨特拉族长这时候看到一片平静，地球上的人不知道什么时候已经都没有了，只见尸体像海藻一样漂浮在海面上。卡西萨特拉族长虽然能够看到窗外的阳光，但是他依旧感觉很悲伤，满脸的泪水。船被尼兹尔的山脉挡住了，等到船停在山脉上的第七天的时候，卡西萨特拉族长放出了一只鸽子。那只鸽子飞了出去，因为没有找到停脚的地方，所以又回来了。之后卡西萨特拉族长放出了一只乌鸦；那只乌鸦飞了出去，并且看到了那些漂浮在水面上的尸体；它啄食那些尸体，在上面休息，没有回来。卡西萨特拉族长把船上的所有东西向四面发散，而且带领这那些生还的人举行了一个献祭仪式，感谢神的指引才得以存活。他们在山顶了堆了一堆烤熟的祭品，然后把瓶子七个一组地整齐地摆放在那里，在下面铺上了灯心草、香杉和杜松木，众神出现了，像飞翔的鸟儿一样聚集在这个献祭仪式的主持者的上方。在从遥远的地方到来的途中，那位伟大的女神让阿努为他们的神开拓的土地凸显了出来。卡西萨特拉族长在心里祈祷能够永远和这些神在一起，祈祷永远都不离开他们。

勒诺尔芒说卡西萨特拉族长所叙述的故事发生的过程与《起源篇》中所叙述的过程有着非常精确的相似之处。所以从这方面来说，故事有着惊人的相同之处，只是叙述的形式不同。也就是从这个故事中人们看到故事中的很多点都直接指向了亚特兰蒂斯。博弱瑟斯讲述的故事说，告诉人类有洪水的是克若诺斯神，而克若诺斯和萨杜恩是同一个神。

萨杜恩原本是古代意大利的一位国王，他在罗马帝国强盛之前就将别处国家的文明引入自己意大利。他在自己执政期间确立了工业和社会秩序，使土地富饶多产，并且创造了一个意大利的黄金时代。但是他的迁徙是突然性的，而且是迁移到了神居住的地方。神话传说中，他的名字被与大西洋中的"一块富足的大陆"以及在遥远的古代，其疆域包括北非和地中海的欧洲海岸直到意大利半岛的一个王国联系了起来，而意大利半岛则是"海中的某一个半岛"。也就是这一点也柏拉图多描述的亚特兰蒂斯的疆域范围是一致的。而且罗马人将大西洋叫做克若诺斯的海洋，于是把克若诺斯和那个大洋联系了起来。而海格力斯的柱子也被古代人称为"克若诺斯的柱子"。这其实也是有利的证据证明迦勒底的传奇故事中所指的国家是克若诺斯或者萨杜恩的领土，也就是海洋的世界，即亚特兰蒂斯的领土。

其次，根据学者对尼尼微石碑的研究，通知他们转移的神应该是一位鱼神，而根据迦勒底人纪念碑上的记载，通知他们逃难的神是半人半鱼。跟之前其他的描述相比，这个神不是河流或者海洋之神，而是被描述成了"深海之神"也就是海洋之神。据说，就是他为亚述人的祖先带来了文明和字母。很明显他代表着一个古老的海上文明民族；他来自海洋，而且被与遭到了雨和洪水的毁灭的某块大陆和某些人们联系了起来。大洪灾的暴发选择在幼发拉底河流域并不能说明什么，因为在后面的神话故事中，人们都可以看到方舟都是在某座山上停泊的；就像希腊人的每一个部落都有他们自己特定的奥林匹斯山一样。神话中的拜尔神就是腓尼基人的太阳神，而且这位太阳神是起源于亚特兰蒂斯的。拜尔或者太阳神在欧洲西海岸和北海岸都受到了人们的崇拜，并且波罗的海就是以他的名字命名的。同样的，大不列颠的很多地区，都是以他的名字命名的，例如拜兰和约克郡。

迦勒底人的传奇故事与尼尼微石碑的故事相比则更为古老。他的故事记载与《圣经》中的记载不大相同，但是尽管记载的内容不同，但是这两个版本都中都能看到关于亚特兰蒂斯的记载的日期更。《起源篇》中的叙述是这个传说的一种形式，它对内陆人来说将是非常自然的。虽然其中有"深海中的泉源被打碎"的典故，而且给人类到来的灾害都是由大雨造成的，但是在这个故事的版本中持续的时间更长，而且下雨和雨水停的时候都有具体的时间。这样的情况可能那些生活在大陆中央的人不可能想象得出整个世界可能沉入海底的情形，因此他们只能认为毁灭是源于四十昼夜的瓢泼大雨。但是在迦勒底人的传奇故事中，这场雨只持续了七天，而且故事中提到的这场灾难发生在大海的中央或者附近的事实。《起源篇》中的方舟只是一个箱子、一个柜子或一个大盒子，反正是一个内陆人所能想象出来的事物。而迦勒底人的方舟则是有长宽数目的船，有舵还有领航员以及管理船只的人；而且它还在"海中"航行。

迦勒底的传奇故事中人类面临的不只是一场暴风雨，而是一场巨大的灾难。不仅有昼夜不停的雨水，而且有风、雨、雷、电，从而引发地震和洪涝。所有这些可怕的自然力都一起向这块天数已尽的土地进攻："深海中的大天使带来了这场毁灭"，"水涨到了天上"，"兄弟再也不能相见；人类再也不会彼此相识"，人类"像鱼一样填满了海洋"；海里全是泥浆，"尸体像海藻一样漂浮在海面上"。当暴风雨减轻的时候，这块土地已经完全消失了，再也没有"任何大陆"了。这样的情景描述与柏拉图所描述的"那些可怕的白天和夜晚"可能是同一件事情。种种迹象都表明，这个传说中的亚特兰蒂斯是真的存在，而且与古巴比伦有莫大的关系。

阿拉姆人有关大洪水的传说

其他民族关于大洪水的记录让人们更加明白《圣经》中河迦勒底语中源于大洪灾的记录，而《叙利亚女神》的作者让人类知道了阿拉姆人有关大洪水的传说，这个传说来自迦勒底有关大洪水传说，因为叙述的故事发生在著名的海拉帕里斯或者巴姆比斯在避难的时候。

很多人都跟海拉帕里斯说这座庙宇的缔造者是杜凯里恩·西西塞斯。而那场举世罕见的大洪水就是在杜凯里恩的时代发生的。希腊人曾经也对这场洪水进行了描述：人类目前的民族并不是最开始的时候就有的民族，在我们之前还有个民族，但是它的所有成员都毁灭了。所以我们应该属于第二个民族，杜凯里恩是我们的祖先，经过长时间的繁殖才形成了今天的人类。关于我们之前的民族，根据口头相传的故事表明他们大都傲慢而自负，犯了很多罪，而且无视他们对神的誓言，忽视了热情待客的权利，对哀求者们毫不留情；他们的行为惹怒了天上的神。为了惩罚人了的贪婪和背信弃义，神引来了一场大洪水，发动了一次巨大的灾难。一场大洪水突然袭击了地球，倾盆大雨从天上落下；河流离开了他们的温床，海水淹没了它的海岸；整个地球都被水覆盖了，所有的人全部毁灭。杜凯里恩具有高尚的道德和虔诚的行为，平日里对待他人也很好，因此受到神的眷顾，提前告知了他洪水的灾难，并指引他建立了一个新的民族。他按照神的指示将他的妻子和孩子放进了他的一个大箱子，然后自己也钻了进去，猪、马、狮子、蛇和地球上所有其他的动物都来他这里寻找避难所。他接受了所有的这些动物；当它们都待在箱子里的时候，神授意它们要彼此和睦相处，这防止了它们之间的相互残杀。它们以这种方式被关在箱子里，漂浮在肆虐洪水的水面上。这就是杜凯里恩的希腊人的叙述。

当海拉帕里斯在向人们讲述这个故事的时候又添加了别的内容，补充了一个不可思议的故事。故事发生在海拉帕里斯的国家，突然天地间打开了一条大裂缝，顿时所有的洪水都涌了进来。于是杜凯里恩建造了一个祭坛并且为赫拉修建了一座庙宇，以关闭这个大裂缝。那个祭台非常的窄，就在庙宇的下边。可能它一直都这么大，也可能以前很大，现在变小了。接着海拉帕里斯就开始叙述：他们的祭祀换来了海水的消退，但是海水每年都会两次被带进这个庙宇。不仅牧师做这件事，而且很多来自整个叙利亚和阿拉伯甚至比幼发拉底河还要远的地方的朝圣者们也都带来了水。这些水被倒入庙中并且流进了那个裂缝，虽然这个裂缝很窄，但是它的里面能装下很多的水。据说这是杜凯里恩创立的宗教规则，其目的就是为了保留对那场灾难以及他从神那里得到的利益的记忆。这就是关于这座庙宇的古老的传说。

勒诺尔芒说："很难不承认一个在所有闪米特国家都流行的关于这个大裂缝的传说，以及它在大洪水中扮演的角色，这个传说出现在《可兰经》中有关一座窑的难以理解的描述中，在洪水开始之初，从这座窑里开始冒出水泡，水从其中喷向四方。我们知道这座窑是回教的注释者奇怪的想象的结果，他们已经把穆罕默德引为典故的传说丢失了。此外，《可兰经》中还正式地说明大洪水的水被吸入了地心。"

这个版本的故事里的主角由博弱瑟斯的奚苏锡洛斯变成了杜凯里恩·西西塞斯。而且这里的动物也不像诺亚和卡西萨特拉的那样是被人为的聚集起来的，而是当暴风雨来的时候，他们被迫的转移到避难的场所。这是一种本能的反应，不管是人还是动物，当面对灾难的时候想办法去寻找避难的场所。印度人为提供了关于大洪水的传说的另一个版本中的故事相当的贫乏，与圣经中的描述和迦勒底的传说形成了鲜明的对比。它的最简单也是最古老的形式是从《吠陀经》中找到的。马克斯·穆勒最先把它翻译成了普通的文字。

大致的内容是，一天早晨，当曼努洗完澡的时候，突然发现洗澡水里有一条鱼，曼努很吃惊，这个时候鱼对他说："只要你保护我，我就能挽救你，救你于灾难之中。"曼努惊讶地问："你要怎么样救我呢，把我从哪儿救出来呢，为什么我会有灾难呢？"那条鱼答道："我们很小，而且在我们的社会遵循大鱼吃小鱼的规则，这样我就处于危险之中。你在救我的时候要把我放在一个瓶子里；当我变大的时候，这个瓶子就容不下我了，这个时候你就要将我放在盆里。当我变得更大的时候，把我扔到海里；这样我就不会遭受毁灭了。当我在海里的时候我会告诉你要发生的事情。"曼努按照鱼的指示去做了，它很快就长成了一条大鱼。它对曼努说："我长成的那一年，就会发生大洪水了。你要建造一艘船并且对我膜拜。当水位上升的时候，登上那艘船，这样我就能救你了。"

曼努按照鱼的要求将它放到一个瓶子里，之后转移到了盆里，再之后将它放到的海里。曼努在那条鱼提到的那一年造了一条船，并且对那条鱼膜拜。洪水来临的时候，他登上了那艘船。然后，那条鱼游到他的身边，曼努把船的缆绳系在了鱼的身上，于是他被鱼带着越过了北方的山脉。那条鱼说："作为对你的报答，我已经挽救了你。现在你把船系在一棵树上，这样水就不会把它冲走了，我们现在在一座山上。然后山会随着水的减少而逐渐下降。果然，当洪水退去的时候，曼努所在的山也一点点地降低，这被称为"曼努降临北方的山脉"。洪水把所有的生物都带走了，只剩下了曼努一个人。

普拉纳斯中还有另外一个印度传奇故事的版本。勒诺尔芒说："我们必须注意普拉纳斯版本，其中被鱼从洪水中挽救出来的不是曼努而是另外一个人，也就是鞑斯塔斯的国王，也就是渔夫撒提拉瓦塔，渔夫也有着'热爱公平和真理的人'的美誉，这点与迦勒底的卡西萨特拉有着惊人的相似之处。关于大洪水的传奇故事的皮瑞尼时代的版本也没有受到轻视，虽然它年代久远，而且内容看起来很荒谬和肤浅。但是在某些方面，它并没有像布拉玛那或者马哈巴拉塔那样被亚利安化，最重要的是，它给出了一些在这些早期版本中被省略了的情况，而这些情况肯定属于最原始的基础部分，因为它们在巴比伦的传奇故事中出现了。这种情况可能是通过口头流传下来的，是大众流传下来的，而不是婆罗门，其中普拉纳斯受到的影响比较深。皮克泰特把重点放在了护持神和撒提拉瓦塔的对话上，护持神告诉撒提拉瓦塔说在七天之内，地球可能被世界淹没。而相似的说法在布拉玛那或者马哈巴拉塔中都没有出现过。但是在《创世纪》中上帝对诺亚说："七天之后，洪水将会吞噬地球。"皮克泰特觉得不应该忽略神鱼的命令，它命令撒提拉瓦塔把神圣的书放在一个安全的地方，从而让它们免受巴头明王的侵害。巴头明王在梵语中被称为何耶揭梨婆，它是一种生活在深海中的一只海马。皮克泰特由此确认在印度外衣下的是卡西萨特拉在西巴拉埋葬圣书的传说，这种说法就像人们在博弱瑟斯的碎片中看到的一样。

这些传奇的故事中都有提到"三个世界"和"神鱼"，其实都是指向亚特兰蒂斯。"三个世界"可能指的是西部的大州、美洲、东部的大洲，欧洲和非洲被看成一脉相承的，因此也就是指向亚特兰蒂斯。柏拉图所描述的伟大的亚特兰蒂斯帝国文明的缔造者波赛登与海神是同一的，只是海神被描述成了一只海豚，手中拿着一只三叉戟或者三叉的符号，这个符号可能就象征着三个帝国。他是海神或者鱼神，而且他来挽救的是他的国家的代表。

伊朗人的洪水传说

伊朗人关于洪水的传说跟别处的也有所不同。这个传说中的主人公和故事情节很难和大洪灾相提并论。虽然其中的主人公不同，但是其中的一些细节还是值得人们研究的。故事涉及的时间是在最原始的时候、存在原始设想的时候。作为人类父亲的依玛是如何受到善良的神阿胡拉玛兹达的警告，即地球会被洪水淹没。而且那位神还指令依玛修建一个避难所，一个方形的用周围墙保护起来的花园，并且让人类、野兽和植物都进到这里，以摆脱被毁灭的命运。于是，当洪水到来的时候，只有依玛的花园和园里所有的东西得以幸存。

由此可以得出，亚特兰蒂斯被毁灭之前，有其中的一支移民被派往别的国家，这些移民在别的地方建造了一座有城墙保护的城市，

毁灭

并且从他们自己本土的国家带来了谷物和驯服的动物。当亚特兰蒂斯在面临水灾的时候，有人乘船告诉了移民这个消息。

原始人关于灾难的传说有两个，一个是与奥及格斯得名字有关，他是比奥地亚更古老的国王。同时他也是个神秘的人物，而且他在多年以前的一个晚上突然消失了。据说在他那个时代，整个洪水淹没了大陆，而国王和一些随从坐着一艘船逃脱了洪水的侵袭。

第二个传说是关于杜凯里恩的传奇故事。传说宙斯对青铜器时代的人所犯的罪非常愤怒，想要惩罚他们的时候引来的一场洪水，让他们遭受被灭亡的灾难。杜凯里恩听从了他父亲普罗米修斯的建议，造了一只大箱子，并把它作为他妻子皮拉和他自己的避难所。大洪水来的时候那只箱子或者是柜子的东西在洪水的浪潮中漂浮了九天九夜，最后停在了帕纳塞斯山上。杜凯里恩和皮拉从箱子里出来，为了感谢神的指引，他设了一个祭坛，并且根据之前宙斯的指引在他们的后面扔下"地球的骨头"，其实也是石头，以让人类重新入住地球，最后这些石头变成了人。希腊传说中的这次杜凯里恩的大洪水是最接近一次普遍的大洪水的。在雅典，为了纪念这次大事件，也是为了抚慰受害者的灵魂，举行了一种被称为海德罗佛里亚的庆祝仪式，这个仪式与叙利亚的海拉帕里斯仍在使用中的仪式非常相似，很多人将此看做叙利亚—腓尼基人的输入品以及远古时代杜凯里恩的大洪水和卡西萨特拉的大洪水被同化的结果，就像"关于叙利亚女神"的作者所描述的一样。在奥林匹斯山宙斯的庙宇旁边的土壤中总会有一个裂缝，这个裂缝的长度只有一腕尺，据说大洪水就是被吸入了这个裂缝。因此，每一年，在三月节的第三天，这里都会举行吊念死者的仪式。

这个传奇故事中也有一条指向亚特兰蒂斯的道路。人们觉得"青铜器时代的人"指的是那些天数已尽的人的文明，其实也就是亚特兰蒂斯文明，那个时代的人不但有伟大的冶金技术，而且也可能是后来发现的遍布欧洲的青铜器具和武器的源头。在这里虽然没有提到这场暴风雨持续了多长时间，但是根据记载，那个方舟只漂浮了九天九夜。诺亚在方舟中呆了一年零十天，卡西萨特拉待的时间长度是这个时间的一半，而杜凯里恩仅漂浮了九天。

希腊的麦加拉城的命名来源于宙斯和女神希斯耐兹的儿子麦卡若斯。传说当一切都在沉寂中的时候，一只仙鹤的叫声警告麦卡若斯洪水即将到来。因为洪水来的紧迫，所以他在格莱尼恩山上找到了避难所。据说，又有一个赛撒里安·塞拉姆鲍斯借助那位女神送给他的翅膀飞上了天空从而躲开了这场洪水；而宙斯在多多那保留的是爱欧勒斯的儿子派瑞尔胡斯。对于考斯岛的居民来说，大洪水中的英雄是海亚斯的儿子麦若普斯，他统治的地方和本土的居民都得以保存下来。罗得岛的传说认为克里特岛的泰勒臣斯从那场洪水的大灾难中逃了出来。同样的人在撒摩得拉斯岛被称为撒欧恩，据说他是宙斯或者贺密士的儿子。

生活在中美洲哥斯达黎加的印第安人

这些故事中多出出现亚特兰蒂斯国王和宙斯的名字，因此可以想到，很多人在那场灾难中逃了出来。而在传说的故事中，他们在海上漂了很久，在不同的地方登陆。因此，如果有一场洪水大暴发，因此毁灭一个民族的可能性比较大。那时候有很多人正在港口的船上，而其他人则正在遥远的地方航行。

鲍德温在《史前民族》一书中说："亚特兰蒂斯的故事中提到的对东方的侵犯，似乎是使巴拿特纳宗教节日和仪式产生的原因，它是阿提卡为了表示对雅典娜的尊敬的最古老，规模最大，最壮观的节日。据说这些节日是在最古老的时代被确定的，并且被记录在了雅典的历史传说中。博伊苛在他的'柏拉图评论'中谈到了这些节日。在更为大型的巴拿特纳宗教节日和仪式上，行进的队伍抬着一条米娜娃的短裙，象征着与巨人的战争以及奥林匹斯山上的诸神的胜利。表明雅典人是如何在米娜娃的支持下取得对亚特兰蒂斯人的战争的胜利的。洪保德引用了蒲洛克勒斯的著作，博伊苛说：这位历史学家在提到这座大海中的岛屿时告诉我们，在他们的时代有七座岛屿因为普罗塞耳皮娜而被奉为神圣，另外还有三座巨大的岛屿，第一座岛屿因为冥王而被奉为神圣，第二座岛屿因为阿蒙（古代埃及的太阳神—译者）而被奉为神圣，第三座岛屿因为海神而被奉为神圣。后者的居民保留了一份有关亚特兰蒂斯岛的回忆录（这份回忆录是他们的祖先传下来的），这座岛屿极大，并且在很长时间内在大西洋的所有岛屿中占据统治地位。亚特兰蒂斯人也因为海神而被奉为神圣。"

很多人在读完这些传奇故事之后认为这场洪水是历史上的一个真实的事件。因为在过去的那个时代，相距很远的地方不可能为了纪念一件从来都没有发生的事而确立同一个宗教仪式而且这个宗教仪式还被保留了下来。而且那些雅典人和叙利亚海拉帕里斯远道而来的朝圣者们为了抚慰地震之神，把祭品倒入地上的裂缝中，据说这些裂缝都是在亚特兰蒂斯毁灭的时候形成的。除此之外，人们还从柏拉图的历史中知道希腊人的书中很久以前就有了他们在早期大胜亚特兰蒂斯人的记录，而且他们为了庆祝这次胜利还订立了国家的节日，在该节日中，会有游行和宗教仪式。这样是为了告诉后世的人，相比较而言，《圣经》中的故事，以及迦勒底人、伊朗人和希腊人的传奇故事毫无意义，人们注意的是考斯岛有关大洪水的传奇故事中的主人公是麦若普斯这一事实。现在，根据赛奥波姆普斯的说法，亚特兰蒂斯人的名称之一就是"麦若普斯"。但是人类关于洪水的记载故事还没有达到一种顶峰的状态。

波斯人听说的洪水故事是从一个老婆婆的烤炉中流出来的。穆罕默德将这个传说的故事放在《可兰经》中，他描述说大洪水是从一个烤炉中流出来的。"除了诺亚和他的家人以外，所有的人都被淹死了；然后，上帝说，'哦，地球，吞掉你的水吧；你，哦，天堂，撤回你的雨吧'；于是水马上就消退了。"

从吟游诗人威尔士的诗中，人们也能看到另外一个关于大洪水的传说，这个传说虽然离现在比较近，并且以简明的每三句组成一段的形式出现，但是还是引起了他人的关注。传说的故事差不多，都是发生在一个国家，这场大洪水位列大不列颠岛的三大灾难之一，其他的两次大灾难是大火和干旱。诗中说："这些事件中的第一件，是'海水之湖'的喷发，这是一场蔓延整个国家的大洪水，所有的人类都被淹没了，只有杜韦法姆和杜韦法尺逃了出来，他们是乘坐一艘没有缆索的船逃出来的，Prydian 就是因为他们才又有了人类居住。"

皮克泰特在看到这首诗的时候描述说："虽然三句一段的诗这种形式实际上很难追溯到超过 13 或者 14 世纪之前，但是其中的一些内容无疑是与非常古老的传说有关的，而且在这里没有任何内容是从《创世纪》中借用的。但是对于另外一首这种形式的诗可能就不是这样了，在那首诗中提到了耐冷德纳夫的船，这艘船在洪水泛滥的时候，载有成对的所有生物，这同诺亚的方舟太相似了。族长的名字可能暗示着这种三重的词句形式，它的含义模糊，但是很明显是按照威尔斯语的头韵规则构成的。在同一首诗中，我们看到了一个难以理解的关于长角的、强大的、公牛的故事，他把一种类似海狸或者鲸鱼的动物从海中拉出来，为的就是使湖水不会泛滥。要理解这些难以理解的内容的真实含义，只能靠把中世纪威尔士粗鄙的纪念碑上那些混乱的文字译为普通文字了；但是同时我们不能怀疑的是威尔斯人也拥有一个关于大洪水的土产的传说。"

人们在斯堪的纳维亚的爱尔达同样地发现了有关洪水的传说。这里的洪水传说与一个关于宇宙起源的神话联系在了一起。博而有三个儿子，分别是欧丁、韦隶和韦——布芮的孙子。第一个人杀掉了冰巨人的父亲伊米尔，然后把他的身体用来创造了一个世界。大量的血从他的伤口中流了出来，除了博格米尔以外所有的巨人都被淹没了，博格米尔和他的妻子乘坐一艘小船得以逃生，并且使得这个民族继续繁衍。人们在之后的很多文学作品中都能发现早前人类关于大洪水的记载。

勒诺尔芒说："虽然有关大洪水的传说在所有亚利安民族传说的记忆中占有这么重要的位置，但是埃及的纪念碑上和原始的文字中，只是有很多关于宇宙起源的猜测，却没有任何关于这场大灾难的哪怕是隐约的记载。当希腊人告诉埃及牧师有关杜凯里恩的大洪水的故事的时候，他们的回答是他们在这场灾难中被保留了下来，除此之外他们在 Pha thon 制造的大火中也被保留了下来；他们甚至补充说希腊人把这件事看得这么重要是非常幼稚的，因为在当地还曾经发生过其他几次与之相似的大灾难。根据曼尼索的一段话——因为这段是插入的词句，所以疑点很多——索瑟在洪水之前，自己在石碑上用象形文字和宗教上的文字刻下了所有知识的基本原则。在这以后，第二个索瑟又把这些碑文的内容翻译成了普通文字。这是埃及人唯一一次提到了大洪水，同一个曼尼索在他给我们留下的"王朝"这本书中并没有提到它，而这本书是他唯一的一本完整的有据可查的著作。这个法老的统治区域的其他神话传说对这个问题的沉默说明以上很可能只是一个外国的传说，而且是在最近才被引入的，毫无疑问它的起源在亚洲人和迦勒底人中才能找到。"

有人由此推测说，这个遗漏很明显地指向埃及人保留的关于亚特兰蒂斯的毁灭的、准确的历史记录，人们听到的关于洪水的传说也最早是从埃及流传出来的。这个传说故事就像埃及人告诉希腊人的那样，这场洪水只是局部的地区，并不是全部的整个淹没。他们掌握的是关于那个地方的灾难使亚特兰蒂斯遭到毁灭的真实历史，所以他们并没有沉溺于任何有关一场淹没了全世界所有山脉的山顶的大洪水的神话。埃及临近的地方并没有亚拉腊山。

基督教的早期关于洪水的传说也指向了亚特兰蒂斯。事情大概发生在 100 年前，一位名叫考斯莫斯的老道士出版了一本《纪元世界地形》的书，书中还有一张地图，他在这本书中阐述了自己对世界的看法。他认为，世界是一个被水包围的实体，它不以任何东西为基础。考斯莫斯说："地球是向下压的但是那些由火形成的部分是向上的"，地球因为这两股力量的作用而被挂在中间，就像古老的故事中穆罕默德的灵柩一样。在随附的插图上画有被海洋包围的地球，在海洋的那一边是"大洪水之前人们居住的土地"。

他绘制了一幅乐园图，他把乐园放在了东方，却把发生大洪水的地方放在了西方；而且他认为诺亚是从发生洪水的地方去的欧洲。由此有人推测说其实发生大洪水的地方是在西方，在大洪水之后，诺亚来到了地中海沿岸。考斯莫斯还确定了海洋的西边有一块大陆，这可能是对亚特兰蒂斯时期的一个模糊的记忆。

美洲关于大洪水的传奇故事

阿尔弗雷德·莫瑞说："一个值得注意的事实是我们发现美洲关于大洪水的传说比旧世界的任何人的传说都更接近于圣经中迦勒底人的宗教中的相应叙述。很难想象是从亚洲通过阿留申群岛到北美并且现在还在这样做的移民带来了这些记忆，因为在已经和新世界的本土人融合了起来的蒙古人或者西伯利亚人中没有发现任何痕迹……那些为了在亚洲找到墨西哥文明的起源的尝试并没有得出任何有足够确定性的事实。除此之外，即使佛教真的进入了美洲——这点我们表示怀疑——它也不可能把它自己的经文中都没有的神话引入美洲。因此，对于新世界民族关于大洪水的传说与圣经中的描述为什么会有这些相似性还没有相应的解释。"

这样就能解释为什么各地传说的内容相似，因为美洲本土的人拥有亚特兰蒂斯的传说，他们所讲的故事不是从阿留申群岛传入美洲的，也不是亚洲的佛教徒带到美洲的。这也因此证明亚特兰蒂斯和西方的大陆的交往或者贸易往来是从太古时期就开始的。美洲的伟大国家仅仅是亚特兰蒂斯的殖民地，亚特兰蒂斯将他们的文明、文字以及宗教和血统等传入美洲。从墨西哥到犹加敦半岛，从巴西海岸到玻利维亚和秘鲁的高地，从墨西哥湾到密西西比河的上游，都是亚特兰蒂斯的殖民地；因此正如阿尔弗雷德·莫瑞说的，人们发现发现美洲有关大洪水的传说和《圣经》以及迦勒底语中的记录比旧世界任何人的传说相似并不奇怪，他们之间可能就有这种丛属的关系。

美洲关于洪水的传说中最重要的是墨西哥人，种种迹象表明，他们关于象征性符号和记忆性的符号准确地记录关于洪水的传说的时候，他们和欧洲人并没有任何联系。根据这些文件显示的内容可以看出墨西哥大洪水中的主人公诺亚就是考克斯，根据传说时代的久远，诺亚也被人称泰兹皮。传说中他和他的妻子是乘船逃生的，或者根据其他的传说，是坐着一只柏树的木头做成的木筏逃生的。在阿芝特克人、赫萨巴特克人中都发现了回顾考克斯的大洪水的图画。关于乘船逃过灾难的传说与人们在《创世纪》中和迦勒底语的材料中所读到的传说更是一致的。它讲述了泰兹皮和他的妻子、孩子们以及几只动物和谷物是如何登上一艘大船的。这样做的目的是保存人类的五种，让人类得以延续。当洪水消退的时候，泰兹皮从船上放出了一只兀鹰。那只鸟儿啄食那些遍布地球的尸体，没有再回来。泰兹皮又放出了其他的鸟儿，只有蜂鸟嘴里衔着一支长满叶子的枝条回来了。泰兹皮看到地球上又开始有植物生长了，就把他的船留在了科尔胡阿坎山上。

勒诺尔芒说："但是，墨西哥人提供那些最有价值的信息的有关宇宙起源的文件被称为'梵蒂冈抄本'，它来自保留它的图书馆。它包括四幅具有象征意义的图画，代表现实世界之前的那个世界的四个时代。它们是被从征服前的一份原稿上复制下来的，还附有派卓·德·劳斯·瑞奥斯的解释性的说明，派卓·德·劳斯·瑞奥斯是一个旦米尼克的传教士，他在1566年——这一年离考特兹的到来还不到五十年的时间——就致力于对他的传教工作非常必要的对本土传说的研究。"

后世学者根据这份文件将世界划分为四个时代。第一个时代是巨人时代，那个时代的人因饥荒而遭到毁灭；第二个时代结束于一场火灾；第三个时代是猴子的时代。第四个时代就是传说中的洪水时代。在这个时候的时候，地球上暴发了一场毁灭性的洪水，是毁灭地球的最后一场灾难。法国人把这场洪水中的故事进行了翻译，大致的内容如下：

人类地四个时代的统治者是阿托那提，他也被称为"水的太阳"。也就是这个时代，地球上的人类都被毁灭了，他们被淹没在洪水中，并且发现自己已经变成了鱼。某一年的某一天，地球上洪水泛滥，一切都消失了。甚至大山都在水中沉没了，大水就那样沉静了五十二个春天。也是在那一年的年末，提特拉坎胡警告纳塔和他的妻子耐那说："你们不用再制造白酒了，现在应该开始建筑一艘船，在托桑特里那个月水够到天的时候，你们就进到这棵树干里去。"

他们等到了那一天的时候，他们钻进了那棵树干，神在关门的时候对他们说："你只能吃一穗玉米，你的妻子也只能吃一穗玉米。"当他们按照神的指示吃完玉米的时候打开了们，当时的水还是很平静，因为那块木头不再移动了，他们打开门，看到了鱼。然后他们摩擦木头生起了火，并在火上烤鱼。

这里有个地方与柏拉图描述的亚特兰蒂斯极为相似。柏拉图说："在一天和一个毁灭性的黑夜里，发生了一场强烈的地震和大洪水，它们吞噬了好战的人类。"这里的传说中"仅在一天之中，一切都消失了。"而《圣经》中说的是一场暴雨下了四十个昼夜，而在这里我们看到"仅在一天之内……甚至山脉都在水中沉没了"。这个故事里的人不仅变成了鱼，而且土地被淹没了，就连那些土地上的山脉都沉没在了水中。这与对亚特兰蒂斯命运的描述很相似，而同样在迦

《圣经》中的故事

勒底的传奇故事中"伟大的女神伊斯塔像一个孩子一样号啕大哭"，她边哭边说，"我是给予人类生命的他们的母亲，现在他们却像鱼一样，填满了这个海洋。"

《创世纪》的叙述中诺亚"为上帝建造了一个神坛，他抓住了每一种干净的走兽和每一种干净的家禽，并且在神坛上供上了烤熟了的祭品。于是上帝就闻到了一股甜美的味道；上帝在心里说，我将不会再因为人类的缘故使灾祸降临地球了"；在迦勒底的传奇故事中，同样也有祭祀天神的祭坛，主人公卡西萨特拉奉上了烤熟的祭品，"那些神像飞翔的鸟儿一样聚集在这个献祭仪式的主持者的上方。"这些相似之处不可能是偶然的；它们也不可能是基督教的传教士添入的词句，因为其中故事发生的地方都是不同的。学者们经过观察发现其中很多地方都有着惊人的相似之处，从美洲的传说故事中不难看出，当那些从亚特兰蒂斯乘船而来的被吓坏的乘客们向地中海沿岸的人们讲述这次可怕的灾难的时候，从暴风雨中飞奔而来的其他船只也为围绕着墨西哥湾的文明民族带来了同样可怕的消息。身为墨西哥本土的学者依克斯特里·艾克索奇特尔也对这样的传奇故事做出了自己传述。

人类已经发现的历史中再次看到那个被称为第一个世界的时代持续了 1716 年，当时的人主要是塔尔迪克族；人类的灭亡是因为来自天上的暴雨和闪电，大洪水的暴发甚至连陆地和陆地上最高的山脉都无一例外地被水位高达十五腕尺的洪水淹没了。也是这样的故事中，人们补充了有关洪水灾难到来是逃生的一些人，还有关于五种繁殖的传说，包括如何建造起一座非常高的"塔"的传说，这个词在今天表示一种极高的塔，这座塔是第二个世界（时代）毁灭时被当做避难所使用的。目前，他们的语言都很混乱，他们彼此都无法理解对方，于是他们去了地球上的不同地方。

塔尔迪克族的几个人在大洪水中幸免于难，开始的时候他们穿越了一大片土地和海洋，住在洞穴里，为了到达这个地方经历了很大的艰辛；他们在世界的不同地方流浪了 104 年，最后到达了特拉帕兰，这个地方就是大洪水 520 年后的泰克帕托。

有人会说这样的叙述与《圣经》中叙述的内容大致相同，甚至有人会怀疑其中的一些细节一致的原因是得自西班牙牧师的传授；但是人们一定还记得克斯特里·艾克索奇特尔是一个印度人，他是泰斯尤科人，王后的儿子，他撰写的《部族神话与礼仪记述》就是从族谱和他们民族古代的书写作品中得到了，他没有理由要篡改其中的记录，因为当时很多人手中都有关于这个故事的文件。

塔尔迪克族人在讲述洪水的故事中描述球上洪水的水位高达"十五腕尺"，这与《圣经》中的描述是非常精确一致的："洪水一只升到了十五腕尺的地方。"这个种族的人在记载的时候非常明显地提到了对亚特兰蒂斯的回忆。波赤卡是他们最重要的神。他用了两千年的时间抬高自己的位置。他在太阳里居住，而他的妻子赤阿则占据了月亮。看起来，这暗示着对太阳和月亮的崇拜。在塔尔迪克族人的神话中，太阳神愤怒地把洪水带给了高原上居住的人们。波赤卡因为他的这种行为而惩罚了他，让他向亚特拉斯一样把地球背在背上。他偶尔会把地球从一个肩上挪到另一个肩上，于是就会产生地震。

这个故事中人们似乎看到了远古时代的发达文明，但是这个文明却在一瞬间消失了。塔尔迪克族人在经历了洪灾之后把他们迁移的起点追溯到一个叫做"阿兹特兰"或者"亚特兰"的地方。这个地方只能是亚特兰蒂斯。班克罗富特在《本土民族》中记载说："纳胡阿特拉卡最初的故乡是阿兹特兰，它的位置经常会成为争论的主题。我们只能猜测他们成群地从那个国家迁移出来的原因；但是他们有可能是被他们的敌人赶出来的，因为阿兹特兰被描述成了一块非常公平和美丽的土地，没有人会想要离开那里去寻找一个更好的地方。"阿芝特克人也声称他们最初来自阿兹特兰。他们之所以被称为阿芝特克人，也是源于阿兹特兰。他们是亚特兰蒂斯人。

《圣经》中将这个民族的起源看做东方，而且还证实了这片土地的存在。《圣经》中描述说："在从阿兹特兰迁移出来之后，国王的三个儿子在他们的父亲去世之后遵从他的遗愿到东方去，在他们父亲的来源之地接受王位。毫无疑问，他们在去东方接受王位的途中穿越了大海。当他们到达那克希特帝王面前的时候，那位伟大的帝王授予了他们象征王位的标志和代表王位的所有东西，实际上他们把这些他们在海的那边得到的东西都带了回去。包括图兰的绘画作品，还有一系列的书写作品，他们说，这些是记录他们的历史的东西。这个传说的故事中，亚特兰蒂斯统治着的中美洲殖民地，并且让文明在他们中间传播。这与柏拉图所描述的亚特兰蒂斯的国王们统治着"对面的那个大洲"是完全一致的。

美洲中古时期以前未开化的印第安人的时候也有关于大洪水的传说，但是只能隐约地看到一个模糊的概念。印第安人部落的祖先在很久之前的时候居住在朝着太阳的地方。一个夜晚，他做了一个梦，一个人在梦中警告他说将有一场大洪水将会席卷地球，于是他们建造了一艘救生艇，借助这艘救生艇，他和他的家人以及所有的动物才没有被洪水吞没。他漂流了几个月，在此期间那些动物都会说话，它们对他大声地抱怨，小声地发牢骚。最后一个新的地球出现了，他和所有的动物在那里登陆了，后来这些动物就失去了说话的能力，这是对它们向它们的救命恩人发牢骚的惩罚。根据查理沃克斯神父的说法，加拿大和密西西比河山谷的部落都认为人类是被一场大洪水毁灭的，善良的神为了让地球上再一次住满人类，就把动物变成了人。

印第安人之后还说过，在他们古老的传说中，他们有一个共同的祖先。这个祖先居住在朝向太阳的地方，并且统治着整个世界；他有十二个儿子分别掌管不同的疆域。但是这十二个儿子行为极为恶劣，他们滥用手中的权力压迫人民。他们的行为招来了神的不满，于是神指示白人给他们酒喝，把他们灌醉，并且偷走这个神曾经赐予他们的礼物，用这种方式篡夺了他们的权力；从那时候开始，印第安人的头就被踩在白人的脚下了。

印第安人将"朝着太阳的地方"指向了亚特兰蒂斯的地方，把它看做他们这个民族的发源地。印第安人认为自己的祖先曾经统治着"整个世界"；它包括白种人，这些白种人最初是一个附属的种族，后来他们造反了，并且夺得了对深肤色人种的统治权。因此有人认为，亚特兰蒂斯的人口是各色人种的混合，希腊神话中泰坦神族的造反是附属人种兴起的开始。在美洲还有很多关于大洪水的传说，尽管每一个版本的故事都不尽相同，但是其中有些地方惊人的相似，也有些地方有不同，但是不管同与不同，在美洲的神话传说中，大洪水是真的发生过，而且其中流传的版本都指向了亚特兰蒂斯。

亚特兰蒂斯文明

第3章
遥远的探寻之路

　　不管是《圣经》中的记载，还是柏拉图《对话录》中的描述，亚特兰蒂斯是毁灭于一场大洪水。因为这么多的传说和相关的记载，激起了更多科学研究人员的热情，他们对亚特兰蒂斯的研究一直热情未减，而且随着一些考古遗迹的显现，更多的证据都指向了这个所谓的史前文明，这样的古代高度发达的文明究竟有着怎样辉煌的历史，这样的文明怎么会在瞬间灭亡……人们带着这些疑问走向了漫长的探索之路。

历史遗迹对柏拉图故事的印证

　　自从柏拉图在《对话录》中描述了亚特兰蒂斯之后，很多人都相信史前人类有这么高度发达的文明，并且深信它的存在。虽然它在柏拉图的叙述中毁于一旦，但是随着时间的推移和考古学者们的努力，很多历史遗迹浮出了水面，这样的发现无疑是对柏拉图故事的一种证实，也是对亚特兰蒂斯存在的一种肯定。

探索"诺亚方舟"的千古之谜

　　《圣经·旧约书·创世纪》中记载说上帝看见了人类越来越放纵的不羁和不思进取，而且对神灵的不尊重，犯下了很多不可饶恕的罪行。人类的行为激怒了上天的神灵，于是神引发了一张毁灭性的大水。而诺亚是上帝认为最正直的人，于是在洪水到来的时候造了一艘诺亚方舟挽救了自己和地球上的生物。随着诺亚方舟的故事的广为流传，人们寻找方舟的步伐也从未停止。

人类最早开始寻找诺亚方舟的是一些基督教徒，但是尽管他们历经艰辛，但是依旧没有什么收获。1792年、1805年、1876年，探险家们多次登上了亚拉腊山山顶，尽管如此，还是一无所获。

1883年，一次大地震使亚拉腊山山脉的一个地段裂开了，也就是在这个开裂的地方，人们发现了一艘"船"。当时在亚拉腊山有一个考察团，当时所有的成员都看到了那条大船。后来的人们描述说此船有12~15米高，当时有的人还走进了那条船。因为船当时还有部分嵌在冰川里，所以人们无法估计它的长度。这次的意外发现震惊了世界。

1916年，第一次世界大战期间，当时的俄罗斯飞行员罗斯克维斯基在飞越亚拉腊山的时候突然发现亚拉腊山的山顶部分有一个巨大的船体，他当时拍下了自己看到的照片。他在后来的回忆说："我们在飞机安全允许的范围内，尽可能地降低高度，飞近那艘奇怪的船只，绕着它盘旋了几圈。当我们在飞行中观察它时，我们惊奇

考古学家在希腊古迹前考察

地发现，这只奇怪的船只简直是一个庞然大物，足有城市中的一条大街那么长，也可以与现代化的战艇相媲美而毫不逊色。"

后来他把看到的事情告诉了俄国政府，之后俄罗斯政府派出两个连的兵力去寻找方舟。一个月后，他们找到了方舟，并且进行了测量，而且拍摄了大量的照片。同样的，在 20 世纪 40 年代，一位土耳其的飞行员也在飞机上拍摄到了一张方舟的照片，测出船体的长度是 150 米，宽是 50 米。但是这些测量并没有得到最后的确认。之后的人们也有上山寻找，但是什么也没有找到。

1955 年，法国探险家那巴拉带着他 12 岁的儿子从亚拉腊山西侧进入山区，他们在严寒中度过了四个昼夜，他们在山顶忍受暴风雪的袭击。突然那巴拉被山顶的飞石击中，掉进了充满积雪的冰冻中，他在洞中待了十几个小时，这几个小时里，为了不让自己冻僵，他不停地奔跑和跳跃。

他在洞中无意间发现一个深达八九米的冰封，并且在这个冰封里他发现了一道由尘埃堆积所形成的冰封的纤体。他的儿子建议他凿开冰层，看看下面到底是什么。不久，他凿开了那些冰层，他看到一段木材映入眼帘，这个木材似乎是被人截断的，而且是很平整的，像是经过手工加工一样，还像还和什么东西连在一起。那巴拉认为他们看到的东西就是船的脊梁，而那些与它相连的深埋冰下的应该是船身。

那巴拉和他的儿子费尽周折从那段横梁上截下了一段长约 1.5 米的木片，为了把这个木片带出土耳其国境，他又将木片截成了三小段，这样分别装在行李箱中。那巴拉首先去了考古丰富的埃及，开罗博物馆的考古学家对这些木块进行了鉴别，得出的来的结论是这个木块属于"歌斐木"，是在 5000~6000 年，这个时间与《圣经》中记载的诺亚方舟的时间一样。

那巴拉的发现再次震惊了世界，同时他也成为了世界名人。之后他们把这快木头带到德国、法国、西班牙和埃及等地方展出，随后又用放射性元素碳 14 对这段古老的歌斐木进行了测量，大多数学术机构认定，它确实是四五千年以前的东西。

1959 年，土耳其空军对亚拉腊山进行了空中测量，在他们拍摄的许多照片中，意外地发现了一处不同寻常的地形。这里的地形是一处平滑的，呈椭圆形的山丘，在边远的部分有隆起的地方，而它的周围，则全是冰川和侵蚀的谷地。

当时他们拍完照片后，土耳其的一位高官觉得拍摄的照片很像一艘船。而四周隆起的部分很像船舷。尽管这个"船"坐落在亚拉腊山南面约 27 公里的地方，但是依旧能让人联想到诺亚方舟。

土耳其的工兵部队对这段奇妙的地形进行了勘测，这座"山体方舟"长约 150 米，中间最宽的地方约 45 米，船舷高约 14 米。这样的数据与《圣经》中关于诺亚方舟的记载数字大致一体。因为中间充满的沙土，并且被岩溶覆盖，所以这里的距离比《圣经》中关于方舟的记载要宽一些。

之后不久，一支美国探险队赶到亚拉腊山，他们并没有对这个地形进行深度的测量，没有耐心地草草了事。只是在船的一个侧边用炸药炸开了一个洞，发现了一些木材形状的石块，他们之后做出了结论："没有任何考古价值。"他们看到这些石块没有任何的年轮。这个结论才出就遭到了他人的反对，反对者认为大洪水到来之前的人类没有季节的变化，没有年轮才是当时树木的样子。

1960 年，一支由科学家、研究专家、记者、实业家组成的具有国际影响的调查队对这座"山体方舟"进行了调查，他们的结果再次证明了这座山丘的长、宽、高与《圣经》中描述的诺亚方舟的体积是一样的。1984 年，"国际探查协会"会长斯坦芬兹率队探查后认定：这个化石化了的"船体地形"，就是真正的"方舟"。

迪布德·法索尔德是美国的一名检验丰富的潜水员和打捞员，长期以来，他所从事的就是使用断面扫描水下雷达来确认沉船的工作。见惯他长期的工作是在水下而不是山上，但是他坚持说，只要是他看过的，不管是陆地还是水里，他都能确定是不是一条船。

1985 年 3 月，法索尔德携带最先进的"分子震荡扫描仪"对亚拉腊山以南的朱迪亚山进行了扫描。扫描仪显示山体里每隔 40 厘米就有铁的成分，而且很有规律。如果把这些金属点连接起来，就会形成清晰的横线和纵线，而这些线勾勒起来就是一只巨型船体的轮廓。船体有九个隔挡，这样的的图形与古巴比伦的传说故事很吻合。

而且法索尔德还在同一个地区找到了 11 块古代航海者经常使用的压舱石。法索尔德说："如果不是诺亚方舟，那么这些航海者常用的压舱石怎么会出现在亚拉腊山的群山之中呢？"法索尔德还解释说，他发现《圣经》里的"亚拉腊山"使用了复数的形式，因此这也说明它是一个比较宽泛的概念，泛指亚拉腊山区。《古兰经》第十章第 44 节写道："那时天命降临说：'大地啊，洗掉水吧，苍天啊！止住雨吧！'水降低了，大事已经定了。方舟停泊在朱地山。上天下达命令说：'那些为非作歹的不义的人消失了。'"

库尔德斯坦的传说中方舟并没有停留在亚拉腊山上，而是漂到了东边高处的一个山洞里，然后又滑落到了大约 300 米，也就是现在人们看到的"山体方舟"。这个观点与《圣经》中的方舟在"亚拉腊山的群山之中"的论述完全吻合。至于库尔德斯坦扫描到的金属点，其实正是方舟中固定横梁的大铁钉，或者是分隔动植物的铁栏。

这之后，有关诺亚方舟的新闻时时见于报纸。其中的报道包括 1974 年土耳其卫星在亚拉腊山拍到了方舟的照片；1989 年美国人阿伦驾驶直升飞机，在亚拉腊山上空也发现了冰川覆盖的方舟；新华社安哥拉 1986 年 4 月 9 日的电讯说，土耳其官方通讯社宣布，他们已经在山顶发现了方舟的遗迹，方舟船头呈洋葱形等等。这些报道让库尔德斯坦的扫描更加的有意义。关于方舟的传说还在继续，而且关于探索方舟的行为也日趋增多，可能在未来的某一天，科研人员能够还历史一个真相，看看诺亚方舟是否真的存在。

无法解释的地质发现

1938 年，美国肯塔基州柏里学院从事地质研究的柏洛兹博士宣布，他在石灰纪砂岩中发现了 10 个类似人类脚印的痕迹。他通过相关的实验证明，那些显微照片和红外线照片证明足以说明这些脚印是通过人体的压力在脚步产生的重力造成的，并不是人工雕琢而成的。而且也证实，这些岩石上的足迹大约有 2.5 亿年历史。这个发现并不是最早的关于足迹的发现，更早的时候就有人在美国圣路易市密西西比河西岸一块岩石上发现过一对人类脚印。据地质学家判断，这块岩石约有 2.7 亿年历史。

　　科学家在世界多处发现了无法解释的地质现象，这些现象似乎都与史前人类有莫大的关系。例如令人惊奇的是在美国犹他州发现的羚羊泉。1968 年 6 月美国业余化石爱好者米斯特在无意间发现了几块三叶虫化石。他叙述说，当他用地质锤轻轻敲开一块石片时，石片"像书本一样打开，我吃惊地发现，一片面有一个人的脚印形状。更令人奇怪的是，那几个人穿着便鞋"！

　　科学界无法解释这些现象产生的原因，而且还有更多的无法解释的现象出现。1968 年 7 月，著名的地质学家伯狄克博士亲往羚羊泉考察，他在这里又发现了一个小孩的脚印。同年 8 月，盐湖城公立学校的一位教育工作者华特在含有三叶虫化石的同一块岩石中发现了两个穿鞋子的人类足迹。

　　所有这些发现，都是无法有合理解释的。同样，这样的发现也是对传统地质学的严重挑战。犹他州大学地球科学博物馆馆长马迪生在记者招待会上说："远古的那个时候，地球上没有人类，也没有类似人类脚印的猴子、熊或大懒兽。那么，在连脊椎动物也未演化出来之前，会有什么似人的动物在这个星球上行走呢？"

　　三叶虫是与虾蟹同类的一种细小的海洋无脊椎动物。它在地球上存活的时候比较长，大概从 6 亿年前开始，至 2.8 亿年前灭绝，而人类出现的历史与之相比则很短，至于穿上像样的鞋子的时间只不过 3000 多年。所有的这一切都没有合适的解释理由。

遗迹中发现的奇怪形状石头

同样无法解释的事情发生在非洲，人们在那里发现了一个20亿年前的核反应堆！之后考古学家就赴非洲的奥克洛进行考察，他们发现那些被利用过的铀矿竟然来自于大约20亿年前形成的一个核反应堆。没有人能够解释，为什么20亿年前，当人类还在黑暗中摸索的时候，怎么会有一古老的核反应堆留下来了，难道真有天外来客作为文明的使者降临过地球？或者在人类诞生之前，有另一群智能生物曾经主宰地球，而后又因为某种不可知的原因像恐龙一样销声匿迹了？

法国有一家工厂使用从非洲加蓬共和国进口的奥克洛铀矿石，他们在使用油的时候发现新购买的进口铀矿石已被人利用过。因为正常的铀矿石的铀含量为0.72%，而奥克洛铀矿石的含铀量却不足0.3%，这一奇怪的现象引起了科学家的注意。接着科学家对加蓬的奥克洛进行了考察，他们发现了一个更不可思议的事情，他们发现了一个古老的核反应堆，而且有证据证明这个反应堆是史前的遗迹，由500吨铀矿石构成。这个反应堆保存完整，结构合理，运转时间长达50万年之久。据考证，奥克洛矿的形成年代大约在20亿年之前，成矿后不久就有了这一核反应堆。而人类只是在几十万年前才开始使用火。那么，这样的先进的文明是怎么留下来的，难道真如之前所猜测的那样，是外星人的作品吗？抑或是前一代文明的遗迹。

其实，世界上跟这类似的发现早就存在。而且先于这个发现100多年。1844年，苏格兰的矿工在特卫德河附近地下8英尺的岩石中发现藏有一条金线。1845年，英国布鲁斯特爵士报告说在苏格兰京古迪采石场的石块中发现一枚铁钉，而且根据考证，这枚铁钉的一端嵌在石块中。不仅陆地上有无法解释的史前文明，而且考古学家在大西洋海底发现了古文明的遗迹。

1851年，美国马萨诸塞州多契斯特镇进行爆破，就在爆破的时候从岩石的床中炸出了两块金属碎片。而且人们将这两块金属碎片进行合并的时候看到的是一个钟形器皿，高12厘米，宽17厘米，是用某种金属制成的，有点像锌或锌与银合金的制品，表面铸刻着6朵花形图案，花蕊中镶有纯银，底部镌刻着藤蔓花环图纹，当地报刊在报道的时候称它是"精美绝伦"。

其实在人类认识自己的进程中，考古学家的贡献推动了人类文明的进步，他们为人类的发展起到了巨大的推动作用，而且他们凭借着自己的努力改变了人类对世界的看法。

1852年，苏格兰一处煤矿的工人在劳作的时候发现一大块煤炭中有一件形状像钻头的铁器，而最初的煤块表面无破损，也找不到任何钻孔。

1885年，澳大利亚一家作坊的工人在砸碎煤块时发现煤中有一个闪闪发光的金属物，这个物品看起来是对边完全平行的六面体，而且其中两面隆起，其余四面均有深槽，形状规则。后来经过专家认定此物不是一个天然物体，而是经过加工的物体。

1891年，伊利诺伊州摩里逊维尔镇的柯尔普太太在敲碎煤块时发现煤里有一条铁链，而且铁链的两端还嵌在煤块中，可见这块煤块原来是一个整体，是人们在敲打的时候才分开的。

1961年，美国加利福尼亚州奥兰恰市洛亨斯宝石礼品店的3个合伙人兰尼、米克谢尔和麦西在海拔1300英尺的山峰上找到一块化石。之后他们对这块化石进行了切割，但是坚韧的刀刃被化石中坚硬的东西弄坏了。当他们打开化石，发现化石里面有一个像汽车火花塞一类的东西，中间有一条金属圆芯，外包一个陶瓷轴环，轴环外又有一个已变成化石的木刻六边形套筒，套筒外面便是硬泥、碎石和贝壳化石碎片。根据后来的地质学家的估计，这块化石在50万年前就已形成了，但是人们无法解释为什么在50万年前会有汽车火花塞。

科学界还有很多这样无法解释的现象，对于这样超文明的现象，科学家给出了两种人为有可能的解释：一是外星人访问地球时留下的痕迹；一是在现代人类文明之前，曾经出现过前一次高级人类的史前超文明。随着时间的推移，更多的人越来越倾向于人类文明之前还有一种超文明出现。有科学家认为，地球诞生至今的45亿年历史中，地球生物经历了5次大灭绝。最后一次大灭绝发生在6500万年之前。因此有人推断说地球20亿年前存在过高级文明生物，但是一场核战爆发后，文明就被摧毁了。还可能是遭遇了巨大的自然灾害，沧海桑田的变化抹去了一切文明痕迹，仅留下极少遗物，成了现代人类的不解之谜。

　　世界各民族的古代传说中都有关于世界文明毁灭的记述：在现代文明出现之前，曾存在过另一些文明，它后来在一些大灾难中毁于一旦。也因此有人提出了，史前高度发达的文明可能是因为地球气候的变化造成的，太阳系运转到宇宙空间的某个特定位置时，地球上将会周期性的出现不适应人类生存的气候。地球的这种周期性变化会导致高级智慧生物的周期性进化。这样的观点并没有遭到所有人的认可。

　　梵蒂冈保存的古代墨西哥著作抄本（即《梵蒂冈古抄本》）和存留至今的墨西哥的印第安文明的作品中也有过类似的叙述："地球上曾先后出现过四代人类。这些文字记载中提到了人类的先后经历了四代文明。第一代人类是一代巨人，他们毁灭于饥饿。第二代人类毁灭于巨大的火灾。第三代人类就是猿人，他们毁灭于自相残杀。后来又出现了第四代人类，即处于"太阳与水"阶段的人类，根据相关的记载，这类文明毁于人类的大洪灾。梵蒂冈的图书馆中迄今保存的另一批古代手稿中，这批手稿中对人类的大洪水进行了相关的记载。

　　现代科学经过一些证据的出现认为人类在经历大洪灾之前，地球上或许真的存在过一片大陆，而且这片大陆上已有高度的文明，但是却在一次全球性地大洪灾中沉没于大西洋。而近一个世纪以来，考古学家在大西洋底找到的史前文明的遗迹，似乎在印证着这个假说。在民间的说法中，人们把这片陆地叫做"大西洲"，把孕育着史前文明的那个国度叫做"大西国"。其实，科学界早就给这片神秘消失的大陆命名了，那就是沿用了柏拉图提出的名字：亚特兰蒂斯。

　　科学家在海底发现了人类史前文明，那些活灵活现的手臂让人不由自主地联想到远古的人类。有人证实，它来自于那块消失了的具有超级文明的大陆——亚特兰蒂斯。柏拉图的记载勾起了很多人对亚特兰蒂斯的憧憬，因此有人推断，亚特兰蒂斯是由于一颗巨大的陨星与地球相撞而导致毁灭的。这场星球大撞击产生的冲击波高达 11 公里，威力巨大的冲击波曾多次波及整个地球周围的空间。但是有人可能在这场灾难中存活了下来。

　　很多年以前，秘鲁的一座小城伊卡的居民们在城郊发现了一些被称之为"伊卡黑石"的东西。这些"伊卡黑石"看起来只有拳头大小，但最大的重量可达100公斤。人们在"伊卡黑石"上面发现很多雕有各种神秘的画面：有的画面是一些人或类人生物正在做心脏手术；有的画面是表现他们用望远镜遥望星空的情景；还有的画面是他们骑坐在一些大穿山甲的背上游逛。更叫人迷惑不解的画面是，一些人或类人生物正乘坐着一些古怪的飞行器遨游太空。秘鲁学者哈·卡勃雷尔收藏了大量雕有这种神秘画面的"伊卡黑石"，然后将这些石头进行分类，之后再拍照，研究了很长一段时间后写下了《伊卡黑石篆函》一书。他收藏了大约2.5万枚这样的"伊卡黑石"，每一块上面都雕刻这神秘的画面。科学家至今无法解释这样现象。

科学家研究发现这些雕刻在"伊卡黑石"上的画面虽然显得粗糙，但画意明白易懂。有些画面很像是地球的东半球和西半球的地图，在这些刻出的地图上，不仅有今天已知的各大陆，还有像雷米利亚、亚特兰蒂斯等这样一些早已荡然无存的大陆，而且这些大陆所处的地理位置正在传说中它们在几百万年前所处的地理位置上。这些"伊卡黑石"上的画面除地图外，还发现有骑着史前大象和多趾马的人的形象，这种多趾马则是现代马最远的祖先；还发现有这样的画面：骑者坐在一些巨大动物的脊背上，这些动物长着类似长颈鹿一样的头和脖子，它们的身体很像骆驼，根据科学的考证，这些巨大的古代动物早已在几百万年前就灭绝了。人们还在"伊卡黑石"上面发现了一些人正在猎杀恐龙的场面。

考古学家通过一系列的研究认为，这些表现纯真、喻意深刻的"伊卡黑石"雕刻画是按一定的严格顺序排列的。它们以一个独特的、大自然科学"图书馆"的风貌展现在现代人的面前，它们成为了地球上某一个伟大而古老的超级文明昔日辉煌的历史见证。这些文明古迹的发现对于人类研究史前文明提供了重要的依据，也为考古界作出了巨大的贡献。

亚特兰蒂斯催眠透视

随着考古学家对有亚特兰蒂斯的深入研究，更多的人沉入海底寻找答案。考古学家在大西洋底发现的类似人眼的雕塑。有人提出疑问，这是不是亚特兰蒂斯人"使创造力和超能力发生作用"的第三只眼？著名的语言学家凯西曾经预言说神秘的亚特兰蒂斯还会再度浮起，而且将会给地球带来大规模破坏。同时他还预言美国的西海岸及东海岸的一部分将会沉入海底，纽约也会完全消失。

埃德加·凯西是美国著名的预言家，他经常在半疯癫的状态中推测未来。他曾经成功地预言到两次世界大战；1929 年的美国纽约证券市场的崩溃。最令人费解的是他成功地预测到印度的独立和以色列的建国。他于 1945 年去世，但是他去世后的几十年中，他曾经预言的事情都一一应验了。

埃德加·凯西在预测亚特兰蒂斯的时候进入催眠自己的状态，他的催眠透视记录被严密地保存着，至今仍有许多学者潜心进行研究。关于被大洪水淹没的亚特兰蒂斯大陆，凯西费了 20 年的时间做了数百次的催眠透视，从而将亚特兰蒂斯的过去及未来详细地说了出来。凯西的"亚特兰蒂斯催眠透视"和柏拉图所留下的"亚特兰蒂斯传说"，甚至连细节的部分都是一致的。研究家证明凯西一次也没读过柏拉图的著作，凯西的催眠透视却比柏拉图所说的更加详细。这种是巧合还是历史的必然还有待人们的深入研究。

关于亚特兰蒂斯的出土的另一个文物是关于一只女人手的雕塑。这个女人的手上戴有一枚戒指，是纯金制造的，因此可以推断出那时候的人生活很富足。她似乎在握着什么，但是没有人知道她手中握着什么。如果有人能将这些谜团解开，那么有可能掀开人类研究亚特兰蒂斯的新篇章。亚特兰蒂斯大陆的透视实验在 1945 年以前结束，那年正好是美国在日本广岛、长崎投下原子弹的时候，据说，这也在凯西的意料之中。

凯西"透视"的亚特兰蒂斯历史达到数十万年。但亚特兰蒂斯文明开始发达却是在公元前 50000 年左右。凯西说："初期的房屋是木造，接下来是石造，以圆形为主要构造，为防止自然的风雨及野兽的攻击建得十分坚固。最初，亚特兰蒂斯人从事狩猎，但渐渐地使用石头及木材所做的工具，并从事畜牧及农耕。火及天然瓦斯是最先发现的物品之一，但很快的也发现了铁及铜。"

根据凯西的透视法可以得知，亚特兰蒂斯的气候是温暖宜人的，当时岛上有巨大的爬虫类恐龙、象、犀牛及野猪等各种生物在草原上漫游。虽有些会威胁人类，但亚特兰蒂斯人在很短的时间内发展了高度的文明，便成了大陆的支配者。透过研究发现，凯西认为，那是因为当时的亚特兰蒂斯人"比较接近神"，及"灵魂通过第三只眼使创造力及超能力发生作用"所造成的。在公元前28000年左右，亚特兰蒂斯迎来了黄金时代，古代的超文明开出了灿烂的花朵。亚特兰蒂斯超前的人类文明令人注意，同时最令人注目的是它的能源系统。

凯西在亚特兰蒂斯的能源方面留下了十分详尽的催眠透视记录。凯西提出亚特兰蒂斯能源系统的中心是磁欧石。它是六面体（横断面是六角形）的巨大圆柱体状的玻璃样物质，它能吸收阳光，将其转变为能源。它被设置在波塞迪亚（亚特兰蒂斯的首都）太阳宫的中央能源所内，创造出20世纪人类尚未了解的"宇宙能源"，将它集中、增强，以不可直视的强光向世界传播。研究发现亚特兰蒂斯人不只有将那光线发展成动力能源的文明，同时他们也能使人体再生及返老还童，这一切致使亚特兰蒂斯人无忧无虑、快快乐乐地生活于那个天堂里。也可能因为这些而让亚特兰蒂斯人不思进取，最终导致文明的灭亡。

亚特兰蒂斯尽管拥有这样那样的文明，但是还是免不了被摧毁的命运。它于公元前16000年时突然沉入海底，以磁欧石为中心的能源系统发生爆炸，使地球的地基摇动，巨大的大陆就陆沉了，只剩下迁移到别处的人们，而亚特兰蒂斯人则消失了。可是，亚特兰蒂斯并非真的就此消失，因为这个大陆承担着不可思议的命运。凯西的催眠透视如此预言："亚特兰蒂斯被水淹没的地域，是在佛罗里达外，在北大西洋上的佛罗里达比米尼岛的附近，将重新浮出亚特兰蒂斯，它的一部分会在1968年至1969年之间被发现。"凯西的这个预言是在1940年说的，当时没有一个人相信。

时隔多年，到了1968年，人们确实在比米尼岛附近的海底发现了两座石造建筑。这就是今天被称为"比米尼大墙"的海下遗迹。1969年7月，人们又在北比米尼发现了古代希腊样式的装饰用大理石圆柱。自此以后，海底部分开始隆起，凯西的预言似乎开始实现了。这为人们研究亚特兰蒂斯提供了可靠的依据。

比米尼大墙：古文明的遗迹

科学家在凯西语言的时间内发现了被称为"比米尼大墙"的海下遗迹，这也是对亚特兰蒂斯文明的一种肯定。根据科学家拍的照片可以看出，有的只是一些普通的生活用品，而不是什么有意藏在海地的宝物。有人提出这里可能曾经是一片陆地，可能是一条繁花的街道。

罗伯特·布拉什是个飞机驾驶员，同时，他又是一个酷爱海底考古的人。1967年，他曾飞越过百慕大地区巴哈马群岛中的安德罗斯岛和比米尼岛。在飞行途中，他发现在水面下几米深的地方有一个长方形的灰色物体，它的几何图形十分完整，布拉什立即意识到这是人类的建筑物，于是他拍下了不少照片。

他将这些照片送到了法国人迪米特里·勒彼科夫手里。迪米特里·勒彼科夫是俄国人，他长期从事海底摄影的工作，而且他还发明了许多摄影器材，其中有电子闪光灯。

勒彼科夫对布拉什拍的照片产生了极大的兴趣，之前他自己从飞机上也看到同一海域里有一个约400米长的长方形的东西，另外，他还见到有一些笔直的线条以及圆形和形状规则的物体。勒彼科夫带着布拉什的照片找到了在迈阿密科学博物馆工作的朋友曼森·瓦伦丁。

曼森·瓦伦丁曾是耶鲁大学的教授，同时他又是研究哥伦布发现新大陆以前的美洲文化的专家。他看到照片后，毫不犹豫地当即组织了一支探险队奔赴现场考察。探险队乘一架水上飞机在安德罗斯岛海域上空来回盘旋搜寻。

巴哈马群岛的大礁带水并不太深，可以看到水下面隐藏的东西。探测队的队员经过一系列的探索终于找到了罗伯特·布拉什照片上的那个物体：一道30厘米厚的"墙"，周围积满了泥沙，看上去是一座长30米、宽25米的建筑物的地基。为了仔细观察这道"墙"，迪米特里·勒彼科夫把自己设计的一个航行器交给了一支专门的小组使用。对比米尼岛写过一部材料十分丰富的著作的皮埃尔·卡纳克把这

个航行器称作 "M114E"，这是一架名副其实的潜水飞机，配备有广角镜自动摄影机。

勘探人员有了这样的工具更加顺利地进行海底工作。大家经过几个月的努力之后再次踏上了寻找亚特兰蒂斯的旅程。其中不少著名人士参加了这项工作，其中有宇航员埃德加·米切尔和法国潜水员雅克·马约尔。探测队在 1968 年 9 月 2 日出发。队员们发现水底有一片宽阔的由扁平的、长方形或多边形石块铺成的石板地面，这个地面上的石块每条边有 5 米长，厚度从 50 厘米到 150 厘米之间不等，估计每块石头有 25 吨重。整个石板地面长 70 米，宽 10 米。皮埃尔·卡纳克说，这地面似乎是由 "大块大块的齐整的岩石用一种类似水泥般的东西胶合起来的"。后来，人们给这个规模宏大的建筑物起了个名字："比米尼大墙"。

迪米特里·勒彼科夫之后发表的在杂志上的一篇名为《另一个世界》上的文章里谈到了 1968 年 9 月发现的大墙时自己所看到的情形："这道墙的正面十分挺拔，墙上面的石块砌得十分平整，使整个建筑牢固平稳。""石块的内侧有一些痕迹，据考证那是工具凿琢留下的。考古学家吃惊地看到，这么多年来，这些墙竟顶住了海浪的侵蚀和飓风暴雨的袭击。""随后，一支新的探测小组又发现上层石块是盖在 4 根柱子上的。从此，考古学家再也没有怀疑的余地了，他们发现的肯定是人的建筑物。"

后来的人们又对这块海域进行了多次的探测。1971 年，探测者在东墙脚下开了一些洞，发现下面还有一层石块，是由 6 公分的水泥浇砌于第一层岩石下。但是现代人使用水泥的历史没有多少年，那些水下的水泥又是一个无法解释的现象。人们想到这可能是一个人类还不知道的高度文明社会留下的遗迹。

1968 年以来，人们不断地在比米尼岛一带发现巨大的石头建筑群静卧在大洋底下，像是街道、码头、倒塌的城墙、门洞……令人吃惊的是，它们的模样，与秘鲁的史前遗迹斯通亨吉石柱和蒂林特巨石城墙十分相像。今天的科技虽然无法证实这些东西始于何年，但是根据一些长在这些建筑上的红树根的化石，表明它们至少已经有 12000 年的历史。这些海底建筑结构严密，气势雄伟，石砌的街道宽阔平坦，路面由一些长方形或正多边形的石块排列成各种图案。这些都表明，这里曾经生活着人类，而且有着高度发达的文明。

1967 年，美国的"阿吕米诺"号潜水艇在佛罗里达、佐治亚、南卡罗莱纳群岛沿岸执行任务时，曾发现一条海底马路。"阿吕米诺"号装上两个特殊的轮子之后，就能像汽车奔驰在平坦的马路上一样前进。1974 年，苏联的一艘"勇士号"科学考察船，在直布罗陀海峡的外侧的大西洋海底，成功地拍摄了 8 张海底照片。从照片中可以清楚地看出，除了腐烂的海草外，有海底山脉、古代城堡的墙壁和石头阶梯……这些照片足以证明，这里曾经是陆地，并且有人类居住过。

除了这些已经发现的古迹证明了人类史前的高度发达的文明。美、法两国的科学家在百慕大三角区的西部海域发现了一座巨大的海底金字塔，据测量，它的底边长 300 米，高 200 米，其塔尖距海面 100 米。研究表明，它比埃及金字塔还要古老。这些发现都能够表明在史前的人类有一个曾经高度文明而发达的国度，但是却在灾难中被埋葬在大洋底下。因此有人提出疑问：难道 12000 年前人类文明就如此发达了吗？

学者和探索者们在探讨这些问题时经常提到亚特兰蒂斯。这些已经发现的证据都现实了亚特兰蒂斯似乎真的存在过。而且亚特兰蒂斯的文明是那么的发达。现在，生物学家、人种学家、地质学家、人类学家以及考古学家都告诉我们：从亚速尔群岛到百慕大岛，人们在大西洋的这部分海底发现有大片大片的陆地深深地埋在水下，可是这些陆地昔日是露出水面的土地。科学家虽然能够找到一些历史的遗迹，但是这些遗迹并不能直接说明亚特兰蒂斯就是在这样的土地上下沉海底的。承认亚特兰蒂斯存在的同时，也有很多人怀疑不是人为的文明，而是外星人的杰作。

大西国，外星人在地球上的基地

虽然从海底看到了很多高度发达的文明遗迹，但是依旧有很多人怀疑，那些无法解释的"古代超级文明"遗迹是外星智慧的杰作，而人们口里的大西国上的人其实就是外星人。因此可以得知，大西国就是外星人在地球上的基地。

如果研究者从外星人入手，摆在人们眼前的这些遗迹就更加难以捉摸了。比如，为什么世界上各种文明中神话里的神，从天上下凡后都在某一天到海里？为什么美洲大陆的神总是来自东方，而欧洲大陆的神总来自西方？这些现象都可以说明，大西洋起源于同一个传说的故事。

历史考古学家根据现有的发现的古迹推测，人类可能存在过一个大西种族，包括爱尔兰人、威尔士人、布列塔尼人、巴斯克人、安达卢西亚人以及柏柏尔人等。这些人具有共同的伦理，讲的是一种相似的喉音重的方言。方言中某些音在希腊—拉丁语系中没有，然而可以在尤卡坦的玛雅语中找到这些同样的古怪的音。随着文明的进步，近代研究 UFO 的学家则认为，这些人的最初祖先来自外星，后来在海底洞内过穴居生活。

考古学家曾经在北欧发现了浮雕像，这与在南太平洋出土的文物以及非洲的工艺品极为相似。因此有人种学家就认为全世界的人种都来自于同一个种族——大西种族，这个现象的出现就不足为怪了。

1952 年有两个英国人对 5 具在秘鲁库斯科发现的印加干尸做了血液分析。其中一具属于 C—E—C 型（即 Rh），这种血型的人在世界其他地方从未见过；另一具属于 D—C 型，这种血型在美洲印第安人中极其稀少。由此可见，大西洋一侧的印加人，另一侧的巴斯克人和埃及人，血型都与周围民族不同。因此有人推断，这些罕见的血型有可能是外星人住在大西国的血型。

大西国的存在是可以肯定的，但它是否是外星在地球上的基地，还有待进一步的考证，然而从宇宙的观点出发去解释神秘莫测的世界，已成为当今时代的时髦之举。若是真的在过去的几千年之间曾有过生物来访地球，那么我们今天可能还会面对来自太空的智慧生物新的来访。

著名的学者卡尔·萨根认为，地球在地质时期曾经有过上万次银河系文明来访过。一位瑞士科学家曾在意大利北部地区找到了被掩埋的类人物骷髅的残骸。他认为这已有 1000 万年的历史。同样人们在在美国内华达州孔特利贝尔什深峡谷地层内发现了一个鞋底的痕迹，其清晰程度乃至粗线条纹路都看得十分清楚。估计这一鞋底的印迹已有 1500 万年的历史。

不仅如此，还有很多无法解释的现象，人们在智利的热带丛林中曾找到过一个金属球。金属球直径有 1 米，重量约有 3 吨。而且它的成分是谁也不知道的化合物。奇怪的是金属球光滑的表面，无论用火烧，用酸液浸，还是用刀切削都毫无影响。智利科学院院长拉莫斯·泰尔杰茨博士认为，这一金属球是地外文明代表有意留下的。他们在远古的时代就可能到过我们星球，也可能在我们的时代也拜访了我们的星球。

同样地，研究人员在法国和意大利的许多岩洞的壁上刻画着许多奇怪的标记，样子同飞碟的形状相仿。专家已知的类似岩洞有拉兹卡岩洞、阿尔塔米拉岩洞及埃比斯岩洞等。这些地方至今已发现有近 2000 多个类似的标记，都是石器时代（公元前 30000 ~ 前 10000 万年）留下的。在人类发现的无法解释的现象中，最为知名的是阿尔塔米拉岩洞中有字母形状的地方长达 200 米。在此洞内能找到 3 种不同的标记，主要是在洞的顶壁。

考古学家莲高曾根据自己的研究发现而明确提出大西国居民是外星人。这样的论断来自他对乌拉尔找到的金质图表的研究。这些金质图表至今存放在美国保密局。这些图上刻有密码符号并标有两处位置。一处标出如何从古埃及到达大西洲帝王坟墓的方位。在图上明显地标出始帝和末代皇帝的陵墓，墓地的位置只能是大致的，它距尼罗河有 20 ~ 30 日的里程。这表明整个墓地位于阿斯旺及西部沙漠绿洲之间。金质的图表中还表明 15000 年前大西洲上曾有过宇宙飞船着陆，其上面有高度发达的类似地球人的生物。

日本古代的画上经常有被称为 "Kanno" 的生物。据说公元700 ~ 800 年前众多日本人士在日本见到过此种生物。根据日本的古老传说，此类生物在河床中、沼泽地带活动。划行时不穿任何衣服，伸出长长的爪子。头很小，有嘴，有长长的鼻子。大耳朵能自由活动，三角眼睛深深地凹陷。头是圆盘，上面竖有 4 根刺，其中一只耳朵有小小的耳甲。背上有类似贝壳的大东西，一直同嘴相连。嘴则与盘绕的绳子相似。日本的吉他母拉教授认为这是外星人光顾地球的一种证据，他的描绘中外星人脸上的东西正是呼吸面罩，有软管同背后的器官相接。所谓头上圆盘状的东西，看样子是4根天线。日本古代所称此物生活在大的壳里面，不仅能在水中行走，同时还会升空，以高速飞行。这些都似乎应证着地球上真的有外星人光顾，但是至于到底有没有，还有待人类历史的研究。

大西国的地理位置之争

有人提出亚特兰蒂斯是存在的，虽然有人怀疑它是外星人驻扎地球的痕迹。但是不管是什么样的，总有一块土地是适合他们居住的。长期以来，随着人们研究亚特兰蒂斯热潮的兴起，有很多人也在寻找这块神秘的土地，如果能找到这块土地，那么就能证明亚特兰蒂斯确实在地球上存在过。

最先提到亚特兰蒂斯的柏拉图对它的叙述可以归纳为这样几句话：在昔日被人称为"海格力斯擎天柱"的直布罗陀海峡的海面上，即在西班牙和摩洛哥海岸之间，横展着一块陆地，叫做亚特兰蒂斯。它由一个大岛和一系列小岛组成。亚特兰蒂斯人把首都设在陆地的东南海岸波塞多尼亚，那里有为该国缔造者建立的寺院、王宫、壮丽的建筑物。

人们带着对亚特兰蒂斯的憧憬，也根据柏拉图的描绘，17世纪意大利的数学家通过数学计算确定了亚特兰蒂斯的位置。此后的多年，关于亚特兰蒂斯的位置，学者一直争论不休。他们都认为这块陆地跟人类的起源有莫大的关系。很多学者在调查、比较、研究，在考虑柏拉图著作的含义。几个世纪过去了，人们取得了进步，离探索的目标已经不远了。

柏拉图之后的时间里，有关大西国的书数以千计，其中大部分纯属空论。但是其中也有很多是经过实际考察的，有科学依据的。随着时间的推移，越来越多的、真正的科学发现使大西国这块消失了的陆地逐渐摆脱了神话的色彩，成了历史中更引人入胜的事实。虽然有关亚特兰蒂斯的争论一直在进行着。而且越来越多的证据表明，这不是空穴来风。关于大西国的位置也成为一直争论的焦点，找到了这个神秘的位置对解开亚特兰蒂斯有莫大的作用。

从古至今研究亚特兰蒂斯的人首先都会想到去寻找大西国的地理位置。1675 年，瑞典人鲁布德克认为这个被水淹没的陆地就在他的国家里。另有一些人说它在今天的巴勒斯坦的位置上。德国人博克认为南非一带是大西国的地方，而法国人德利尔·德萨尔则提出高加索就是从前的大西国。后来，1779 年，法国资产阶级大革命时期成为巴黎市长的巴伊曾断言，大西国在现在的斯匹次卑尔根群岛。每个科学家都有关于大西国的地理位置的证据，但是多年过去了，一直没有得到最后的结论。

1855 年，雅克布·克鲁格自认为解决了这个问题，他说大西国其实就是北美洲。然而这种观点遭到贝利乌的反对，并且贝利乌于1874 年发表的著作《大西国人》。他在书中说，大西国这块陆地的位置应该在目前的北非这个地方。他的这个观点相对于之前比较新颖，因此也受到了大家的重视，这个观点于 1893 年被德国人克内泰尔多次援引，并得到了他的发展。后来，这一观点还启发了皮埃尔·伯努瓦，他写出的《大西国》这部著名小说的灵感就是来源于这个观点。到了 1926 年，博查特说得更为确切，说大西国就

新发现

在突尼斯的盐湖地带。他的说法博得了阿尔贝特·赫尔曼的支持，并且于 1927 年说完全赞成博查特的假设。1929 年，巴托利和拉特埃宣布说，大西国不在别的什么地方，就是希腊。还有一些理论认为大西国在西班牙南部，在非洲西海岸，在西尔特、在大洋洲，甚至有人还说在南太平洋。大西国在南太平洋的观点源于 1946 年由伯德探险队的考古学家提出来的，因为他们在南美洲的西边太平洋底发现了一片陆地，因此断言这儿就是亚特兰蒂斯。

但是到了 50 年代初，一位名叫于尔根·施帕努特的年轻牧师则

说他在赫尔戈兰岛附近北海水域发现了消失陆地的遗迹。如果柏拉图的论述是正确的，那么大西国就应该是沉没于直布罗陀海峡的外侧，因此它沉入大西洋是无可厚非的事实。人们若不根据柏拉图的对话来确定大西国的位置，那么可以确定的可能是大西国的遗迹的大概有 1700 余处。而其中最有可能的是地中海的克里特岛和爱琴海的桑多里尼岛。

1900 年，英国的考古学家亚瑟·艾邦斯克里特岛上进行挖掘工作，他们经过数日的努力，在那里果然挖掘到与猜想相符的米诺亚王大宫殿。这座宫殿面积为 4000 平方公尺，是栋 3 层楼的建筑物。内部除了有石柱支撑的天花板和楼梯之外，还有巨大的武器库、战车库、粮食仓库、国王的宝车，及塞满了记载着文字的黏土板的古文室等等。极富变化的各个大厅中都用壁画、彩色的浮雕装饰着。毫无疑问，这里就是米诺亚文明的中心地。

可是根据相关的资料记载，克里特岛虽被岩石所埋没，但并未沉没于海中。1967 年，希腊考古学家史匹利顿·马利那托斯挖掘出了可解决此矛盾现象的新遗迹。那就是位于克里特岛往北约 120 公里处的桑多里尼岛。桑多里尼岛由 3 座小岛所组成的火山岛，可是在以前它是个直径达 18 公里以上的圆形岛屿。桑多里尼岛于公元前 1490 年左右经历了一场火山大爆发，使得岛的中央部位炸毁，所以才变成今日的 3 座小岛。从厚达 50 公尺以上的火山灰下所发现的亚克若提利遗迹，确实与克里特岛相同，全都有雄伟壮观的石造建筑物、壁画、壶等等，而且也残留着米诺亚文明的痕迹。可是，它是否就是大西国，却还有许多值得争议之处。

德国的学者尤更·休邦特则认为大西国位于易北河河口海面的海格兰特岛附近，这个地方靠近北海。提出这个根据的原因是根据荷马的叙事诗《奥德赛》中的记述。奥德赛前往卡力布索，并从卡力布索朝东北航行了 18 日。据休邦特所言，此记述正是暗示大西国的位置，而卡力布索乃指亚德雷斯群岛之意，再者，航行 18 日后所抵达之处也一定是指海格兰特岛。

科学的检测发现，北海周围是于公元前 12 世纪左右因发生大地震和大洪水而大为改观的。可是，如果这里发生火山爆发的时间是公元前 12 世纪，那这里与柏拉图的记述有极大的差异。他认为柏拉图所说的 9000 年前，应该是 9000 个月之误，因为埃及的历法是以月份计算的。这样的观点也得到了其他科学家的认可。

除此之外，休邦特也指责柏拉图误解了梭伦所叙述的故事。柏拉图述说的亚特兰蒂斯"被从北方吹来的风保护着"，应该被译为亚特兰蒂斯位于"北海的方位"才是正确无误的。虽然休邦特的研究成果得到了很多人的肯定，但是把他的研究与亚特兰蒂斯真正结合在一起的时候，就会发现其中很多不完整的地方。因为关于亚特兰蒂斯消失的位置，柏拉图进行了详细的描述："在海格力斯擎天柱那一边"，这就是说在直布罗陀海峡那一边。换句话说，在大西洋里。至于亚特兰蒂斯是否真的在大西洋，还有待历史的进一步考证。

海底探究的开始

尽管人们对柏拉图描述的的亚特兰蒂斯故事充满了向往，但是至于人类是否存在这样的大陆还有待历史的考证。柏拉图的学生亚里士多德就认为：亚特兰蒂斯并不是历史事件，只是要唤醒世人远离腐化而虚构的故事。不过因为附会的一些历史事件，于是就有人兴起寻找故事根据的行动。

提起亚特兰蒂斯，让人很容易想起大西洋，人们根据柏拉图的记载先由大西洋开始寻找亚特兰蒂斯，不过并未找到类似的地方。要确定亚特兰蒂斯是否真的存在，必须具备两项基本条件：第一是要经过历史的勘测，甚至是挖掘后再确定人类的文明是否真的存在过。第二是有证据显示该地区的文明，是因地震或火山爆发等突发性天灾异变而消失。但科学家在大西洋至今未能找到满足这两项条件的地方。

既然在大西洋上没有能够找到理想的地方，因此有人说是不是过去的地理位置与今天的记录有差异，因此有人说传说中的亚特兰蒂斯应该在太平洋上的"莫尔大陆"，或印度洋上的"列牟利亚大陆"。因为柏拉图的亚特兰蒂斯的故事明白指出亚特兰蒂斯王国没入海底，所以人们在寻找的时候将目光都指向了海洋集中的地方，但是在所有海洋上都不曾发现满足两个条件的地方。

当研究人员近乎绝望的时候，德国考古学家舒里曼发现了特洛伊遗址。舒里曼在幼年时期接触到特洛伊战争故事，因而兴起探寻特洛伊的念头。特洛伊的故事中出现了宙斯等希腊神话中的众神，因此人们一直认为这并不是历史事实，只是荷马脑海中的产物，凭空想象罢了。但是舒里曼却深信特洛伊应该是真的，因此就学习希腊话，并筹措挖掘遗址所需的资金，最后在1873年终于大功告成。

根据挖掘结果证实，特洛伊城就位于土耳其境内，因此人们也确定了特洛伊战争是西元前1200年前后的事件。因为之前人们认为特洛伊是虚构的，所以没有人与历史背景联系在一起。当意识到这一点的时候，人们又兴起对亚特兰蒂斯的兴趣。

英国人艾凡斯依据舒里曼敏锐的直觉发现了诺萨斯宫殿，于是他收购了位于希腊南部的克里特岛，并于1900年发掘出诺萨斯宫殿。诺萨斯宫殿面积大约2万平方公尺，主体分为四层楼，有1200~1500个房间，艾凡斯据此推测，包括宫殿周围大约有8万人居住于此，并说"此地完全看不到希腊和罗马的遗物"。后世学者将这个文明称为"迈诺斯文明"。

艾凡斯发现迈诺斯文明后，之后的学者根据在这儿的发现与柏拉图的亚特兰蒂斯结合起来，发现其中有很多相似之处。例如，在克里特岛上除了诺萨斯宫殿外，北岸的"玛莉亚"，东岸的"加都沙克罗斯"，南部的"费斯特斯"等地也都找到宫殿遗迹，居住于这些宫殿的统治者之中，似乎以诺萨斯国王最具权力。这与亚特兰蒂斯的故事中的状况相似。

研究者发现了另外一些相似的地方，例如亚特兰蒂斯人十分注重牛，而在克里特岛，人们发现现存的壁画中有大量的关于牛的画像。其中能明显看到看到跳牛背的年轻人图案，酒器也有牛的图案，而黏土制棺材上的葬礼画中，所绘的牺牲品也是牡牛。克里特岛上关于牛的神话也很多，其中之一是大家耳熟能详的牛头人身怪物米诺陶洛斯，此怪物被囚禁于诺萨斯宫殿般的迷宫中，后来被雅典英雄铁修斯杀死。而在玛莉亚和加都沙克罗斯也发现码头的遗址，由壁画中可以见到华丽的船只。

更加让人觉得惊奇的是迈诺斯文明也是铜器文化。而这些事实与亚特兰蒂斯故事中的情景都相当吻合。公元前 1400 年时期迈诺斯文化突然崩溃，其直接原因是来自希腊本土的麦锡尼人的入侵，但后人知道麦锡尼人入侵之前，克里特岛突然发生天灾地变，更加强了迈诺斯王国历史和亚特兰蒂斯故事的相似性。这些所以相似的地方看起来是巧合，但是至于是不是那么巧还有待后世学者的研究。

■ 关于圣多里尼岛的疑问

1939 年希腊考古学家马里那多斯调查克里特北岸的"奥姆尼苏斯宫殿"是发现当地的损害状况并不完全是因为地震所造成的。虽然发现宫殿的西壁的大石头掉落到外面，而且还有一些巨石找不到，大概是被随地震而来的海啸搬走了。同样地在克里特岛其他地方也都可以发现同样是由海啸所造成的损害情形。

克里特岛的东北部也可看到火山爆发之后的火山灰和浮石。根据科学的推测，能够造成地震海啸和火山喷发物的自然灾害只有火山运动，但是令人奇怪的是克里特岛上并没有火山，而根据物理地理学确定，此地方的火山应该是位于克里特岛北方的圣多里尼岛，圣多里尼岛目前还有旺盛的火山活动。这一奇怪的现象引起了更多人的广为关注。

1939 年马里那多斯在挖掘"奥姆尼苏斯宫殿"的时候发现了很别致的百合花壁画，此壁画一分为二，百合花绘的图案在上面。马里尼多斯认为这象征由两个岛屿形成的迈诺斯王国，这样这个壁画要表达的就是两个地方，较宽的下段是克里特岛，而上段则为圣多里尼岛。

柏拉图在讲述亚特兰蒂斯的故事的时候提到半径为 9 公里左右的小岛，和其南方拥有广大平原的大岛，大概就是指圣多里尼岛和克里特岛。1967 年，马里尼多斯又在圣多里尼岛南部展开挖掘工作，结果在火山灰下挖出面积约 2 万平方米的宫殿遗址，其规模并不下于诺萨斯宫殿。其中有许多华丽的壁画，包括好像将克里特岛和圣多里尼岛连接起来的舰队。这里发现的壁画与在克里特岛发现的壁画内容不大一样，这里比较偏重于展现舒缓的市民生活状况。

多年前的圣多里尼岛曾经发生了火山喷发，当火山活动停下之后，喷发物将将大约直径 10 公里的海洋围起来。这样在外在看来就像个甜甜圈，包括中间海洋部分约为 20 公里，很像柏拉图提到的亚特兰蒂斯就是一个半径为 9 公里的"小岛"，岛中央面向海洋的断崖高达 200~300 公尺，此断崖延伸到海中深处，包括突出海面部分，大概有 500 公尺之高。而内海中央有"内亚加梅尼"小岛，岛上有个活火山。因此，有人推想此处曾经的形状不是现在的"甜甜圈"的样子，而是一个略呈圆形，而且当时的中央处并没有岛屿。后来因为火山爆发的原因，使得岛中央陷入海底，形成破火山口，之后海水灌入形成"甜甜圈"的形状。

1956 年著名的地震学教授葛拉诺布诺斯到圣多里尼岛进行调查，他在那里发现了被火烧过的石屋废墟，于是立即进行收集，其中采集到了陶器、石器、烧过的松木片，以及人骨和牙齿。后来用碳 14 进行测定发现其中的木片大概是公元前约 1400 年前被烧过，后来又用同样的方法对诺萨斯宫殿进行测试，发现其中的年代刚好吻合。

因此有人推想，圣多里尼岛曾经于公元前 1400 年左右有过火山爆发的情况，而且通常火山爆发之前会先发生相当频率的小地震，随之而来的喷发则喷出大量的浮石和火山灰，顺着此地区夏季的地中海季风，向西飘到克里特岛等地，这就是克里特岛东北部发现大量火山灰和浮石的原因，即使到现在只要一吹起西风，这附近的海面还会铺满火山灰和浮石，这样的情形和柏拉图描述的亚特兰蒂斯的情景一样。

通常情况下，火山喷发后会在地底形成一个中空的状态，因此会导致地表下陷，成为广达直径 10 公里，断崖高度数百公尺的破火山口。破火山口形成的同时也引起巨大的海啸，由破火山口的直径和深度可以推测，这次海啸的周期是数十分钟，高达 200 公尺，如此大落差的海啸袭击克里特岛北岸必定造成极严重的损害。因此人们有理由相信，火山喷发摧毁了迈诺斯文明，而相关记载的希腊本土麦锡尼人的入侵是对迈诺斯文化最沉重也是最后的一次打击，这之后的迈诺斯文明便走向了毁灭。

葛拉诺布诺斯根据实地考察的情况推测公元前 1400 年时期发生在圣多里尼岛的天灾巨变与柏拉图描述的亚特兰蒂斯的情形最终是

一样的，都是沉入了海底。但是这其中还有两个问题不能确定：一是亚特兰蒂斯故事中提到的"海格力斯之柱"，人们觉得这里就是指直布罗陀海峡，但由希腊算起，迈诺斯王国并非在"海格力斯之柱"外面；第二个就是柏拉图指出使亚特兰蒂斯王国灭亡的天灾发生在由柏拉图时代算起的9000年前。这么长远的人类文明是否真的存在，根据后开的考证可以发现，这个时期，即使是人类最早的美索不达米雅文明、埃及文明都还没出现，更别说迈诺斯文明了。

葛拉诺布诺斯根据自己的调查得出，根据柏拉图所说的希腊的位置用该在希腊本土南端的马力亚和提那伦，其实也就是"海格力斯之柱"。如果照这样的推算，那么迈诺斯王国自然就在"海格力斯之柱"外面。关于到底是9000年还是如后世学者认为的那样，是柏拉图记错了，但是葛拉诺布诺斯给出了自己的观点。他发现在亚特兰蒂斯故事中，出现很多以"1"为单位的数，和以"1000"为单位的数，如果将前者照算为"1"，后者则以所示数的"10分之1"来解释，那么亚特兰蒂斯王国和迈诺斯王国之间的细节就比较合乎逻辑。由柏拉图的时代往前追溯900年（9000年的10分之1），正好是迈诺斯文明崩溃的公元前1400年前后。另外，在相关的亚特兰蒂斯的文章中也有提到"大岛的平原大小东西长3000斯塔吉安（约540公里），南北宽2000斯塔吉安（约360公里）、家畜数6万、战车数1万、战船数1200"。葛拉诺布诺斯的说法与克里特、圣多里尼岛的实际状况比较相符合。

葛拉诺布诺斯还强调，在迈诺斯的线形文字中，表示百、千、万的符号很容易被混淆而引起混乱。如果依照这个观点来推测，那么人们很容易就能发现地中海各地流传着很多与发生在公元前1400年时期，与圣多里尼岛火山喷发有关的史实和传说。这些似乎与历史更为相近。

埃及第18王朝第10代法老王阿克纳顿（公元前1379~前1362年）是埃及历代法老王中唯一信奉一神教的，他崇拜以圆板为象征的太阳神阿顿，并将当时埃及的首都由底比斯迁到提尔艾亚麻纳。没有人能够解释，为什么埃及王朝这么长的时间，却只有阿克纳顿在位的时候崇拜太阳神。有人根据研究推测说，阿克纳顿之所以信仰太阳神，是因为圣多里尼喷发的火山灰乘风到埃及，从而遮住的上方的阳光，也因此让阿克纳顿了解到太阳的重要性，因而崇拜太阳神。

根据《旧约圣经》中的《出埃及记》的记述，王子摩西为以色列（希伯来）人，上帝在西奈山的时间是摩西"十诫"后的时候。摩西带着被埃及人压迫的同胞离开了埃及。当时执政的埃及法老得知了这个情况后就派兵追捕，摩西一行人正在逃命的途中却发现广阔的大海挡住了去路，正当不知所措时，摩西将手伸出，海水立即消去，以色列人始得脱离险境，而追来的埃及军队却被再度涨起的海水吞没。这个故事像神话传说一样，没有丝毫的根据。

奥地利精神分析家佛洛依德认为，摩西离开埃及的时间应该是在阿克纳顿逝世后的公元前1360年前。这样的话，那么就能与"十戒"中描述的圣多里尼"红海的奇迹"与圣多里尼破火山口形成时的大退潮、大涨潮等现象连接在一起。

另外，后世研究《圣经》的学者大都认为《圣经》中提到的"红海"并不是现在的红海，而是地中海沿岸的巴达威尔湖，在这地方就有可能发生与圣多里尼海啸有关的"红海奇迹"。这二者之间有某种联想的关系。1928年，法国考古学家在叙利亚北部进行挖掘是发现了"乌葛里特文"的黏土板文书，根据板书的记载，乌葛里特地区在公元前1365~前1370年，曾饱受地震与海啸的肆虐。

大西洋的遗迹

之后科研人员多南英格兰的史前巨石柱群，以及由威尔斯、苏格兰、爱尔兰经法国（不列塔尼）、西班牙、葡萄牙到科西嘉等地中海岛屿的五万处巨石遗迹进行研究，发现了迈诺斯、麦锡尼文化的影子，因此可确定制造这些工程的人来自爱琴海。这些巨石遗迹都修建于公元前1800年到公元前1400年前后，但于公元前1400年左右以后突然停顿，因此没有人肯定这是否与崩溃的迈诺斯王国有直接的关系。但是这其中有很多相同的地方，也是这些相同的地方令人想到克里特、圣多里尼两岛上的迈诺斯王国和柏拉图所说的亚特兰蒂斯的关系。

来自海底的证据

柏拉图的记载中，亚特兰蒂斯因为世界性的大洪水而沉入海底，尽管他有高度发达的文明，但是也免不了毁灭的命运。随着柏拉图的记载，越来越多的人去寻找历史的遗迹。多年过去了，那些长埋于海下的证据是否能够证明亚特兰蒂斯文明的存在呢？那些来自海底的证据又能为柏拉图的说法提供怎样的证明呢？

海底的证据

柏拉图关于亚特兰蒂斯的描述说："一昼夜间，亚特兰蒂斯被猛烈的地震和大洪水吞噬，岛上的所有人都遭到活埋，亚特兰蒂斯就此沉入海中；从此以后，这片曾经是个巨大岛屿的海域，因其水下堆积的厚厚的淤泥，变得异常难以接近。"之后的几千年，人类为了寻找亚特兰蒂斯费尽了心机。如果有人能够在地中海之前、毗邻亚速尔群岛的大西洋海底发现了一片沉没了的广阔大陆，如果这块海底大陆正好有3000英里那么广阔，那么就能应证了柏拉图所讲故事的真实性。同样，如果现在的人类能够在直布罗陀海峡福建的海域寻找到"海格力斯之柱"，这地方要比小亚细亚和利比亚合在一起还要大些，那么会不会让人立刻联想到亚特兰蒂斯呢？如今的人类如果能够证明亚速尔群岛就是这个被火山摧毁的沉没岛屿的山峰；

　　而在其周围的陷入海底的大片土地的地层中都能发现熔岩的痕迹；整个沉没大陆的表面都被上千英里的火山岩屑覆盖，这里曾经孕育着史前高度发达的文明的时候，是否同样会让人联想到亚特兰蒂斯呢？当这些证据都具备的时候，没有人怀疑柏拉图故事的虚构性，说不定还能还原一个历史的真相呢。

　　人类的近代科学通过探索研究证明了海底确实有那些能够证明柏拉图所讲故事真实性的证据。这些晦莫能测的深海也逐渐被各个国家的科研船只测量出具体的深度。各国都排除了专家进行深海探测，例如美国的"海豚号"、德国的"瞪羚号"、英国的"长蛇号"、"豪猪号"以及"挑战者号"先后都已经勘测过大西洋的海底。他们从海底带出来的证据在世界考古史上引发了一场革命，从英吉利海峡向南一直到南美的海岸线，再向东南到达非洲的黄金海岸都有重大的发现，而航海业和勘探业的飞速发展将人类文明推向一个新的高度。

　　科学家曾经在深海处拍摄了很多照片回来，其中一幅就是从深海下看沉没的亚特兰蒂斯的框架。观测设备从亚特兰蒂斯附近的大西洋底垂直升起 9000 英尺的高度，洋面周边的岛屿还包括亚速尔群岛、阿松森岛的圣保罗礁岩群以及特里斯坦岛。这呈现给人们的是一幅立视图。

　　其实，关于这块立视图很早就曾被人类描绘出，但是当时描绘图的时候少了其中一块关键的陆地，英国杰出地质学家斯塔克·加德纳说："它的表面突兀起伏，山峦和山谷纵横交错，谁也不会把它同今天沉寂在大洋深处的一摊烂泥联系起来，有谁又会想到如此一座庞然大物竟然会在瞬间化为乌有呢；但是，不幸的是，这一切都是事实，它清楚地被刻录在历史的卷册中。"因此他认为在地质年代上的创新世时期，在康沃尔郡以西曾经存在过一片广阔的大陆。对于"海豚号"和"挑战者号"发现的海下山脊，他断言说，"这片海域以前肯定是一块大陆，而今天的康沃尔、西西里岛及其周边海峡岛屿、爱尔兰岛和布列塔尼（法国西北部一地区），则都是当时大陆的最高峰。"

　　根据探底探测的结果，有人提出这块曾经覆盖今天整个大西洋海域的巨型大陆的骨架脉络正是受到大西洋的冲击，也是因为这个冲击，才导致了今天欧洲和美洲大陆的形成。科学家在海底探测的结果表明，这片大洋的最深部分约有 3500 英里，它表明这是最先有大陆沉没的地方，也就是说，大洋海底的东部和西部地区的山脉集中地带原先都是平原；这些海底山脉最高峰便是亚速尔群岛、阿松森岛的圣保罗礁岩群和特里斯坦。如今这些地方至今仍留在海面以上；而昔日的亚特兰蒂斯大陆的主体则早已沉寂在数百英寻深的海底。在这些深海中的山脊中，科学家们还发现了许多"羊肠古道"，它们曾经在新旧大陆之间穿针引线，正因为这样，才能解释为什么在大洋的对面会有相同的物种，也凭借着这个依据，黑人找到了他们从非洲大陆前往美洲大陆的路，美洲人也得以从美洲不远万里来到非洲。这为解开人类文明的进程提供了主要的依据。

自然界的生存也有自己的法则，人类根据在海底的遗迹或者发现证明，因为自然法则的关系，所以能够将高度发达的文明亚特兰蒂斯打入海底，并从此用不出现；让与它毗邻的东面和西面的："兄弟们"渐次升起，并始终保持这种"斗志"；被认为是亚特兰蒂斯大陆北端的地缘边界的格陵兰岛海岸也在面临着沉默的命运。《古代北美洲》中记载说："所有立于古代低平陆地的建筑都已迅速沉入海底，格陵兰人似乎已经认识到这点，所以不再在水边修建任何建筑。"同样的陆面下沉还一直困扰着美国南卡罗来纳和佐治亚州，而北欧大陆和南美洲的大西洋海岸则在迅速窜升。根据历史数据显示，在南美的大西洋海岸 1180 英里长的海滩已从海拔 100 英尺的高度急剧飙升到 1300 英尺高度。

如果地壳真的是不停的运动，那么总有一天，这些海下山脊可以从美洲延伸到欧洲和非洲，它们就会阻断大洋向北的热带暖流：不再有温暖的海湾洋流；位于海面以下的大陆会吸收掉大部分热量，北欧的海滨城市也会变得寒冷；最终的结果就是人类再次回到冰河时期的世界。依照这样的推断，那么亚特兰蒂斯的沉陷则为自南向北的热带暖流腾出了充足的空间，覆盖于欧洲大陆上的冰雪因此得以慢慢融化消失；而绕于亚特兰蒂斯附近的海湾洋流则被保留下来，在原有的水域形成一个温暖的环流水域。

　　"挑战者号"的研究人员还在还带发现了亚特兰蒂斯的所有海下山脊都覆盖着厚厚的火山沉积物。这样的情形就如柏拉图描述的那样。而如今的这片领完全是一摊沉积海底的烂泥，使得船只无法从这片沉没大陆的水面畅行。考古人员经过研究发现，当时亚特兰蒂斯大陆最后陷落的时候这个海域并不是这样的情形，与之相连的美洲和非洲大陆的山脊迅速从海面上升起；这些山脊或许会逐渐再次从海面上隐没，或许如中美洲的史书记载的那样，被气势汹汹的大洪水吞没。柏拉图描述的亚特兰蒂斯很有可能是因为这样的原因，而不被考古队员所发现。

　　当年美国的"葛底斯堡号"舰艇在对亚特兰蒂斯沉没海域的周边进行了勘测的时候有重大的发现。约翰·詹姆斯·威尔德这样描述："最近'葛底斯堡号'舰长格林奇舰长公布了一个重大发现，在他们的最近一次穿越大西洋的航行中，他们在西经85度的深海海底，距离圣文森特角130英里远的地方，发现深海中的山脊同北大西洋水下山脉相连，这表明很有可能在这一区域存在一片沉没的山脉或者高原，而且这块大陆将非洲西北部大西洋中的马德拉群岛与葡萄牙海岸连接在一起，很可能这片水下区域在史前时期同西南欧相连。"《自然》中提到这片海域说："这些深海的存在表明，曾经有一条平均水深在2000到3000英里的海峡存在。这条海峡的出口位于马德拉群岛和加那利群岛之间，延东北方向朝圣文森特角伸展……当格林奇舰长到达距离直布罗陀海峡大约150英里的海面时，发现一小片区域的海底深度突然从2700英里急剧减少到1600英里。随后的海洋深度更加令人不解，在每隔5英里远的水域，他们得到的数据分别是900、500、400和100英里；而最后勘测到的海洋深度竟然只有32英里深，在那里这艘舰艇抛锚停了下来。他们发现那里的海底生活着大量的活体粉红色珊瑚，此时的位置是北纬36度29分，西经11度33分。"

　　维威里·托马森先生在巴西海岸发现了许多不同的某一历史时期的特殊动物的样本，他用挖掘机将它们挖出来之后进行勘测发现它们竟然与南欧西海岸的动物样本十分相似。这个发现也进一步解释了在欧洲与南美之间的确有连为一体的海下山脊的存在。"挑战者号"上的一位研究人员在该船完成水下勘测任务后不久在伦敦举行的一次研讨会上发言时表示，这块巨大的沉没大陆就是消逝的亚特兰蒂斯的遗迹。

来自史前动、植物化石的证据

人类经过长时间的研究发现，历史上曾经有一段时期欧洲大陆和美洲大陆被二者中间的另一块大陆连为一体。根据板块构造学说的理论，这种现象也能得到合理的解释。《威斯敏斯特研究》一书中指出："如果你比较一下新旧大陆的动植物化石，恐怕立刻就会对它们的来源产生兴趣，几乎所有物种的来源都惊人的如出一辙。这对于我们的理论是一个有力的支持，它表明在冰河期之后，地球上曾经形成了一块广阔的大陆，它作为整个世界的中心，对周围的许多地区都产生了巨大的辐射作用……长毛象、卷毛犀牛、爱尔兰大角鹿、麝、驯鹿、狼獾、北极旅鼠以及大量的植物化石，都不断在欧洲大陆的后冰河时期的地下土层中被发现。在新大陆同时期的地下岩层也找到了许多同样的化石，这表明它们应该是来自于同一块大陆，从那里这些生物再被分散到世界各地。"

科学界对内布加斯拉地区的化石研究表明马起源于美洲。耶鲁大学的马什教授已经证实，最初的马经历了一段漫长的进化期才有今天的样貌，最初它的身体还不如一头小牛大，随着不断的进化，它才逐渐发展演变成现在的形体。如果美洲大陆和欧洲大陆之间没有相连的板块，那么科学无法解释当初的野马是如何跨越重洋，穿越不同的大陆的。也有同样的证据表现，在欧洲有驯马出现之前就已经有野马出没的记录。

印度、非洲、南美和美国的堪萨斯州是最早发现了骆驼的化石的地方。研究人员在欧洲挖掘出来的岩洞熊的遗骸被发现与同期出土的长毛象的骨骼、人的骨骼以及人造器具都有关联，这种熊与落基山脉的灰熊完全一样。在这个地区也发现了麝的残遗体。但是如今的麝却生活在北美的极圈附近。石器时代北欧的狼獾与今天美国密歇根州的狼獾也毫无二致。古代欧洲的野牛同美国的水牛十分相似。因此有人得出结论："古代欧洲种和美洲种的野牛与西欧野牛可以追溯到共同的祖先。"而早已绝种的挪威麋鹿被证实同美国驼鹿为同一种群。《美洲物种》在一篇撰文中介绍说肯塔基州的麋鹿同爱尔兰麋鹿大小、样貌都非常相似。经过考古的研究分析，古代欧洲的无尾兔则在今天的北美的寒带地区发现。曾经一度栖居欧洲大陆的驯鹿，与今天美洲的驯鹿完全相同。在欧洲岩洞中发现的比现在的四足兽都要大的古欧洲狮的尸骨，在美国密西西比州西南部的已经灭绝的一个印第安人的部落居住地纳齐兹被发现。在欧洲岩洞里发现的狼的遗骸也已被证实与美洲狼同宗。

达尔文在《家畜驯养史》中提到说在人类早前的石器时代古瑞士人就已经开始驯养牛，也就是说，人类开始驯养牛的时间要比铜器时代和铁器时代都要更早。这些发现也证明人类在远古的时候已经学会了饲养家牛，经过长期而持续的发展，美洲的野牛也逐渐改变了其原始的、野生的状态。吉尔瓦伊斯在《哺乳的动物史》中总结说这些野生物种除了被人类驯养的绵羊以外，毫无例外地全都在历史的进化中绝迹了。人类在瑞士石器时代的湖畔岩屑中发现了被人类驯养的绵羊。此外，人类驯养的马、驴、狮子和山羊的历史都可以追溯回遥远的古代。人类已经有 7000 年的驯化动物的历史，在这漫长的历史长河中，没有出现任何两种相似的野生动物被驯养。这样的事实告诉人们，在古代人类生存的大部分时期，人类已经达到了一个很发达的文明程度，因为那个时候的人已经能够掌握驯养众多对人类有益的野生动物的技能。科学家在研究历史的时候发现，那些动植物的物种有很多相似的地方。有人对瑞士的第三季中新世时期的地层化石进行分析的实验结果表明，除苔藓类、蕨类植物外，又发现了 800 多种不同的显花植物。至此，在对该地勘测中发现的植物种类，包括隐花和显花类植物，共计 3000 余种。在今天的美洲，这些物种大部分已经被发现。其中的一些还传到了亚洲、非洲甚至澳大利亚。但流传到美洲的物种占据了其中的绝大部分。这些与生长在欧洲第三季中新世的植物的相似体现今分布于弗吉尼亚、南北卡罗来纳和佛罗里达州的森林中；这些植物包括木兰、郁金香树、常绿栎树、槭树、悬铃木属树木、洋槐和红杉等。这些现象让人不由得相信板块移动的学说，如果不是大陆漂移说，那么人类是不可能有这样的力量去做这些事情的。很明显在美洲大陆和欧洲大陆之间有相连的第三块大陆。

人们在研究新旧大陆的这些植物的时候发现很多无法解释的相似的地方。因此有人自然还会产生这样的疑问：除了可能靠中间的另一块大陆沟通以外，这些物种之所以能够从一块大陆迁移到另一块大陆，是不是还有别的因素，例如人为的因素。因为单靠物种的能力是无法迁徙的这么的远。

奥托·昆茨是德国著名的植物学家，他曾经多年生活在在热带地区，他根据自己的观察和发现宣称"在美洲和亚洲两个地区的大多数热带植物，完全是相同的物种。"他用木薯举例说明自己的观点。木薯的根会生出一种细细的粉末，而木薯的形状很像西班牙红胡椒、番茄、竹子、番石榴、芒果，特别是香蕉。同时，他也否认了已经被证实的烟草、玉米和可可果原产于美洲的说法。他还指出一种很少被欧洲人注意的叫做帕里蒂姆椴的锦葵属的植物，但在热带地区的土著居民中却享有很高的知名度，几乎在东印度群岛和西印度群岛的各地都有种植。当地土著人都很喜欢用它来制成绳索或者船的索具，但是这种植物在这个地区却无法发现其种子，而这种植物早在哥伦布发现新大陆之前就已经存在于美洲。

昆茨教授还特别关注了香蕉。香蕉也属无籽植物。它主要生长在亚洲和非洲的热带地区。昆茨教授在研究香蕉的时候突出疑问："这种根本无法忍受低温的作物是通过何种方式穿越重洋穿越温带气候，来到美洲大陆的呢？"香蕉也是在 1492 年哥伦布发现美洲新大陆之前就在美洲被广泛种植。对此，昆茨教授这样说道："香蕉虽属草本植物，但其茎如树状，既不像马铃薯或者大丽花那样，生有便于移动的球根，也不似柳属和杨属植物，能够靠切割繁殖。它只生有多年生的根，一旦被植入突然，就几乎不再需要任何照顾，但是却能结出所有热带作物中最负盛名的累累硕果。"之后他对香蕉是怎么从亚洲来到美洲的做了深入的研究。他人为这种植物的根一定是由享有一定文明程度的人类从一个国家移植到另一个国家的。但他并不认为这种植物能够通过自己本身的努力跨越大洋从亚洲来到美洲，因为太平洋几乎是大西洋的三四倍宽。昆茨教授认为唯一的可能是在香蕉被带往美洲的时候，北极还是热带气候。但是人类的历史从未有证明可以证明北极之前是热带地区，也没有证据现实北极上曾经有高度发达的文明。

昆茨教授的话从表面上看似乎无法肯定，但是他说的话却耐人寻味。他曾经说："任何一种可栽培的无籽作物都一定是在文明社会到来以前存在了相当长时间的——我们在欧洲找不到一种无籽但却结果的可栽培的植物——因此，得出这样的一种推断似乎更加合理一些——这些植物早在远古时代的大洪水时期开始前就已经被培植了。"因此有人推断说正是亚特兰蒂斯人种植了香蕉，然后靠他们的农业殖民把香蕉传播到它的东方和西方。

又有考古学家怀疑了，人类那个远古的时候真的有如此发达的文明么。不管是在亚洲还是欧洲，如果有的话，当时生活在这两块大陆上的创造出这种农业技术和高度文明的那两个民族现在在哪里呢？为什么人类找不到他们的足迹呢？后世的学者研究发现，所有来自欧洲、亚洲和非洲的文明都曾经受到过地中海的影响；印度的亚利安文明则是发源于西北；他们与波斯文明堪称同胞兄弟，因为亚利安人与阿拉伯人毗邻而居，而同近在咫尺的埃及有着一衣带水关系的阿拉伯人显然与腓尼基人也有着深远的渊源，因为埃及文明继承了腓尼基文明的衣钵。如果在那时那个时代，在某一个大陆上先进的民族能够在那么漫长的时间种植出香蕉，并且将它移植到别的地方发展成为无籽作物，那么这称得上是人类历史上的一种超越的奇迹。而且拥有这些技术的这个民族还得在那样一个时代保持一种和平的、长期的、持续的、享有高度发达的农业的文明状态。但是历史真的如人们想象的那样巧合吗，在世界的不同板块，在相同的环境下，人们的文明程度是一样的，培育出来的动植物也是相同的。这个观点显然是不成立的。这种接近克隆的文明发展是不可能存在的。因此这些发现也更加证明了史前文明的大度发达是事实，而且那个时候的海陆分布与现在不同。

如果非要找到这样一种文明的话，按照柏拉图的描述，在那样一种气候下，除了亚特兰蒂斯似乎没有别的选择。人类的研究已经发现，在柏拉图描述的亚特兰蒂斯沉没的海域的周围有众多临近的

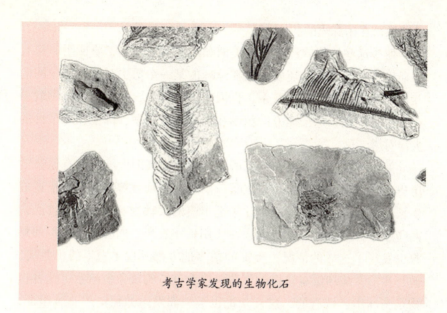

考古学家发现的生物化石

岛屿。在一边距离 150 英里的地方是欧洲的海岸线，而在另外一边，则是与西印度洋群相连。而且通过这片海域的海脊能够将巴西和非洲联系在一起。

　　相对于板块构造学说，有人说这些动植物可能是借助亚洲与美洲之间的勒穆里亚大陆穿越太平洋到达美洲大陆的；或者在历史上的某一时期，白令海峡附近是一片连贯的大陆。现在的研究人员发现，在太平洋诸岛上生长的植物与在欧洲大陆和大西洋诸岛上生长的植物都大致相同，都是普通的植物。但是在北美的落基山脉却找不到相似的物种。人们在今天的美国本土发现了生长于瑞士第三纪中新世纪的许多植被，例如木兰、郁金香树、悬铃木属树木等等，而这些在太平洋沿岸却相当罕见。但是在这里发现的物种比在太平洋地区的要匮乏些。阿萨·格雷教授说在已经发现的 66 个属和 155 个种的植物只有 31 个属和 78 个种的植物被发现在落基山脉的西部。太平洋沿岸没有番木瓜、欧椴、洋槐、桉树、酸浆树、山月桂、柿树、冬青树，只有一种被称为木料树的白蜡树。没有梓树、檫树、榆树、林树、桑树、山核桃树、山毛榉，甚至连棵像样的栗子树都没有。这些事实似乎证明，北美的这些植物是从东方传入的，而太平洋诸岛上的有限的植物物种可能是因为自身的生命顽强，还有可能是散落在山脉里的。

列举这些植物曾经生长在美洲和欧洲的大陆除了要证明亚特兰蒂斯确实存在之外，还要说明在地球的某一个历史时期，如今的的几块大陆之间有一定的联系，也因为这些链接，才让这些植物联系在一起，因此，这个地方的植物在那个地方出现，即使相隔很远的大洋对岸。

关于棉花树的栽培和棉花的生产在两个新旧大陆上都有悠久的历史。被称为"古希腊历史之父"的希罗多德就曾经将棉花描述成生长于印度的一种能够长出比羊毛更美的柔软物。哥伦布也曾经在西印度洋群岛上发现了土著人在使用棉布衣料。同时在墨西哥和秘鲁也发现了这样的情况。美洲的很多地方都发现了野生的棉花树，但是在旧大陆却没有这样的记载。这个奇特的现象也暗示了这种植物是美洲本土特有的，这种结论也被美洲发达的棉花产业所印证，但是更多的人认为这种植物是从印度传到美洲的，并不是从美洲传到印度。

哥伦布发现新大陆之前在中国的历史上并没有种植马铃薯、玉米以及烟草。近代的一位旅行家在他的游记中写道："中国的内陆，沿着扬子江畔，是一块奇异的土地。在将近50英里的水域岸边，养鱼业十分密集。各种各样的发明都从这里诞生，其中就包括被欧洲人和梅州人自诩为首创的弹棉机，而且在这里已经有4000年的历史了。才外，这里还盛产各种极具价值的药材。很多年以来，一直认为是产于美洲的烟草、马铃薯、玉米以及其他一些植物，在这里自古以来就被种植。"

法国人博纳佛斯认为玉米起源于欧洲或者印第安语种，玉米得名于海地岛的同名植物，而在欧洲北部的列托语中，玉米是面包的意思；爱尔兰中的玉米指食物，古代高地德意志语言中，玉米是肉的意思，而在哥伦布时代之前的西班牙已经出现了玉米这个词。因此有人怀疑，更早的年代新旧大陆之间的人们是不是已经有了交流。

人们为了寻找亚特兰蒂斯的存在，几乎寻找了这个世界上所有有价值的植物的起源。达尔文曾经说过："通常我们不会将世界上任何一种有用的植物归功于澳大利亚，或者非洲的好望角——其实这些国家同样为这个世界贡献了许多珍稀物种——甚至新西兰，甚至南美洲的拉普拉塔河（巴拉那河与乌拉圭河的河口部分）沿岸；此外，根据一些作家的撰文介绍，美洲的墨西哥北部地区也是世界上的一块神秘之地。"其实换句话说，世界上现存的被人类发现的几乎所有的被人工培植的植物的最早记录都是亚特兰蒂斯帝国以及殖民地之后。因此，只有一个高度发达的文明，而且是长期发展的文明才能将这些有利于人体健康的植物进行培植，这其中包括了今天人们赖以生存的谷物。

　　达尔文曾经引用英国哲学家杰边沁的一段文字说明对他观点的赞同。原文是："按照最可靠的证据结果表明，几乎所有的谷类——小麦、裸麦、大麦和燕麦——这其中没有一种今天还保留着它的原生态。"在石器时代的欧洲，有五种不同的小麦和三种大麦被人工培植。杰边沁认为从瑞士湖畔生长的被认为是原产于埃及的各种小麦及其周围天然生出的杂草的现象可以作出这样的推断，"要么湖边的居民至今仍旧保持着同南方人的商业往来，要么这里原来曾是南方的殖民地。"他的这个观点并没有得到达尔文的赞成，达尔文认为这些小麦和大麦应该是从最初人工培植的那块大陆——亚特兰蒂斯殖民过来的。人类经历铜器时代的时候，燕麦和裸麦同青铜武器一道出现在历史舞台，同时还有一种特殊的豌豆。达尔文最后得出这样的结论——小麦、大麦、裸麦和燕麦很可能要么是从十或十五种已经绝迹的物种中衍生出来，其中有很多不为人知的已经绝迹了。达尔文认为人类远古的是已经种植了这些谷物，并且在那个时代已经挑选了适合人类食用的物种。

　　直到今天，人们还不能确定曾经在历史上作为亚特兰蒂斯殖民地的爱尔兰是否早在罗利爵士（英国政治家、历史学家）之前就已经开始使用烟斗。考古学家从爱尔兰古代族长住过的山寨围垣和坟墓中挖掘出大量的烟斗，有充分的证据表明，这些烟斗是史前时代的人类安放在那里的。在比哥伦布时代早若干个世纪之前，丹麦人就曾来到爱尔兰，如果这些烟斗真是他们留下来的话，那么说明在更加久远的年代，人类就已经开始使用烟草，或者是其他的烟草替代物。事实上这很有可能，只不过是爱尔兰出土的这些"丹麦人烟斗"将这个历史又提前了几千年而已。

研究人员将这些从爱尔兰古冢中出土的烟斗同在新泽西州发现的石器时代的印第安人的烟斗进行比较发现，他们之间有非常相似的地方。葡萄牙旅行家在非洲发现了距今最遥远的野人部落，这些野人根本不可能与欧洲人进行贸易交往，但是也使用各种奇形怪状的烟斗，只不过他们所吸的"烟草"是当地的一种植物。在美洲对烟草历史进行的调查结果表明，烟草最初是用来祭神的一种熏香，只有牧师使用烟斗；从那以后，这种习惯被逐渐传播到普通百姓中，并覆盖到全世界。种植烟草的习惯很可能在远古时代就已经越过大西洋，但后来又随着殖民者的溃败从那些地区消失。

这些植物和物种都能够证明，在史前人类有高度发达的文明，而且这个文明持续了很长一段时间，他们不但能种植适合人类食用的动植物，而且会制造精美的工艺。这些来自史前的动植物化石以及遗迹都能够证明亚特兰蒂斯是真的存在过，而且有很长的历史。

第4章：相同命运的人类文明

人们在一些古老的地图上都能够看到在地球的各个角落都有失落文明的痕迹，但是却看不到他们曾经赖以生存的土地。众所周知，人类有文字可考的历史至今不过 2000 年，但是 7000 年前的人类却建造了埃及金字塔；人类懂得穿上衣服的历史不过是 4600 年，但是大西洋海底却发现了 1.1 万年前的精致铜器。世界各地还发现并证实了 2 万年前的铁钉、3 万年前的壁画以及 4 万年前牛羊骸骨中赫然穿过的子弹痕迹。人类历史上不止有消逝的亚特兰蒂斯文明有待考证，还有很多疑案需要人们去发现，看看这些逝去的古老文明中有没有相同的地方。在世界文化史的研究中，有许多谜题疑案有待人们的考察求证。

亚特兰蒂斯之外的文明

有人说北纬 30° 线是一天神秘的纬线，这条神秘的纬线将那些消逝的璀璨文明一一串起。这条线上有庄严神秘的金字塔，有沉入大西洋的高度发达的大西国，有玛雅人留下的水晶头骨，有高耸入云、直达天庭的通天塔……这一旦都显示了史前文明的高度发达，也体现了人类的千般变化。历经了火山洪水的洗劫之后，大地沦陷了，高耸入云的山峰也不见了，沧海桑田，先进的文明也被遮掩了，文明的进程戛然而止。这条纬线上到底有多少文明与亚特兰蒂斯一样陷入人们的传说中呢？他们的命运又是怎样的呢？面对这些千古之谜，人类不得不相信，如果人们毫无节制，那么也会有如古文明一样的命运。

为冒险家而存在的爱多拉都

自古以来，人们的原始欲望和贪婪的表现都体现在对黄金的追求上，黄金诱使很多贪婪的人展开来了一系列的冒险行动，甚至有人为此而不惜牺牲性命。在广为流传的追求黄金的活动中，最引人入胜的就是寻找黄金国爱多拉都。结果人们为了寻金机会踏平了南美洲的蛮荒之地，穿过了大小的丛林和山峰，为了黄金，无数的冒险家前往那些神秘地带，为黄金犯下了滔天罪行。不管过了多久，人们对黄金的热情从未减退。诗人胡安·德·加斯特里亚诺斯曾经有这样的描述："这位国王不穿衣服，坐在水池里的一排木筏上，浑身涂满松节油，从头到脚撒上大量金粉，整个人如同太阳般金光闪闪；晚间，他洗湖水浴，身上的金粉都消失在水中。"在人类寻找黄金的历史中，最富传奇色彩的就是关于爱多拉都——黄金国的故事。其实所谓的黄金国不仅是一个传闻，而且还是对一个传闻的误解。

1530年，西班牙冒险家弗朗西斯科·皮萨罗带领着一帮怀揣黄金梦的人从巴拿马运河出发，前往秘鲁印加王国寻宝。虽然他们不到200人，但是他们个个都英勇骁战，纪律严明，并且有装备精良的武器，还有个天才统帅。皮萨罗俘虏了印加皇帝阿塔瓦尔帕。当时阿塔瓦尔帕为了保住性命，愿意用黄金白银交换，并答应用贵重的金器堆满那间高3米的囚禁自己的房间，然后再用白银装满隔壁另一件大一倍的屋子。

亚特兰蒂斯人

囚禁阿塔瓦尔帕的房间长7米，宽6米，而且他遵守承诺用黄金和白银堆满了两个房间。但是皮萨罗却因为自己在别处而深感孤立无援，即使看到堆满黄金的屋子，但是也不敢释放阿塔瓦尔帕。最后听从了部下的建议将阿塔瓦尔帕处死。而后世的寻金者在秘鲁寻找黄金的事情就从背信弃义开始，他们之后的行为也离不开奸诈凶残。

这些故事在寻金者中一代代地流传。1535 年，远征印加的老手、厄瓜多尔首都基多城的创建人塞瓦斯蒂安·德·贝拉卡萨遇到一个印第安人，这人向他叙述了那个著名的关于奇布恰族部落的"黄金人"的故事。这个黄金人便是奇布恰族的酋长。每年当部落举行庄严的仪式时，酋长便将自己的全身抹上油，再在油上涂满金粉，然后率领祭司乘木筏到山地圣湖里，把黄金和祖母绿宝石投入湖中。

贝拉卡萨被这个故事深深地吸引了，他替这个酋长取了个名字叫"多拉都"——黄金人，后来人们又把酋长的领地称作为"爱多拉都"——黄金国。从此，几个世纪以来，爱多拉就像一面镜子一样，不时地在人们的脑海中转悠。几个世纪以来，寻金人接踵而至地赶往黄金国。

寻找黄金的人不计其数，这些寻金者中最出名的要数西班牙探险家萨洛·布梅涅斯·德·奎沙达。这个人平日里行事非常谨慎稳重，深受人们的信赖。他听说了这个故事后，决心征服异教徒，寻找黄金国。1536 年，奎沙达在哥伦比亚北岸登陆，率领 700 名白人和 3000 名印第安人沿马格达莱纳河而上。他们一路上遇到出没无常的水蛇与短吻鳄的沼泽地带；穿过野兽肆虐，密不透风的森林。一路上历经艰辛，披荆斩棘，很多队员因为热病、疟疾、土著的侵袭而相继去世。当他们感觉山穷水尽，没有出路的时候，探险队进入了一处风和日丽的肥沃山谷。在这里他们见到了盛产玉米、豆类的田地，见到了结满各种坚果的果园，并且还见到了盐！奎沙达一行人被眼前的情形惊呆了，他们兴奋得发疯，因为"找到盐，就找到了黄金"早已成为探险队激励士气的口号。当时来自西欧的各支探险队中，广泛流传着印第安人用盐来交换爱多拉都的黄金的传说。原来他们已闯入位于哥伦比亚昆地纳玛迦高原的奇布恰族部落境内，奎沙达一行人知道，黄金国就在眼前。

黄金国中居住着奇布恰族的人，他们用黄金打造大门的建筑物鳞次栉比，一座座连接着。而且每家每户的黄金装饰物在阳光的照耀下正闪烁着耀眼的光芒。奎沙达一行人被眼前的一切惊得目瞪口呆，他们从来没有见过这么富裕的国家。而那些淳朴善良的奇布恰族从没见过外族人，他们的生活仿佛是"世外桃源"，看到远方来的客人，他们满脸微笑地接待。可丧心病狂的西欧造访者却早已按捺不住心头的狂喜，他们将接待者杀死，然后疯狂地掠夺黄金和祖母绿宝石。奇布恰族人分布在三个不同的地方，南边的地方就是沙奎达一行人登陆的地方，沙奎达他们不但烧杀抢掠，而且从被俘虏的奇布恰人那里得知，若想找到更多的黄金，就应向北去。奎沙达立即率队转北，迅速征服了另一个奇布恰族部落。当探险队进入索加莫索村时，看到一座祭祀太阳神的庙宇，庙里存放着许多奇布恰族酋长的木乃伊，干燥的遗体上覆盖着黄金饰物，眼眶里塞满了绿宝石。

奎沙达他们搜集到了数千颗宝石和无数的黄金。虽然有这么多的黄金和珠宝，但是他并没有被眼前的财富感到满足，他是一个抱负远大的拓疆者。他在海拔2500米的地方建筑了一座波哥大城——即今天的哥伦比亚首都。那一带使他想起祖国西班牙的格拉纳达平原，于是就把这个地方命名为新格拉纳达。

奎沙达从被俘的奇布恰人那里得知，他们拥有的黄金和宝石都是用盐块向另外的印第安部落换来的。奇布恰人还透露说距该地数天行程的地方有一个湖，名叫瓜地维塔，在这个湖上每年都要举行一次奇特的仪式，那就是黄金人祭祀太阳神的大典。于是奎沙达带着探险队一行人前往印第安的那个部落。然而，他们看见的却是海拔3000米，位于火山口中的一片幽深暗黑的水域。那里仅有几间房子，却并无黄金人及其族人的踪影。若是真有宝藏的话，怕早已沉到了湖底。

奎沙达发现爱多拉都黄金国的消息传到欧洲，激起了更多人对新大陆的向往，也激起更多发财欲望的人前往印加帝国。一时间各大银行，甚至各国王室都争先恐后地或出资招募，或赐封领地给探险家，以期获得更大的利益。其中被"神圣罗马皇帝查理五世"赐封的奥雷利亚纳探险受聘于德国伟尔塞银行，他们的探险队沿着大河航行时，曾遇到一个部落，那里的长发女人射箭的技术胜过任何男人，于是他们把那条大河命名为亚马孙(希腊神话中善射的女战士)。1568 年，奎沙达再次奉西班牙国王命令率队探险。虽然已到垂暮之年，而且往日跟他一起探险的人都去世了，但是他仍念念不忘那个深藏珍宝于水底的湖。他率领 2800 人离开波哥大，苦寻 3 年，毫无收获，才颓然放弃。

1580 年，波哥大富商安东尼诺·塞普尔维达请求西班牙王室准许他疏浚那个位于海拔 3000 米的瓜地维塔湖，并答应如果在湖底寻到宝物，会将所获财产的 1／5 交给国库。塞普尔维达得到允许之后组织了一队印第安人，来到那个庞大的锥形火山口前。他们使用简陋的工具，在湖壁上凿开了一个缺口。湖口涌出，水平面降了约 5 米。人们仿佛见到黄金和宝石在污泥里闪烁发光。正当塞普尔维达一行人找到了一块如鸡卵般大小的祖母绿和几件金器时，缺口却突然崩溃。瞬间将塞普尔维达的努力付之东流，他带着遗憾离开了波哥大，之后不久就去世了。

但是，不管过了多少年，人们始终无法忘记黄金人和那个湖。17 世纪初叶，寻金路上不知死了多少领队、士兵和印第安人。可除了为数不多的黄金和绿宝石外，历时百年的探险活动并无显著成就，谁也没找到黄金人，谁也没再见过那个湖。

距离太阳最近的印加帝国

秘鲁南部安第斯山脉的南边，库斯科盆地中，有一座气候宜人的高原城市库斯科。16 世纪以前，西班牙殖民者还没有入侵南美洲以前，这里是印加帝国的统治中心。印第安语中的库斯科是"离太阳最近的城市"的意思。库斯科在海拔 3400 米的高原上，印第安人中流传着关于库斯科起源的一个神话故事。

很久以前，拥有至高无上的权力的创造神比拉科查在的的喀喀湖心的太阳岛上创造了一对青年男女。他将男的取名为曼科卡帕克，女的则取名为玛玛沃奥，他们两个人日久生情，最终走在了一起。创造神不但造出了他们的模样，而且还传授给他们各种技艺，赐予他们神奇的金杖，并且告诉他们要在金杖沉落的地方定居。于是他们两个按照神的指示开始带着金杖浪迹天涯。一天，当他们来到了库斯科盆地，他们还像往常一样，将金杖插入地里试探是不是能使金杖沉落。顷刻之间，金杖消失得无影无踪，他们异常兴奋，终于找到了神灵指引的地方，于是便在这里安居乐业，生息繁衍，建立起库斯科城。从此以后，他们的民族不断兴建，直到第9代帝王帕查库提(公元1438～1471年在位)时代，库斯科规模空前，名扬天下，被印第安人视为神圣之地。

库斯科被称为印加文化的摇篮。从公元1000年至公元1533年，一直是印加帝国政治经济文化和宗教中心。虽然现在的人们看到的是古迹，但是那些昔日辉煌壮丽的古建筑依然昭示着帝国昔日的风采。随着南美考古的不断发展，人们逐渐揭开了古老印加文明的神秘面纱。这个曾经辉煌一时的文化中心不是偶然出现的，而是长期农业文明发展的结晶和升华。

公元6世纪的时候，安第斯山区和沿海地带生活着100多个部落，其中主要的四个部落是艾马拉、莫契卡、普基那和克丘亚。喀喀湖附近活跃着普基那和艾马拉的部落，而莫契卡则占据着秘鲁北部沿海的地区。相比较而言，居住在库斯科附近的克丘亚部落则有些落后，但是他们并没有甘心落后，而是借助其他部落的力量很快地发展了起来，从而萌生了印加文化的源泉。公元13世纪的时候，印加部落开始崛起，建立了奴隶制国家。而且印加国家的首领由大酋长统治，他与周围的部落和国家进行着和平的产品交换，进行正常的商业贸易往来。随着国家经济的发展，印加国家开始谱写自己的征服史。

强盛时期的印加帝国分为四个"苏尤"(行政区)：西北部地区是钦查苏尤，包括今天的秘鲁中北部和厄瓜多尔；东南部地区则是科利亚苏尤，喀喀湖流域也归他们统治，也就是今天的玻利维亚的大部分，阿根廷北部和智利中部；西南部是孔德苏尤，占有秘鲁南北；东北部是安蒂苏尤，拥有安第斯山脉中段的东麓地带。库斯科城与四个苏尤相应将城市四个区域，各地酋长在相应区域内建造房屋，以备朝见帝王时住宿，而不同的街区代表了不同地域的风俗，所以库斯科城成为印加帝国的缩影。

那个时候的库斯科城的中心是"瓦卡依·帕塔"中央广场，现在被称为阿尔马斯广场。广场呈正方形，边长 183 米，历代印加王宫就集中在广场周围。以广场的中心开始，随着向两边的距离的增加，建筑物由石砌的宫殿府衙逐渐变成泥墙茅舍，体现出一种等级森严、贵贱有别的层次感。印加帝国最伟大的帝王帕查库提时代，在这个广场上曾多次举行过盛大的阅兵式和庄严的宗教仪式活动。每逢盛大祭祀典礼的时候，广场中央供奉着用黄金制成的太阳、雷、闪电等诸神像，两旁的金御座上，供奉着历代印加帝王的木乃伊，众神之像前，成群的骆马在祭司的祷告声中成为刀下之鬼，而当印加帝王露面时，万众欢声雷动，祭祀活动达到高潮。如今，广场上竖起了印加人引为自豪的先王帕查库提的青铜雕像。

比拉科查宫殿是库斯科最负盛名的古建筑物，它长 160 米，宽 130 米，从外面看着金碧辉煌，雄伟壮观。宫殿的内部设有祭祀比拉科查的神庙。这座宫殿在西班牙人入侵后遭毁，取而代之的是历时百年才竣工的拉孔帕尼亚大教堂，现为托里文夫教会占用。

宗教在印加帝国各族人民的生活中占有很重要的地位。印加人崇拜祖先，崇拜自然力量，更崇拜太阳神，因此科里坎查太阳神庙是城内最大的宗教中心。自印加帝国的始祖曼科卡帕克起，到印加罗加为止，历代帝王都居住在这里。太阳神庙是一座长 70 米，宽 60 米的长方形建筑物，附属有王宫和祭司的府邸。秘鲁历史学家加西科索·德拉维加(公元 1539 ~ 1616 年)在他编纂的《王家述评》中描述说："太阳神庙是在朝东的一块圣地上建造起来的，整个庙宇是用精心修整的平坦而巨大的石板砌成的，为了让空气流通，屋顶造得很高，用茅草盖成，还有一个很优美的祭台。大殿的四周墙壁从上到下全部镶上较厚的纯金片，所以这座神庙得名金宫。在正面墙壁上有太阳神偶像，它是个绘有男子脸形周围环绕着光芒和火焰的用黄金制成的圆片。它面朝东方，在受到初升的太阳光直接照射时，就放射出万道金光。在太阳神偶像的左右两侧，按照古代习俗在金御椅上供奉着历代印加王的木乃伊，远远望去，它们就像真人。大殿中央置有一个华丽的御椅，举行典礼时，印加王便坐在御椅上。"

印加帝王在这里以太阳神的化身自居而号令全国，从而把全体印第安人凝聚在一起。这座神庙后来被西班牙殖民者摧毁，现在其废墟上，建有多米尼各教派的教堂。今日的库斯科已是一座驰名世界的历史名城，每年6月的最后一周，秘鲁人民都要在此欢庆盛大的民族传统节日太阳节。1980年2月至3月在此召开的南美洲印第安人运动第一次代表大会上，库斯科城被命名为"世界印第安人的首都"。

■ 从《圣经》里走进现实的示巴古国

《圣经》是世界上有史以来再版和印数最多的书，它既是文辞优美晓畅的文化佳品，也是读者饶有兴趣的历史故事集。其中成书于公元1世纪的《旧约全书》还包含着较高的历史文献价值，但是他其中讲述的关于示巴古国是否存在的故事给后世留下了难解的谜团。

《旧约圣经·列王纪》第十章记载着这样一个故事：示巴女王听说所罗门因为耶和华的名字而得到他人的尊敬，人们给他的都是一个好的名声，因此想用难题来难倒他。一行人跟着她去耶路撒冷，有骆驼驮着香料、宝石和许多金子。她见到所罗门王后就把心里所有的对所罗门谣说的话都说出来。所罗门王一一回答了示巴女王的问题，而且每一个回答都合情合理，丝毫没有纰漏。

消失的示巴古国

　　示巴女王被所罗门的智慧所倾倒，于是将金子和宝石与极多的香料，送给所罗门王。之后示巴女王的一切要求都得到了所罗门的满足，另外赠送了示巴女王很多东西。于是女王和她的臣民回到了自己的国家。关于示巴女王的传说故事在《历代志》和《圣经》中都有记载，但是也都有改动，即使在《马太福音》中也提到了这个女人。

　　示巴女王被称为历史上最神秘的女人之一，没有人能够解开她的面纱。人们对于示巴女王身世及示巴古国的具体位置所知甚少，因而千百年来给人们留下一个不解之谜。20世纪80年代，以色列策划了一场代号"摩西"的营救行动，当时正处于动乱的年代，以色列的这个行动就将8000多犹太人从埃塞俄比亚空运回以色列。但这群犹太人在外貌上与以色列国内的犹太人有很大差异，他们因皮肤黝黑而被称为犹太黑人。关于犹太黑人的起源众说纷纭，但犹太黑人自己却一直坚持他们是所罗门王与埃塞俄比亚示巴女王的后代。

　　传说当年所罗门在见到示巴女王的时候被她的美貌与聪颖所打动，示巴女王也倾慕所罗门的智慧，于是两人结成金玉良缘。半年后，示巴女王思念自己的国家，因此辞别所罗门。临行前，所罗门王送给示巴女王一枚戒指，并对她说："如果你回国后生下我们的儿子，请让他带着戒指来见我。"示巴女王回国不久就生下一名男孩，她为他取名为埃布纳·哈基姆（即智慧之王之子）。转眼间，孩子长大成人，示巴女王想起当年她与所罗门的约定，于是将其中的故事讲予儿子听，然后让儿子戴上戒指，前往耶路撒冷拜见父亲所罗门王。哈基姆带着大批随从来到耶路撒冷，拜见了父亲所罗门。所罗门见儿子生得一表人才，十分高兴。而且儿子也和他一样有智慧，因此很希望他能留在自己身边，将来继承王位。但哈基姆思念母亲和故国，坚持要回埃塞俄比亚。所罗门王只好为他涂上膏油（犹太国王即位时的仪式，受膏者能得到神灵的感动），之后便宣布今后埃塞俄比亚的国王只能由埃布纳·哈基姆及其后代担任。哈基姆回到埃塞俄比亚后将原来的国家改名为孟尼里克，之后他的子孙成为埃塞俄比亚后继的统治者。据说，埃塞俄比亚的末代皇帝海尔塞拉西就出自这个家族。

虽然这个故事很传奇，但是不少学者也提出了疑义，他们认为犹太黑人并不是所罗门与示巴女王的后代。这些犹太黑人可能是大卫、所罗门时期从别的地方迁徙过来的之后在这里定居下来。或者是为了经商、躲避战乱等等。时间久了，这些人和当地的黑人进行通婚，从而形成了这一支独特的黑皮肤犹太人。

随着研究的深入，研究学者更倾向于《圣经》中的记载。他们的理由是《圣经》在记录神话传说的时候可能有不祥之处，但是其中的观点是以以色列人的观点来看待历史，因此有可能有失公正，但是这个事情却不会虚构。夜色列人从《圣经》的记载中的知道自己的国家在公元前10世纪的时候达到全盛的士气，而这段历史长达40年。根据《列王纪上》的记载，所罗门统治时期的事迹很可能是在他逝世后被人记录下来的。

根据相关的考古发现，示巴女王拜见所罗门的时候正式他王权鼎盛的时候，《列王纪上》写道："所罗门王的财宝与智慧，胜过天下的猎王。普天下的王都求见所罗门王，要听神赐予他的智慧的话。"根据当时的记载，所罗门的军队从幼发拉底河到西奈沙漠，从红海到帕米拉的所有通道，这些都可见所罗门的势力不可小觑。当时拜见所罗门的人有很多，只是《圣经》中特别提到了示巴女王。示巴女王到达的时候，所罗门的大殿和王都耶路撒冷都已经建成了。示巴女王觉得传言的并不虚假，他被所罗门的智慧所倾倒。《列王纪传》上写道："于是示巴女王将金子、宝石与极多的香料，送给所罗门王。她送给王的香料，以后奉来的不再有这样多。"

示巴女王那次拜见所罗门王大概是为了签订一些商贸往来的协议，她想通过以色列的港口将自己的货物运往地中海。但是相关的资料并没有记载她来拜见所罗门的目的，只是提到她交换了礼品盒就回国了。

时间关于示巴女王的传说极为丰富，甚至有人将她说成了神。那么要追寻历史上是不是有这样的女王，首先要考证历史上是不是有示巴这个国家。根据后世的考古资料现实，历史上确实有示巴这个国家，而且是一个经济发达，贸易往来繁荣的国家。但是不能确定国家的领导者就是一位女王，因为当时那个地区的很多国家都有女王。人们关于示巴女王的身份有不同的猜测，有人说她是王室美人，有人说她是妖妇、恶魔，或者一些奇怪的东西，尽管她的身份有待查明，但是她的影响一直持续着。

有些学者根据长期考察和考古资料认为《圣经》中关于示巴国的记载应该在今天的也门共和国境内，处于濒临红海的阿拉伯半岛的西南面。示巴古国的居民可能是来自幼发拉底河一带的闪族，他们崇拜自然，崇拜日月星辰，他们所用的文字和腓尼基人很相近。国内盛产香料、宝石、黄金，这个国家的商人利用濒临古代通商要道红海的有利环境，广泛地与以色列、埃及、埃塞俄比亚等国进行贸易。《圣经》中就有"示巴和拉玛的商人与你交易，他们用各类上好的香料、各类的宝石和黄金兑换你的货物。"关于示巴商人的记载。不过由于考古资料有限，目前仍无法断定示巴古国就位于今也门共和国境内。关于示巴女王的谜团争论了几千年，如果真要证实这个国家的存在就要了解更多的历史，这样才能有可能还原历史一个真相，解开这千年之谜。

复活节岛上的"世界之脐"

雅各布·罗格文是荷兰水军上将，同时他也是一名探险家。1722年，他前往太平洋东部的智利海域进行海上冒险。一个复活节的下午，他站在甲板上眺望海平面的时候突然发现前方的海平线上出现了几个绿豆大小的岛屿，于是他们一行人就登上了这座小岛。这座小岛位于南美洲海岸浩瀚无际的太平洋水域中，小岛呈三角形，西距皮特凯恩岛 1900 公里，东距智利西海岸面 700 公里。面积 117 平方千米，最长处 24 千米，最短处 18 千米。这个小岛地处亚热带地区，阳光充足，小岛上面植物少，既没有参天大树，也没有葱郁树林，而且看起来光秃秃的。岛上也没有河流湖泊，天然的野生动物只有老鼠。岛上最多的就是星罗棋布的小山。罗格文登上这座岛屿后将它取名为复活节岛，而岛上波利尼西亚居民则称它为"地球的肚脐"，意思就是"地球的中心"。

这座小岛在太平洋中显得格外的渺小，岛上的居民虽然独处地球上偏僻的一角，孤悬于东太平洋上，过着与世隔绝的日子。但是他们去能在岛上建立起一个社会，而且在岛上遍布着巨人石像。18世纪，随着探险的热潮期，西班牙航海家冈萨雷斯于1770年，英国探险家库克船长1774年都相继来到复活节岛。虽然有不少的航海家来到这个小岛上，但是留在他们记忆最深刻的地方还是岛上那些林立的让人难以理解的巨石人像。

随着探险家的相继到来，奴隶贩子也接踵而至，这给岛上的居民带来了灾难。1805年，美国帆船"南希"号登陆复活岛，掳去了22名岛民作为奴隶。接着在岛上相继发生这样的事情。1862年12月，秘鲁人围捕了岛上的1000多居民，把他们运往秘鲁掘鸟粪。岛上许多显赫的要人也被掠走，他们所掌握的那些世代相传的特殊知识和技能也随之失传。后来在国际社会的干预下，秘鲁将掳去的人送回岛上，暗示最终能够或者回到岛上的只有15个人，他们回到岛上也把天花病毒也带到了岛上。天花流行后，岛上人烟更加稀少，到1877年，岛上的居民只剩下仅有的110人。他们的生活比之前更加的贫穷了，此后不久，传教士及智利的殖民者到达该岛，他们看到的只是一片废墟，过去的历史已经成为无法解开的谜团。

虽然复活岛上已经没有了人烟，但是也勾起了很多学者的浓厚兴趣。很多人不但对复活岛念念不忘，而且还开始了广泛而艰巨的研究工作。复活岛孤立于大洋中，岛上贫瘠而干旱，岛的中部是风沙横行的沙漠，岛上只有杂草，没有树林，因此很难有动植物生存。岛上也没有河流，岛上的居民饮水只能靠挖池塘蓄存雨水度日。岛上除了老鼠再没有其他野生动物。岛上的居民无法种植可以食用的农作物，也没有动物可以让他们充饥。他们只能用简陋的木制工具打洞栽种甘薯和甘蔗，艰难度日。这里的居民整日里除了能够看到太阳就是月亮和星星。

但是就是这样一个干旱、荒凉而只有少数土著居住的孤岛上，却遍布着1000多尊巨大无比的巨人石像。这些巨人石像最重的可达90吨，高9.8米，就连最普通的也有二三十吨重。让人觉得惊讶的是，这些石像都带着巨大的红色的帽子。一顶红色的帽子少说也有20吨重，大的重达四五十吨。科学家从1914年开始对复活节岛进行全面的考察和测绘，并逐一统计了岛上的石像的分布情况。但是随着他们研究的深入，更多的问题摆在人们面前，例如这些人像是怎样造成的？有人算过，这样的工程大概需要5000人，而且都是人强力壮的人，岛上的居民千人左右，哪儿来这么多的人？而且岛上贫瘠，哪来那么多的事物供养这些劳工。每一个石像都有几十吨重，他们是怎么树立起来的？那些石像上的红帽子是怎么来的？岛上无法种植粮食，岛上的居民食不果腹的状态，怎么去完成这样的工程。最重要的是他们做这些石像是为了什么？

科学家们经过走访和勘测，在岛上发现了九处采石场，采石场的那些岩石像被任意切割的样子，但是也很整齐，很多岩石已被凿成初步的模样。还有300多尊石像，有的尚未完工，有的加工了一半，有的已加工好放在远处等待着运走。这些尚未完工的工程中有一尊石像吸引了人们的注意，这尊石像的脸部已雕凿完成，只有后脑勺的一点还和山体连接，看样子只要再有几刀就可和山分离，但是这个工程却像突然停止了一样，而且这里的一起似乎都停止了，虽然随处可见制作工程的石斧、石镐、石钎、石凿，而且大石料上深刻的凿痕还分明可见，四处布满石屑，但是这里的一切好像正在运作的时候突然接到终止的命令而停工了一样，而且像是匆匆离去的。没有人能够解释这其中的现象，更没有人知道这其中到底发生了什么事情。

距离复活节岛上500米的海面上有三座高达三百米的小岛，分别叫做莫托伊基、莫托努俟、莫托考考。这三座岛的周围都是悬崖峭壁，船只根本无法接近。但是复活岛上的居民依然清楚的记得，之前有几尊巨人石像就高高耸立在这危崖的顶端。后来法国考古学家马奇埃尔证实，这石像确已跌入

复活节岛

海中，可石像的基座石坛还稳稳坐落在危崖绝顶上。这样的事情更是让考古人员目瞪口呆，因为这样能够把石像搬运到悬崖上的技术除了现在最先进的直升飞机没有别的方法，那么在史前的原始社会，人们是怎么做到这些的呢？

除了这些疑问，有人还提出了疑问，这些石像是谁制造出来的。根据第一个到达岛上的罗格文回忆录，他们到达岛上的时候看到岛上的居民的皮肤为褐色，这与西班牙人很相似。但是也有皮肤较深的人，而另一些完全是白皮肤，也有皮肤带红色的人。岛上人口并不多，只有数百口人，但是却有不同的肤色，这就更加让人难以理解。

岛上的石像千姿百态，有的是卧于山野荒坡，有的则躺倒在海边。其中有几十尊竖立在海边的人工平台上，他们要么是并列成一排，要么是单独的一个，但是都是面朝大海，眺望远方。这些无腿的半身石像造型生动，高鼻梁、深眼窝、长耳朵、翘嘴巴，双手放在肚子上。石像一般高 5～10 米，重几十吨，最高的一尊有 22 米，重 300 多吨。有些石像头顶还戴着红色的石帽，重达 10 吨。这些被当地人称作"莫埃"的石像由黝黑的玄武岩、凝灰岩雕凿而成，有些还用贝壳镶嵌成眼睛，炯炯有神。这样的惊人巨作没有人知道是怎么雕刻来的，也没有人知道他们屹立海边的意义是什么。这样的巨石工程如果说是外星人的杰作也是有一定理由的。

复活节岛上最有魅力的经典要数北部的阿纳凯，它的吸引人之处不仅在于那排威武的"莫埃"石像，而且还有一片又长又宽的金黄色的沙滩更加令人着迷；岸上的棕榈树林青翠茂密。岛上海拔最高的特雷瓦卡山高 507 米，站在山顶极目远眺，岛上的大小火山和四周的石像尽收眼底，浩瀚的太平洋与蓝天浑然一体，令人心旷神怡。从山上下来不远便是著名的"七尊莫埃"景点。有人说这个景点是一个毛利巫师的七个儿子等待欧图——玛图阿王到来的地方。"达海"是全岛保存最完好的"莫埃"石像群。随着研究的深入，岛上的谜团越来越吸引着人们的关注。

岛上最难解释的就是林立的各种姿势的石像，有人根据这些石像的特点认为他们是岛上土著人崇拜的神或是已死去的各个酋长、

被岛民神化了的祖先。这种观点得到了很多人的认可。但是有一部
分专家不这么认为，因为在已经发现的石像中，有些石像高鼻、薄
嘴唇，这与白种人的样子很相似，但是岛上的居民都是波利尼西亚
人，他们的长相没有这个特征。而雕像中的人大都耳朵长，这与哪
种人也不像。雕塑是一种艺术，总会蕴涵着那个民族的特征，而这
些石像的造型，并无波利尼西亚人的特征。因此有人怀疑，这些雕
像是不是岛上居民之前的祖先呢，这些雕像也不是现在人做的，而
是他们的祖先遗留下来的。人们在从另一个角度细细地分析，岛上
的人很难用那时的原始石器工具来完成这么大的雕刻工程。有人测
算过，在 2000 年前，这个岛上可提供的食物，最多只能养活 2000
人，在生产力非常低的石器时代，他们必须每天勤奋地去寻觅食物，
才能勉强养活自己，那么他们怎么会有这么多的人和时间来完成这
样的工程呢？况且，这种石雕像艺术性很高，专家都对这些"巧夺
天工的技艺"赞叹不已。即使是现代人，也不会雕琢出来这么精美
的图案。难道那个时代的尼日利亚人都擅长雕刻吗？

　　相对于这种是岛上居民的祖先遗留下来的杰作，另外一部分人
则认为这样的巨石像是人类无法完成的，因此它们应该是比地球上
更文明的外星人来制作的。他们为了某种目的和要求，选择这个太
平洋上的孤岛，建了这些石像。如果这种说法成立，那么怎么会在
岛上发现丢弃了许多用钝了的石器工具，难道那些比地球人更聪明
的外星人会选择用原始的石器来完成这些雕塑吗？

　　岛上那些未完成的石像工作像是突然停止的一样，后来的专家
研究说，可能人们在雕琢的时候遇到了坚硬的岩石，无法继续雕凿
下去而放弃的。因为当时用石制工具雕刻石头，在制造石器工具时，
尽可能选用最硬的石块，但是在雕琢中可能遇到了更坚硬的石头，
因此雕琢不动而不得不放弃。因此，这些未刻完的石像，不是像之
前想的那样是遇到了什么突然变故，而是而是在雕制过程中逐步被
放弃的。那些未完工的石像中最大的高 20 多米，是复活节岛所见石
像中最大的一个，现在仍躺在山上的岩石上。可是岩石学家并不完
全同意这种看法。如果这种停工是因为遇到了更为坚硬的岩石，那
么他们怎么把石像雕成并竖立了起来，而且还放到那么远的位置，

但是却被地震震倒了。当时岛上的居民根本无力完成这样的事情。随着这些疑问的增多，深入岛上研究的学者虽然做了大量的工作，但是还没有人能够给这些石像一个圆满的解释。

既然复活节岛上有人居住，而且有历史遗迹，那么这个岛上就是一个独立的社会，这里还有人类居住的一些传统，例如宗教信仰、文字、神话传说等等。后世学者研究发现，岛上的居民以捕食鱼类作为主要的生活来源，虽然他们与世隔绝，但是他们却称自己居住的地方为"特—比特—奥—特—赫努阿"，意思是"世界的肚脐"。这个叫法令研究人员很惊讶，因为他们的称呼确实没有错，如果从高空中俯瞰地球，他们居住的岛在太平洋的中部，也是世界的中部—肚脐。很显然，在过去那个时代，岛上的居民不可能从高空中俯瞰地球，但是他们却这样称呼自己，这个答案恐怕只有他们的祖先能够回答了。

复活节岛上既然有人类的文明，那么自然有相关的文字记载。这个文字也是多年来困扰研究者的难题。岛上最难解开的就是文字之谜。那些刻上文字的木板和箱匣装饰被称为"说话板"。这种板子在岛上本来有很多的，但是后来被岛民拿来当做木柴烧了取火或者制造船，因此只有现在的 24 片木板和 5 件箱匣装饰。它们的上面都雕刻着精美的文字，字形都是由人畜图像演化来而来。

有学者认为，这些木板是在宗教仪式上使用的，被人们当做经文来诵读的。后来德国人类文化学家托马斯·巴尔特列研究认为这些木板属于波利尼西亚语系。因为木板数目太少，因此很难分辨其中的意思。根据第一个登上此岛的探险家罗格文回忆说，当他们登上这座岛的时候，曾在石人像附近发现了大量刻满了奇异象形文字的木板。这种木板与中国古代的象形文字不一样，而且与印度、埃及的古象形文字都不一样。岛上木块的图案更加趋于符号特征。图案壁画粗细、深浅似乎都有一定的规律，代表着一定的意义，很有节奏感。

传教士登上这个岛之后认为这些木块是"魔鬼的诅咒"，因此岛上的人将这些木块拿来作为别的用处，也是这种愚蠢的行为导致今天的人们在研究复活岛的时候困难重重。虽然目前为止有 21 片木板被收藏，但是没有人能够读懂其中的内容。人们很难想象，这样的一个与世隔绝的孤岛竟然能够创造出让人难以破译的文字。按照正常的推理，一个能够创造文字的民族，应该具备相应的文明，但是这个岛上除了难以解释的巨石像，其余的没有发现文明的痕迹。

这个岛出了这些难以解释的遗迹之外，还有别的无法解释的现象。复活岛地处南纬27度，属于亚热带，气候相当暖和。它是在大约一百万年前海底的三座火山喷发形成的。火山灰含有丰富的矿物质，是有利于植物生长的，因此依照理论，这儿应该和其他波利尼西亚人的岛屿一样，是个天堂乐园。但是，罗格文对它的第一印象却是一个荒岛："我们起初从远距离观察，把复活节岛设想成了一块沙地；这是由于我们将枯萎的野草或其他枯干、烧焦的植物都当成了沙土，因为它的荒凉的外表只给我们特别贫瘠的印象。"

复活节岛上也有属于自己的节日，岛上居民最注重的就是一年一度的"鸟人节"。每年春天，全体岛民齐聚奥龙戈火山顶，选举自己的首领"鸟人"，祭拜自己的神明。"鸟人"出自岛上流传的一个神话：古时候，造物主玛科·玛科向岛上的祭司传授宗教仪式和祭神物品——海鸟蛋，并指定海上两个礁屿为取鸟蛋的地方。每年8、9月份海鸥飞来之时，岛民就会集中在奥龙戈海边。每个部落推选一名选手顺崖下海，游到2公里外的大礁石上寻找鸟蛋。第一个得到鸟蛋的选手立即游回岛上，将蛋交给自己的酋长，这个酋长便成为当年的"鸟人"。但是这样极具意义的活动也终止了100年了，但是当年神圣的祭典仪式、多彩的化妆表演仍然保留至今，"鸟人"仍是岛民的崇拜神。为适应旅游的需要，活动时间改在每年的2月，让更多的游客目睹这奇异的风俗。

神秘毁灭的特奥蒂瓦坎

墨西哥是一座文化古城，它既有悠久的历史，也有古老的建筑。例如国家人类学博物馆、歌剧院、电影院、大公园等等。同时它也是一个孕育人类史前文明的城市。公元5世纪的时候，特奥蒂瓦坎是墨西哥的首都，当时的街道挤满了前来朝圣的人，城市内有琳琅满目的艺术品。连当时勇猛的阿兹特克人也望而生畏，他们称特奥

特奥蒂瓦坎的太阳金字塔

蒂瓦坎为"众神信徒得到之地"。但是，特奥蒂瓦坎毁灭了，事情来
的突然而神秘。街道杳无人迹，神庙坍塌，居民也不见踪影。特奥
蒂瓦坎的居民就像神一样，他们去后留给后世的是一个无限想象的
空间。这座古城大概建于公元前 200 年，并且在 750 年时灭亡。在
印第安人纳瓦语中是"创造太阳和月亮神的地方"。特奥蒂瓦坎古城
位于墨西哥首都墨西哥城东北约 40 公里处。1987 年联合国教科文组
织将特奥蒂瓦坎古城作为文化遗产，列入《世界遗产名录》。

　　特奥蒂瓦坎建于海拔 7500 多英尺的高原上，地处连接墨西哥谷
和普埃布拉古的交通要道。特奥蒂瓦坎的地理位置非常好，它东边
连接着墨西哥湾沿岸的热带低地，也就是今天的维拉克鲁斯州。哥
伦布到达美洲之前，在距墨西哥城以北 40 公里的墨西哥山谷中，特
奥蒂瓦坎曾经是最辉煌的城市文明之都（2 到 7 世纪）。但是由于缺

乏文字记载，这座城市的历史至今仍笼罩在一片迷雾中。根据后世的考古资料现实，特奥蒂瓦坎始建于公元 1 世纪末，但是目前的考古发掘工作还不能确切地肯定建城日期。城市方圆 40 多平方公里，人口众多，不同时期的居民从 10 万到 16 万不等。根据近期的推测（1996 年），这座城市在 4 到 5 世纪达到了全盛时期，而后在 7 世纪上半叶突然消亡。没有人知道它突然消亡的原因，但是有学者认为地下水位的变化和随之而来的水供应问题加速了城市衰退。

特奥蒂瓦坎最开始的名字没有人知道叫什么，几个世纪后，阿兹特克人发现了这片广阔的废墟，他们叫它特奥蒂瓦坎（众神之城）。他们也许认为，只有神才能建造如此雄伟的城市，而且诸神就在这里升起了第五个太阳。现代考古学家认为，特奥蒂瓦坎的崛起、兴盛、衰亡的过程是从公元前 2 世纪到公元前 8 世纪。这段时间里哥伦布曾经到过古代墨西哥，全盛时期的特奥蒂瓦坎是美洲的第一大城市，甚至比恺撒时期的罗马还要大，其人口与面积也很相称。

考古学家分析，公元前 200 年左右的时候，特奥蒂瓦坎的山谷处只是一些小的村落，并且在公元元年到 150 年间，建造了一个人口约为 5 万的城市，堪称是整个美洲地区最早存在的城市等级之聚落。在这段期间，他们建立了一个以南北向的"亡者之路"（提奥提华坎遗迹的中心轴线）为中心的初级规模城市，建筑物主要以金字塔和庙宇为主，之后城市逐渐成长，各种平民使用的建筑物也建筑完成，整个城市与文明的发展在 450 年时达到高峰，根据遗迹的规模估计，当时提奥提华坎的人口可能在 12 万 5 千到 20 万人之间，拥有巨大的建筑、精致的壁画等文化成就，但却在 650 年至 750 年之间因为不知名的原因没落，最后消失无踪。城内的宏伟建筑在公元 750 年左右发生的大火中，付诸一炬。约 800 年后西班牙探险家科尔特斯才在墨西哥登陆。

关于特奥蒂瓦坎人的起源，迄今为止仍然是尚未厘清的谜题，也没有任何人能证实该文明曾拥有文字并且留下资料记载。今天的人们之所以知悉这文明的存在，除了是因为他们遗留下了巨大的遗迹可供分析证明外，一些与他们同时期的其他周边文明在典籍或绘画中提到关于特奥蒂瓦坎人的事情，也是另一个参考的关键。特奥蒂瓦坎人并不用这个名字称呼他们自己，这名字是该文明灭亡后，接着存在于此地区的后继文明托尔特克人（Toltecs）以他们所使用的纳瓦特语（Nahuatl，一种墨西哥中部的印第安原住民语言）用来称呼前人，意指"众神造人之地"。虽然在托尔特克人乃至于更后期的阿兹特克时代，该古文明早已消逝无影踪，但他们仍然视特奥蒂瓦坎人曾居住过的古代城市作为圣地，也因此会有这样的称呼。

考古学家依据特奥蒂瓦坎遗迹上各种不同风格的建筑设计，以及陶器和雕塑等；还有在发掘中见到城市面积逐渐扩大的情形以及城内残存居民的公元 8 世纪迁往他处以前数年中建筑物破损失修的情形将特奥蒂瓦坎的兴亡分为六个时期。最早的时间大概从公元前 150 年至公元 1 年，称为特奥蒂瓦坎一期前期；第二个时期从公元 1 年至 150 年，成为特奥蒂瓦坎一期；第三个时期从公元 150 年至 200 年称为特奥蒂瓦坎二期；第四个时期从公元 200 年至 400 年，称为特奥蒂瓦坎二、三过渡期；第五个时期从公元 400 年至 600 年，称为特奥蒂瓦坎四期；第六个时期从公元 600 年至 750 年，也就是特奥蒂瓦坎开始衰落到灭亡的时期。

随着科学的发展，科学家用碳 14 测定法对特奥蒂瓦坎重新进行研究，其中的结果让特奥蒂瓦坎分为六个时期引起了新的疑点。科学家这次主要对鸟蝶宫内那些灰烬和木块的正确日期做个判定。鸟蝶宫是之前的祭祀居住的地方，探测的结果表明，特奥蒂瓦坎的整个历史时期应该比目前断定的早几百年。这样的结果，令特奥蒂瓦坎的年代也成为了谜团。考古学家在研究中还发现了一个现象，特奥蒂瓦坎人崇拜一名为特拉洛克的神明。这个神明是特奥蒂瓦坎的守护神。他有两种不同的形象，其中男性版的特拉洛克是掌管降雨的神明，而女性版的则为掌管河湖的水神。

研究人员在特奥蒂瓦坎人的绘画中可以看到许多叼着滴血心脏的神兽，因此考古学家研判该文明与其他墨西哥古文明同样，有拿活人祭献的习俗，用这方法来祭祀安抚掌管大地的神明。研究者还发现，特奥蒂瓦坎城内即使没有正规的防御工事，也有很多天然的堡垒。举例说，许多广阔的地区四面都有墙围绕，其他区域也有高大的平台掩护。甚至大门很少的府邸和宏大的宗教建筑物如果在受到攻击的时候都可以当做堡垒来防御。历史遗迹还显示，在特奥蒂瓦坎接近神秘灭亡之前的一段时期，军人担负起了日益重要的角色。这个奇怪的现象学者认为在阶级分明的社会里，时间久了就需要一股能支配一切的力量。

考古学家认为特奥蒂瓦坎的瓦解与北方好战的游牧民族有莫大的关系，很可能是因为他们的入侵，才导致特奥蒂瓦坎的毁灭。如果这样的事情真的发生，那么也就是说当外来入侵的时候，特奥蒂瓦坎人并没有做足充分的准备，因此无法抵抗外来的入侵，特奥蒂瓦坎人没有后期中美洲文化中常见的那股戾气。很多人都相信这种遭受外族人入侵的观点导致了特奥蒂瓦坎的灭亡，他们认为这件事情应该发生在公元 7 世纪初期。而有人认为这个时期应该更早些，在公元 6 世纪初期，也就是人们常说的特奥蒂瓦坎的鼎盛时期。其中瑞士作家亨利·施蒂尔林认为可以证实早在公元 6 世纪初期，由于野蛮部落的入侵，特奥蒂瓦坎的居民已经开始大量往东部约 700 公里的地方。

亨利·施蒂尔林的观点有一定的可实性，但是大半的专家还是认为特奥蒂瓦坎文化的没落应该是在公元 7 世纪才出现的。即使不是因为外族的入侵，当时也有一种可能是因为特奥蒂瓦坎国家内部出现了一个新贵族阶段，这个新贵族的崛起破坏了国家原有的制度，他们与祭祀对抗。而且他们在夺得政权之后可能建立了一个暴虐的政治体制，这样为了自己争权夺利做准备。如果是这样，那么必然会导致国家内乱，破坏了当时的均衡的状态，也是因为这种内乱导致了特奥蒂瓦坎的毁灭。祭祀内部也可能发生动乱，产生派系之争。而国家的人民出于水深火热之中，收成不好的时候遭遇自然灾难，必然会雪上加霜。

特奥蒂瓦坎的影响遍及中美洲。我们现在知道受其影响的地区有三分之二的墨西哥，有危地马拉、洪都拉斯和伯利兹。特别是制陶艺术和陶器，对玛雅文化和瓦哈卡文化都留下了深远的影响。其他民族在几个世纪内依旧供奉着特奥蒂瓦坎的神灵：掌管湿润与肥沃的羽蛇魁扎尔科亚特尔和雨神特拉洛克。之后的学者和研究者对特奥蒂瓦坎进行的挖掘和修复，随着越来越多的历史遗迹的出现，更多的谜团展现在人们面前。其中一点是肯定的，特奥蒂瓦坎从公元 8 世纪的开始留下了大量的遗迹，之后再也没有人提及过这个国家。城市部分已经被毁了，丧失了优秀的祭祀和宗教的本意，大多数居民迁徙别处。今天的特奥蒂瓦坎只是古代墨西哥文化的起源，是考古学家眼中的难题，终身制在后人的眼中只是一个历史奇迹。

重见天日的印度河谷

　　印度河文明与埃及文明、巴比伦文明和中国的文明一起并称人类四大文明摇篮。它有着悠久而辉煌的历史。1856 年，英国工程师约翰和威廉两个人在印度德里西北修建从拉合尔到木尔坦的铁路时，因为铺设铁轨需要渣土而发现了掩埋在底下的古城哈拉帕，但是他们当时只是修建工程，这个发现并没有引起他们的注意。他们从这座古城中取走了大量的砖石用来铺垫铁轨。铺设了长约 160 公里的

特奥蒂瓦坎古城

铁路。1920年，科学家闻讯赶来开始发掘。同年，巴纳尔仁在哈拉帕以南650公里的"死亡之丘"发现了一处类似古城遗址的摩亨佐·达罗。科学家真正的挖掘工作从1922年开始，持续的时间之长和动用的人力在印度国内绝无仅有。这两处遗迹的发现表明在距今四五千年之前，印度河流域出现了人类的文明。

进入19世纪以来，印度河巴基斯坦两个国家的考古人员在印度河流域调查发现，已经发现的印度和文明遗址已经超过了200处，分布范围东起新德里的近郊区，西边抵达伊朗的边境，南边道道吉吉拉特邦，北边抵达喜马拉雅山的南麓。东西长约1550公里，南北宽约1100公里。面积相当于英伦三岛。印度河文明比稍早的美索不达米亚文明和埃及文明分布更广。其中的摩亨佐·达罗是世界上最早建立的城市。

印度河流域的文明包括哈拉帕和摩亨佐·达罗两个大城市以及100多个较小的城镇和村庄。后世学者研究发现，公元4500年前，哈拉帕和摩亨佐·达罗等城市在印度河的河谷地区，那里土壤肥沃，适合居住。两个大城市方圆都超过5公里，学者推测是两个大邦的政治中心或是一个大帝国轮流以两地为京城(印度历史上原是有一国两都之制的)，但也可能是哈拉帕继摩亨佐·达罗之后成为京城所在地，因为根据后来的研究发现，摩亨佐·达罗不止一次受到大洪水的破坏。这两座城市有先进的排水系统，可以与现代的排水系统相媲美，而且城市的建设都很有规划性，整齐的街道成为城市的杰作。这样发达的文明应该有自己的社会组织、宗教信仰和风俗习惯……但是目前这些还是有待考证的谜。

摩亨佐·达罗的重见天日显示了在雅利安人入侵印度之前好几个世纪，这里曾经有一个繁荣的青铜器时代文明，他们有自己的系统规划，有完善的制度，而且有人口密集的大中小型城市，还有赖以生存的农牧业和相当发达的海外贸易。这样繁华的大都市却好景不长，这样的文明大约持续了750~1000年，之后便消失了。不管它的出现还是它的毁灭，都是历史的一个谜团。

摩亨佐·达罗位于今天的巴基斯坦信德省拉尔卡纳城以南24公里的印度河东岸，西南距卡拉奇海港225公里。摩亨佐·达罗的意思是"死亡之丘"，已经发现的遗址由东、西两个土丘组成，高处周围平原约 18 米，叠压着丰富的文化层。摩亨佐·达罗古城的总体面积在 260 万平方米，鼎盛时期人口估计将近 4 万人，城市分为城堡和市区两个部分，城市的街道井然有序，因此它也被看做人类历史上最早的有完善规划的城市。学术界普遍认为它是公元前 2500 年至公元前 1500 年的青铜器时代的一座古城。

摩亨佐·达罗古城的建筑物都是用火砖堆砌而成的，它的城市总体规划非常先进且又极为科学，完善的城市规划可以与现在的街道相媲美，即使在今天，漫步古城，都会看到街道水沟历历可辨。这也是土木工程中的一项伟大成就，难怪它被称为"青铜时代的曼哈顿"。这座印度河古文明鼎盛期的最具代表性的城市遗址，在地下埋没几千年后，终于 20 世纪开始被揭示。

古城明显被分为东、西两部分：西部地势较高，有设防严密而又坚固的城堡，也是国家的统治中心。东部地势低平，是城市居民的居住地，这里生活着普通居民、手工业者和商人。城堡建在一个 10 米高的人造平台上，有高而厚的城墙和防御塔楼。城堡的重心是举世闻名的长方形大浴池，长 10 米，宽 7 米，深 2.4 米，周围有一些公共建筑物。而且研究人员在浴池的底部的火砖用沥青进行过防水处理，然后用石膏灰泥砌起来的，这样就不会出现漏水的状况。浴池南北两侧设有阶梯，通到浴池的地步。这个大浴池是摩亨佐·达罗的典型遗迹之一。

距离大浴池最近的是西边的带有通风管道的粮仓，同样建在火砖砌成的平台上。粮仓最初的东西长 45 米，南北宽 27.5 米，后来又进行了扩建。研究的学者认为，大浴池是祭祀用的场所，而粮仓是聚集财富的地方，这两者的结合似乎寓意着再生的繁衍。城堡南部也是一些公共建筑，包括会议厅。可见，城堡不仅是全国的政治中心，也是宗教中心，统治者拼接大浴池的威信和粮仓的力量行驶生杀大权。

古城的东面则是普通的生活区，一条宽阔的大马路自北河南纵贯城市，每隔几米就有一条东西向的小街与之成直角相交。此外，还有小巷组成的不规则的路网与小街相连，住宅房屋的墙壁很厚，表明至少是两层楼房，大多数为多间建筑，有些房子很大，包括几套院落，有些则是简陋的单间房屋。街道之下，有砖砌的排水沟。整个城区内居民的建筑错落有致、布局合理。居民住宅主要用红砖砌成，大小、高低和设备差别很大。有的只有两间小屋，有的则有许多房间和厅堂，还有的有三层的楼房。房屋内设有厨房、卫生间和卧室等。而且在一经发现的遗迹中发现居民住宅的大门面向小街，有完善的排水设施，排水沟上还有许多检查用的小孔，防止淤塞。而贫民的住宅却没有这样的设施，这也反映出了贫富分化和阶级对立。这样复杂的排水系统不仅在历史上绝无仅有，即使在今天的社会，也使许多城市望尘莫及。

考古学者发现，史前时期的摩亨佐·达罗经常遭遇洪水的肆虐，然而每次洪水消退后，城市的居民又按照原来的摸样重建，保持原来的规划不变。这种只修复不创新的方法与当时当权者有着莫大的关系，这里虽然有先进的文明，但是这里的人却故步自封，停滞不前，不懂得创新。这也是后世考古学者发现的古城有层层的建筑的原因。

摩亨佐·达罗出土了大量的遗迹和遗物。但是在出土的文物和遗迹中，人们没有发现神庙、宫殿或者王陵之类的建筑，也没有世俗强权的纪念物，其中出土的武器也很少。这种显现也说明印度河流域不存在着像两河流域文明社会那样的祭祀和国王，这个社会是一个和平、安定、开放的社会。这样文明的发展是建立在高度发达的农业和贸易的基础之上的。研究人员从摩亨佐·达罗出土的兽骨上分析，当时的信德地区并没有沙漠，而且在印度河冬眠有条河。这里原本土壤肥沃，有丰富的水源，因此这里的灌溉农业很发达。居民种植的谷物用来温饱，还驯养的有家禽。根据世界经济的模式，农业的发展必然带动经济的发展，人们在衣食无忧的情况下派生出了棉纺织业、手工业等，因此社会上有商人和工人。"信德"的本意是棉花，据说当时的印度河流域的棉花远近闻名。两河流域的古巴比伦人将棉花成为"信杜"，希腊人称为"信顿"。这些词语的发音与今天的"信德"很相似。因此可以说印度河流域广为种植棉花。

摩亨佐·达罗的手工业也很发达，已经出土的文物显示当时已经有带轮子的车，二进位制与十进位制的计算数字的标准度量制度，并且制造了红铜、青铜和石质武器，以及金银器皿、陶器、象牙玉器装饰等等，但是却没有铁器。陶器大多为素面，也有彩陶，金属工艺以印张上的雕刻工艺最为突出。而且还有很多文字至今无法破译。在已经出土的摩亨佐·达罗文物中，摩亨佐·达罗的青铜舞女、身着三叶纹饰罩袍服装的头像、哈拉帕遗迹出土的红色砂岩裸体雕像和灰色雕像被看做印度河文明城市中"杰出的精品"。

摩亨佐·达罗鼎盛时期的海外贸易也是促进国家繁荣的重要手段。其中最大规模的贸易是经由海路与两河流域古老文明的交往。在此过程中涌现出罗塔尔、马克兰、俾路支等各处贸易中转站。他们在国际贸易往来中起到决定性的作用，同时也为摩亨佐·达罗在印度河流域的繁荣提供的保障。例如在罗塔尔遗迹中出土的与在波斯湾沿岸遗址中特征相似的馒头形铜铸块，还有波斯湾印章、船坞遗址等，这些同样在在两河流域和叙利亚也有所发现。

关于摩亨佐·达罗文明有三种猜测，一种认为建造这个文明的是两河流域的苏美尔人，因为印度河流域在当时是苏美尔人的殖民地，两河流域曾经多次发现这里出产的印章和珠子、陶器等。也有人认为是雅利安人创造了这个文明，更有有人说是达罗毗荼人创造的，但是这三种说法都难以自圆其说，所以关于摩亨佐·达罗的文明，至今还是个谜。

1922年人们在摩亨佐·达罗古城的附近的哈拉巴发现了一座与它同时代的古城，这两座古城被历史学家称之为哈拉帕文化。印度河谷的很多方面是神秘莫测的，其中关于哈拉帕文明的资料更是少之又少。关于这个文明的毁灭也有很多种说法，有人说文明毁于洪水泛滥，印度河居民曾下决心控制河水的泛滥，但是抑制不了河水的暴涨。还有人认为公元前1500年左右，雅利安人入侵，造成了印度河文明的衰落。但是有证据现实，雅利安人入侵前的500年，这个文明就已经没落了。有些人认为这两座城市的毁灭与社会的政治和经济制度内部发生解体有莫大的关系。

印度河流域的文明是充满了神秘色彩的，其中的魅力之处也是无法衡量的。虽然摩亨佐·达罗的繁荣经历了漫长的几个世纪，然而，在历史学家的眼里，也只能是一瞬间的过眼烟云。到了公元前18世纪中叶，哈拉帕文化突然衰落了，印度河流域很多地方遭到了毁灭性的打击，尤以摩亨佐·达罗为甚。发掘中除燃烧的残迹外，街头巷尾，到处都是男女老少的尸骨，整座城市变成了一片废墟，人们称之为"死亡的山丘"。也许随着时代的发展，印度河文明会有更多的奇迹带给大家，也许随着科学家对文物古迹的探测发现，能够找到新的线索，到时候所有的文明都可能重见天日。

最古老的城市耶利哥

耶利哥的本意是"月亮城"和"香料城"的意思。耶利哥在注入死海的约旦河口西北约15公里出的巴勒斯坦境内的埃里哈城郊低于海平面以下约250米的地方，这座古城正好位于耶路撒冷与安曼之间的约旦河河谷中央，是驰名世界的古城。它地处亚热带，气候干燥，雨水稀少，由于附近的"苏丹泉"和"厄利夏泉"的滋润，才形成一片富饶的绿洲，从而吸引了一批又一批的先民到此安家乐业，繁衍生息。

耶利哥的粮仓

耶利哥的水井

《圣经·列王纪下》记载中描述耶利哥城曾经没有清澈的水，土壤也不是肥沃的。先知以利沙听后，让居民拿出一只碗来，在里面盛满了盐，然后他将满满的一碗盐撒入井中，从此，耶利哥城水清土肥了。因此有人认为，如果说埃及是受赐于尼罗河的话，那么耶利哥则是受惠于泉水的恩赐。在历史上，这里棕榈茂密，故又有"棕榈城"之称。

《圣经》的记载对于后世之人而言就是一个证据，很多人都认为是有迹可循的。19世纪以后，考古界兴起了探寻耶利哥古城的热潮。不断有科学家涌入这座古城，欧洲人沃伦于1867~1870年率先在耶路撒冷及其周围地区展开了调查发掘工作，但是一无所获。德国东方协会的厄恩斯特·塞林教授于1907~1909年在古城勘探，揭开了耶利哥城的发掘序幕。加斯凯里扬分别于1930~1936年以及1952~1958年率领一支英国考古队发掘了这座古城遗址，揭示出从新石器时代直至《圣经·约书亚记》第6章中所描述的毁城时代为止的完整序列，其时间跨度为公元前1万年至公元前20世纪中叶。事实证明

这座古城不仅在巴勒斯坦，而且在世界历史上也算得是屈指数的重
要遗址之一。

《圣经》中记载耶利哥城的存在是依靠苏丹泉或者厄利夏泉的淡
水之源。现在的泉水经引水道注入新城以北 1 公里的水库中。泉水
在一座形状奇异的椭圆小山山脚下涌出，是干土色的，因此这个山
又交苏丹山。经过考古学家的探测，这个土丘在平原隆起的 60 多英
尺高的地方，可以俯瞰一方的情况。这里大约是 9000 年前的一座古
城，比苏美尔各城早 4000 年。可能就是原来建有城垣的耶利哥的遗
址。但是研究人员经过了数百年的寻找，也没有找到《圣经》上写
的遗址。

苏丹山上的遗址与特洛伊的遗址很像，他们的城市都是层叠而
建的，像堆积的薪柴。但是这里的城比特洛伊的要高一些。最后期
的一层经过检测是在公元前 1500 年的铁器时代建造的，下面各层的
呈现网格的形状向四方延伸，只有经过逐层地深入挖掘才能发现。
从各层的情况可以看出，6000 多年来，那里世代都有人居住。

耶利哥城掩埋在一个巨大的人工土丘之下，这个土丘南北长 350
米，东西宽 150 米，高 21.5 米。这是经过百年的考古发掘以来发现
尚未被以色列人摧毁的遗迹。但是英国女考古学家凯琳·凯里扬博士
在 1952 ~ 1958 年的考古发掘过程中，发现了更为古老的城墙遗址，
经过放射性元素碳 14 测定，最早的年代为公元前 800 年，史学家认
为，耶利哥城在被以色列人毁灭之前至少已经存在了 6500 年。这一
重大的考古发现使全世界为之震惊和欣喜。

耶利哥城的修建不是一时半会的事情，也不是一个朝代的事情，
这些遗迹表明，这里经历了长期的文明发展，才有这样具有时代特
征的模型。根据考古学家的测定，这里从公元前 1 万年起就已经有
人在这里定居。在遗址的最底层，考古工作才发掘出土了纳吐夫文
化时期的几何形细石器、骨器等遗物，还发现了寺庙建筑遗址。专
家们推测，寺庙是以狩猎和采集为主要生活来源的先民用来祭祀泉
水的建筑。

考古发现耶利哥遗址的新石器时代居住址占据了第 9 至 17 层，
第 9 层出土有陶器，第 10 至 17 层不见陶器，俗称"前孤新石器文

化层"。在凯里杨博士命名的"前陶新石器A层"中，长眠着迄今所发现的世界上最古老的城市耶利哥，在这一层中，发现有直径5米左右的圆形竖穴居室，系由半圆锥体形状的土坯垒砌而成。城市废墟面积约4公顷(相当于60市亩)，城周围有厚2米、高4米的石砌城墙，城墙最高处超过6米，用雕凿规整的石块垒成。城墙外还发现了一条宽6.44米、深2.43米的大沟，类似中国的护城壕。城中建有直径10米、高8.5米以上的巨大塔楼，塔楼内设有阶梯直通顶端，类似于欧洲中世纪的城堡主垒。考古学家们推测，当时耶利哥城常住居民人口有2000人，他们从事农业生产，饲养牛、绵羊和猪，掌握了燧石制作工具的技术。这些居民还从事大规模土木工程建设，其组织严密的程度令人称奇。

耶利哥不但土壤肥沃适合人类居住，而且有发达的农业和手工业，也是贸易往来的重要港口。但是就是这样的一个文明古城，却在公元前7300年左右突然衰落，此后与此文化系统不同的人从叙利亚一带迁来定居，形成"前陶新石器B层"遗址。新居民用晒干的扁平状土坯建筑较为规整的方形住宅，地面与墙壁抹上一层灰泥，屋内设神龛，城内新建了用于祭祀的建筑物。最有趣的是，在这一层中发现了一具用灰泥按死者生前面貌复原的头骨，眼睛用贝壳镶

耶利哥古城遗迹

嵌，耳鼻酷肖，无疑与当时人的祖先崇拜有关。至公元前 6000 年左右，耶利哥再度废弃，沦为荒丘。

公元前 4500 年左右，耶利哥重现人类活动的踪影。当时的人们能够制作陶器，那时候的他们还不是居住在房屋里，而且是居住在具有强烈的游牧民色彩的竖穴房屋里，这些人在这里生活了 500 年左右，便远徙他乡，另觅新居。紧接着就到了公元前 3000 年左右的青铜时代早期，耶利哥再度兴盛起来。居民穿岩凿墓，埋葬死者，他们死后盛行多人多次合葬。此外，还筑起城墙。凯里扬博士将这种现象称为"原始都市期"。英国剑桥大学的著名考古学家格林·丹尼尔在其代表作《考古学 150 年》中称耶利哥在这一时期才形成一座城市，与凯里扬博士的观点略有出入。但不管怎样，居民们用干土坯垒砌的城墙在地震的破坏和外敌的攻击下，屡废屡兴，最终毁灭于阿摩利人的一把大火。

阿摩利人入侵耶利哥，战争让耶利哥沦为尚未开化的阿摩利人的俘虏。这场浩劫之后的公元前 1900 年左右，又一支来自叙利亚的民族占据了这座城市，重建耶利哥城，此时的耶利哥进入中期青铜时代，这个时期也是耶利哥最繁荣的时期。之后国家进入高度发展的时期，成为重要的贸易中心。耶利哥城居民南与埃及人，北与赫梯人，东与美索不达米亚城邦，西与迈锡尼人进行交往，其富饶状况集中反映在这一时期岩穴墓中随葬品的种类和数量上。地下出土遗物表明，随葬品种类多，数量大，有食物、家具、装饰品、陶器、雪花石膏制的容器、小木箱以及放置食物的桌子等。但是这样的日子持续的时间并不长，到了公元前 1560 年前后，喜克索斯人从埃及而来攻入耶利哥，战乱中的耶利哥沦为一片混乱，城市也毁于大火之中，这个时候的城墙都化为焦土。

《圣经》中关于约书亚率领以色列人攻占并摧毁耶利哥城如果是事实的话，那么在历史上应该有属于这一时期的故事。但是根据目前的考古发现，并没有找到相关的证据。如果按历史学家的看法，以色列人攻入耶利哥城是在公元前 1400～前 1250 年，那么，早在以色列人进入迦南之前 150 年，也就是公元前 1560 年左右，耶利哥城已是残垣颓壁，满目荒凉了，根本不可能存在以色列人攻陷和血洗耶利哥城的悲壮场面。因此，史学家们普遍认为，《圣经》中的这段记载是虚构的故事情节，目的就是为了提高以色列人在世界上的地位和声誉。

随着考古的深入，耶利哥城也越来越清晰地呈现在人们面前，这也揭开了人类城市发展史的新篇章，它将人类城市的起源从公元前5000年提早到公元前8000年，整整提前了3000年。实际上，在世界上许多地方，不管是海底还是陆上，不管是低谷还是山丘，都有可能埋葬着比耶利哥更早的城市，而这些未来的发现正有待于考古的调查发掘。相信随着考古的进一步深入，世界上会有越来越多的城市凹陷，这对人类文明而言也是一个进步。

见证巴比伦的巴别塔

世界上公认的人类最早的最伟大的发明就是早于5000年前的美索不达米亚文明，公元前3500年以后的几百年间，苏美尔人、埃兰人、亚述人、巴比伦人、凯赛特人和波斯人先后在底格里斯河和幼发拉底河流域创造了人类辉煌的历史。他们还为诸神建造了伟大的庙宇建筑，那些高耸入云的砖造庙塔有的高达300英尺，这些庙塔也是美索不达米亚城邦鼎盛时代的标志，其中著名的巴比伦巴别通天塔就是其中最壮观的一座，但是这个塔的作用至今还是一个谜。

《圣经》中记载，大洪灾之后，诺亚一家人从方舟中走出来，在陆地上定居。他们共同劳动，而且所有的人都说一种语言。他们繁衍了很多的子孙，居住的地方也变得越来越大，人也越来越多，他们不断东迁，来到了示拿。那里一眼望去都是绿色的原野，土地肥沃，而且有充足的水源。于是人们便在这里定居了下来。

之后他们商量说："来吧，让我们来建一座城和一座塔，塔顶要直通天上，好为我们扬名。让子孙后代无论到了哪里都能够有一个心中的家园。"这项提议很快得到人们的赞成，他们要克服一切困难才能创造这样的城和塔。他们把泥土烧成砖，没有灰泥的时候他们就把沥青当做灰泥。就这样建造了一座通天塔。

他们修建通天塔的事情惊动了上帝，上帝看到他们同心协力地建造这样的工程很惊讶，而且他们都十分齐心合力井井有条地修建塔，塔越修越高，上帝的担心也与日俱增，于是他对随从说："看吧，人类已经在灾难中形成了一个民族了，而且他们说着同一种语言，现在又同心合力地修建这样的塔，如果这样下去，没有什么事情是能难倒他们的。我要变乱他们的口音，让他们各说个的，这样他们就不能协调一致了，只有这样他们才能一事无成。"

上帝变换了人类的语言，于是修建塔的人们也不如之前那样听从统一的命令。因此工作无法协调，人们也逐渐分散到世界各地。通天之塔在希伯来语系是"巴别塔"，意思是"变乱"。但是在巴比伦文中的意思却是"神之门"人们认为《圣经》中的记载都是有真凭实据的，虽然可能有夸大的嫌疑，但是事实终究是有的。巴别塔不仅仅是一个传说，也可能是一个警示寓言。早在 5000 年前，它就已经屹立在一马平川的美索不达米亚地区了，也就是今天的伊拉克首都巴格达境内。

公元前 19 世纪中叶，阿摩列依人在苏木阿布的带领下来到了位于底格里斯河与幼发拉底河之间的一块肥沃的土地上，之后在这里定居并建国，历史上成为古巴比伦王国。古巴比伦的强盛时期是在第六代国王汉谟拉比的统治时期。汉谟拉比死后，古巴比伦日渐衰微，这个时候也不断遭受到外族的侵扰，境内也发生了饭债务奴役斗争。公元前 1595 年，位于巴比伦城西北方的赫梯王国在统治者穆尔西里斯的带领下洗劫

画家笔下的巴别塔

了巴比伦城，至公元前 13 世纪后期，亚述人征服巴比伦。至公元前 7 世纪末，尼布甲尼撒带领闪族迦勒底人复国，历史上成为"新巴比伦王国"，巴比伦迎来了又一个辉煌时期。

根据相关的史料记载，新巴比伦时期的巴比伦城是古代两河流域最为繁华、壮丽的都市。巴比伦城的城墙高大而开阔，都是用砖和油漆浇筑而成的，长达 16 公里，厚度可以容一两 4 匹马拉的战车在上面奔跑。城墙不仅仅是抵御外敌入侵，而且也起着保护巴比伦城免遭幼发拉底河河水泛滥的作用。巴比伦的新城与幼发拉底河隔河相望，他们之间由一座大桥连接。

巴比伦城有 100 座桐城门，因此被希腊诗人荷马称为"百门之都"。大门为典礼门，门的上部是拱形的结构，高 4 米多，宽约 2 米，一条宽阔的大道从城门穿过。大道是用灰色和粉红色的石子铺成的，大道的西边是新巴比伦的国王尼布甲尼撒的王国，南边则是举世闻名的"世界七大奇迹"之一的"空中花园"。传说这个花园是尼布甲尼撒为了自己的妻子所修建的。尼布甲尼撒的妻子是波斯国的公主塞米拉米斯，公主嫁到巴比伦之后日夜思念自己的国家，终日郁郁寡欢，她想念花草丛生的故乡波斯王国。尼布甲尼撒为了取悦妻子，名人按照公主家乡的景色建造了这座闻名天下的"空中花园"。花园上面栽种的有奇花异草，有幽静的山间小道，还有潺潺的溪水经过山间的小径。最让人觉得惊奇的就是花园中央的城楼高耸空中，将宫墙俯视，给人一种悬挂空中的感觉，因为被称为"空中花园"。

巴别通天塔是巴比伦城另外一座赫赫有名的建筑，它位于大道的北面。目前的资料并没有显示这座塔是何人于何时修建的，只是知道它在远古时代就已经存在了，并且在《圣经》中有相关的记载。其已经考证的资料记载，巴别通天塔在尼布甲尼撒之前，甚至他父亲之前都已经有了，经过了多年的战乱，巴别塔曾经多次遭受摧毁，古巴比伦的几位国王都曾经对其进行了修缮的工作。尼布甲尼撒的父亲在那波博来萨在新巴比伦王国建立之后就开始对巴别通天塔进行重建。据铭文记载："巴比伦塔年久失修，因此马尔杜克命我重建。他要我把塔基牢固地建在地界的胸膛上，而塔尖要直入云霄。"

那波博来萨时期巴别通天塔并没有修建而成，他只是将塔修建到 15 米高左右，而尼布甲尼撒则完成了"加高塔身，与天齐肩"的工作。其中有铭文记载："那波博来萨已经把塔基建好，并建到 30 肘（约合 14.75 米）高，但还未建塔顶。后来尼布甲尼撒着手这件工作，把从黎巴嫩茂盛的森林中运来的雪松木斩开，用做建筑材料，又把围墙的大门建造得辉煌壮丽，像白昼那样炫目。"人们说的通天塔就是指尼布甲尼撒父子修建的这座塔。

巴别通天塔规模宏大，雄伟壮丽，最下面的一层是黑色铺筑的，依次为橘红色、红色、金色、蓝色、银色等，代表着七曜星。据史料记载，巴别通天塔由 7 层高台搭建而成，逐层减小，最高层的上面是专门用于供奉马尔杜克的神庙。古希腊历史学家希罗多德曾经浏览过此塔，对该塔赞赏有加，并做了详细的记载。根据希罗多德的记载，巴别通天塔是一座实心塔，塔基每边长为 90 米，塔高与塔基等长，也为 90 米。墙的外沿有螺旋形的阶梯绕塔盘旋而上，直接到达塔顶，中间没有座位可以提供休息。当时的通天塔是巴比伦城内最高的建筑物，在国内的任何地方都能看到这座塔。

这座高耸入云的、直达天庭的通天塔曾经引来无数的英雄为之倾倒，当人们抬头遥望的时候，真的以为那个塔就在天上，让人感觉是通往天堂的路。传说，公元前 538 年的时候，波斯国王居鲁士政府古巴比伦之后便被巴别塔的雄伟壮阔所折服，不仅下令禁止士兵毁塔，而且命令说等他死后，在他的坟墓旁修建一个小型的巴别塔。

在那些动乱的战争年代，巴别塔也难道历史的噩运。波斯王薛西斯在攻占巴比伦之后，对抵抗的巴比伦人很愤怒，因此他下令将巴比伦人的城市摧毁，巴别通天塔也没有能够幸免于难，变成了一片瓦砾。随着巴别通天塔的坍塌，巴比伦的辉煌的历史也一去不复返了。巴比伦之后的岁月里屡遭战事，而巴别通天塔也始终成为一堆瓦砾，往日的巍峨雄壮也不复存在了。

以后的岁月里，慕名而来的人很多。公元前 331 年，亚历山大大帝在远征印度的时候，突然跑到巴比伦来瞻仰巴别通天塔，缅怀这座曾经举世闻名的巨塔。亚历山大大帝曾经萌生过要重建古塔的念头，但是，当众人开始实施这个工程的时候，发现这几乎是个"不可能的任务"，因为要清理废塔就要一万人工作两个多月的时间，因此重建的想法只能搁浅。几千年下来，巴别通天塔在风雨中成为一堆废墟。但是巴别通天塔的形象却永远停留在人们心中，文艺复兴时期，许多画家都凭仅存的有关巴别塔的资料，创造了一幅幅自己心中的巴别塔。

1899 年，德国考古学家罗伯特·科尔得韦才将传说中的古塔带进了人们的现实生活中。科尔得韦在巴比伦遗迹中挖掘到了一座巨大的塔基，后来经过测量发现，塔基的边长与塔的高度都和希罗多德的记载十分接近。塔基的边长为 87.78 米，它的总高度等同塔基的高度，也是 87.78 米。巴别塔总共有七层，第一层高 32.19 米，第二层高 17.56 米，第三、四、五、六各层高为 5.85 米，最上面一层为神庙，高 14.63 米。神庙内的装饰金碧辉煌，墙壁上面附着金箔，然后以淡蓝色的土釉砖装饰。即便是经过了几千年，通天塔的宏伟还是令人瞠目结舌的。科尔得韦感叹地说："尽管遗址如此残破，但亲眼看到遗迹是绝非任何书面的描述可比的。通天塔硕大无比，《旧约》中的犹太人把它看做人类骄傲的标志。四面是僧侣朝拜的豪华的殿堂，许多宽敞的仓库，连绵的白墙，华丽的铜门，环绕着碉堡。以及林立的一千座敌楼。当年这样壮丽的景象，在整个巴比伦是无与伦比的。"

科尔得韦的观点并没有得到大家的一致认可，有人就提出了不同的观点。有学者认为巴比伦城除了马尔都克神庙之外还有一座被称为"天庙"的巴比伦塔。这座塔才是传说中的巴别通天塔。考古学家在巴比伦城西南的波西帕发现了一座塔庙遗址，在塔庙附近发现文字记载说，巴比伦的一位国王曾经下旨再次建造波西帕塔庙，但是不知道什么原因，塔庙建到一半的时候，国王突然下令停工，于是，只有半截的波西帕塔庙矗立在那里，《圣经》中记载说巴别通天塔因为人类语言被打乱而中途停工，巴别塔是一座没有完成的塔，因此有人认为，波西帕塔庙才是《圣经》中巴别塔的原型。

也有学者称，在巴比伦城，新巴比伦王国建立之前，就有两座神庙，一座是萨哥—埃尔，意思就是"通到云中"，另一座叫米提—犹拉哥，意思是"上与天平"。学者认为这两座塔也可能是通天塔的原型。

还有学者把《圣经》中描述的和现实做对比认为，传说中的通天塔是位于巴比伦城东南 135 英尺处的乌尔大寺塔。传说这个大寺塔是闪族人从乌尔迁到迦南时修建的。而且坚持这个观点的学者认为《圣经》中古时候的人是往东迁移，也许指的就是闪族人在组长的带领下从乌尔向迦南迁移的事实。根据史料记载，乌尔大寺塔是巴比伦所有寺塔中建造时间最早，耗时最长。

巴别通天塔到底是在巴比伦的什么地方直至今天也没有定论，随着古巴比伦遗迹的挖掘工作的展开，很多新的建筑逐渐展现在人们面前，相信总有一天，历史会还原一个奇迹的真相，也许有一天，这座人类宏伟的古建筑会恢复原来的样子。

开启埃及文明的神秘金字塔

古老而又现实的文明

世界上的"七大奇迹"中最为神秘的要数金字塔了，关于金字塔有重重的迷雾，例如法老的诅咒、无形塔能、地外文明等奇闻异事，这些事情至今也没有合理的解释。金字塔就像一个被层层包裹

金字塔和狮身人面像

着的存世隐语，当人们试图揭开这些神秘的面纱的时候，却又遭遇新的谜团。金字塔究竟是法老的陵墓还是地外文明的杰作……关于金字塔的谜团总是层出不穷，但是没有一种说法能够解开这些神秘的现象。

古埃及的人们信奉"来世"，相信人生在地球上只是短暂的居住，死后才是永久的享受。他们认为人死后要历经 3000 年的轮回就可以得到重生。因此，古埃及的人活着的时候都会为自己修建坟墓，他们认为那里才是永久的住所。埃及的法老是拥有最高权力的人，他们是集经济、军事、行政等大权为一身的人，他们活着的时候享受着人世间的荣华富贵，希望死后也能有这样的待遇，因此他们活着的时候就大肆修建陵寝，这种期待比普通人更为强烈。他们往往会劳师动众地花上几年，甚至几十年的时候，耗费巨资修建自己的陵墓。

古埃及最早的坟墓被称为"马斯塔巴"，不管是王公贵族，还是平头百姓，他们死后都要葬入马斯塔巴。马斯塔巴分为地下穴墓和地上祭堂。这种穴墓的做法就是要在地上挖坑，然后将坑分成几间墓室，然后用砖石去铺筑；祭堂则是在坑上面用泥砖建造一个长方形的建筑，也会被分成几间，这个里面会装有食物、家具等生活用品，这是为了供奉在另一个世界的人享用。古埃及的前两位法老都是葬在马斯塔巴里。

法老在埃及有至高无上的权力，而且随着他们的权力逐渐加强，他们手中积聚的财富也越来越多。他们的欲望也会膨胀，希望他们手中的权力能够永存，财富也是能够永久的拥有。因此，他们将陵墓修建的越来越大，希望将之前的一切都能够带进陵寝，来世继续享用。所以他们在修建陵寝的时候也是越建越高，将原来仅限于地下与地上两层的马斯塔巴向高空中发展，这样层层叠加也就形成了今天人们看到的金字塔的模样。

埃及金字塔中具有里程碑的是第三王朝的创建者左塞的阶梯金字塔。这座金字塔建在孟斐斯以南不远的萨卡拉，从外形上看，它由 6 层马斯塔巴叠加而成，自下而上而逐层减小成阶梯状，因此被称为阶梯金字塔。这座金字塔高 61 米，在人类历史上第一次采用石头替代泥砖作为建筑材料，称为世界上最早的大型石造建筑。

埃及自左塞修建金字塔开始，埃及的国王兴建金字塔蔚然成风，尼罗河两岸的金字塔像星星一样地稠密。截至 1993 年，共发现金字塔 96 座。众多的金字塔中最为著名的是位于开罗西南约 13 公里的吉萨大金字塔，其中最著名的是第四王朝的胡夫金字塔、哈夫拉金字塔和门卡拉金字塔。其中胡夫金字塔被埃及人称为"胡夫地平线"，坐落在吉萨高原上。研究学者认为它兴建于公元前 2760 年，是埃及法老胡夫的陵寝。胡夫金字塔原来的高度是 146.5 米，经过了千年的风吹雨晒，金字塔顶部侵蚀了将近 10 米，现在的高度为 138 米，是目前世界上最为高大和壮观的金字塔，是世界之最，被列入世界七大奇观之首。埃菲尔铁塔修建之前，金字塔一直是世界上最高的建筑。

希罗多德被誉为"西方史学家之父"，他曾纪记载了修建金字塔的方法：胡夫为了修建金字塔命令埃及所有的人都来做工，这些人被分成 10 万人的大群，他们轮番建造金字塔。建造金字塔的巨石则是命人从"阿拉伯山"上开采回来的。工人们用铜或者青铜的凿子在岩石上打洞，然后插入木楔，接着灌入水，等到木楔被水泡的膨胀以后，岩石就会崩裂。然后他们把岩石打磨成他们想要的形状，之后将打磨好的岩石绑在雪橇上，用人和牲畜拉到修建金字塔的地方。

巨石运回修建金字塔的地方后会被工人们沿着用沙土对称的斜坡上拉上金字塔。就这样一层层地叠加，一层层地垒上去，直到金字塔完工，然后再命人将四周的沙土挖走。金字塔修建都是依靠人工，所以消耗的时间比较长，进修建运输石料的路和金字塔的地下陵寝就花费了 10 年的时间，整个金字塔修建起来用了 30 年。

希罗多德的说法并没有得到大家的一致认可，有人质疑说胡夫所在的公元前 2000 多年前，当时地球上的总人口大约在 2000 万左右，而要在埃及召集 10 万人，绝对不是一件容易的事情。再说，即使有 10 万人来完成工程，那么能够安排 10 万人的食宿在当时也是一件浩大的工程。

法国学者戴维·杜维斯从金字塔上取下来了小石块进行化验，结果表明，建造金字塔的巨石不是天然的，而是人工浇筑的。接着他指出，古埃及人是通过"化零为整"的方法建造金字塔的。杜维斯还在试验中发现这些石块是由贝壳石灰石浇筑而成的，因此他推测古埃及人是先将混泥土搅拌好之后装进框里，可能是抬或者背上建造中的金字塔，用混泥土浇筑成巨石，一层层地进行叠加。依照杜维斯的这种方法推算，当时修建金字塔需要1500人左右。当时最有利的证据就是来自石块中的一缕头发。这缕头发大约一英尺长，很可能是古埃及人在劳动的时候留下的。

除此之外，还有很多专家、学者提出了各种方法去试图重现金字塔的建造过程。例如有人主张直线斜坡的方法，这些人认为古埃及人先修建了一个斜坡，然后通过这个斜坡搬运巨石，但是有人就提出了质疑，要修建这样的一个斜坡也是一个巨大的工程，需要大量的材料和发达的技术，而且，到目前为止，在金字塔的周围并没有发现斜坡的遗迹。还有人提出了螺旋斜坡的方法，就是建造一个环绕着金字塔的斜坡，这样将修建斜坡的材料减少，但是这种螺旋斜坡越接近金字塔的位置旋转的角度就会越急，这样的话，搬运巨石的难度就加大了，而且也无法在建造过程中校正金字塔的角度。这些理论没有一种能够合理地解释所有的问题。

人们关注金字塔并不是因为他的建筑艺术和技巧，更多的是因为它留给后人的谜团。人们在测量胡夫金字塔的时候发现隐藏在金字塔中的许多有特殊含义的数据，而这些数据与地球似乎存在着某种联系，有人比较了金字塔和地球的相关数据认为，金字塔是地球的微缩版。

胡夫金字塔的四面正对着东、南、西、北四方，其中的误差不超过0.5度；胡夫金字塔的原有高度（146.5米）乘以10亿，约等于地球与太阳之间的距离；金字塔本身的重量乘以10的15次方，与地球自身重量相当；金字塔塔底周长的两倍约等于赤道的时分度；金字塔斜面高的600倍就等于一个维度；金字塔周长是金字塔高度的两倍为3.14，也就是人们常说的圆周率π；金字塔的斜面长度除以底边的1/2得到的结果是0.618的黄金分割率。自然塌落现象的倾斜邻和稳定脚均为52°，而金字塔的锥角正好是51°50′49″……

有人说这些数字除了巧合之外没有其他的意义，但是如果把这一切都归属于巧合有些勉强，而以古埃及人的水平能够修建这样奇迹般的金字塔吗？一般人认为金字塔就是埃及法老死后的陵寝，那么没有人知道为什么法老要将陵墓修建的如此精准无误。而且是在过去那个机械尚不发达的年代，而且几乎所有的工作都要依靠人工来完成。也有人认为这些金字塔不是传统上所说的法老的陵寝。因为金字塔内部的陈设十分简单，与宏大的金字塔并不相称。如果法老想着死后还能享受富贵荣华，那么里面的摆设怎么会如此的寒酸。而且，在金字塔的挖掘中出了一口空空的棺材，并没有发现法老的遗体，连相关的纪念性的碑文都没有。

之后的科学家对胡夫金字塔石块之间的砂浆用碳14检测发现这些砂浆已经有5000年以上的历史了，这个时间远远早于胡夫法老的年代。也就是说金字塔是在胡夫之前就已经存在了。关于金字塔为谁而建至今还是未解的谜团。但是金字塔的神秘不仅仅如此，金字塔的神秘还来自本身，仿佛一座隐藏着巨大魔力的城堡。

神秘的"法老诅咒"

提起金字塔，人们首先想到的是"法老的诅咒"。其实根据后世科学家的研究，所谓诅咒只是一种谣言，真正起作用的是细菌。美国宾夕法尼亚大学博物馆的埃及古物学家詹尼弗·韦格娜说："一提到埃及古墓，你不仅会想到下葬时的死尸，还会想到殉葬用的食品——肉、蔬菜和水果。这些食物肯定会召来昆虫、真菌、细菌和其他各种东西。他们可能在三千年前便存在于陵墓之中。"

科学研究表明，一些木乃伊上确实存在大量的真菌，这些真菌会对免疫系统虚弱的人造成伤害。而且埃及科学家哈瓦斯在尼罗河谷许多法老陵墓的石灰墙内发现了一种叫做"氡"的气体，这种气体被医学界证实可以致癌，也许这些加在一起导致了很多进入法老陵墓的人死亡。

法老陵墓中除了"法老的诅咒"之外，还存在一种神秘的力量，一种化腐朽为神奇的力量。这种力量可以使鲜花常开不败，能消除疾病，甚至能使人返老还童……科学家对于金字塔这种神秘的力量解释说，宇宙中普遍存在着微波，宇宙电磁波在穿过石块的时候，能量会随着石块的厚度而出现不同程度的衰减。而金字塔这种特殊的正四角锥结构，其内部空间是一个绝好的和谐共振腔体，能最有效地会聚来自各方的电磁波，产生和谐共振，从而构成金字塔的神秘能量。

古埃及流传这样的一句话：时间惧怕金字塔。或者这句话中就暗示了金字塔的神秘力量，时间在金字塔前停驻，甚至倒流。这些也只是目前人们的一种猜测，浩渺的宇宙中还有很多未解的秘密，或许将来有新的发现能够帮助人们揭开金字塔的谜团。

第5章 空前的文明之路

随着人们对亚特兰蒂斯的探寻以及越来越多真实而令人惊奇的证据的出现，亚特兰蒂斯已经慢慢地揭开了蒙在脸上的那一层神秘的面纱。当时的亚特兰蒂斯无论在政治、经济或是文化建筑等各个方面的发展，与今天相比都处于一种根源的地位。柏拉图更是将亚特兰蒂斯作为了未来理想国的蓝图。

追溯国度文明的源头

亚特兰蒂斯政法和军备

据《对话录》记载，在和平时期，亚特兰蒂斯的十位国王分别独立掌管着自己的行政区划，每个独立的小王国都有自己的法律制度和典章，各国的臣民都要绝对服从这些约束，否则将要遭到惩罚甚至被处以死刑。从这一点就可以看出，当时亚特兰蒂斯的十个国王在他们自己所管辖的地区和城市里，对于老百姓拥有绝对的统治权，大部分的法律都由他们做决定。而且他们可以随

金面具

心所欲的处罚和处死任何人。

但是波塞冬对他们之间的相互关系作了规定：诸王不准武力相加；相互间有援助义务；共同参与战争等大事；最高决策权归阿拉特斯支派的后裔；每位国王无权决定其亲族成员的生死，除非得到其他国王的多数赞同，等等。这些法则被早期国王镌刻在"中心岛"波塞冬神庙中的一棵"赤金"柱上。每隔五年或者六年，诸王就在此会聚，商讨他们的共同利益，并对违法者做出判决。在判决之前，他们之间会进行一个宣誓：

> 公牛们在海神庙里徘徊。只有十王留在庙里。他们向神许愿将神喜爱的牺牲捕捉献上，然后就开始捕措公牛，不用武器而用棍棒套索。他们将捉到的公牛牵到柱子前，从上面戳开其颈腔，让血喷洒在神圣的铭文上。（柏拉图《克利提阿斯》）

这段话的意思是说，在波塞冬的神庙里，有许多散放着的公牛；那十个国王单独留在庙内，向神作了祷告，求神保佑他们捉住他所愿意接受的牺牲，于是追捕公牛，追捕时不用铁制的武器，只用棍棒和套索；捉住了任何一头公牛以后，就牵到那条铜柱旁边，在柱顶上割断牛的喉管，使鲜血流到那刻写着的文字上。

在还没有正式进行判决的时候，十王之间会彼此做出一个约定，即不论是谁，在做决定的时候，都必须保证在波塞冬神律的规定范围之内。十位国王要单独留在神庙内，向祖先神圣进行祷告和宣誓，保证自己永远都对帝国保持忠诚，彼此之间绝不兵戎相见，共同遵照神的训谕和平相处；对于胆敢冒犯神谕的任何人，要用棒刑甚至绞刑对其进行最严厉的惩罚。

至于他们所遵奉的神律，即是神柱上所刻下的律令：作奸犯科者必须要被绳之以法，要在神律面前被处以死刑，用自己的头颅和鲜血洗刷自己的过错。同时在律令旁边还刻下了庄严的誓约，誓约祈求万能的神能对于不忠的行为予以宽恕。

在向神祷告完之后，他们每个人都把食指割破，将鲜血滴入同一个杯中，作为歃血盟誓；在神柱面前进行完"涤罪"仪式后，触犯刑法者便会被处以火刑。然后他们用金杯从碗中舀酒出来，在火上行洒酒礼，宣誓说他们一定要根据柱子上所刻的法律进行裁判，对于已经违反任何一条法律的人加以处罚；还要宣誓说，他们在今后绝不故意触犯柱子上所写的条文，绝不命令别人或者服从别人的命令来做不合他们始祖所订法律的行为。每个人为自己同时也为他们的子孙作了这样的誓言之后，就把杯中的酒喝了，并且将杯子献存神庙。

随着夜幕的徐徐降临，那团燃烧的火渐渐冷却下来，这个时候，他们会身披最华丽的蓝色貂皮礼服，熄灭庙中所有的灯火，然后开始做出或接受判决。等到黎明时分，他们就在一块涂金的牌子上将判决条文写了下来，连同他们所穿的礼服一起奉献给神，作为纪念物品。

多少代以来，只要他们神性不泯，他们就服从法律，虔敬神明。他们自己就是神的后裔。他们具有真正的在各方面都堪称伟大的精神素质。在生活和接人待物方面处处表现出温文尔雅和聪明睿智。他们漠视一切，只重美德；对生活现状关注甚少；对黄金等财富看得很轻，财富对他们来说好像是一种负担；他们从不沉湎于奢侈的生活，也不会因财富而丧失自制力；他们头脑清醒，并透彻地看出，所有这些利益将因美德和相互间的友情而获得增益；过于看重利益就会失去利益，还有美德。出于这种思考，也是因为他们保持着神性，我们所描绘的这些品德在他们当中与日俱增；然而，当神性成分开始衰减，而又常常变得很淡很淡，凡俗的成分却越来越多，人性的成分逐渐占上风时，他们就不能保持其幸运了，开始做起不妥的事来；在明眼人看来，他们明显变得堕落了，因为他们正在失去其最可宝贵的天赋；但对那些不懂什么叫真正幸福的人来说，当他们被非正义的野心和力量所腐蚀的时刻，他们变得荣耀和有福了。众神之神，依法统治的宙斯，洞察此情，痛

> 感一个光荣的种族处于这样一个可悲的境地，打算施加惩戒，促使他们改恶从善，于是召集众神到他们最神圣的住地，世界的中心，能够洞悉世间万物的地方。当众神到齐后，宙斯讲出下面的话来……（柏拉图《克利提阿斯》）

此外还有专门关于王族各人权力的许多法律刻写在庙内，其中最重要的就是下面这几条：所有亚特兰蒂斯的子民永远都不应同室操戈、兵戎相见，当任何城市的任何人妄图颠覆王权时，所有邻邦兄弟都要来帮助他、拯救他，正如他们的祖先一样。他们处理任何问题时都应同舟共济、同仇敌忾、同商国策，他们都要承认亚特拉斯家族至高无上的地位。十个王国的国王中，没有谁可以有权独自决定其他兄弟国王的生死，除非十位国王中多数人同意这一决定。至于是否发动对外国的战争，这要由大君主阿特拉斯直系的最高王族来决定。

这一至高无上的信条指引着整个国家的一切，历史告诉我们：亚特兰蒂斯的历代子孙，只要秉承这条信念，遵奉帝国的法令，对祖先神明心存感念，彼此就一定能够和平相处；因为他们拥有的这条信念会指引他们对每件事都做出正确的决断，以仁爱和智慧处理现实中的各种问题以及彼此之间的交往。

通过亚特兰蒂斯的法律规定，我们可以看出，这些法律与梭伦所在时代的法律有许多相同的地方，甚至许多规则与它们完全对应：

首先，它有一个神职人员的等级制度，这与其他制度截然分开（据守护神的说法，神职院分为17个专制类，有经济、政治、军事、文化等详细分工，其性质有些类似民主国家的议院，其中长老院是议院的最高权力单位）；

其次，有许多已经能够独立设计出工具的技工和工匠；

再次，那时的社会已经分离出单独的放牧和狩猎的职业群体，当然也少不了从事农业劳作的人；

此外，已经有诸如武士之类被法律赋予特权的专门从事战争的行当，并且配备了战斗用的工具——盾和矛。

由此可见，当时亚特兰蒂斯整个社会的职业分工都已相当健全，其中甚至包括预言和医药在内的诸多行业；那时的人们已经掌握了许多与生活密切相关的学科知识，这些都是人类社会发展到高级阶段才有的现象（在更为高级的社会阶段，其政体已发展为君主、议院和王后三权分立的成熟制度，很像公元前 14 世纪赫梯帝国的政体）。

鲍德温先生指出，库希特人——亚特兰蒂斯人的另一个分支，他们的帝国从西班牙一直延伸到叙利亚，最早建立了独立的地方自治性的共和体，赋予人民管理个人事务的权力。这种体制在古希腊人的"绝对民主"、伟大的腓尼基人共同体、非洲柏析尔人和印度人的"村公社"、欧洲中世纪时期的"自由城"、"巴斯克人的独立政府"中都得到了延续，并一直沿用到今天。库希特帝国就是地方自治性地区的集合体。每个自治地区都拥有一定的自治权，在规定的权限内服从一个共同的权威机构；也就是美国现在所采用的那种政治体制。实在令人吃惊，现代社会的完善的政治体制竟然是亚特兰蒂斯文明的另一个延续。

亚特兰蒂斯拥有强大的兵力，海运与陆地的军备力量都十分强大。

亚特兰蒂斯的自然条件十分优越，当时人们居住在物产丰富的平原地区。平原地区被 20 条横向及 30 条纵向运河划分为 600 个辖区，因此亚特兰蒂斯的兵团是根据居民的居住地来划分的，统帅兵团的通常是被帝国任命的首领，这些兵团的士兵人数总计大约有六万人，平均每辖区中当兵的人大概有 100 人。

除了兵团有自己的领袖之外，居住在山上和其他地区的居民也大都拥有自己的领袖，这些人也分别受到国王的任命，当有外部战争的时候，就要积极的配合国家军队的行动。

战车是战争行动时必不可少的交通工具和战争工具，因此各地的领袖要为国家战时提供百分之六十的战车（即四轮马车）。以保证全国的战车加起来将能够达到一万辆。

每辆战车的配备都要求精准，每辆战车由两匹马、两名骑兵、一辆无座的四轮马车以及一名持盾牌的步卒和一名驾车者组成；另外，每支战队还须配备两名重装甲士兵、两名弓箭手、两名钩索手、三名投石手和三名标枪手，这些"陆军"再与四名海军搭配，在海上作战时作为一艘战舰的武装力量，便组建成一支配备齐全、结构合理的水

亚特兰蒂斯的战车

陆两栖作战分队，强大的亚特兰蒂斯帝国鼎盛时共拥有 1200 艘这样的战舰，其强大的军事实力由此可见一斑。当然，这些军事力量只是在这个庞大的帝国集团向外宣战时才统一作战。

在海运方面，他们开凿了一条宽三百英尺、深一百英尺、长五十英里的运河，并在内陆修建了港口，形成了一条水上走廊，通过这条运河船只可以从内陆抵达入海口，其宽度足够当时最大的船只畅行通过。他们还将由不同水域分割而成的陆地划分区域，在各块陆地之间搭起桥梁，同时留出至少能够容纳一艘三层战舰通过的宽度和高度。

关于亚特兰蒂斯的战俘

亚特兰蒂斯人军备力量较为完善，后期随着国力的强盛，他们四处征战，在对待战俘方面，他们采用的是安抚政策，他们有着相当高的精神境界。

而在现代社会来说，在对待战俘方面也与亚特兰蒂斯有着相似之处。

——《日内瓦公约》

近代以来将柏拉图对战争、内讧以及团结的思考加以深度体现的便是 1864 年至 1949 年间在日内瓦缔结的关于战时保护平民和战争受难者的《日内瓦公约》。现行的日内瓦公约包括 1949 年 8 月 12 日在日内瓦重新缔结的四部基本的国际人道法，为国际法中的人道主义定下了标准。它们主要有关战争受难者、战俘和战时平民的待遇。

截至 2007 年，共有 194 个国家和地区以不同方式成为《日内瓦公约》的缔约方。该公约被认为是国际主义人道法的重要组成部分，是约束战争和冲突状态下敌对双方行为规则的权威法律文件。中国于 1956 年加入此公约，同时对公约提出四项保留：保护国的代替必须经被保护者本国的同意；战俘或平民被移交他国后，原拘留国仍不应解除责任；占领区以外的平民也应适用公约的保护；战争罪犯不得享有战俘地位。

1859 年亨利·杜南在苏法利诺战争中目击到战争的恐怖。1862 年亨利·杜南在《沙斐利洛的回忆》中描写了 1859 年法、意对奥战争中沙斐利洛战役的惨状，以唤起世人对于战时救护伤病员问题的注意，并提倡各国创立救护团体。

1863 年创立红十字会组织的日内瓦国际会议希望使伤员和医务人员"中立化"。1864 年 8 月 22 日，瑞士、法国、比利时、荷兰、葡萄牙等 12 国在日内瓦签订《改善战地武装部队伤者病者境遇之日内瓦公约》。公约规定了军队医院和医务人员的中立地位和伤病军人不论国籍应受到接待和照顾等。

在战俘待遇方面，是这样规定的：

战俘系处在敌国国家权力管辖之下，而非处在俘获他的个人或军事单位的权力之下，故拘留国应对战俘负责，并给予人道待遇和保护；战俘的自用物品，除武器、马匹、军事装备和军事文件外，应仍归战俘保有；战俘的住宿、饮食及卫生医疗照顾等应得到保障；对战俘可以拘禁,但除适用刑事和纪律制裁外不得监禁;不得命令战俘从事危险性和屈辱性的劳动；战事停止后，应立即释放或遣返战俘，不得迟延；在任何情况下，战俘均不得放弃公约所赋予的一部或全部权利；在对某人是否具有战俘地位发生疑问的情况下，未经主管法庭作出决定之前，此人应享有本公约的保护。

在保护平民方面有如下规定：

> 处于冲突一方权力下的敌方平民应受到保护和人道待遇，包括准予安全离境，保障未被遣返的平民的基本权利等；禁止破坏不设防的城镇、乡村；禁止杀害、胁迫、虐待和驱逐和平居民；禁止体罚和酷刑；和平居民的人身、家庭、荣誉、财产、宗教信仰和风俗习惯，应受到尊重；禁止集体惩罚和扣押人质等。

在改善战地武装部队伤者病者境遇方面有如下规定：

> 确认敌对双方伤病员在任何情况下应该无区别地予以人道待遇的原则；禁止对伤病员的生命和人身施加任何危害或暴行，特别是禁止谋杀、酷刑、供生物学实验或故意不给予医疗救助及照顾；医疗单位及其建筑物、器材和人员不受侵犯，但应有明显的白底红十字或红新月及红狮与日标志。

在改善海上武装部队伤者病者及遇船难者境遇方面。

> 其适用范围、保护对象、基本原则等方面，与改善战地武装部队伤者病者境遇完全相同，只是结合海战的特点，规定了海战中保护伤病员、医院船及其人员的特殊原则和规则。该公约仅适用于舰上部队。

据调查，现代战争中饱受伤亡和灾难的主要是平民。例如。20世纪 90 年代后期发生在刚果民主共和国的被称为"非洲第一次世界大战"的血腥冲突，涉及 11 个国家，造成 300 万至 500 万人丧生。刚果至今暴力冲突不断，截至 2008 年 10 月底，已约有 100 万名刚果居民被迫逃离家园，处境非常艰难。此外，现在没有所谓的"一日战争"了。大多数现代战争都是长期的，有的甚至会持续 20 年、30 年或更长时间。

领衔时空的建筑思维

柏拉图在《对话录》中对亚特兰蒂斯的建筑有着较为细致的记述。他写道：

在大西洋还可以航行的时候，有一天，大西岛上一群强大的人马从大西洋上某处遥远的地方悍然前来侵袭、攻略整个欧罗巴，也攻略到亚细亚，希腊人的国家把他们挡住了。"海拉克勒斯的柱子"（希腊人的对其称呼）海峡的前面，有一座比利比亚和亚细亚两块土地合在一起还要大的岛屿，当时在海上旅行的人，可以通过这座岛屿到达其他许多岛屿，再从其他岛屿转到对岸围绕着那个真正的海洋的整个大陆（海峡以内的海，只是一个具有狭窄入口的港湾，海峡外面的才是真正的海洋，环绕在那海洋四周的陆地才可以按照最完整、最真实的含义完全正确地被称为大陆）。在大西岛上，当时有个势力强大而惊人的联盟王国，统辖着全岛和其他许多岛屿，还有大陆的若干部分；此外，在海峡以内，他们还统辖了利比亚远至埃及、欧罗巴远至塔斯康尼的地方。可是后来发生了几次可怕的地震和洪水，在一个不幸的昼夜里，希腊所有的战士全部被大地吞没了，大西岛也被洪水卷走。如今海洋中那一片水域，既不能航行也无法探测，因为那座岛屿下沉后变成了阻塞交通的石碛了。

当时统辖大西岛的是海神波塞冬，波塞冬与一个民间女子结合后，拥有了许多孩子，孩子从出生就住在岛上。从岛中心直到海边，有一个世上所有平原中最美丽、土质最肥沃的平原。在接近平原、距中心大约 50 斯泰迪姆的地方，有一座四面陡峻的高山巍峨耸立。山上住着一个叫做厄芬诺的原属"地生人"的土著，他的妻子叫娄基伯。他们有个独生女儿名叫克莱托，随着克莱托一年年的长大，波塞冬疯狂的爱恋着她，他们最后终于走在了一起。为了使克莱托居住的这座山不受外人侵袭，波塞冬切断了山下四周的土地，他先是从岛上挖出了海，然后用大小不同的海和陆地将那座山围绕起来，陆地围了两圈，大海围了三圈，每一圈全部阔度一致，别人是无法渡入水中的，再加上那时候还没有船舶，所以海中也就无法航行。波塞冬将整个大西岛分为十个区域，将十个区域中最大最好的区域分给了名叫阿特拉斯的大儿子，阿特拉斯被指定为国王，统治其余的人，其余几个儿子则为亲王，每人都管辖着一部分子民。阿特拉斯孪生弟弟的名字在希腊文中叫做欧默鲁士，按当地的语言则叫加台律士，他的国家也叫这个名字。第二对孪生子，一个叫昂菲律士，一个叫厄维蒙；第三对分别叫莫奈修士和奥多克东；第四对叫厄拉西普士和默斯托尔；第五对叫阿齐士和狭亚布律柏士。这一批兄弟和他们的后裔，世世代代在岛上居住着，统辖着大海上的其他岛屿。他们的统治力量远达于地中海沿岸埃及和塔斯康尼的人民。

国王阿特拉斯生了很多优秀的儿子，国家中世代由长子承袭王位。他们的财产非常多，超过了过去的所有王室，甚至可以说是空前绝后——全国每一个地方所需要的物资，他们应有尽有。因为这个王国扬名内外，所以跟国外有很多物品交易，而这个岛屿本身则供应大部分日常生活上所需要的东西——首先是从地下

波塞冬宫殿

波塞冬神庙

开掘出来的各类金属，坚硬的和可熔的"山黄铜"就是其中的一种，在当时，这种金属是除了黄金之外最贵重的金属之一，而且广被开发，如今却只有一个名称而没有了实物；这个岛屿还有丰富的森林资源，盛产各种木材；岛上有各种各样的资源，可以为一切生息在沼泽、湖泊、河港以及山野和平原中的动物提供大量的食物，其中包括为大象提供，因此，这个岛上家畜和牲口的产量非常丰富；除此之外，还生产现今世界上所产的各种香料，无论用的是草的根部或茎叶，或者树木、花果的汁液，都炼制得很精美；另外，最早的"蔬菜"也在那时出现，人们栽培果实，制造干货，栽种植物，还有生长于树上可以用来制成流质和固体食品以及各种油膏的果子，产于庭园果树用于欣赏娱乐而不易保藏的果子，以及作为餐后食品用来舒解饮食过量的果子。这一切，出产在当时存在于世间的那个神圣的岛屿上，品质优美，产量丰富。当人们的衣食无忧时，他们便开始注重自己的住处了，在国家的支持下，人们建造了许多神庙和宫殿，兴筑许多港埠和码头，所有的建筑都华丽大气并充满了神秘感。

人们在神和祖先定居的地方，兴建了宫殿，而且历代国王继位，都会将宫殿大加装饰一番，以便能超越前人，所以到最后的时候，这座宫殿便成为了规模宏大、构造华丽的伟大建筑。

人们挖了一条运河以连接内圈与外圈的海，这条运河宽3普勒特戎，深100英尺，长50斯泰迪姆，其宽广足以行驶最大的船舶，这样一来就等于从大海到王宫之间有了一条直达的通道。

桥梁是必不可少的连通内外的建筑，因此，他们在围绕着国都的一圈圈的海上修建了桥梁，铺就了一条出入王宫的大路。人们又在两桥之间挖了一条宽深足以通过一艘三层桨座战舰的水道，而且水道两岸的高度高于水面很多，因此人们便在水道上面加上覆盖物，将其变成了地下航路。

进入大海的运河所通过的最大一个圆环，宽为3斯泰迪姆，由此向内的一圈陆地是同样的宽度；再向里去的水陆两个圆环的宽度都是2斯泰迪姆；环绕中心岛的一环则宽1斯泰迪姆，直径为5斯泰迪姆，中心岛即是王宫所在。

人们用石块垒成的城墙将中心岛以及前面的水陆圆环和那宽1普勒特戎的桥梁的每一圈都围了起来，桥梁的每一头都修建了塔楼和门。

人们从整个中心岛和内外几圈圆环的地底下掘取石块，这些石块有些是白色的，有些是黑色的，有些是红色的；在掘取石块的同时，他们建筑了两个凹入岩层的船埠，用天然的岩石作为顶棚。

房屋建筑的颜色也各不相同，有的地方的石块是单一的颜色，有的地方的石块则是各种颜色都有，花样色彩繁复的石块垒成了色彩斑斓的墙面，使建筑物具有一种自然的美感。然后人们用黄铜将最外边一道城墙像抹石灰泥那样进行涂饰；第二道城墙涂上一层锡；由于最后一道城墙围绕着卫城，因此采用了山黄铜，山黄铜闪闪发亮，像火一样闪烁着耀眼的光芒。

卫城中王宫的布局则更为神圣：中心点建有一座神庙，神庙的四周的围墙是用黄金筑成的，由于神庙专门用来奉祀克莱托和波塞冬，因此不允许人们任意进入；这里原是具有十个支派的王室的发祥地。十大区域的人民每年按着季节将时鲜果品送到这里，作为奉献给各位王爷的祭品。除了这座神庙外，还有单独奉祀波塞冬的神庙，这座神庙纵深 1 斯泰迪姆，宽广 3 普勒特戎，高度则与中心点的神庙相称，外观上带有一点蛮夷风格。神庙的外部，基本上都用白银涂饰，而尖顶则是用黄金涂饰的。神庙内部的屋顶是用象牙做的，又用黄金、白银和山黄铜镶成光怪陆离的色彩，其余的墙壁、柱子、地板等，则都涂上了黄铜。建筑者在庙内安放了许多金像，波塞冬的金像最为醒目，他站立在一辆战车上，驾驭着 6 匹长有翅膀的骏马，形体十分高峻，头顶竟碰着了屋梁，他的周围是 100 个骑着海豚的海的神女(当时人们相信海的神女是这个数目)；除此之外，还有民间所奉上的其他雕塑的像。庙外四周罗列着十个王爷以下历代许多国王、亲王和王妃的金像，还有其他许多从本邦以及一切属国的国王和民间所奉献的东西。金像下的祭坛体积非常大，而且制作精良，远远望去，与周围的事物颇为相合；王宫的华丽与神庙的富丽堂皇无不显示着这个王国的强大与兴盛。

这个王国的泉水水质优良，多数人选择在泉水四周建造房屋，在房屋的四周再种上树木，由于土质肥沃，所以这些树木都长得异常高大美丽；泉水旁边建有蓄水池，有露天的、有屋内的，冬天气温较低的时候，屋内的蓄水池便成为了暖水浴塘。浴池分为两种，一种是国王用的，一种是老百姓用的。老百姓用的浴池又分为妇女专用以及马匹和其他牲口用的，各处都配有适当的设备。

人们用一些渠道将泉水通过桥孔引到外圈，然后在两个陆地的圆环上建造了许多奉祀众神的庙宇，还有许多花园和运动场，有些运动场是供人们使用的，有些则单独供马匹使用。由于这个国家的人们普遍喜好赛马，因此他们在较大一个圆环中间开辟了一个跑马场，宽度 1 斯泰迪母，长度则为绕场一周，以作为赛马之用。赛马场上有警卫人员看守，因此，这一圈陆地各处设有营房，以供警卫人员居住。不过警卫们居住的地方也是因人而异的，稍微与王宫有点亲属关系的，便驻扎在接近卫城较小的一圈陆地上，而关系较为密切的一些警卫则驻在卫城中离国王较近的地方。

卫城四周的码头上停泊着大批三层桨座的战船，堆贮着各种各样的船具，船上各式各样的装备齐全。

从圆环上的三个通海港口一直外出，有一道筑于海边的城墙，城墙呈圆环状，距离最大的水环和海港统为 50 斯泰迪姆，城墙的两端衔接在通入大海那条运河的出口上。靠近城墙的地区是鳞次栉比的居民住宅区；运河入海之处和那最大的一个港口则船舶拥挤，世界各地商贾云集，这里人口繁众，车水马龙，甚至是夜夜笙歌。

这个国家的人文景观情况大体上就是这样，我们再来看看亚特兰蒂斯的自然条件。

亚特兰蒂斯的自然条件可以说是动静结合的美。整个国土突出海面很高，海岸线挺拔陡峻，可是城市一带却是一片地势坦荡的平原，地面呈平坦的长方形，两边各长 3000 斯泰迪姆，其宽度在中心部分从海滨算起为 2000 斯泰迪姆。此地带位于岛的南端，后面的靠山可以阻挡凛冽的北风。

平原周围，则是高山环绕，山脉逶逦入海，宏伟美丽、重峦叠嶂，气势恢弘；山区中乡民生活富庶，村庄中有很多河流和湖泊穿过；草原肥美丰腴，可以为野牲和家畜提供大量的饲料；木材种类繁多，所有加工工艺品的需要都可以满足。

亚特兰蒂斯自然条件的优越，历代国王经营有道，因此在建筑上达到了空前的超越与领先。除了人文建筑的升腾，这里的子民更是将周围的土地改造的美轮美奂。其中有一块土地原来是长方形的，边沿上大都是直线。人们在这块土地的四周挖了一条水道，使得原来不够整齐的地方都变整齐了。这条水道深有 1 普勒特戎，宽则统为 1 斯泰迪姆，因为是沿着整个平原的四边挖的，所以全长为一万斯泰迪姆。这条水道容纳了从各处山上流下来的溪水，环流平原四周，经过城市两侧，然后由此宣泄入海。城市背后的内陆上，又开了一些笔直的运河，宽约 100 英尺，从平原横穿而出，流入出海的水道；各条运河之间的距离为 100 斯泰迪姆。水道的深度、宽度和长度，听起来让人无法相信。运河上挖有沟通城市的渠道，当城市需要木材或四季果蔬的时候，人们就利用这些河道将物品运送至城中。

我们可能会觉得以现在的技术条件都不可能建造如此大规模的

建筑，因此在当时这样巨大的工程，绝不是人工所能完成的。但是亚特兰蒂斯人凭借自己的智慧与本领完成了看似不可能完成的任务，这样的技术是我们今天无法想象，也无法解释的。

柏拉图理想之城的雏形

柏拉图将亚特兰蒂斯作为自己理想之城的雏形，从政治、军队、道德等各个方面提出了较为理想的建设方案，渴望亚特兰蒂斯盛世世代的再现。

理想城邦

柏拉图一开始就认定公民应该分为三个阶级：普通人、兵士和卫国者。在三个阶级中卫国者的人数要比前两个阶级的人数多得多，而且只有卫国者的公民才拥有政治权力。

卫国者一开始是被立法者所选定的，接着可以遵循世袭制；但是在低等级中若是有优秀的孩子也可以被提拔，而卫国者的孩子若是不令人满意，就有可能被降级。

柏拉图在教育方面、经济方面、生物方面，以及宗教方面等提出了一系列的建议以保证卫国者能够实现立法者的意图。柏拉图所探讨的多数是针对自成一个阶级的卫国者。

在柏拉图的乌托邦里，贵族的统治是毫无掣肘的，当时的雅典，与19世纪的英国在某一个方面有着相似之处：两者都有着一个享有财富和社会声势但并未垄断政治权力的贵族阶级，两者的贵族都必须以他们庄严动人的举止而获得尽可能多的权力。

在文学方面，荷马和赫西阿德的作品是不可以拿来教育青少年的。荷马和赫西阿德认为邪恶来自于神，而且他们的观点可能使青年人怕死，与"效死疆场"的社会论调截然相反。荷马诗中有些段落是赞颂盛大的宴会的，又有些段落是描写诸神的欲望的，这些都是有碍于节制的。柏拉图曾说过荷马的诗是优美的诗歌，是神灵凭附而创作出的典范文本，是神的诏语而不是人的制作。谈到或朗诵荷马史诗之时，柏拉图经常会进入神谕般的迷狂状态。然而，令人难以理解的是，受到柏拉图高度评价的令人心醉神迷的荷马诗歌，也居然同时受到他严厉的批评和斥责。这种自相矛盾的状况，使柏拉图无可奈何地走上了自相矛盾之路：一方面肯定荷马诗歌是神的诏语，另一方面却斥责荷马史诗是谩骂神祇，甚至提出要将荷马诗歌拒于理想国之外。柏拉图认为一切的事物应以天国神灵为标准，以神的是非为是非，对神有利的就是好的，对神不利的就是坏的。

在戏剧方面，柏拉图认为好人不应该模仿坏人，但是当时大部分的戏剧里都有坏蛋，所以戏剧家以及扮演坏蛋的演员就必须要模仿犯有各种罪行的坏人。因此，这种行为不可能从根本上杜绝，所以柏拉图就决定把所有的戏剧家都从他的城邦里驱逐出去。

在音乐方面也要有严格的检查制度。利底亚的音乐主要表现愁苦，伊奥尼亚的乐曲是靡靡之音，因此两者的音乐是被禁止的。表现勇敢和节制的多利亚和弗莱吉亚的音乐才被允许。

在食品方面，除了烤鱼、烤肉之外，谁都不许吃其他方法烹制

的鱼和肉，而且既不许加任何作料，也不许吃任何点心。如果按照这样的食品养生的人，生病的概率就会大大降低。

在经济方面，柏拉图针对卫国者提出一种彻底的共产主义，卫国者要像在军营里一样生活，除了生活必需品之外，他们不得有任何的私有财产（尤其是金和银）。理想的城邦的目的是为了全体人民的好处，而不是为了一个阶级的幸福。在理想的城邦里，不应该有极端的财富和极端的贫穷。

卫国者塑像

柏拉图认为，家庭中也应该应用共产主义，朋友的一切东西都应该是大家共同的，包括妻子和孩子在内。女人在一切方面都和男人有着完全的平等。有的女子有哲学的头脑，适于做卫国者；有的女子则好战而可以成为良好的兵士。

柏拉图的国家和近代的许多乌托邦不同，它或许是想要付诸实行的。我们可能以为那只是一个幻想，但是，它的许多规定，包括一些我们会认为是完全不可能实行的规定，实际上是在斯巴达已经实现过了的。毕达哥拉斯曾经试行过哲学家的统治；在柏拉图的时代，当柏拉图访问西西里和南意大利的时候，毕达哥拉斯派的阿尔奇塔斯在塔拉斯（即现代的塔兰多）的政治上是非常有势力的。请一位贤人来拟订法律，这在当时的城邦乃是一种通行的办法；梭伦就曾为雅典这样做过，而毕达哥拉斯也曾为图里这样做过。在当时，殖民地是完全不受它们的母邦控制的；某一帮柏拉图主义者要在西班牙或者高卢的沿岸建立起一个理想国来，那是完全可能的事。不幸的是机缘把柏拉图带到了叙拉古，而这个伟大的商业城邦又正在和迦太基进行着决死的战争；在这样一种气氛之下，任何哲学家都不能有什么成就的。到了下一个时代，马其顿的兴起遂使得一切的小国都成了过时的陈迹，并使一切雏形的政治试验都成了徒劳无功的事情。

政治体制

柏拉图的《对话录》曾经记载过，在和平时期，亚特兰蒂斯的十位国王分别独立掌管着自己的行政区划，每个独立的小王国都有自己的法律制度和典章，各国的臣民都要绝对服从这些约束，否则将要遭到惩罚甚至被处以死刑。

很长时间以来，柏拉图都被错误地认定为反动的奴隶主贵族的思想家，多数人认为他主张的理想政制是"奴隶主贵族制度"。他说过"最好的政制"，其原本的意义是"出身好的人"——德智高尚、健全的人。由此看来，"最好的政制"也可以理解为"贤人政制"。

根据柏拉图的考察，希腊当时的政制主要有四种——荣誉政制、寡头政制、民主政制、僭主政制。从伦理道德的角度来看，这四种制度按顺序一个比一个要"劣"，其核心标准是"正义"与"不正义"。

柏拉图认为，现实中的政治制度是不断变动的，由于掌权者内部发生矛盾，出现分歧与不和，这些变动才会随之出现。而这四种政制的后一种是由前一种演变而来的，并且演变顺序是由好到坏，因此我们也就不难推论，柏拉图认为政制的演变是退化的。当然这种看法并不是完全符合历史事实的。

当时的希腊城邦的确出现过柏拉图所论述的这些政治制度，而且也发生过各种政治制度的演变，但是这些演变并不是按照柏拉图所制定的次序和方式发生的。很多人可能会感到疑问：柏拉图为什么要脱离历史事实呢？这是因为柏拉图遵循的是"思辨理性"，而不是"经验事实"，采用的是"逻辑分析与论证"，而不是"经验归纳和概括"。柏拉图的政治哲学是其哲学体系的组成部分，是服务于整个思辨哲学体系的，这个哲学体系是为现实世界设计理想的原型。所以，柏拉图的贤人政制只是个理想，是一个他希望实现而尚未实现的政治制度，而这些政治制度只是一种逻辑性的推论，只能在逻辑上进行演变。

教育机制

哲学王思想是柏拉图政治哲学的核心，他曾经用"洞穴喻"形象生动地表明了自己政治哲学的基本理念，即理想的国家具有唯一性，真正的哲学家适合做统治者；囚徒缺少的是自由而不仅仅是知识；理想国家须以宗教作补充。柏拉图的哲学王思想标志着古典希腊城邦公共政治生活时代的结束，哲学与宗教时代的开始。

在《理想国》第七卷，柏拉图作了一个著名的比喻，其直接目的是要揭示"受过教育的人与没受过教育的人的本质"的不同及相关问题，人们称之为"洞穴喻"——有一个洞穴式的地下室，一条长长的通道通向外面，有微弱的阳光从通道里照进来。有一些囚徒从小就住在洞穴中，头颈和腿脚都被绑着，不能走动也不能转头，只能朝前看着洞穴后壁。在他们背后的上方，远远燃烧着一个火炬。在火炬和人的中间有一条隆起的道路，同时有一堵低墙。

在这堵墙的后面，向着火光的地方，又有些别的人。他们手中拿着各色各样的假人或假兽，把它们高举过墙，让他们做出动作，这些人时而交谈，时而又不做声。于是，这些囚徒只能看见投射在他们面前的墙壁上的影像。他们将会把这些影像当做真实的东西，他们也会将回声当成影像所说的话。此时，假如有一个囚徒被解除了桎梏，被迫突然站起来，可以转头环视，他现在就可以看见事物本身了：但他们却以为他现在看到的是非本质的梦幻，最初看见的影像才是真实的。而假如有人把他从洞穴中带出来，走到阳光下面，他将会因为光线的刺激而觉得眼前什么也看不见。他就会恨那个把他带到阳光之下的人，认为这人使他看不见真实事物，而且给他带来了痛苦。

不过柏拉图认为，只要有一个逐渐习惯的过程，他的视力就可以恢复，首先大概看阴影最容易，其次是看人或事物在水中的倒影，再次是看事物本身，在夜间观察天象，之后就可以在白天看太阳本身了。此时他便明白："造成四季交替和年岁周期的主宰可见世界一切事物的正是这个太阳，它也就是他们过去通过某种曲折看见的所有那些事物的原因。"于是他回想当初穴居的情形，就会庆幸自己在认识上的变化而对同伴表示遗憾。他既已见到了事物之本身，便宁愿忍受任何痛苦也不愿意再过囚徒生活。然而，如果他复回洞中，那些同伴不仅不会相信他的说法，还会觉得他到上面走了一趟，回来眼睛就坏了，对"影像"竟不能如从前那样辨别。他的同伴不仅不想出去，甚至想把那位带他出洞的人逮住杀掉。

柏拉图在随后的文字中说："在可知世界中最后看见的，而且是要花很大的努力才能最后看见的东西乃是善的理念。我们一旦看见了它，就必定能得出下述结论：它的确就是一切事物中一切正确者和美者的原因，就是可见世界中创造光和光源者，在可理知世界中它本身就是真理和理性的决定性源泉；任何人凡能在私人生活或公共生活中行事合乎理性的，必定是看见了善的理念的。"柏拉图的意思很明确，正如太阳是可见世界的光源一样，善的理念也正是可知世界中真与美的原因。而真与美本身，或曰真的理念，美的理念，则是存在于那些人手中举着的假人、假兽之中。而常人所见的，实际是"真"与"美"的对象的影子，而不是其本身。没有光，事物就不能被看见；没有善的理念，真与美也无从谈起。

柏拉图在"洞穴喻"中，谈到了哲人与城邦之间的关系，两者之间的微妙关系可能是致命的。这些被判无期徒刑的洞中人对于这个试图释放他们，并带领他们"上升"的哲人的态度是，如果能够掌握他并处死他，那就一定要处死他。

在柏拉图看来，哲人和城邦民众的关系就是这样一幅图景：

> 成为了这一小撮中一员的那些人，拥有哲学就尝到了甜头和福气，同时，他们也已经充分地看到了多数人的疯狂，看清那些管理城邦事务的人没有干什么好事，也知道没有盟友可为正义之助，使他们免于毁灭。这些哲人全像一个人落入了野兽群中一样，既不愿意为虎作伥，又不能单枪匹马地对抗所有野兽，结果就会丧命，对城邦或朋友没有什么用处，对自己和他人也没有任何益处。

苏格拉底曾经打过一个比方，描述了一个优秀的船长被篡权后的窘况，以此说明最高尚的人在和城邦关系方面，要忍受多么大的痛苦，苏格拉底还明确地说，这就是真正的哲人与城邦之间关系的相似写照。

哲人与城邦的关系如此尖锐，面对此情此景，哲人该怎么办呢？哲人只好听天由命，正如孔子所谓："天之将丧斯文也，后死者不得与于斯文也。天之未丧斯文也，匡人其如予何！"但是苏格拉底则说："如果不是偶然碰到合适的政制，哲人的成就不会登峰造极。因为在一个合适的政制中，哲人才更能成长，也才能公私兼顾。"但这显然需要神明的帮助和恩赐，因为"偶然"指的是一种好运道，而这种定数是来自于神的。从这个意义上说，神必须存在，因为"如果没有神明，或者神明根本就不关心人间事务，那我们干吗还在乎做了坏事要躲着他呢"？这句话完全就是陀斯妥耶夫斯基那句名言的另一个版本："假如没有上帝，什么都是可能的"，人也就可以为所欲为，这对社会、对个人，尤其是对哲人来说，是多么可怕的事情。

　　但这种好运气毕竟是可遇不可求的，并不是每个人都会受到神的护佑和眷顾，苏格拉底似乎就没有这么好的运气。因为他生活在一个逐渐没落的高贵王朝之中，结果"当今没有一个城邦适合哲学本性，哲学的本性就因此而翻转和变坏"。哲人最好的办法就是自己出面建造一个合适的城邦，这样既能实现正义，又能保住哲人的本色乃至性命。

　　事实上，柏拉图并不是要推翻现存的城邦奴隶制，而是想要对其加以完善和巩固。因此只需在现行的城邦治理制度中找出妨碍实施柏拉图所提出的各种治理制度的东西，加以改革，而且尽可能使变动变小。柏拉图认为：除非哲学家成为我们这些国家的国王，或者我们现在称之为国王或统治者的那些人物能够严肃认真地去研究哲学，使政治权利和哲学智慧相结合，并把那些只搞政治而不研究哲学或者只研究哲学而不搞政治的碌碌无为的人驱逐出去。否则，国家可能永远都处于动荡之中。

　　柏拉图强调哲学家的天性和非哲学家的天性的区别在于，真正的哲学家永远酷爱永恒不变的知识，不会迷失在生灭变化的事物之中。

　　柏拉图认为，在理想国中，国家精心培养了哲学家，他们接受了比任何人都完善的教育，他们更有能力参加国家的哲学和政治活动。理想国的哲学家应该轮流值班下去和其他人同住，协调各个阶层的工作。哲学王可以理解为集哲学智慧和政治权利于一身的某个人，更可以理解为一个统治集团。柏拉图一心期待着哲学能与好的政治制度结合起来，同时期盼着城邦能受哲学的主宰而不会毁灭。他确信，让最好的哲学家管理国家，让哲学女神统治国家是能实现的，尽管这件事的前路困难重重。

　　在哲学家成为城邦的统治者之前，无论城邦还是公民个人都不会停止作恶，我们想象的这个城邦制度也不能实现。一旦哲学家成为了城邦的领导者，就可以使理想国家的全部制度得以实现。哲学家是最高的统治者，也是城邦最完善的护卫者。他们需要"劳其心努力学习，像劳其力锻炼身体一样"，必须"走一条曲折的、更长的路"，这些学习中最重要、最高的是学习"善"的相。一个人在知道善之前，是不可能真正知道正义和美的。只有掌握了"善"这个最高的相，懂得正义、美与善的关系，具有这些方面的知识的护卫者，监督着城邦的政治制度，这个国家才能完全走上正轨。

在哲学王的统治下，国家必定昌盛稳定，而"凡有与此相反的统治者的城邦里其管理必定是最恶的"。

事实上让哲学家为王，与希望统治者成为哲学家，一样是不切实际的。因为哲学家的工作是在现实世界之外建立一个理想的世界，作为理想目标，这就是我们通常所说的"乌托邦"，这个理想世界毕竟太理想化了。哲学家生活在理想之中，如果让他去负起使理想成为现实的重任，在行动中还是会出现偏差甚至重大失误的。就像后来的马克思，他的那一套哲学理论听起来很不错，甚至是完美无缺的，但在实践中，因为执行者的素质差异和认识分歧，结果导致了全人类的巨大灾难。可见"哲学王"的思想也还是经不住推敲的。柏拉图在晚年也意识到了这一点，他也不敢指望他的哲学思想用于指导治理城邦的实践了。他在后来的《法律篇》中又极力地主张法制治国了。

柏拉图认为，眼睛有两种不同的迷茫，一是从亮处到暗处，一是从暗处到亮处。人的灵魂是否也有这样的迷茫呢？是从黑暗生活走向光明生活的迷茫还是从光明生活走向黑暗生活的迷茫呢？苏格拉底对弟子说，从光明的生活进入到黑暗的生活是可笑的。每个人都希望摆脱黑暗的生活，走向光明的生活。这就需要一种教育，而教育又不是万能的，一个人的灵魂不可能将所有的智慧一下子全部接受。人的灵魂需要转化、上升，才能接近真理，而教育可以使人的灵魂有效的转变。柏拉图对哲学王教育的陈述较为详细（原文第七卷）。

柏拉图为了培养理想的城邦统治者，制定了一系列的教育制度和课程设计方案。

1.体艺教育

柏拉图提出，对城邦的护卫者必须进行体育和音乐教育。体育涉及生灭变化的事物（可感世界），影响身体的强弱；音乐培养精神和谐、优雅得体和与语言有关的品质。

似乎确实很难找到比我们早已发现的那种教育更好的了。这种教育就是用体操来训练身体，用音乐来陶冶心灵。

似乎有两种技术——音乐和体育（我要说这是某一位神赐予我们人类的）——服务于人的两个部分——爱智部分和激情部分。这不是为了心灵和身体（虽然顺便附带也为了心灵和身体），而是为了使爱智和激情这两部分张弛得宜配合适当，达到和谐。

希腊人对音乐、体育的看法与众不同。希腊文化里大型的宗教节庆十分重要，而这些节庆里总有"神圣的"运动竞技与宗教的戏剧演出，一些公民扮演尊贵的主角与其他角色，其余的人便组成和声乐队，一面跳着庄严的舞蹈，一面唱着赞美诗，这时希腊人已将肢体的活动与韵律艺术完全融合在一起了，他们感到身心交融，只可惜这样的感受日后能为诗人或作曲家所梦见。总之体育不只是运动与军事训练，同时也是舞蹈与韵律活动。将音乐与体育结合，教育的项目除了舞蹈与韵律之外，还包括乐曲与诗歌。几世纪之后，尤其从文艺复兴时期起，人文主义者与教育家们常推崇柏拉图是指引人类完美之途的伟人，不过却很少有人认识到柏拉图主张身心和谐互动的重要。现代社会已经越来越感到柏拉图的音乐教育意义重大。虽然现代文明已不再像古代那么素朴自然，已经越来越机械，但即使在这种情况下，柏拉图的思想仍值得我们思考与借鉴。

反观现代社会的体育和音乐教育，一位世界著名的学者曾经说过，现在的孩子生活在远离才艺的时代。现在家长，在小孩子刚刚起步的阶段时，就为其安排了无数个才艺班，包括智力提高、绘画、钢琴等等，这本是件无可厚非的事情，但是悲剧的就在于家长的出发点，试问有几个家长是真正为了培养孩子的技能和精神世界?大多数不都是为了让孩子获得这个奖、那个奖的？在学习过程中，一旦孩子拿不到奖，就立刻转移目标，不再学习该课程。最后随着教育的发展，现代社会的知识分子竟然慢慢变成了高分低能的有力载体了。

2.数理教育

为了提升城邦护卫者的灵魂，使之实现从可感知世界向相世界的"转向"，柏拉图又提出了高级教育，就是当时的数理科学知识教育，即数学和自然科学知识教育。

首先是算术。

> 我们应该劝说那些要在城邦里身居要津的人学习算术，而且他们不是马马虎虎地学，是深入下去学，直到用自己的纯粹理性看到了数的本质，要他们学习算术不是为了做买卖，仿佛在准备做商人或小似的，而是为了用于战争以及便于将灵魂从变化世界转向真理和实在。

柏拉图认为算术是与任何技艺和学问有关的基础知识，是"共同的"，在所有的知识中都会有所运用。比如在战争中，军人必须要有算术知识，但即使是普通人也应当有。柏拉图认为算术最重要的是能提高人的思想，将灵魂引向实在。因为算术并不局限于对可感事物的数目的计算，有的可感事物并不同时引起相反的感觉（硬的和软的，大的和小的，重的和轻的），感官能作出明确的判断，并不需要求助于理性的思考；有的可感事物，能同时引起相反的感觉，感官无法作出明确的判断，需要求助于理性的思考。在后一种情况下，灵魂就要研究这个事物究竟是什么，它可以看做"一"，也可以看做无限的"多"。对一是这样，对所有数也可以使这样。这就引起了灵魂的转向，去关注真正的存在，从而导向真理。柏拉图强调，城邦里身居要职的人都应该学习算术，而且要深入下去学，直到仅凭思想（理性）看到数的本质。这样的算术学习将会将灵魂向上提升，迫使灵魂讨论纯粹的数，用纯粹的理智达到真理本身。

在柏拉图的教育中除了算术外还要学习几何学。

他认为，战争中安营扎寨、排列队形等都需要用到几何学，学习几何学的真正目的是纯粹为了知识，"几何学的知识是永恒的，不是生灭变化的"，"几何学是关于永恒存在的知识"。学习几何学能迫使灵魂转向实在，从而把灵魂引向真理。柏拉图还指出，几何学不仅指平面几何学，还应包括立体几何学。但是令人遗憾的是，这门学科研究难度大，在当时并没有受到重视和发展。

柏拉图还提出了天文学。

除了研究实在和不可见者外我想不出任何别的学习能使灵魂的视力向上。

如果有人研究可见事物，无论是张开嘴巴上望还是眨巴眼睛向下看，我都不会认为他的心灵是在向上看。即使他仰卧着学习（在陆上或海上），我还是认为，他是在向下看。

在柏拉图的心里，他所指的天文学并不是简单的对年月、季节、农业、航海、军事等所起的作用。他指出，每个人的内心都有灵魂的"眼睛"，它是知识的器官，胜过一万只肉体的眼睛，因为只有它才能"看见"真实的存在以及真理的存在。柏拉图提出，学习这些课程的目的并不是要求人们去关注可感事物，而是要找到灵魂

研究天文学的石板

理性的存在，去"看"那些不可感知的真实的存在。天文上，一些星体所承载的真正的数和形、它们之间存在的真正的快和慢的运动以及彼此之间的关系就是所谓的真实的存在。这些天体都是物质性的、可见的，把它们看做实在，从中寻求真实是荒谬的。因此研究天文学要像研究几何学一样，提出问题、解决问题，而不去管天空中的那些可见事物，并且正确地使用灵魂中的天赋理智。

与天文学相对应的兄弟学科是谐音学，天文学研究的是眼睛观察到的运动，谐音学则研究耳朵听到的运动。毕达哥拉斯学派是谐音学的创始者，但是，他们的研究只停留在可感事物上——宁愿使

用耳朵也不愿用心灵。柏拉图强调，研究谐音学的目的是为了"寻求美和善"，这才是真正有用的研究。

柏拉图提出的这几门课程既是当时科学的基础，也是当时科学的前沿，他要求这些课程的学习并不应仅仅停留在知识层面，而是要通过学习和研究，达到理性认识的高度，从而提升心灵、净化心灵。

柏拉图的数学与现代理论所谓的形式科学共同点甚少，倒是与牛顿时代的数学与自然科学十分接近。事实上毕达哥拉斯、柏拉图的时代与伽利略、牛顿的时代一样，人们都因为他们发现人心中的某种逻辑运作竟然与自然法则之间有神秘的一致性，感到无穷快乐。试想那会促使中世纪魔奇世界观逐步消逝的理性灵感，那在人文主义兴起理性抬头时深植人心的现代物理律则，再想想斯宾诺莎想要建立"更几何"的永恒哲学，以及其他先辈的伟大梦想，虽然其中有不少幻灭了，但其余的却造成了划时代的思想革命。由此怀想柏拉图时代的哲学数学家，在最先从事系统概念思考时，是如何的兴高采烈。借着算数、几何、声学和力学，他们建立了具有逻辑精确性的思辨科学，揭露了理性与自然间的基本关系。比柏拉图晚出生两个世纪的西西里希腊人阿基米德(Archimedes)曾骄傲地说，只要给他一个支点，他就能撬起整个地球。由此可见他对人类智能信心十足。柏拉图倒没想要搬动地球，他只想要改善社会。他希望以数学教育使学生领悟变幻事物中的不变处，真际的永恒层面，进而使他们学会以理性控制自我、控制环境。不过柏拉图毕竟没有拿数学公式来表达他最深刻的思想，反而经常使用诗意的神话比喻，著名的洞穴之喻即是一例，柏拉图用这一比喻说明感官知觉是有限制的，只能看见真际的表面投影。有时他也用虚主词"它"盖括生命与死亡、自由与束缚等相对概念的无尽循环。

柏拉图从整体的观点看教育，他不信任专家的做法。专家只见树不见林，不能把握住个案研究与人整体思想与目的间的关联。柏拉图认为只有使人更美、更善的知识才值得探讨，也唯有这种知识才能丰富人的灵魂，因此数学家如果不能整合其他学科，不知道数学与其他知识间的密切关系，那他顶多是个专家，算不得一个思想家。同时柏拉图也注意到哲学之所以不受重视，正因为哲学家一肚皮不合时宜。所以他强调纯学者与诡辩家都不能算是哲学家，只有能通过艰苦体能磨炼，又从事研究工作的人才够格做哲学家，也唯有这样的人才能真正了解人生全貌。

3.学前教育与普通教育

> 一个儿童从小受了好的教育，节奏与和谐浸入了他的心灵深处，在那里牢牢地生了根，他就会变得温文有礼；如果受了坏的教育，结果就会相反。

在柏拉图看来，对儿童的教育越早越好，由此他提出了儿童公育，甚至还提出了胎教。对于儿童的具体教育，他主张从出生到六岁最需注意儿童的身体发展，养成良好的卫生习惯，前三年的育幼卫生是学校最重要的工作，从三岁到六岁间，教育内容主要是摇篮曲、儿歌、游戏及讲故事。这时也要让儿童吃苦尝乐，磨炼他的勇气，培养他的自制力，同时也要告诉他伟大的民族神话，使他养成敬畏传统的态度。六岁起儿童开始接受正式教育，男孩女孩都要进行体育活动、接受军事训练，此时还要注意用简单庄严的音乐来激发儿童高尚的情绪。

柏拉图提出了强迫儿童受教育的主张，儿童6岁开始入男女分校学习，接受同样的教育，并且根据各人的兴趣、爱好分别进入国家办的文法学校、弦琴学校和体操学校学习。这些学校的学习内容很丰富：阅读、书写、计算、唱歌、音乐、体操、骑马、射箭等。这一阶段的教育目的是培养情感和道德，发展儿童灵魂中的低级部分，形成节制的品德。16岁毕业后，大多数人，尤其是手工业者、农民的子弟要进入社会做一个顺从的劳动者。而奴隶主子弟在17～20岁要接受较高一级的教育，培养他们的意志和勇敢，使之成为保卫国家的军人。体育训练是主要的学习内容，其次还要学习军人所必须掌握的知识，例如，算术、几何、天文、音乐，这是柏拉图的首创，被称之为"后四艺"。这一阶段的学习结束后，大多数奴隶主子弟结束学习，担负起保卫国家的职责，成为军人。只有极少数的人可进入更高一级的学校受教育。

国家对极少数具有金质潜能的奴隶主子弟施以高深的教育，从20岁至30岁这十年内以研究哲学，即辨证法为主，兼学"后四艺"。但这个时期学习后四艺的目的与军人的学习目的不同：军人的学习是为了应用；而现在的学习则是为了锻炼思维，为了使思想接近世界最高的理念——神。辨证法是所有内容中的统率学科。柏拉图认为只有精通辨证法，才能学好其他学科，并非人人都可以研究辨证法，而是只有成年人中那些具有抽象思维能力的人才能研究。这个阶段的教育结束后，学生可以担任国家的高级官吏。其中的极少量的天资聪慧的，造诣较深的人可继续受教育，用20年的时间来研究辨证法，培养学生用理智去衡量各种事物。这是最后阶段的教育，学生50岁毕业后可担任国家的最高统治者，同时也成为哲学王。

到五十岁上，那些在实际工作和知识学习的一切方面都以优异成绩通过了考试的人必须接受最后的考验。我们将要求他们把灵魂的目光转向上方，注视着照亮一切事物的光源。在这样地看见了善本身的时候，他们得用它作为原型，管理好国家、公民个人和他们自己。在剩下的岁月里他们得用大部分时间来研究哲学；但是在轮到值班时，他们每个人都要不辞劳苦管理繁冗的政治事务，为了城邦而走上统治者的岗位——不是为了光荣而是考虑到必要。因此，当他们已经培养出了像他们那样继承人可以取代他们充任卫国者的时候，他们就可认辞去职务，进入乐土，在那里定居下来。国家将为他们建立纪念碑，像祭神那样地祭祀他们，如果庇西亚的神示能同意的话。否则也得以神一般的伟人规格祭祀他们。

现世的哲学王相当于理念世界的最高理念——善，他能看到"善"的本性，他是善，即为神的化身。由此可见，培养哲学王是柏拉图最高的教育目的。柏拉图的培养"哲学王"的教育目标也就完成了。

从学前教育到普通教育最后的结束，柏拉图的教育制度正好形成一个金字塔，而这个金字塔正是他的理念金字塔的反映。理性健全，天资聪颖的极少数人享受特殊的哲人教育，居于塔的顶端；为数稍多的理性不全、意志坚强的武士的教育处于中间；而缺乏理性，感情强烈的广大劳动群众的教育则在塔的底部。这个学校制度具有明显的贵族性。

4. 以人为本，因材施教

从柏拉图对音乐、文学、诗歌的重视，我们不难发现，远在古希腊时代的柏拉图就有了人文教育的思想萌芽，尤其体现在他强调对学生进行辩证法训练，以培养其敏锐的抽象思维能力、丰富深邃的想象和超群出众的记忆力方面。柏拉图认为，辩证法既出于一切科学之上，又包含了一切科学的精华。即"辩证法凝聚着最高深的学问，是人类智慧的结晶，是一切科学的基石顶峰"。

这些理念与我国教育现在所倡导的"以人为本"和注重人的全面发展是相一致的。可以说，人的全面发展最本质、最核心的含义是人的科学精神和人文精神得以充分、自由的发展。而人文精神则更能体现和反映出人全面发展的本质内涵，是人全面发展的价值坐标和精神动力。但是，现行的教育却往往忽视了这一点，表现在过于强调对科学文化的学习与掌握，而忽视人文精神，以至于我们的教育产物是一个个缺失了"人性"的"机器人"，现代青年的信仰缺失就是一个不争的事实。由此，当前一个重要而突出的教育问题就是如何处理好人文与科学的关系，以实现科学教育与人文教育的融合。即在倡导科学教育人文化的同时，坚持人文教育科学化，不论理工科还是文科学生，都必须认真学习哲学特别是辩证法，努力做到用辩证法指导自己的学习与工作实践。

在《理想国》中，柏拉图把除奴隶之外的人分为三个等级（在他看来奴隶只是会说话的工具）：金质的、银质的和铜铁质的。三个阶级各守本分，每一类人按其天性从事分内的事，而不得干预他人之事。全体公民无例外地，每个人天赋适合做什么，就应派给他什么任务，以便大家各就各业。而对于不同品质的人其所受的教育也应该不同。不可否认，这种观点带有明显的阶级性。但如果从另一个角度考虑却有其合理性——每个人都有自身的品性、天赋，后天性的教育虽然能对其进行一定的促进与改善，但"不同品质的人接受不同的教育"，根据个人的条件和资质等方面，必须对学生进行因材施教，否则将导致"一个人得到的培养如果不合适，那么最好的天赋所得到的结果甚至会比差的天赋还要坏。"

反思我们现行的教育，很多学校、教师与家长都忽视了这一点，他们一味地要求孩子埋头苦读，根本没有考虑孩子本身的资质、能力、兴趣等实际情况，结果是学生读得痛苦，教师教得辛苦，学校

石画上反映出的生活

和家长更是恨铁不成钢。同时，一些家长更是"望子成龙"、"望女成凤"，即使自己再苦，花再多的钱，也要让小孩读最好的学校。一方面对于家长的心情我们表示理解，但另一方面对于这种做法我们持否定态度，因为这其中涉及诸多因素，如家庭的经济条件、孩子的资质、家长眼中的所谓好学校对孩子是否适合等等。如果这些因素都能够解决，并且都有利于小孩的学习与成长，那么家长的这种做法也就无可厚非；但是如果家里实在无力承受"好"学校的高昂学费，同时由于基础或是资质问题，小孩也根本不适合在这类好学校接受教育。那么，又何必苦了家长，又苦了甚至是害了孩子呢！

当然，以上观点并不是说富人就应该接受最好的教育，穷人就应该安于现状，接受最基本的教育，而是针对现在一些家长不顾具体情况，盲目地让小孩进家长自己所认为的"好学校"就读的现象提出的。

5.男女教育实行平等

在柏拉图看来，男女在本性上没有什么区别，女子具有与男

子平等的天性，享有同等权利。在教育上，男女只有接受一样的教育，才能担负起一样的责任。因此，柏拉图提倡在学前阶段，女童与男童一起在国家设置的教养院中接受教育，教育内容包括讲故事、唱歌曲、学知识、做游戏等方面。儿童六岁以后开始入男女分校学习，接受同样的教育，并且根据个人的兴趣、爱好分别进入国家办的文法学校、弦琴学校和体操学校。同时，他还积极主张女子应与男子一样学习算术、平面几何、立体几何、天文学、谐音学、辩证法等，并且真正有才能的女子还可以和男子一起担任相同的职务。

可以说，柏拉图这种积极倡导男女教育平等，主张男女就业几乎相同的观点让我们一些还存有重男轻女思想的人羞愧不已！在我国，男女受教育的权利依然存在不平等现象，尤其是在一些贫困地区，大量女童失学仍是一个相当严重的社会问题，并且随着教育层次的上升，女生所占受教育人数的比率在不断下降。在就业中也依然存在着性别歧视、职业歧视，与男生具有同等条件，甚至是优于男生的女生在就业时仍然受到歧视……这些现象不能不引人深思。综其原因，还是由于我们一些人还深受根深蒂固的男尊女卑封建传统观念的影响。为此，要彻底改变教育与就业的不公平，就要从思想根源上找原因，并且通过具体可行的措施加以改进，否则，真正的"有教无类"，普及义务教育，解决贫困地区女童问题以及高等教育大众化的理想与实践都将成为空话。

6.强调高素质的实践能力

我们知道，柏拉图的最高理想是培养哲学家，但这些哲学家并不是躲在象牙塔里钻研和囤积知识的书呆子，而是能学以致用，付诸于实践的哲学王。他所提及的戏剧歌舞、运动会、公民大会、辩论会等无不体现了教育实践的重要性。同时，柏拉图还充分认识到非智力因素对一个人的成长和发展所起的重要作用。其中，他所设计的具体教育体制规定每个公民都应接受教育，以培养一种和顺的性格，发展人的想象力。而为了培养合格的统治者，柏拉图还给"准统治者"安排了统治教育课程，其中包括三项考验：第一是伦理考验，考验他们是否能做到在任何时候都不忘原则，不受欺骗；第二是恫吓考验，考察他们在贫穷忧患之中是否有勇气，是否会因为各种困难而胆怯和退却；第三是乐逸考验，考验他们在锦衣玉食之中是否会贪图享乐而腐化堕落。

反观我们的教育，虽说素质教育也搞得轰轰烈烈，但雷声大，雨点小。特别是在我国当前仍以"功利主义"为主的教育观的影响下，分数至上似乎已成为约定俗成的评价原则，为此，形成了考试考什么，教师就教什么，学生就学什么。结果是成就了一批批"高分低能"的"人才"，其"本本"知识是不少，但联系实践却是一副"不好意思，我还没学过"的姿态，甚至连最基本的常识都是一窍不通。在教师，尤其是在家长们的"殷切希望"下，小孩平时是学习再学习，完成了学校的任务，还要完成家长的，甚至还有各类培训班的任务，连假期也被各种培训班或强化班所占据。由于学习生活的"繁忙"，学生自然是没有多余的时间和精力去培养别的兴趣，也因此，此类学生连最基本的素质都达不到，表现在心理承受能力差，容易心浮气躁，与他人合作交流欠缺等方面。我们应反思：这种"只要成绩好，其他一切都是次要的"观念和做法严重伤害了正在成长中的孩子。

综上所述，在柏拉图看来，教育的目的是造就一个好的统治者、一个"好国王"，这是教育最本质的东西。和大多数希腊哲学家一样，柏拉图认为闲暇是智慧的主要条件。因此，智慧与那些为了生存不得不每天劳作的人无缘，只能服务于那些无忧无虑拥有生活资料的人们，或者享受国家俸禄不必为生活担忧的人们。毫无疑问，这种观点本质上是贵族主义的。

如果把柏拉图上述思想与近代思想比较，就会出现两个问题：有没有"智慧"这样一个东西？如果有这个东西，能否设计一部宪法赋予它以政治权利？

现在我们假设有"智慧"这样一种东西，我们也设计了一部宪法，给"智慧者"赋予了政治权利。问题是，我们能不能用宪法形式把政府交给有"智慧"的人呢？常识告诉我们，多数人例如议会是可能犯错误的，事实上他们也确实犯过错误。贵族政体并不常常具备智慧，君主制则往往是愚钝的。那么，把政府交给大学毕业生怎么样？或者交给神学院的博士？或者交给那些虽然出身贫困，但却发了财的人呢？实践证明，没有任何一种法定选择的公民比全体人民更有智慧。

可能有人会提出：一个人只要接受适当的训练，就可以获得政治智慧。但是，接下来的问题是，什么叫"适当的训练"？这是难以定义的。归根到底，这是一个有关党派的问题。看来，找出一群"有智慧"的人来，把政府交托给他们，这仍然是一个不能解决的问题。这就是为什么我们要拥护民主制度的根本原因。

方形石柱

柏拉图的教育思想对后世产生了深远的影响。广义地说，柏拉图教育思想对后世的影响，也就是他的思想对整个人类文化的影响。事实上了解柏拉图的影响就是了解整个哲学思潮的发展，他的影响力之大，可见一斑。即使在柏拉图的著作尚未广为流布的时代，例如中世纪，柏拉图的地位就好比一幢古老教堂的建筑者；人人皆受到教堂的庇荫，欣赏教堂的美，甚而受到教堂沉默庄严龙像的安慰与激励，但是建筑者自己却隐姓埋名于历史帷幕之后。柏拉图的思想对实际教育的影响较小。虽然他的基本学说经由中世纪的僧侣学校与士林大学得以流传，但与亚里士多得比起来他的影响力要小得多。到了文艺复兴时期，他的思想鼓动了人文主义教师对抗士林僧侣大师，就像他鼓励了人文主义哲学家，对抗经院的亚里士多得主义者一样。从此以后，所有的人文主义与新人文主义运动，皆高呼"回归柏拉图"的口号以誓师。

国家护卫者

古希腊的勇士在战争中是英勇无畏的，柏拉图更希望理想的城邦在军事上能够像"曾经"的亚特兰蒂斯一样强壮。

柏拉图认为，在国家这个大家庭里，人与人之间应该和谐共处，互为兄弟，共同为建立和谐的城邦而努力。

> 格：希腊人大家一定要团结一致。
>
> 苏：那么，他们自己不要希腊人做自己的奴隶，同时劝告别的希腊人也不要希腊人做自己的奴隶？
>
> 格：当然。无论如何，那样大家宁愿外抗蛮族，内求团结了。

柏拉图认为，在同一个国家里，人与人之间应该苦乐同感，互相团结。统治者、护卫者、生产者都是国家的公民。由于护卫者是国家的保卫者，他们往往没有自己的小家庭，而是很多人生活在一起，彼此之间成为朋友，在这个大家庭里，有父母、有子女、有兄弟、有姐妹，大家互相尊敬，有福同享有难同当，共同加油。

护卫者所需要的一切国家基本上都给予了满足，他们的生活可以说是美满幸福。作为回报，护卫者也在保家卫国上作出了很大的贡献，柏拉图认为护卫者"比奥林匹克胜利者还要幸福"，他们得到的也比奥林匹克胜利者多得多。国民应该"表扬那些功勋卓著智勇双全的优秀人物，给他们唱赞美诗，给他们刚才讲过的那些特殊礼遇，给以上座，羊羔美酒，这样对于这些男女勇士，既增强了他们的体质，还给了他们荣誉"。

自己国家的护卫者在战争中不幸牺牲，公民一定要厚待他们——按时给他们扫墓，像尊敬神灵一样尊敬他们。还要把同样的荣誉给予那些因年老或别的原因而死亡的，在正常的一生活动中表现得特别优秀的人。

除了要尊敬已逝的自己国家的护卫者，对于战争中牺牲的他国的护卫者也应该予以足够的重视。古希腊战争多，战败的士兵常常被降为奴隶，柏拉图认为这样做有悖正义，应该阻止人们这样做。战争结束后，胜利者不应该搜剥敌尸财物，像贪生怕死的胆小鬼一样，只顾着抢劫。因为抢劫死尸是卑鄙龌龊的行为——把死者的尸体看做敌人，而让真正的敌人丢下武器远走高飞，这是一种狭隘的行为，这种行为与狗儿向着扔中它们的石头狂叫，却不过去咬扔石头的人，并没有什么区别。胜利者应该将死者埋葬，因为他们同样也在承担着保家卫国的重任，应该对死者给予人的尊敬。

苏：因此，我们一定要禁止抢劫死尸，一定要给死者埋葬。

格：真的，我们一定要这样做。

当时的希腊常常有外邦入侵，因此柏拉图认为，除了要有强有力的护卫者之外，人民内部的团结尤为重要。只要大小城邦团结一致，公民拧成一股绳，不再互相伤害，共同抵抗蛮族的侵入，就不用害怕其他国家发动的战争。"战争"是对外冲突，是希腊人与其他民族之间的外部关系，一旦战争发生，全希腊人都应该团结起来参与战争。

除了外族入侵所造成的战争之外，公民内部还常常产生"内讧"。

一旦内讧发生时，国家将会四分五裂，互相蹂躏土地，焚烧彼此的房屋，随着时间的推移，国将不国。柏拉图认为真正的希腊人是"文明的君子人"，热爱祖国，热爱兄弟姐妹，热爱共同的宗教信仰。只有内部团结了，国家在对外战争中才能无往不胜。

苏：那么，这个城邦的公民不都是文明的君子人吗？

格：很对。

苏：那么，他们既然是希腊人，就不会蹂躏希腊的土地，焚毁希腊的房屋。他们也不会把各城邦的希腊人（少数罪魁祸首除外），不论男女老少，都当做敌人；由于这些理由，他们绝不会踩蹦土地，拆毁房屋，因为对方大多数人都是他们的朋友。他们作为无辜者进行战争只是为了施加压力，使对方自知悔误陪礼谢罪，达到了这个目标就算了。

格：我同意你的说法。我们的公民应该这样对待自己的希腊对手。至于对付野蛮人，他们则应该象目前希腊人对付希腊人那样。

近代以来将柏拉图对战争、内讧以及团结的思考加以深度体现的便是 1864 年至 1949 年间在日内瓦缔结的关于战时保护平民和战争受难者的《日内瓦公约》。现行的日内瓦公约包括 1949 年 8 月 12 日在日内瓦重新缔结的四部基本的国际人道法，为国际法中的人道主义定下了标准。它们主要有关战争受难者、战俘和战时平民的待遇。

截至 2007 年，共有 194 个国家和地区以不同方式成为《日内瓦公约》的缔约方。该公约被认为是国际主义人道法的重要组成部分，是约束战争和冲突状态下敌对双方行为规则的权威法律文件。中国于 1956 年加入此公约，同时对公约提出四项保留：保护国的代替必须经被保护者本国的同意；战俘或平民被移交他国后，原拘留国仍不应解除责任；占领区以外的平民也应适用公约的保护；战争罪犯

遗址诉说过去的辉煌

不得享有战俘地位。

1859 年亨利·杜南在苏法利诺战争中目击到战争的恐怖。1862年亨利·杜南在《沙斐利洛的回忆》中描写了 1859 年法、意对奥战争中沙斐利洛战役的惨状，以唤起世人对于战时救护伤病员问题的注意，并提倡各国创立救护团体。

1863 年创立红十字会组织的日内瓦国际会议希望使伤员和医务人员"中立化"。1864 年 8 月 22 日，瑞士、法国、比利时、荷兰、葡萄牙等 12 国在日内瓦签订《改善战地武装部队伤者病者境遇之日内瓦公约》。公约规定了军队医院和医务人员的中立地位和伤病军人不论国籍应受到接待和照顾等。

在战俘待遇方面，是这样规定的：

战俘系处在敌国国家权力管辖之下，而非处在俘获他的个人或军事单位的权力之下，故拘留国应对战俘负责，并给予人道待遇和保护；战俘的自用物品，除武器、马匹、军事装备和军事文件外，应仍归战俘保有；战俘的住宿、饮食及卫生医疗照顾等应得到保障；对战俘可以拘禁，但除适用刑事和纪律制裁外不得监禁；不得命令战俘从事危险性和屈辱性的劳动；战事停止后，应立即释放或遣返战俘，不得迟延；在任何情况下，战俘均不得放弃公约所赋予的一部或全部权利；在对某人是否具有战俘地位发生疑问的情况下，未经主管法庭作出决定之前，此人应享有本公约的保护。

在保护平民方面有如下规定：

处于冲突一方权力下的敌方平民应受到保护和人道待遇，包括准予安全离境，保障未被遣返的平民的基本权利等；禁止破坏不设防的城镇、乡村；禁止杀害、胁迫、虐待和驱逐和平居民；禁止体罚和酷刑；和平居民的人身、家庭、荣誉、财产、宗教信仰和风俗习惯，应受到尊重；禁止集体惩罚和扣押人质等。

在改善战地武装部队伤者病者境遇方面有如下规定：

> 确认敌对双方伤病员在任何情况下应该无区别地予以人道待遇的原则；禁止对伤病员的生命和人身施加任何危害或暴行，特别是禁止谋杀、酷刑、供生物学实验或故意不给予医疗救助及照顾；医疗单位及其建筑物、器材和人员不受侵犯，但应有明显的白底红十字或红新月及红狮与日标志。

在改善海上武装部队伤者病者及遇船难者境遇方面。

> 其适用范围、保护对象、基本原则等方面，与改善战地武装部队伤者病者境遇完全相同，只是结合海战的特点，规定了海战中保护伤病员、医院船及其人员的特殊原则和规则。该公约仅适用于舰上部队。

知识→道德→幸福

柏拉图认为道德依赖于知识，没有知识也就没有德性，人只有具备有关道德的知识，才能做善事；而且人只要具备有关道德的知识，就会必然做善事。只有有道德的人才是幸福的人，道德是一个人能否获得幸福的必然的和基本的条件。因此，无论是男人还是女人，只要他们公正、正直，具有良好的道德品行，那么，他们就是幸福的人；否则，就是不幸的人。在他的心目中，遵循道德、坚守公正、刚正不阿，是人的真正幸福和应追求的真正利益之所在。

柏拉图还强调知识在人的幸福中的地位和作用。他指出，人人都希望获得幸福，但却有许多人得不到幸福，原因在于他们不了解幸福的真正含义。如有人把财产当做幸福，因而不惜一切手段聚敛财富，损害了他人的利益，这实际上不是幸福，而是"误认的幸福"。在他看来，一些人做恶事并不是出于自愿，而是因为无知，良知受到了蒙蔽，以至把恶事当做善事，他们并不知道财产本身不能带给人真正的幸福。一旦他们了解了幸福的真正含义，他们就不会因追求物质财富而作恶了，就能避免因犯罪而造成的不幸。因此，获得真正幸福的前提条件在于培养人的理性能力，让人们发现善、了解善，过有德性的生活，并运用理性对人生作彻底的内省。

我们可以看到柏拉图的幸福观遵循的是"知识→道德→幸福"这样一条标准。知识是前提条件，道德是达到幸福的途径，而幸福乃是知识和道德的目的。柏拉图以他自己的实际行动终生实践着自己所倡导的理想和信念。

柏拉图著名的"理念论"是其道德思想和幸福观的理论基础。

柏拉图所说的"理念"，是指作为现实世界根源的永恒不变的、独立存在的、非物质的实体。在他的理念世界里，善的理念居于最高的层次，而善的理念就是至善，诸如勇敢、智慧、节制和正义等品德都在至善的统辖之下，因此，善的理念就是最高的善、普遍的善、绝对的善。柏拉图认为，人生的根本目的就是要达到至善，那么，怎样才能达到至善呢？依靠人的理性能力。在柏拉图看来，只有人的理性才能认识善的理念，人的理性是高级的；与此相对，人的感性和欲望、人的肉体感官需求则是低级的。这些基本观点影响着他对幸福的态度。柏拉图认为，快乐和幸福是两回事。快乐属于感性领域，它可以是情欲，也可能是感官享受，但单纯的感性快乐，如果没有心灵、记忆、知识（理性）的参与，就不是真正的幸福。一个人如要获得真正的幸福，就必须首先克制自己的情欲和享受，必须用智慧和德性去追求美德和至善。由于人的肉体和感官的快乐是暂时的，不值得留恋，而最高的理念——至善是永恒的，值得我们终生追求，因此，一个有道德的人，就是一个能用理性控制情欲的人，自然也是幸福的人。后人在谈论爱情问题时，经常使用"柏拉图式的爱情"这句话，这是指一种超越肉欲和情欲的纯精神领域的感情，是一种纯感情的爱情。

在今天看来，"柏拉图式的爱情"未免有点绝对化；但就爱情的本质而言，男女之间精神上的相互依恋的确是爱情生活中的最重要成分，也是爱情生活是否幸福的重要标志，比单纯的"肉欲"、"情欲"重要得多。因此，虽然柏拉图贬低感性追求、蔑视物质享受的主张带有禁欲主义的色彩，但是，他对精神领域中的德行和至善的推崇，并把幸福建立在德性和至善基础上的观点，还是有其合理性的。

苏格拉底在强调美德的整体性时，已经把美德的基础规定为共同的理智本性，得出了美德即知识的论点。在苏格拉底看来，美德之所以为美德，就在于它是

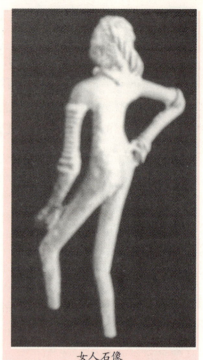

女人石像

对事物本性和善的认识。他强调，德行在于洞见。由此，要获得美德，要行善，必须获得相应的知识。因为智慧是最大的美德。

柏拉图的《普罗太戈拉篇》记述了苏格拉底和智者首领普罗太戈拉关于美德和知识的讨论。在讨论中，苏格拉底揭示了两种根本对立的道德观，多数人主张不是人拥有的知识支配人的行为，而是激情、快乐、痛苦、爱或恐惧等等情感支配人的行为；另一种道德论则主张知识是最能支配人的行为的美好的东西，因为它能使人辨别善恶，智慧是人最需要的援助。前者被称为情感道德论，后者即苏格拉底的理智道德论。为了说明自己美德即知识的论点。苏格拉底对情感道德论作了有力的批判。他指出，人的生活不能满足于情感道德论所导致的知善而不为、知恶而故犯，浑浑噩噩地得到快乐和避免痛苦。

苏格拉底认为，道德行为需要选择，面对各种现实的和可能的快乐和痛苦，人们总是选择较大分量或程度的快乐，较小分量或程度的痛苦；当面对痛苦和快乐交叉的事情时，总选择快乐超过痛苦

的事情而避免痛苦压倒快乐的事情。人们对快乐和痛苦作出选择时必须对它们加以衡量和测度，这种测度本身就是知识，只有知识才能保证作出正确的选择，保证我们获得善的生活。因此恰恰是知识支配快乐和痛苦等情感，是知识构成美德的基础。这样，苏格拉底明确宣称，美德即知识。

美德即知识是苏格拉底整个道德哲学的主旋律，也是其人生境界学说的基石。在这一命题中，美德（arete）既指人的优秀品质，也指任何事物的优点、长处和美好的本性，而知识则主要是指要能认识人自己的本性（physis），当然也包括对相关事物和善的本性的认识。苏格拉底"美德即知识"这一命题，包括"无人有意为恶"、"无知即恶"和知识的可教性几个相互关联的内容。

首先，苏格拉底指出，自愿从恶避善不是人的本性，在面对大恶和小恶时也没有人愿意选择大恶。人的畏惧和恐怖这两种情绪可以理解为对恶的预见；人们所以会对预见恶产生畏惧和恐怖，就是因为无人自愿遭遇恶、接受恶。苏格拉底说："对善的想望是为一切人所共同的，而在这一点上，是并没有人比另一个人更好的。也没有人想望着恶的。""没有人自愿趋恶，避善趋恶是违反人的本性的。"在这里，恶既指与善相对立的恶，也指与有益相对立的失败。在苏格拉底看来，知必然导出行，知识是德行的基础。有知识而去为恶者是不可能的。为恶只能出自于无知。

其次，苏格拉底认为，无知即恶。在他看来，如果没有知识，人就会听任主观的武断，或者为道听途说、似是而非的意见所左右，或者为传统习惯所左右。由此，人就不会有对善的追求而跌入恶的深渊。苏格拉底甚至认为，有意说谎（或犯错误、失败）优于无意。因为有意说谎至少表明说谎者有相应的"真知"，而无意说谎则属于根本无知。前者是能为而不为，后者是不能为而不为。不能为而不为是无知、无力，其结果必定是恶；而能为而不为，表明人的行为不是只根据己之责任而是根据更大的原则，故并不一定是恶。正因为此，苏格拉底才一再强调，美德之有整体性，乃在于它们有共同的理性本性，即建立于知之上。

再次，苏格拉底认为，既然美德的共同本性是知识，人的理智本性贯通在道德本性之中，美德就有可教性。人可以通过学习获得各种知识和美德（二者是一个意思）。在苏格拉底看来，智慧和知识能力是人人皆有的天赋本性，有些人缺乏美德是由于感觉的迷路和欲望的膨胀以致扭曲了人的理智本性，所以通过知识教育和道德陶冶可以恢复他们的理智本性，培植美德。

这样，在苏格拉底看来，要实现善，要通向人生的最高境界，关键在于获取知识。一方面，人们在日常生活中必须熟悉自己所从事的职业，了解事物的本性，只有了解了事物的本性，才可能按规律办事，才可能有用、成功，即行善。另一方面，人们还必须充分认识善本身，要了解什么是正义、虔诚、勇敢等被叫做善的美德，只有这样，你才可能有意去从善而不至于无意中落入恶。正像色诺芬所记载的："至于他自己，则愿意不时地讲讲与人类有关的事情，研究研究什么是虔诚的，什么是不虔诚的；什么是适宜的，什么是不适宜的；什么是公道的，什么是不公道的；什么是明智的，什么是不明智的；什么是刚毅的，什么是怯懦的；什么是治国之本，什么是一个善于治人者的品质；以及其他的题目。他认为通晓这些事情的人是高尚的，对此一窍不通的人则完全可以说是不如奴隶。"这就是说，要成为有美德的人就必须要懂得各种具体的美德。这样，知识就成了人通向至善之路的一把钥匙。

柏拉图认为，世界上唯一幸福的人就是公正的人，或者说，幸福的人总是受到理性的支配。According to Plato, the soul consists of three basic energies which animate human beings:Reason, Emotion, and Appetite. Reason is given the greatest value, while Emotion and especially Appetite are regarded as the "lower passions". The soul that is ordered is governed by Reason, and therefore keeps one's emotions and one's appetites under control. The lower passions *must* submit to the dictates of Reason.

根据柏拉图的学说，心灵是由推动人类进步的 3 个基本精神所组成，它们是理性、激情和嗜好。理性赋予人类以最大的价值，而情感、特别是嗜好被视作"低等的激情"。为一个人所注定的心灵受着其理性的支配，因此人的心灵始终要保持着情感和嗜好要在理性的控制之下。低等的激情必须服从理性的命令。Plato's theory of the soul can be found in his major work, *The Republic*, where it is a response to the challenge of the Sophists as to why one ought to live morally. The Sophists in Plato's time were men who used philosophy for profit, inventing moral loopholes to get people out of obligations, or to excuse what would otherwise be considered immoral behavior. The skeptics ask why one ought to be moral when morality is apparently a social device for maintaining order. But if there are no consequences to "immoral behavior," then there is no motivational pressure for morality.

柏拉图的灵魂理论可以在他的主要作品《理想国》里去找到。在此书里，这部分内容是对诡辩家的"关于人为什么应该有道德地生活"的挑战的应答。在柏拉图时代，诡辩家以哲学来谋取私利；他们制造漏洞，使某些人可以逃避其应尽的义务，或者要人们反而去原谅那些被认为是不道德的行为。怀疑论者质问柏拉图，当道德显然已经成为维持社会秩序的一种策略的时候，为什么一个人还应当有道德？然而如果没有不道德所造成的后果，那就没有了对道德的激发性压力。

Plato answers by claiming that morality is a necessary cause of happiness, that one's happiness is correlary to one's moral behavior. Therefore, an immoral person would be motivated to be moral if he wants to be happy. The happy person, according to Plato, is the just person, a claim that he

柏拉图声称明来回答这些问题，他认为道德是幸福的一个必要的来源。一个人的幸福与他的道德行为有着不可分割的联系。因此，一个不道德的人，如果他需要获得幸福，他就应该积极地把自己转变为一个有道德的人。根据柏拉图的学说，幸福的人就是一个公正的人。

柏拉图在一个声明里，设想了两种方式：
1.如果×是幸福的，那么×就是公正的；
2.如果×是公正的，那么×就是幸福的。

The response of the skeptics is to claim that daily reality contradicts Plato, and that contrary to number one, tyrants, motivated by unjust principles, may be found to be happy. Moreover, they argue that contrary to number 2, saints and renunciates are known to suffer, rather than to be happy. This is where Plato's theory of the Soul is established. He argues to the contrary that the three basic energies of the soul must be ordered in order for a person to be happy. The Emotions (reactions like anger or fear) and the Appetites (needs for food, sex, money, etc), must be ruled by Reason (thinking, persuasion, argument) in order for a person to be truly happy. When the lower passions are ruled by Reason, a person is also thereby just.

怀疑论者对这个声明的反应是，日常的现实与柏拉图的理论相矛盾：与第一种方式相矛盾的是由不公正的原则激发积极性的暴君，他可能已经得到了幸福。此外，怀疑论者也提出了反对上面第二种方式的论点，他们认为圣贤和出家人众所周知地在受苦受难，他们并没有得到什么幸福。这些就是柏拉图建立心灵理论的所在。柏拉图的论点却与此相反：他认为，为了一个人的幸福，心灵的 3 个基本精神必须按次进行排列。情感（如愤怒或恐惧）和嗜好（如人需要食物、性欲、金钱等等）都必须受到理性（思想、信念、论点等）的支配，以便使一个人能得到真正的幸福。在低等的激情受到了理性的支配时，一个人也可以因此而成为公正的。

In response to the skeptics, Plato argues that the tyrant is not therefore truly happy, and that this can be seen in his behavior. Ruled by lower pas-

祭祀

sions, tyrants are known to displace Reason with Emotion, such as the fear of being assassinated, the inability to trust others; or, he will displace Reason with Appetite, such as the unsatiable greed for riches or power. In the end, such a person will be pulled apart by his lower passions, and cannot possibly find happiness with a disordered soul. Plato brings up the ancient figure of the tragic hero in order to illustrate this. Moreover, Plato argues, the suffering saint is happy amid his suffering because he is ruled by reason, and his soul is ordered. Happiness thus springs from inward qualities in the soul, according to Plato, and is not contingent upon external circumstances. When the lower passions are ordered by Reason, there is "psychic harmony," a quality of soul that is not vulnerable to a fatal blow from an external source. A person can therefore suffer externally, and remain happy because there is harmony internally, in his soul.

针对对怀疑论者，柏拉图认为暴君没有得到真正的幸福，他认为这可以从暴君的行为中看来。受低等激情的支配，暴君知道用情感来代替理性，诸如对行刺的恐惧，没有办法信任任何其他人；或者他们要用嗜好来代替理性，诸如对财富或权力贪得无厌。最终，像暴君那样的人会被低等的激情所撕裂，而且他们不可能用疯狂的心灵来获得幸福。为了说明这个问题，柏拉图提出了一些古代悲剧式英雄人物来作为例子。此外，柏拉图认为，圣贤在受苦难的过程中也有幸福，因为他们在用理性来支配自己，而且他们的灵魂是有序的。由此可见，幸福起源于灵魂的内在品质。根据柏拉图的学说，从来就没有基于外在环境的偶然事件。当低等的激情能为理性所安排时，就取得了"精神上的和谐"，一个有质量的心灵不容易因外源而受到致命的打击。因此，一个人外部受苦的人，他可能仍然是幸福的，因为在他的心灵上有着内在的和谐。

根据柏拉图的学说，心灵的精神和谐，表现它自己的4个基本道德方面，它们中的每个方面都与心灵的3个基本精神有着联系。与理性有关，幸福或许就是公正人所占有的智慧（审慎）。与情感有关，公正人有着勇敢的美德。与嗜好有关，公正人有着节制欲望的良知，也许它也可以控制自然的疾病。第4个基本道德方面是精神和谐的外流，即公平。智慧、勇气、节欲都与一个人的自我控制有关；而从和谐的外流，公平，则是通过慈善和友好的行为直接指向着其他人。

Plato was prepared to say that the truly just person, whose soul is ordered, is beyond tragedy, and cannot be harmed. Such a person is leading a meaningful life, as against the immoral person. Moreover, Plato extended his theory of the Soul to encapsulate the perfect government, the Republic, led by "philosopher kings" who are just, governed by Reason. Contemporary theories of the psyche also draw upon Plato's three basic qualities of the soul, such as the Freudian designations of Ego, Superego and Id.

柏拉图准备说真正公正的人，他的心灵是有序的，不是悲剧式的，是不能被伤害的。这样的人正在过着有意义的生活，来反对那些不道德的人。而且，柏拉图倾向于把他的心灵的理论封装到一个完善的政府里——形成一个"哲学家国王"所领导的共和国，他们必须是公正的，他们的行为必须受到理性的控制。同时代的心灵理论也总结了柏拉图心灵的 3 个品质，如弗洛伊德所标明的自我，超越自我和其他类似的事情。

既然知识是美德的基础，是通向至善的人生境界的钥匙，那么，怎样才能获得真正的知识（而非意见）呢？换言之，通向至善之人生境界的入口在哪儿呢？对此，苏格拉底提出了他那句著名的口号："认识你自己。"人只有充分认识自己的本性，了解自己是无知的，而神才是全知的，人才可能由无知到知，进而至真知，找到通向至善之路的入口。

苏格拉底认为，求得真知的第一步，就是承认自己一无所知。也就是说，人们首先必须对自己以前获得的那些外在的具体的意见进行充分的怀疑，然后才可能求诸自己内在的灵魂而获得真知。对此，苏格拉底在"申辩篇"中有这样的说明：德尔斐神庙传神谕的女祭司告诉凯勒丰说，苏格拉底是人们中间最有智慧的人。苏格拉底自己感到自己并不聪明，而又认为神是不会说谎的。于是他便到处找"有知识"的人谈话，以验证神谕。但结果是，他发现那些自认为有知识的人其实并没有什么真正的知识，于是他问自己，他的聪明究竟表现在哪里呢？他发现，"自己知道自己一无所知"才是他高于别人的地方。由此他得出结论，"自知无知"才是他的智慧所在。在这里，我们不能简单地把苏格拉底的这种"自知无知"理解为一种谦虚或做作。实际上，它揭示了当人们把视野从天地而转向人自己时，所感到的外在知识的无用性以及对自己本性的一无所知的状态。在苏格拉底看来，面对自己的灵魂，只有承认自己一无所知，才不至于妄自拿自己曾经有的各种意见来冒充关于人的真知，也才能认认真真去求得关于人类自身的知识，从而实现各种美德，以达到至善。

同时，苏格拉底认为，"只有神才是真正智慧的，人的智慧没有多少价值，或者根本没价值"，人只能"爱"智慧。苏格拉底明确地说："智慧这个词太大了，只适合于神，而爱智却适合于人。"这样，在苏格拉底看来，全智的神所拥有的智慧，人是不可能拥有的，人只有明白了这一点，即知道相对于全知的神来说，人是一无所知的，人才可能爱那真正的智慧，追求那真知，以便获得相应的知。

苏格拉底的知包括对事物的知、对善的知和对人本性的知。如果说关于事物和善的知是美德的基础，是通向至善之路的钥匙的话，那么关于人自己本性的知则是通向至善之境的入口。人只有先懂得自己的本性，了解自己的无知，才可能进一步获得关于事物和善的知识，以实现美德达到至善。人如果对自己本性一无所知，则必然导致恶。对自己本性的了解是其他认识的基础。而人的本性就在于相对于神来说的无知。所以，在苏格拉底看来，如果一个人要想有知，进而有德并最终达到至善之境，首先必须充分认识自己。"认识你自己"就是通向至善之境的入口。

苏格拉底作为西方哲学史上第一位人生哲学家，不仅把哲学从天上拉到人间，而且通过强调人自知无知，通过对自己本性的洞察而获取真知，进而通过熟悉事物本性，认识各种美德而达到施行各种美德，以通向人生最高境界实现至善这一人生最高目的，建立起西方哲学史上第一个比较完整的人生境界学说。苏格拉底的从无知到知，从真知到美德，从美德到至善的人生境界论，在今天，仍不失其一定的现实意义。

理想之城

　　正是对亚特兰蒂斯的崇拜与了解，柏拉图才会对自己心目中的
理想之城有如此大的期望，他借助苏格拉底之口，表达了自己希望
重现亚特兰蒂斯辉煌的期待。

第6章
仰望亚特兰蒂斯

亚特兰蒂斯的国力日益增强，随着不断地对外扩张，建立了多个从属于本国的殖民地，与此同时，亚特兰蒂斯在航海、化学等方面的造诣也堪称现今社会的领头羊。

屹立巅峰的强大国力

对中美洲及墨西哥的占领

历史学家考察后认为，当时的亚特兰蒂斯曾经占领了中美洲以及墨西哥。这种说法是有迹可寻的。

从对外贸易的角度来说，当时的亚特兰蒂斯其西海岸与西印度群岛之间的距离较近，因此只要有船便可随时越过重岛登陆美洲。哥伦布航行到此的时候发现当地的土著人一般乘坐一种敞篷的独木舟航行。如果这样，我们便可以假设倘若大陆居民与亚特兰蒂斯居民之间没有原始联系，那么亚特兰蒂斯人便只能在墨西哥湾沿岸从事例如殖民地的种植园经营等商业贸易活动。人们进行贸易的场所通常是殖民地的中心场所，英国的东印度公司及哈德逊湾公司便是典型代表，因此从某种意义上可以说是亚特兰蒂斯与犹加敦州以及洪都拉斯与墨西哥的贸易往来在墨西哥沿岸开辟了殖民地，后又逐渐延伸至内陆直至墨西哥。通过调查比较发现，中美及墨西哥的所有传统与大洋彼岸东方的某一国家的传统有许多相近之处，这里也被认为是最早的文明人的发祥地，当地人称这一地区为"阿兹特兰"，人类在这片美丽的土地上繁衍生息，快乐宁静地生活了数代。

毋庸置疑，中美(可以将墨西哥包括在内)曾经人口众多，且拥有高度文明，甚至超出哥伦布时代的欧洲文明。塔尔迪克人(印第安的一个部族，曾经统治过墨西哥)皮肤白皙、身体健壮，长着胡须，脑袋硕大、胡须浓密。这些无疑都是羽蛇神(古代墨西哥阿兹特克人与托尔特克人祀奉的重要神祇)的典型特征。

从考察废墟遗迹的角度讲，在海底考察的科学家发现了一个废墟，这个废墟的面积加起来和埃及差不多大小，另外还发现了很多奇特的建筑物，有一个建筑物每边宽 24 英尺。除此之外还有 15 个圆锥形的建筑物，第一个建筑物的底部面积几乎与基奥普斯金字塔底部面积相同。该城地域辽阔，整个地表直径超过五六英里，且由废墟堆覆盖。由于整个地上建筑已经被全部摧毁，因此废墟辨认起来颇有些困难。废墟的年代已经很久远了，这一点可以从铺成公路的破碎的砖以及碎陶瓦砾上看出来。

曾经有一位科学家说，"这是一片充满传奇色彩的土地。我们对它知之甚少，还有许多谜团等待我们为其揭开神秘的面纱……我不久就要停止对该地的勘察了。从这些建筑物及宫殿和废墟中可以推断出那时古城的林荫大道的长度。可以想象这些建筑物及宫殿层峦叠嶂排列在大道两侧，俨然一幅现代都市繁华大街的气势。而且，这些建筑物及宫殿的根基十分牢固。"

经过研究发现，他们的建筑材料及建筑风格与古代欧洲人的建筑材料及建筑风格极为相似。比如他们都使用泥瓦材料，都用水泥固定建筑；雕刻花纹也相似，都喜欢拱形建筑。而且，我们在这两块大陆上都发现了砖、玻璃，甚至还有"白底蓝花的瓷器"。除此之外，还有由铜和锡以相同比例制成的青铜。圆形或 T 形的铜币，甚至还有金属做的烛台。

猪、羊、牛、马的尸骨化石也在废墟中被发现。正像柏拉图所描述的亚特兰蒂斯人用水果及鲜花作为祭品贡奉神灵一样，杜拉城的人也信奉简单、单纯的宗教。杜拉城人都是农民，他们自耕自种，自给自足，自己饲养牲畜，栽培棉花，纺织纱物；他们广泛使用十字架的标志；他们还精雕细刻珍奇宝石，石刻的大象及狮子是其典型代表，而在当时的美洲这两种动物还不为人所知。杜拉城人埋葬死者的形式与旧世界的一些古老种族的传统相同。他们焚烧死者的尸体然后将其骨灰装在盒内。他们将有些死者处于坐姿埋葬，而其他死者则四肢伸展入土，有许多尸体还浑身缠裹着白色布条，俨然一副埃及木乃伊的样子。

与之相似的情况也出现在墨西哥。墨西哥政府实行君主制，但却是通过选举产生。该王国由皇室、贵族、拥有特权的牧师、司法官以及普通民众组成。国王由该王国的所有贵族投票，从皇室家族中选出。从这一点上，可知欧洲社会的地位及财产的划分情况。王国疆域辽阔，王国中有 30 个大贵族，每个大贵族拥有奴仆 10 万个，而且这些奴仆属于私有财产。

因此，推测历史上将大批大批的牧群带到远离亚特兰蒂斯大陆的地区并非夸张，他们甚至拥有欧洲社会发展的最光辉的特征——封建制度。其大体规章如下：

(1) 贵族们在任军职期间拥有土地。

(2) 法官独立自主，甚至可以不受国王的限制，法官任期实行终身制，最高法官的权力范围较大，地区法官掌管其所在的省的法律事务，而下一级法官是县级法官，由当地民众选举产生。司法部的这一组织形式是当时封建制度最显著的特征。

(3) 国家中有立法集会、立法会议或立法议会，会议由国王亲自主持，每 80 天举行一次，全部法官都要参加。

(4) 婚礼仪式要遵循基督教国家的传统，有专门的婚姻法庭部门，想要离婚的话必须听从法庭的"判决"。

(5) 保留奴隶制度。虽然保留了奴隶制度，但是奴隶的权利是受保护的，奴隶的孩子享有充分的自由；奴隶没有沉重的劳动负担，还可以拥有私有财产，甚至可以拥有其他奴隶。

(6) 在宗教方面，他们的宗教具有许多与旧世界的宗教相似的特征。比如，西班牙牧师宣称恶魔将假的基督教传授给他们以玷污他们纯洁的灵魂。那些牧师们说"恶魔将一切能偷的都偷走了"。他们洗礼、忏悔、赎罪。他们给孩子取名时，会将水洒在孩子的嘴巴和胸口上，并且"恳求上帝允许他们用圣水洗去孩子的原罪，即在世界建立之前人类犯下的罪"。国家的牧师很多，牧师拥有相当的权力。他们节食、守夜以及鞭挞教徒。许多牧师过着隐居贪欲的生活。

从文化方面来说，有一点与埃及颇有相似之处的是，阿兹特克人的文字发展也经历了三种模式——图画文字、符号文字以及语音文字。他们记录下所有法律、贡品的名单、神话、天文历法、典礼仪式、政治事件以及年代记。记录文字的载体是棉布、羊皮纸或其他兽皮，或者是丝绸与橡胶混合制成的材料。此外还有一种质地柔软，外观漂亮的纸，是用芦荟制成的，上面记载了许多有价值的文字。他们将书页都折成长条状叠在一起，书的尺寸及形状与如今的书本大致相同。人们写诗以及一些词汇精妙的小短文，在修辞地运用上颇为讲究。他们也创造了一种戏剧式的节目。从这些可以看出当时的人们在文学上的造诣已经达到了一个空前的高度。

从天文方面来说，人们已经能够根据天体的运行情况准确地划分节日，能精确地推测出回归年的真实长度，这一点远远超过了古代一些伟大的哲学家。这些成就无疑证明了人类文明的又一次巨大进步。

阿兹特克妇女端庄美丽，但是却面容严肃，常常带着一些忧郁。她们的秀发乌黑润泽，且大多数妇女头顶都戴有花环。富人中的妇女常常佩戴着一串串产自加利福尼亚湾的宝石珍珠链，从这一点可以看出，他们夫妻间甜蜜温馨，男人对自己的爱人百般呵护、宠爱有加。她们过着安详而宁静的生活，空闲的时间会做些纺织、刺绣的工作。而女仆则讲述着古代传说，借以打发宁静的时光。

国家常常举行各种宴会，宴会上提供各种各样的肉食，尤其是野味，最吸引人的是火鸡。当然，也有各种时令蔬菜以及本地特产的各种水果。宴会上，客人们还能品尝到各种糖果和糕饼点心，因为玉米和蔗糖是他们制作食物的主要原料。摩擦餐盘可使肉食品保温。银制花瓶通常都用来装饰餐桌，有时也会有做工精美的金器制品。最受欢迎的饮料当属由香草及各种不同的香料调制而成的巧克力茶。将龙舌兰榨成汁，发酵后再加入些甜的和酸的调味品，这样可以酿成强度不等的饮料。

宴会场地香满四溢，这是因为宴会开始的时候，众多男女侍者伺候两旁，宾客到来的时候，侍者便将香草及鲜花朝他们身上抛去，覆盖整个场地，香气四溢。

在客人就座之前，棉质餐巾以及水壶早已摆在桌上，呈现出接待贵宾的气势。

客人落座后，侍者又将会送上装有烟草及一些香料的烟斗，或者是将烟草制成雪茄插在龟甲或银制的管子中。很有意思的是，阿兹特克人也将烟叶晒干后磨成粉末状，然后用鼻子吸。

从建筑上来讲，阿兹特克人的建筑工程宏伟气势——漂浮的花园、沟渠、架桥、炮台、庙宇、宫殿，以及巨大的锥形建筑，所有的建筑上都刻有精美的花纹。

中美洲的拱形建筑与希腊的拱形建筑物极为相似。

帕伦卡拱形是一种层层相叠且递进的建筑。古代建筑师习惯用泥瓦将拱形填满抹平。希腊最有代表性最古老的建筑之一，迈锡易尼的财宝库其建筑形式、风格与阿兹特克的拱形建筑都是相同的。

财宝库的地基和顶部都是圆形的，但它不是直接建成拱形的，而是将每块石头都水平放置，每块石头都是与另一块石头的一部分重叠，这样，一块块叠起来呈阶梯状，直到最顶端的一阶窄到只用一块石头盖住。迈锡易尼的财宝库是保留至今的所有拱形建筑中最有纪念价值的。

在伊特鲁里亚这一奇特的民族的遗迹中也可以找到相同的拱形建筑。伊特鲁里亚的拱形圆顶有两种。人造拱顶是最奇特的也是最古老的圆顶。这种拱顶由水平叠放在一起的石头组成，一块压在另一块上，而且下一块石头比上一块石头多出一部分，这样一块块叠起来，直至最高处的缝隙用一块厚板就能盖住。

从我们目前发现和掌握的证据来看，亚特兰蒂斯曾经占领了中美洲与墨西哥。

对埃及的占领

亚特兰蒂斯曾经统治埃及人的证据就更加明显了。

（1）埃及人所尊奉的祖先是"12个伟大的神"，而这12个神一定是曾经出现在亚特兰蒂斯的12个神，即海神波塞冬和克里特以及他们的 10 个儿子。

（2）根据腓尼基人的传说我们知道是腓尼基人将文明带给了埃及人。这就意味着埃及的文明与腓尼基人的文明源于同一国家。在腓尼基神话中，神阿米努斯和马古斯的孩子是埃及人的祖先米瑟。米瑟生于透特，而透特在埃及神话中是发明字母的文字之神。圣克鲁尼森告诉我们："克洛诺斯(亚特兰蒂斯之国王)游至南方，将整个埃及交给神透特管理，从此，埃及成了透特的王国。""米瑟"也可能是柏拉图所说的国王"梅斯托"。

（3）《圣经》中说，埃及人是哈姆的后代。而哈姆恰巧就是从毁灭亚特兰蒂斯的那场大洪水中幸免于难的诺亚的三个儿子之一。

（4）埃及文明与美洲各民族的文明之间存在许多相似的地方。

（5）埃及人被称为红种人。

（6）埃及宗教极为崇拜太阳，他们的太阳神是 Ra；拉玛是印度人的太阳神；拉娜是塔尔迪克族人信奉的神；雷米是秘鲁的最伟大的太阳节；雷亚姆是也门人之神。

（7）在埃及和美洲都发现了金字塔。

（8）埃及是仅有的一个记录亚特兰蒂斯文明历程的古老民族。最早的埃及人并不懂得航海的技术，而他们是不可能乘船去亚特兰蒂斯的，所以可以推断，埃及人的知识是由亚特兰蒂斯人传授的。

（9）埃及人都信仰"地下世界"，这是我们找到的另一个证明埃及人的祖先来自亚特兰蒂斯的证据。他们认为人死后是要到西方去生活的。因此，只要有可能，人们尽量将坟墓选在尼罗河的西岸。哀悼者跟随送葬队伍前行，他们边走边哭，嘴里喊着"到西天去吧，到西天去吧。"这个"地下世界"位于水上，因此，送葬的队伍总是要从水上横穿过去。由于坟墓通常位于尼罗河的西岸，送葬的队伍通常是横穿尼罗河东岸到达西岸。送葬队乘着称为"太阳之圣舟"的船达到西岸。

事实上，埃及人所信奉的西方的"地下世界"即亡灵的最终去处指的就是曾经被洪水淹没的沉于海底的亚特兰蒂斯。据说布列塔尼的居民可以从伸向大西洋最西端的雷斯海岬望见这个地平面以下的海底世界。而从埃及只能穿洋涉水才能到达亚特兰蒂斯。这样人们便自然地联想起亚特兰蒂斯的象征——方舟。

在埃及人的意识里，他们认为亡者的灵魂是"在水上航行"而到达西方的"地下世界"的，它们的目的地是极乐园，也就是希腊人所说的"天国"，是偏远西方的一座小岛，那里永远都充满幸福和和平。极乐园中生长着奇花异草，亡灵在那里辛勤地耕作着。

柏拉图曾说亚特兰蒂斯是"太阳底下最神圣的岛屿"。埃及人所信仰的是一个真实存在的国家。他们描绘出该国的山川、河流以及城池，其中有一条名为乌拉内斯的河，这让人想起亚特兰蒂斯传说中的神"乌拉诺斯"。在古代世界的任何地方人们都将西方看做亡灵的归宿，这是一种古老信仰的延续，而这种古老的信仰已如血液一般在这一种族的体内流淌，经久不息。在遥远的西方、广阔的大海之下有一个"地下世界"，几百万个亡灵在这个世界中生活。这个伟大的种族被最大的一场突如其来的灾难毁于一旦。这场灾难便是那场无法回首的大洪水。

（10）如果说埃及的文明时在埃及独立发展起来的，那么多少都会有些牵强，因为目前并没有任何证据能证明这一观点。因此埃及的文明一定是从其他国家传下来的。

《黑森林》一书曾这样写道：

"早在亚历山大时代，书写用的沙草纸就出现了，但是直至最近人们才相信这一结论；之后，莱普休斯发现第12个朝代遗迹中的沙草纸上有模糊的图案：接着，他又在第14个朝代的遗迹中发现了一模一样的图案，这个图案与埃及第一个王朝的始祖米尼兹颇为相似。实际上，早在米尼兹的时代的人们就已经掌握了在沙草纸上书写的艺术，这一点没有什么值得怀疑的。与许多其他领域的调查结果一样，对于这一领域的调查结果，人们感到颇为惊讶。他们想证明的不是各种领域知识的兴起和发展过程，而是企图证明任何事物都没有兴起、发展，但每一事物都能够追溯出源头。埃及的考古学家根据亲身经验明白了要将观察到的结果翻转过来，要假定任何事物都没有发展。但是，人们一在尼罗河两岸繁衍生息，他们就会成为最聪明的人，和几个世纪前的祖先相比，他们拥有的知识更多，权力更大。他们的文字体系也较最初更为完善了……"

但是，这位考古学家找出 5000 多年前的尘土和淤泥以寻求玛各族和米兹雷姆族时代的早期的人类———些野蛮怪人的踪迹。我们赞美这些神话的起源，因为它们已经发展成为不朽的艺术——如果不是它已超越了当代人类的能力范畴，又怎会受到如此的顶礼膜拜呢?当人们提及诺亚的身体在坟墓中变冷之前，他的子孙后代便精于建筑及各门艺术；如果我们拥有这样的技术，我们也不会试图去赶上古人。

我们没有发现埃及曾经历粗鲁、野蛮时代的迹象，但却看到这一民族在其最早期文明中便显露出灵巧、博学、强壮。我们也不可能测知这个民族的所有发明的先后顺序。这个民族的兴起与进步可能应归功于他们取得并利用了"光明"。但迄今为止最深入的研究表明，是光明造就了一个智慧的民族。他们是个善于思考的民族，而知识也正是来源于思索，这是确定的事实。我们从未看到他们在分配劳动力方面缺乏能力；我们也不曾发现他们在艰巨的任务面前畏惧不前。他们挖渠灌溉，劈山开石，雕刻建筑，无所不能。

他们之所以成为一个强大、勇敢的民族，其实原因很简单：大西洋的海水不断上涌，冲蚀着这个国家，他们便想方设法让自己生存下来，所以这个民族才会由野蛮不开化一步步发展成为一个充满文明和智慧的民族。

拥有上万年历史的埃及，曾经盛极一时，它因其庙宇及金字塔而闻名于世，也因其保留下最完整最绵长的人类历史的记录而名声显赫。它曾记录下亚特兰蒂斯的历史进程，记录中有国王、祭司、哲学家、天文学家、艺术家、匠师以及他们的成就。它也曾将自己民族创造出的伟大成就记载于书中——金字塔，虽然大部分已成为废墟，但仍是人类创造出的伟大奇迹；为了修建孟斐斯城，埃及人筑塔使尼罗河水改变流向；修建了一个周长 450 英里，深 50 英尺的人工湖来储存尼罗河水，水库使得原来寸草不生的荒地变成肥沃的土壤；修建了地下渠道，设有防洪闸门、水闸及水坝。

如此文明、智慧的埃及充斥着我们的心灵，我们也由此可以想见当时统治埃及的民族一定非常强大。而这个伟大的民族只能是亚特兰蒂斯。

　　回望那个古老的年代，回溯到那个我们只了解点滴的年代，我们仿佛看到了大批大批移动迁徙的人群，他们拥有高度文明，掌握着发达的技术。他们从另一些更伟大的帝国中迁出。而这块创造出奇迹的土地——尼罗河流域也只不过是这些伟大帝国的一个复制品而已。

　　有很多具有代表性的事情显示出了埃及的文明：

　　（1）胡夫金字塔堆砌起来的巨石粘接得可谓天衣无缝，接缝厚度甚至比锡纸还要薄，水泥也相当坚固，在经历了数个世纪的磨难与摧残后，外层的石块没有丝毫动摇，依旧如初。

　　（2）还有一个令人叹为观止的迷宫，迷宫里面一共有3000个房间，其中一半是地上建筑，另一半是地下建筑。里面有宫殿、会客厅、柱廊、雕像以及金字塔。

　　（3）在埃及的中东部还有一个每边长为1800英尺的正方形卡拉克寺庙，这个寺庙完全可以装下整个巴黎圣母院大教堂，其空间甚至还会有所剩余。当你站立在这样一座宏伟的历史遗迹面前时，你也许根本无法用语言来表达内心的感受。我们会被这精湛技艺以及雄壮气势所震慑、所折服。庭院、大堂、通道、石柱、方尖石

胡夫金字塔

塔、石像、雕塑以及一排排狮身人面像在工艺与气势上都流露出现代气息。

(4) 整个尼罗河及尼罗河三角洲，从地下陵墓到地中海，沿途随处可见寺庙、宫殿、坟墓、金字塔以及石柱，每块石头上都刻有文字或图案，这样的文明几乎已经接近于我们的现代文明了。

(5) 埃及人宣传高尚德行，并有 42 条清规戒律限制，这些清规戒律规定了人们对自己、对邻居、对国家、对造物主应该履行的责任。天堂接纳善美主义，而地狱汇集邪恶，有一个上帝的审判日来判定人心的善恶。

(6) 埃及实行严格的一夫一妻制。

早期的时候，就连国王都不被允许娶两个妻子。妻子有独立拥有财产的权力。妻子所拥有的丈夫的遗产也受到法律的保护。妻子"掌管一切家务"，她能够"自由地进行买卖交易"。如果夫妻离婚，那么妻子的嫁妆应重新归妻子自己所有，而且还要连带高额利息一并归还妻子。结婚仪式只需宣誓即可，夫妻双方不必签署任何其他的婚姻盟约。与现代大多数欧洲、美洲的文明发达国家中妻子的地位相同，在古代埃及，妻子的地位是很高的。

(7) 奴隶制不被废止，但是奴隶受到的待遇比以前更加人性化。

死者被埋葬时，亡灵要在忏悔中宣布："我没有背负杀害圣主的罪名。"

戒律中还有一项规定"保护从事体力劳动的人，在他一天的劳动量之外不允许增加额外负担"。

(8) 埃及人对待战俘也很仁慈，我们找不到任何战俘饱受折磨和痛苦的证据，相反却可以看到一幅画中描绘的埃及人将在一场海战中溺水的敌军救起的场景，这说明埃及人拥有相当高尚的精神境界，这一点可以从埃及人所描绘的他们的理想生活，从基本的道德原则，妇女较高的地位以及他们在战争中的人道主义表现中得以证实。

埃及这一古老的民族在文化方面同样走在时代的前沿。

(1) 人们通常称希腊人为数学之父，但事实上东方世界中最早的数学家是埃及人。

(2) 埃及人还是最早的土地测量者和最早的天文学家，他们能测出日食、月食的日期并观察推测出天体运行的周期。他们是测知地球是圆形最早的人，而不是我们所认为的哥伦布。

（3）埃及人用钟和表盘来估测时间。

（4）埃及人使用金币、银币；制造金银器、铜器、表铜器及铁器；他们还把铁炼成坚硬的钢。

（5）埃及人是东方世界最早的农业家，他们种植各种谷物，还饲养牛、马、羊等家畜。他们生产出的亚麻布质量上乘。农夫还会用各种人工方法孵出家禽。

在国王阿马希斯那个年代(公元前 600 年)，缝制一件外衣所用的一根线是由 365 根极细的线搓成的。

（6）埃及人还是最早的化学家。这一点从"化学"的英文名字"Chemistry"一词可以看得得到一些印证，这个词来源于 chemi，而 chemi 是埃及的意思。

（7）他们制造玻璃及各种陶器，用陶土造船。他们还能够制造出纸做的容器，就像我们今天可以用纸浆来制造轱辘一样。

（8）牙医会给病人镶上金牙，在内科及外科领域，埃及人也已经达到了极高水平：白内障手术是技术性最强、难度最大的外科手术之一，而这种手术只有在近代人们才敢于尝试。而在公元前几百年，埃及人就能够成功地完成白内障手术。《柏林古文献》一书中提到，该文献是在塞克汉姆城中的导引之灵阿努比斯的雕像脚下发现的。这是一本有关医学的论著，里面没有提到任何符咒，而是列举了一些治病的药方，有口服药、外敷药膏和注射剂以及各种药物的功能及使用方法。而后世的许多医学文献中包括大量的魔幻法术及符咒。公元前 4751 年，埃及的第二个朝代繁荣昌盛，其国王森特将从透特那里得来的这本文献又放回了发现它的地方。而这一文献到森特时代早已存在好多年了。

（9）埃及人是最早的音乐家，他们的乐器有吉他、单簧管和双簧管、钹、鼓、笛子、竖琴、弦琴等。他们还使用响板来演奏，西班牙目前也在广泛使用这种乐器。

古埃及留给后世人是伟大而辉煌的遗迹，古埃及人民所创造出来的奇迹远远超越于我们的眼界，试着完全理解和领悟这个伟大民族的思想精髓是十分困难的。在这片现代文明的国度里，埋藏着成千上万的古迹遗风，这会使世人惊愕数载，也会使人们渐渐转变对埃及的印象。

古埃及动摇了人们心中的对于世界历史这一领域的根深蒂固的理解。它永远是一个令人费解的谜团：它依然被赋予着一种魔力，令人为之着迷，为之痴狂。

埃及没有经历过古代时期。

——法国历史学家勒南

她就像一枝最绚丽的花朵在我们面前急速开放。

——奥斯本

她突然来临到这个世界上，她的伟大无与伦比。她没有父母，像是从天国的哪一处降落下来，没有任何进化过程。埃及究竟是从哪儿降落下来的呢?答案是从亚特兰蒂斯。

——塞斯

众所周知，目前在埃及没有任何迹象表明埃及早期曾经历过野蛮时期。所有权威人士一致认为，埃及文明如此发达，无论我们追溯到哪一个历史时期，都找不到埃及有任何野蛮或不开化的时代。埃及第一个王朝的始祖米尼兹使尼罗河改渠换道。修筑了一个巨型水库并在孟斐斯建造了伏萨寺庙……我们在埃及没有发现任何野蛮的风格，甚至连不服兵役期间仍穿盔戴甲的习惯也渐渐为人们所摒弃。

——历史学家罗林森

在古代的文明国度中，埃及和亚速尔的手工业发展达到了相当高的水平，这与几千年文明的不断进步是离不开的。仔细检查、研究博物馆中陈列的各种手工艺品，我们可以这样说，古代埃及的木匠、石匠、铁匠精巧、细致的手工以及高超的技术足以让现代工匠为之震撼……如果学者想看上等的金银珠宝，他应该去观察研究古国的珠宝，比如埃及、希腊、伊特鲁里亚。

——圣泰勒

古埃及的木匠、石匠所用的工具与我们今天所使用的工具完全相同。

在门多萨与拉庞塔的高山之间有一根高为 150 英尺，直径为 12 英尺的石柱。洪都拉斯西部的科潘镇的柱塔孤零零地耸立着，埃及的方尖石塔也是如此；两个建筑物都为四棱形，并且塔身刻有各种花纹。

在埃及的古都底比斯和墨西哥，一年的长度被人们粗略地规定为 365 天，且一年都有多余的 5 天；一年中包含的月份数相同。事实上，墨西哥历中每 52 年为一轮，每一轮多出 13 天。这与朱利安历正好相符。朱利安历中每 4 年就多出一天，那么整个一年的长度就是 365 天零 6 小时。这与埃及人计算一年的长度是一致的——埃及人推算出每 1460 年有一年的长度为 375 天……墨西哥人年历计算法中规定：每一轮即 52 年就多出 13 天，且他们计算出一年的时间为 365 天零 15 分钟。墨西哥人对一年长度的这种计算方法及设置是借鉴于埃及的，或者他们与埃及的年历计算法源于一处。墨西哥每个世纪的起始是从 2 月 26 日开始计算的。从讷波那瑟时代，公元前 747 年 2 月 26 日，埃及的神职人员在进行了一番天文观察研究后，在该天的中午将透特月以及一年的起始时间确定下来。因而 2 月 26 日成为一个标志性的日子。墨西哥人将一年中多余的 5 天称作"无功日"。在"无功日"，他们不交易、不买卖，而埃及人却在那些天庆祝他们的神的生日。这一点已得到希腊历史学家普卢塔克的证实。

从这么多的世纪发展来看，只有知识达到相当先进水平的天文学家才能够测算出一年的准确长度为 365 天零 6 个小时(现代科学已证实一年的精确长度为 365 天零 5 个小时再加上不到 10 秒的时间)，拥有高度文明的民族确信时间会一年年地延续，每隔一段时间便会多出 12 天，一年分为不同的季节。这两个国家的古老文明都高速发展且高度发达。本国的牧师通过传教活动将这些文明传到

古埃及石雕

其他殖民地。

事实摆在眼前，古埃及是亚特兰蒂斯辉煌与伟大的后续化身，关于它的纪念碑、雕刻、法律、宗教以及文明的记述将成为有力的证明。

曾经的亚特兰蒂斯成为了世界的尽头，它为世人留下了东方世界的长子——埃及。埃及的光辉被证明是来源于亚特兰蒂斯的发展。

埃及历史学家马奈索将 13900 年这段时间称作"神治"时期，而且确定这段时间就是埃及历史的开端。这漫长的 13900 年可谓是对亚特兰蒂斯的全部兴衰过程的一次重演，但与全部地质年代相比，只是一个稍纵即逝的瞬间。

密西西比河流域殖民地

■密西西比河流域曾经也在亚特兰蒂斯的统治下。

有这样一种假设，假如说从远古时代开始一个文明的海上民族便在墨西哥湾沿岸建立了殖民地，而且从那时起其殖民地不断扩大到墨西哥高原地带，一直蔓延到新墨西哥州及科罗拉多州的平原及山地。如果这个假定成立，那么这些敢于冒险的航海家勇敢地沿墨西哥沿岸穿行，他们迟早都会发现密西西比河的入口。很自然，他们会行进到密西西比河，沿着河流探索，开发并建立殖民地，因为他们发现密西西比河流域气候适宜、土肥壤沃，而一些边远地区则气候恶劣，人们往往不愿意在这样的环境中生活，因此这里的文明也较其他地区落后，慢慢地便形成一种循环，就是人们不断的迁走，文明不断的落后。

这样的假设所得出的结论恰恰是在密西西比河流域曾经发生过的一段历史。

史前在密西西比河盆地及邻近地区筑堤的北美印第安人(美国的筑堤人)曾为闻名一时的河岸上的民族。他们大多集中在密西西比河及其支流附近，在那里安居乐业，繁衍后代。他们对外贸易的主要通道就是供船行驶的河流。

那时的筑堤人为了方便灌溉及经商，就建筑冲积堤来加以对密西西比河支流的控制和利用。耶朱河(密西西比河的一条支流)被称为古迹河。由于目前为止并没有找到任何证据来证明他们是否曾行进至大西洋海岸，而且在新英格兰州没有发现筑堤人留下的任何痕迹，甚至在纽约州也没有发现。因此我们可以推断筑提人的文明是沿密西西比河向北发展并延伸至其支流，但并没有越过阿勒格尼山脉。然而筑堤人却北上远航至密苏里河及黄石河，后又至俄勒冈州。筑堤人的主要生存地是密西西比河及俄亥俄河沿岸，密苏里河上游只是筑堤人的聚居地之一。在威斯康星州，筑堤人在南部以及密西根湖的西岸开辟天地，而在北部很少看到他们留下的痕迹。在明尼苏达州和衣阿华州都发现了一些圆形的墓，在达科他州有一些还非常大。伊利诺伊及印第安纳州也居住着很多筑堤人。因此，可以确定筑堤人殖民地的中心在俄亥俄河与密西西比河的交汇处。

筑堤人这一民族的主要特点从其名称上就可以看得出来——善于用土或石来建筑，而他们所用的土石正是墨西哥和埃及的金字塔的主要材料。奥尔顿与东圣路易之间的一座圣路易斯卡霍基冢是筑堤人建筑的典型代表。这座坟墓高 97 英尺，长方形底边分别为 700 英尺和 500 英尺，坟墓南侧面边长分别为 160 英尺和 300 英尺，且上窄下宽，堤顶为平面，宽 200 英尺，长 450 英尺。由此可见圣路易斯卡霍基冢占地面积与埃及最大的全字塔——基奥普斯金字塔的占地面积相同，不过在高度上却略逊一筹。

碑塔是筑堤人为我们留下的伟大遗迹。仅在俄亥俄一州，就有10000 多座坟墓，1000 到 1500 个围场。他们所筑的堤坝是四边形，而不是像金字塔那样的锥体，碑塔的各个边与埃及金字塔的各边基本相似。

筑堤人在建筑过程中能够造出颇为精确、完美的方形和圆形，使得他们的生活场所各种建筑形状各异，十分精彩。一个巨形围场面积只有 40 英亩。在俄亥俄州的希望城，有两个带围墙的建筑物，虽然一个是方形，一个是圆形，但每一个的面积都是精准的 20 英亩。这些建筑物的占地面积如此精确，可见他们一定有某种常规的测量尺度及标准，还有画角工具以及测量方形或圆形建筑物面积的工具，这些都说明筑堤人曾经高度发达的文明。

如果我们将现代技术最精湛的工程师找来，在没有辅助工具的情况下，要想边量边建成一个周长为 0.8 英里的正方体，其难度都是无法想象的……然而，在那个时代，筑堤人却精准的完成了这项工程，这其中还包括八角立方体。

密西西比河流域的金字塔式建筑与埃及、墨西哥以及秘鲁的金字塔有许多相似之处，而且在俄亥俄州和秘鲁都存在一种非常奇特的建筑，多数人称其为"双重墙或延长的金字塔"。

在测量重量体系上，筑堤人也有一套精密而完整的测量体系。举例来说，考古学家曾经发现了一架筑堤人的尸骨，这架尸骨的手臂上戴着两只铜手镯。这两只手镯大小相同，厚度均为 2.9 英寸，而且两个手镯的重量都是 4 盎司。

筑堤人还修建了围墙和战壕以备军用，军用围场中心还修有人工湖，以保证战时充足的水源供应。在俄亥俄州的小迈阿密河畔有一个古代的炮台战场。战场中间有一个四五英里长的圆形场地，周围的堤墙有 24 英尺高，这个炮台可以容纳 60000 人以及他们的家眷，还有生存必需品。

筑堤人从纽约的南部边界斜穿过纽约，俄亥俄州的中北部直到俄亥俄州西部及印第安纳州境内的弋伯许河修建了许许多多的堡垒。因此，筑堤人之所以从南方向前进行，很有可能是受到从东北部迁移来的敌对种族对他们的威胁和驱赶。

考古学家在俄亥俄州的玛丽爱特，发现了一个金字塔与十字架混为一体的建筑物。这些建筑物体积大而且复杂。它们占地达 2 平方英亩，且周围堤墙为 2 英里长。有一个堤坝是三重建筑，与鸟儿的爪子颇为相像；中间的那个堤长 155 英尺，其余两个长度均为 110 英尺。这种奇特的设计会让人不禁想起亚特兰蒂斯曾有的一种建筑风格以及海神波塞冬的三叉戟。筑堤人在造砖的时候掺杂些灯芯草并将其晒干，这一点倒是颇像埃及人在砖内掺杂点稻草的举动。

除此之外，筑堤人还会造铜、制银、炼铅，而且已经有证据证明他们已经会冶铁。他们已掌握了铸造金属的艺术，并与同样懂得该技术的种族交流经验。在纽约州发现了筑堤人铸造的铜斧，居住在密西西比河流域的古代居民掌握了这门艺术。比如坟墓上的标志物——各种形状的小物件，便是对此强有力的印证。曾经有人在索克维耳的古代战壕上的枯井中发现了一个未经加工的斧状物，纯铜制成，大约重半镑。可以确定的是，这是筑堤人所造，因为在他们所建的坟墓的祭坛上方常有铜矿。

筑堤人的坟墓内有许多铜制品。铜制矛尖、铜斧、铜手镯、装饰品上的铜扣、空心铜纽、铜环等等都与欧洲青铜器时代的这些物品颇为相似。在俄亥俄州的巴尔特勒镇，人们发现一副尸骨的头上竟然有一个铜制发夹，其上还有一些稀奇古怪的装饰物。

筑堤人似乎很重视银的价值。他们把银制成薄片，甚比纸还要薄。然后把银均匀细腻地涂在铜或石制饰物上以掩盖其为镀银饰物的事实。筑堤人很可能视金属与银一样有很大价值。如果这种猜测成立的话，这将会成为另一个筑堤人的迷信与欧洲各民族的迷信有相同起源的有力证据。

许多石管看起来有金属光泽，这是裹在上面的一层铜的效果。里面的石边与铜边重叠处也被剥光，看不出重叠的痕迹。有些东西还镀有铜和银两层习金属，比如贝壳做的小珠子和星状物。

有一副年代久远的尸骨能够较为完整的体现筑堤人在研究金、银、铜、铁技术上的成果。从表面看上去，存放尸骨的坟墓的修建年代与周围其他坟墓相同，被建在筑堤人的第一个殖民地玛丽爱特，周围长着茂密的树木。这座坟墓似乎是为某一个大人物专门建造的。

尸体的额头上放着三颗大圆珠，或者是剑上的装饰物。这三个圆珠都是用铜制成的，外面镀有一层厚厚的银，其正面微微凸起，中间凹陷，有点像杯子。测量其表面每一个直径均为 2.15 英寸。其背面正好与凹进去部分相反，是一枚铜制铆钉，且表面镀有两层金属。当时的人们将兽皮利用这两层镀金固定在这三个圆珠之上，其中一个圆珠的两层镀金中间夹有两小块兽皮，有点儿像木乃伊的外皮，而且似乎是利用铜中的盐分来保存的。

尸体旁边还有一个银片，好像是剑鞘的靠上部分。这个银片长6英寸，宽2英寸，重达1盎司，它好像是用三四个铆钉固定在剑鞘上的，因为银片上还留有几个小孔。在剑尖附近还有两三个锈迹斑斑的小铜管，表面上看起来似乎是剑鞘的底部。

一些权威人士十分仔细地检查过这些小物件，大家一致认为，这些铜制圆形物上面不是简单地涂抹了一层银，而确确实实是镀了一层银。而且银和铜之间是靠某种物质粘在一起的。根据推测，这种连接物像是某种东西经过加热后起到粘贴作用，这样才使铜与银连接在一起。这些都是筑堤人的杰作。这些都说明那个时代的筑堤人已掌握了难度很大的镀金技术。但还有一种说法，那就是筑堤人与掌握这门艺术的某一民族有联系。这些物品有可能是从贸易往来中得到的。这座坟墓中还发现了被氧化的铁或钢，这说明筑堤人很熟悉铁的使用。

有一些颇有力的证据可以证明早在距今极遥远的时代筑堤人就已在苏必利尔湖畔开采铜矿了。这些矿井已挖到地下很深的地方，还有井梯，巨型岩石已被凿成碎块，还有各种石器工具。由此我们可以判断筑堤人为开采这些铜矿长期从事繁重的体力劳动。据说现

大片的筑堤

在华盛顿州的巨型昂托纳根纯铜块就是筑堤人开采出来的，因为人们刚一发现这个巨型铜块，就在上面看到了明显的他们所使用的工具的痕迹。所以，我们基本上可以确定，筑堤人对如何使用铜、银、铅已很熟悉，也很可能掌握了铸铁技术。筑堤人还拥有各种机械设备。他们极有可能会使用车床。因为我们发现有许多看上去像象牙的珠状物，上面有细细的纹路，这与车床加工出来的效果相同。在塞奥托河畔的一座坟墓中，人们发现一副尸骨的脖子上戴着一串用贝壳和动物的牙制成的项链。这些珠子看起来依然光滑亮泽、圆润细腻，很显然并非手工雕刻制成，而是经过机器加工成形的。

墓穴中不仅有有趣的遗留物，还有大量的石管。所有的石管都是经过精心炮制的，这样石管便有了装饰作用。在奇里科思附近的一座墓穴中，考古工作者发现了一个最典型的样品，其工艺精致远超其他的石管。它长 13 英寸，直径为 11 英寸，一端微微隆起，而另一端则呈宽扁形状的三角形，整个比例设计得相当精确，这是按照数学方法得出的结果。石管由一种密实坚固的石板组成，且被切割得十分整齐、精细，虽然没有经过打磨加工，但是看上去还是很光滑、精巧。石管内壁也非常平滑，有明显的钻孔的痕迹。

筑堤人也已经开始使用了锯这种工具，因为在墓穴中发现了一些牙齿的化石，上面可以明显地看到用锯锯过的条纹痕迹。由于筑堤人的一些斑岩都可以被锻造成最锐利的刀锋，因此，他们同墨西哥人与秘鲁人一样掌握着将铜铸成钢一般坚硬的奇特的铸炼工序。

筑堤人拥有非常先进的雕塑技术。他们能在小的圆筒、玩具以及圆环上雕刻出飞禽、走兽、爬行动物及人的脸部等形象，而且非常逼真、栩栩如生。

虽然可以充分展示筑堤人雕刻技术的样品数量较少，但种类很多。这些手工艺品美观大方、精巧细致且取材质地优良，完全可以与秘鲁人制作的一些最好的样品相匹敌，有些样品在许多方面与秘鲁人制作的极为相似。他们在大多数石管的管口处刻上许多小型的飞禽走兽以及爬行动物等的图案。这些形象栩栩如生，充分显示出筑堤人的本领。筑堤人在雕刻这些图案时，不仅真实地再现了这些动物的外部特征，而且还在某种程度上展现出它们独特的习性。在雕刻图案中他们用两颗头来代表老鹰。无论在古代还是在现代，这种表现方法对于任何微型雕刻来说都是超乎真实与想象的。作为飞禽之王的鹰，那目空一切、傲视群雄的表情也完美地再现出来。仅从这一点我们是可以看出艺术家精湛的技术了。

我们在墓穴中还发现了一些布料，纤维细密地结在一起。还有一些用草和麻编织的物品，以及编织用的梭形物。另外，还发现了数量较大的管乐器，管上都有吹口和音栓。情人笛上面雕刻有精美细致的花纹，这不禁让我们联想到布莱恩特的诗句——

> 夜幕将至，一对恋人在田野中漫步，他们喃喃细语，用古老的曲调吹奏出浓浓爱意。不知是何处乐器，悠悠地将诚挚的祝福吹进他们心里。

筑堤人与亚特兰蒂斯方向的某一个热带地区的民族有接触，这一点是有证据可寻的。在俄亥俄州，一些筑堤人雕刻的生活在佛罗里达海岸、巴西以及中美洲的海牛的代表性图案被发现。此外还有一些热带鸟的图案，这些热带鸟只生活在南美洲。墨西哥湾中的贝壳、大西洋的珍珠以及墨西哥的墨曜石也一排排地陈列在墓穴中。

筑堤人掌握这些技术的年代久远现在已得到普遍认同。从尼尼微和巴比伦的遗迹中，考古学家们挖掘出至少是 2500 年前的尸骨；从埃及的金字塔和地下墓穴中发现了一些头盖骨，有的被包裹起来，有的未被包裹，这些虽然都已年代久远，但依然保存完好。然而，我们在从五大湖区到墨西哥湾沿途的印第安人的墓穴中找到的尸骨经过岁月侵蚀已几近成灰。

所有的证据证明：在非常遥远的古代，西方世界上就已有文明或半文明的人居住了。他们已经开始种植玉米、烟草以及昆诺阿藜(产于安第斯山脉地区，印第安人种之以食其粟)等，以至于这些植物最原始的特征已完全消失。

被称作美人树的南美印第安人栽种的唯一的一种棕榈树最后的坚果式的树种已经消失，现在要栽种者亲手栽培才得以生长。其中几种植物如果没有人类的精心培育，早就会灭绝了，它们需要很长时间才能够生存下来，种植印第安玉米也已经历了很多个世纪。很多年以前就有许多动物被当地土著人家驯养了。这些动物在西班牙人到来时已经没有野生特征了，都已被驯服，比如说秘鲁的骆马。人们在欧洲人类最古老的遗迹中发现了扁牛的胫骨。而在美洲的墓穴中发现了特征更为明显的胫骨，这些发现都表明美洲有人类居住的历史在很早以前就开始了。

筑堤人曾向南部的墨西哥方向移民，大概在公元 29 年至 231 年间的某一天到达墨西哥，那时他们被称为纳华人（中美及墨西哥的印第安人的某部落的通称）。他们称所离开的密西西比河流域的那一地区为 "Hue Hue Tlapalan"，意为 "最古老最古老的红土地"，这一称呼很可能是为了纪念那一国度中某一部分的红色土壤。

我们在墓穴中发现的不是青铜器，而是各种铜器。这可能意味着定居在密西西比河流域的筑堤人在离开亚特兰蒂斯的时候还没有发现用 9∶1 的铜锡混合而制青铜的技术，或者更有可能的是他们就是在当地单独使用铜进行生产制造，因为在他们的居住境内没有找到锡。但是，那些用来切割石头的铜制工具很可能用锡来加固。事实上，墨西哥人懂得如何制造真正的青铜；密西西比河流域与墨西哥之间有接触。这一点可以用俄亥俄州的坟墓中发现的墨曜石的工具器物加以证明。人们在贸易往来中带入了一小部分墨曜石或者是带进了制造雕刻工具所必需的用锡加固过的铜。

筑堤人与亚特兰蒂斯之间的联系是被无数的证据证实了的。

（1）筑堤人与中美各民族都有关于 "洪水" 的传说，他们的传统都来自于海的另一端的东方。他们与古代秘鲁人有许多相似的地方，这说明他们是人类的一次大迁徙的一部分。即从南美洲西部的安第斯山脉到苏必利尔湖，而我认为是从亚特兰蒂斯到印度。

（2）他们的文明以及石器、青铜器的生产制造与欧洲青铜器时代的文明有相似之处。

（3）筑堤人所建的墓穴外部类似于中美、墨西哥、埃及和印度的金字塔，可以称其为金字塔的缩小版。

（4）筑堤人与墨西哥湾一带居民之间有来往，热带动物就可以证明这点。而亚特兰蒂斯人又是在墨西哥湾周围的一些地区受治于外族的。

（5）筑堤人的居住范围也仅限于密西西比河流域。移民队伍在行进的过程中，首先到达的是地势较高，且土壤肥沃的地方。所以很明显这些地点的人口密度最大。

（6）从北方迁徙回来的野蛮民族对他们产生威胁。而筑堤人家园不保或亚特兰蒂斯沉入海底时，他们又退回到他们所来之地。由于罗马帝国崩溃而从高卢和不列颠撤军南移时，筑堤人转而依靠其中美的同宗种族。

（7）人们认为纳奇兹人是筑堤人的后裔，纳奇兹人在祭坛前将圣火点燃，并使其永远不灭，而这一坛圣火由一些貌似牧师的老人看守。这种文化与欧洲相同。

（8）据说在美国衣阿华州东部城市达文波特的一座墓穴中发现了一块碑，如果这块碑不是赝品的话，那就说明筑堤人也一定使用过字母表或者与使用字母的民族有一点来往。这块石碑可以帮助人们了解当时上面有火坛的献祭用的坟墓是做什么用的。碑上的墓穴上方有太阳、月亮和星星，上面还有一些模糊的字迹，像是欧洲字母，尤其像刻在青铜石斧上的字母。这把石斧是在罗马附近发现的，而石斧上的字母却无法辨认其最初的根源出处。

伊比利亚半岛殖民地

考古学家温歇尔说道："在我看来，伊比利亚人很可能是亚特兰蒂斯人和西北非人的后代。"

古代人掌握的知识范畴面较窄，那时的人们认为距离大陆本土最远的人种是一支被称作伊比利亚人的民族。他们的居住区域很广，从地中海到比利牛斯山、穿越整个西班牙半岛，甚至越过高卢最南端直抵法国中东部的罗讷。

历史上曾经有一段时期人类在西南欧定居，这个时期比在东北非创建的埃及文明还要向前追溯一段时间。早在公元前四五千年时伊比利亚人就大批迁徙，他们的活动范围遍及西班牙、高卢及英伦三岛等地……据古埃及第四王朝史书记载，这段历史至少可以追溯到公元前 3500 年左右，当时的伊比利亚人已经相当强大，他们甚至已经开始征服整个世界的谋划。伊比利亚人历史上曾经在西西里岛开拓其殖民地。同时他们也最早在意大利和撒丁岛定居。此外，他们还很可能是黑头发的挪威人和瑞典人的祖先。

亚马孙人，即伊比利亚族裔的利比亚人，也存在褐色和灰色皮肤这种显著的特征，这一点埃及第四王朝的纪念碑可以证明。

再进一步推断可以知道，伊比利亚人就是今天的巴斯克人(西班牙比利牛斯山西部居民)。巴斯克人的特征是身材中等，体格健壮，身手敏捷，韧性十足，与西班牙人相比，他们肤色略黑，眼珠呈灰色、头发乌黑。他们性格质朴，豪放不羁，热情奔放，生性好客。巴斯克的女人更是与众不同，她们不但容貌美丽，优雅活泼，而且男人做的各种工作她们同样能熟练地操作。整个巴斯克民族的人民都是多才多艺，能歌善舞，而且大多数巴斯克人都钟情于风笛。

语言学家保罗·布洛克曾经说过："巴斯克语是一种非常独立的语言，相对而言，它似乎更相近于美洲语言的类型。目前我们只能这样认为，在所有欧洲民族中，巴斯克民族是这块占世界总面积1/4的领土上最古老的民族。巴斯克语与马扎尔语（匈牙利人）、奥斯曼语（西支土耳其人）及其他阿尔泰语系的语言之间都存在一些相似之处，同时，它还与旧大陆的芬兰语以及美洲大陆的许多语言，例如北美阿尔贡金族印第安语等有些联系。"

另一位语言学家杜庞奇奥则称："登山家从广阔的欧洲大陆的一个角落中将巴斯克语挖掘出，它或许是这片大陆上残存的远古时期遗留下来的为数不多的100多种方言中唯一的一种了。如同长毛象一样，它也在历史的长河中不断留下一些记录。它绝对是本民族原创的语言，在这种语言中涉及的所有俗语、谚语和成语在世界上都是举世无双的。"

在人类历史的早期巴斯克人曾经移居爱尔兰，所以他们应该也是英格兰和苏格兰的黑发人种的祖先。另外，他们似乎也与居住在非洲地中海沿岸的伯伯尔人存在某种亲缘关系。

博蒂斯昂，一个外科医生，已经在阿尔及尔工作了15年，曾经说过"凡是在布列塔尼(法国西北部的一个地区)生活过的人，一旦他们来到阿尔及利亚，就会对这样一种现象有非常深刻的感触，那就是在古阿莫里凯人(布列塔尼人)与阿尔及尔(阿尔及利亚首都)人之间存在惊人的相似之处。事实上也的确如此,二者无论从形体还是性格上比较都几乎挑不出任何差异。拥有纯粹布列塔尼血统的人一般身材较为矮小,头部稍长,长有黑色头发,皮肤为淡黄褐色,眼珠是黑色或褐色,与阿尔及尔人一样,他们对陌生人都持有谨慎、戒备甚至排斥的态度。在性格上,两者同样都是那么倔犟执拗、固执己见,同样具有很好的抗疲劳性,同样地喜好自立,表达感情的方式几乎一模一样,语言上的变音也如出一辙。当你听阿尔及尔人谈论本国其他人的情形时,就会联想到布列塔尼人谈论凯尔特人。"

布列塔尼人与周围的凯尔特人有明显的不同,凯尔特人身材高大,皮肤白皙,长着蓝眼睛和黄头发。他们都很善交际,好冲动,而且多才多艺;但是他们的情绪不稳定,太容易变化,可能刚刚还是精神百倍的,突然就变得垂头丧气起来。而布列塔尼人则完全不同:他们平时寡言少语,对于自己的信念绝不轻易放弃,他们看起来似乎总是闷闷不乐的样子,但在内心却拥有坚忍不拔的顽强意志;总的来说,无论在性格上还是体征上,他们都是典型的亚特兰蒂斯大陆的南方人。

巴巴里诸国(16至19世纪间埃及以西的北非伊斯兰教各国)是古希腊和罗马人最熟悉的名字之一。在远古时期,亚特兰蒂斯曾受治于海神尼普顿最喜欢的儿子,因此,亚特兰蒂斯人也素以崇拜海神闻名,这一点埃及人可以为证。世人坚信亚特兰蒂斯人是人类史上最早的航海者。同所有的航海者一样,他们也曾经占领了许多殖民地,布列塔尼就是其殖民地之一。

柏拉图认为,最早对亚特兰蒂斯进行记录的尼普顿就是海神波塞冬。

在欧洲铜器时代的古人类与北非的古代居民之间有非常紧密的联系,通过深海中的水下山脊,非洲与亚特兰蒂斯紧密相连在一起。

对秘鲁的占领

根据深海之下的亚特兰蒂斯地图显示,亚特兰蒂斯与南美海岸是通过水下山脊紧密相连的,而这些水下山脊则有可能是两块大陆交汇点。

假如亚特兰蒂斯人曾经向西扩张，很明显，首先他们会在途中发现亚马孙河及其支流沿岸雄伟的山谷；然后他们会穿越地势平坦的巴西平原，随着地势增高，风景越来越美丽，土壤也越来越肥沃，一直到玻利维亚，从那里穿越最后一道山脉，就到达秘鲁境内。

秘鲁再向西便是太平洋，亚特兰蒂斯人便停下了西拓的脚步，于是秘鲁就成了他们最西端的一块殖民地。在这里，亚特兰蒂斯人开辟天地；就像他们东进地中海沿岸，跨越达达尼尔海峡，创立雅利安文明、闪米特文明一样，他们又在黑海远滨及里海沿岸创建了都兰语族(古代土耳其斯坦的居民及其后裔)殖民地。据印度史书记载，这便是当时在德瓦·纳胡沙的统治之下世界最大的帝国；这也就是柏拉图在描述亚特兰蒂斯中提到的那个"一度辉煌、喜好征战的帝国"，这是一个伟大的帝国，它统治着当时的整个世界，古希腊人众神之王宙斯的概念也是起源于此。也正是因为有了这个帝国，历史学家洛佩兹才解开了南美洲太平洋沿岸地区的语言同欧洲大陆的高卢人、爱尔兰人、英格兰人、意大利人、希腊人、大厦人和印度斯坦人的语言有惊人相似之处这个谜团。

据考古学家蒙特赛努称，人类历史上的大洪水时期，美洲曾遭到一支由四个人领导的民族的入侵。四个领导人的名字分别为：阿亚·曼科·托巴、阿亚·查基、阿亚·奥卡和阿亚·乌伊苏。洛佩兹告诉我们："阿亚代表原始部落首领；而曼科、查基、奥卡和乌伊苏则分别是信徒、漫游者、勇者和农民的意思。这就好像与在雅典世袭下来的四个传统部落的名字一样。"当一个劳动阶层获得最高权力后，那么这个阶层的首领就会被授予"皮尔华·曼科"(Pirhua—man-co)的名字，这个名字中的 Pir 与意大利中部翁布里亚语中的 Pir 发音规则相同，均发清音。这种靠两唇清吐改变发音的方法，实际正是来自于亚特兰蒂斯语言的发音规则，由此看它们也是被亚特兰蒂斯人一同带到南美洲殖民地的，那这块殖民地是否就是今天的秘鲁呢？当印度传教士在秘鲁看到那种奇特的符号——5 颗向外凸出的点时，立即兴奋地断言他们代表"秘鲁和这个世界的四方"时，那他真正的意思是否就是指古代的亚特兰蒂斯帝国呢？

在秘鲁殖民地中，曼科这类的名字是最受人尊敬的，与之相似的还有曼努斯、曼努以及曼尼科。看到这些名字不禁让我们联想起埃及统一后第一代国王美尼斯、宇斯之子迈诺斯等赫赫有名的人物，而且这些鼎鼎有名的大人物也都是在旧大陆之初就出现在历史中的。

盖丘亚人(指南美安第斯高原各国的印第安人，也指印加帝国时代居于统治地位的部落集团)这个喜欢入侵的民族是一个白皮肤、蓝眼睛和红褐色头发的民族；高大的身体和硕大的脑袋是他们最明显的特征。但今天他们的后裔已经发生了一些变化——皮肤呈橄榄色，甚至比他们曾经征服过的印第安人的肤色还要浅一些。

西班牙人都知晓的秘鲁人这个强大的民族同古盖丘亚文明之间存在不一般的联系，就像16世纪的英格兰之于罗马帝国文明一样。印加人(南美印第安人的一个部落)只是高山文明流传下来的一个分支，但他们确又征服了海边未开化的民族，而且将其古老的文明根植于他们身上。

某一时期，盖丘亚民族将其统治的区域延伸到了超过200英里的地方。当西班牙人到达这片土地的时候，"它已经是一个人口密度大、国力强盛的帝国，这个国家具有非常健全的管理体系，有着相当先进工业部门，并且在一些重要的人文艺术方面成果也十分明显"。

关于远古文明存在于秘鲁的证据皮萨罗的朋友找到了许多。塞卡·德利昂提出存在于"蒂亚瓦纳卡废墟"上的一个相当庞大的文明体系，"一座人工建造的小山从一块巨石的基座上拔地而起，两座高10～12英尺的石像，身着长袍，它们显然是由手艺高超的工匠雕刻而成"。德利昂补充道："那些巨石是如此庞大，其做工的规模简直令人瞠目结舌，足以谓为奇观，即便是现在，我仍然感到不可思议，这项工程究竟要耗费多少人力、物力才得以将如此庞大的石像立于其上。这些石像造型各异，千姿百态，其中一些呈现人形。一定是人像。在靠近墙边的地方有许多岩洞和人工挖掘的坑道；但是由此向西较远的地方，则是另一番景致，那里有更加雄壮的令人叹为观止的遗迹，例如巨大的带有折页的石门、宽敞空旷的平台，以及绵延曲折的游廊，所有的一切都是由石头砌成的。这些石块中有的甚至长30英尺，高15英尺，厚6英尺面对这些由无数石块砌成的巨大的石门，不得不让人发出由衷地赞叹。"

格兰·奇姆时期，在与印加人经过长期而异常惨烈的斗争后，秘鲁北部地区奇姆的都城最终还是沦陷，并且遭到野蛮的掠夺和毁坏。"但是它的遗迹被保留至今，这块南美大陆的奇异之地，覆盖着 20 多平方英里的土地。陵墓、庙宇和宫殿林立，尽管大多已被毁坏，但其遗迹依稀可循。巨大的金字塔群异常夺目，它们中有些占据两个半英里左右的面积。大片区域被高耸的墙壁隔开，每一片土地都有自己的蓄水池，都城内店铺林立，人口众多，每一个地区都是整个王国的一个组成部分。监狱、铁匠铺以及一个文明所能包含的几乎每一项要素，都在古奇姆城中存在。最大的一座金字塔，被称作'太阳之殿'，有 812 英尺长，470 英尺宽，150 英尺高。虽然在数个世纪以前这些巨大的建筑就遭到破坏，但我们隐约可以看到其昔日施工留下的痕迹。"

位于喀喀湖周围的古盖丘亚文明的中心之一。这里的建筑都是在秘鲁国内非常普通、常见的建筑，这里的建筑大部分都是石头磨制的。

位于秘鲁北部的库拉普，这里也有许多非常奇特的古遗址。"其中包括一堵 3600 英尺长、560 英尺宽、150 英尺高的石墙，这么多石块拼为一体的浩大工程，只有掌握相当高超的技术才能实现。而且，在这堵石墙之上还有另一堵长 600 英尺、宽 500 英尺、高 150 英尺的石墙，使得它的总高度达到惊人的 300 英尺!在石墙的内部是大大小小的房间，它们被用来作为墓穴。"

此外，在瓦曼加附近发现的另一处非常古老的遗址群，这些遗迹同样具有非常庞大而显著的城市系统。了解祖先历史的秘鲁人称："这座古城是由白皮肤的、蓄着胡子的建造的，远在印加人入侵之前，他们就来到这里，并在此定居。"

秘鲁人还大量使用了技术含量相当高的渡槽，而且为了保证其坚固性，需要使用打磨光滑的石块和混凝土黏合，其中有一条渡槽更是绵延了 450 英里，沿途还要穿越一些山脉和河流。如果你对此还缺乏更加直观的感觉的话，不妨这样想象一下，一条从纽约出发翻山越岭百转千回一直到达北卡罗来纳州，这是一种多么雄伟壮观的工程啊!

秘鲁的城市街道也是别具一格的,这些街道也完全是由石料铺设而成。其中一条是从秘鲁南部印加帝国的中心城市库斯科出发直抵海岸线,向北延伸到达赤道附近的大路;另外,还有一条北起厄瓜多尔首都基多。南至智利,穿越崇山峻岭,纵贯整个秘鲁的跨国大道。这些街道的宽度约为 20~25 英尺,全部由碎石与石灰、沥青混合黏结而成,并在一块厚度超过一英寻(测量水深用长度单位,合6 英尺,或 1.829 米)的模具内被凝固成型。在许多路段,道路完全是从数里格(长度单位,在英美约为 3 英里或 3 海里)长度的巨石中穿过;当穿越一些峡谷时,则不惜代价全部用石料将其填满:而在河流上面,则是选择用悬桥造路,这项技术直到许多年以后才被传入欧洲。工程专家鲍德温对此颇有感叹:"修筑跨越太平洋的铁路大桥的设计者们,拥有远比他们(秘鲁人)更加先进的工程技术和机械设备,但其成本造价和施工难度却也没能因此而降低多少。像这样一条跨国公路,从基多到库斯科,再从库斯科到智利,这样的长度足以抵得上两架跨太平洋大桥,而且它沿途经过的高山险滩给施工带来的难度还要远远超过跨海大桥。"历史学家萨尔门多在评价这段历史时讲道:"在我看来,即使是在查理五世时代,也很难修建出这样一条从基多到库斯科,或者从库斯科到智利的大路,我几乎敢断定即使动用帝国的最高权力,这也绝对是不可能做到的。"德国博物学家、旅行家及政治家亚历山大·亨伯特对此这样评述:"这条道路本身就是一个奇迹;在我见过的所有道路中,包括意大利的古罗马大街,在法国南部以及西班牙的街道,没有哪一条大路比古秘鲁人修筑的这条大路更加雄奇壮观的。"

有了这条大路,才有了络绎不绝的商旅游人来到这里贸易经商,繁荣一方。这些道路建于印加时代。而早在印加文明数千年前,白皮肤、红头发、留着胡子的亚特兰蒂斯人便掌握了这些巧夺天工的技艺。当年怀纳·卡帕克大帝 [?—1525 年,印加帝国极盛期(1493—1525)的皇帝] 正是指挥他的大军经由这条"通天大道",最终入侵到基多。当浩浩荡荡的大军行进到这条大路的时候,由于年久失修路面坑洼不平卡帕克一气之下下令修路。

　　这种高难度的工程，对于拥有辉煌的艺术和文明的秘鲁人来说，根本算不上什么。他们的历写满了是奇迹。在那个年代，他们的棉花和羊毛加工业已经精美绝伦，甚至闻名于整个欧洲大陆。他们的农业种植、水利灌溉和珠宝切割加工技术也丝毫不输给欧洲大陆。但在世界上，最令秘鲁人声名远扬的还是那些异常珍贵的稀有金属。这一点有史为证，在西班牙人占领秘鲁后的 25 年中，作为"战利品"，他们源源不断地从秘鲁运回了价值超过 8 亿美元的黄金，几乎所有这些都是从秘鲁人手中强行掠夺的。1534 年皮萨罗将大量黄金艺术品运回西班牙时有一段记录：在他们的一座宫殿中，"有一个人造花园，花园中的泥土都是用上等黄金的碎屑装饰而成的，还有许多用黄金打造的农作物，包括不同品种的玉米，无论是茎、叶还是穗，整棵作物都是由黄金制成的。此外，花园里还有牧羊人，他驱赶着 20 多只带着羔羊的绵羊，所有的这一切都是黄金制成的艺术品"。他还提到"有 4 只无峰驼、10 樽高度相等的女人雕像和一个巨大的水池都是用黄金制成"。所有的这些真是让人眼花缭乱叹为观止啊！

　　之前你根本不相信人类拥有的黄金和白银的数量如此之多的话，那么现在，难道还有谁会对柏拉图关于亚特兰蒂斯的描述不屑一顾，把它看做童话和杜撰吗？与秘鲁相比，亚特兰蒂斯只不过是它的"母国"，比它更加古老，文明程度更高而已；与秘鲁人一样，亚特兰蒂斯人也把稀有金属视作天神所赐，对其顶礼膜拜；他们世世代代都在世界各地收集这些"神物"。如果柏拉图对亚特兰蒂斯的描述是真实的，那么毫无疑问，今天在被大西洋覆盖的海水下，在数百英尺厚的火山灰下，一定有大量的金银静静地等待着重见天日，它们是亚特兰蒂斯人从秘鲁、墨西哥、中美洲乃至全世界带回欧洲的。如果有一天这些财富从见天日的话，那么势必会引起整个世界金融体系的动荡。

　　新旧世界文明之间存在着众多的相似性。秘鲁人和古代欧洲人之间也同样有一些非凡的"巧合"。

　　1.崇拜太阳、月亮和星辰。

　　2.相信灵魂不朽和永恒。

　　3.相信灵魂转世，因此用防腐材料保存死者的尸体。

4.牧师通常使用动物的内脏作为祭祀品，他们能够通过一个人的外表预测未来，就像古罗马的占卜师一样。

5.让一些女子发誓成为修女，终身禁欲；一旦违背誓言，就将被处以活埋的严厉惩罚——在新旧大陆上都存在这样的律令。

6.他们都将一年划分为12个月份。

7.同盎格鲁撒—克逊人(5世纪左右移居英国的日耳曼民族)一样，他们实行十进制。人口是按十和百来计数；而整个国家的政府统计人数则是使用500、1000和10000。

8.实行世袭制度。同印度人一样，父亲死后，儿子继承其父的财产。

9.乐师多才多艺，在一些重要节日上他们都要进行表演。

10.他们使用的武器与欧洲大陆上的武器非常相似，样式几乎一模一样。

11.他们也有"把酒言欢"的传统，也同样用这种方式敬神祈福。

12.他们在欢迎英雄回来的路上撒满鲜花和绿叶，并为胜利归来的英雄竖起"凯旋门"。

13.他们也有使用轿子的传统。

14.农业是这个国家的重要行业，他们定期举行大规模的集市和节庆活动，以方便农民们进行产品交易。

精湛的工艺

15.每年农耕季节都要举行一次盛大的仪式，同埃及的国王一样，秘鲁国王也会象征性地亲手扶犁，在田间犁出第一道垄沟。

16.他们有非常正式的骑士制度，每个候选人都要在国王面前行礼"；如同欧洲骑士脚上的靴刺一样，他的骑士靴要由贵族为他穿上；与古罗马的骑士礼十分相似的是，只有经过这道程序，骑士才能在腰间束起腰带：此后的骑士再被戴上花冠。据史学家费尔南德兹研究，通常是穿着白衬衫、戴着花冠的骑士走在队伍的最前面，这与中世纪时的欧洲十分相似。

17.最让人为之震惊的是，秘鲁与古代欧洲大陆的一些国家在建筑风格上也如此相似。这不禁让我想起弗格森先生曾经说过的话——印加人的建筑同意大利和希腊的古佩拉斯吉人(史前居住在希腊、小亚细亚和爱琴海诸岛屿的一个民族)的巨石遗址是如此的相似，"这堪称世界建筑史上的奇迹"。弗格森先生对此毫不吝惜任何溢美之词。"门的侧柱、窗的飞檐、形状周整的石工技术，以及其他所有建筑格调，都与希腊和意大利的佩拉斯吉城的建筑风格非常相像，让人不得不承认在二者之间很可能存在某种微妙的关系。"

就算是宫殿的装饰式样也能从欧洲大陆找到雷同的情况。最近一位研究人员提出："皮萨罗关于印加宫殿内部装饰的那段记录，或许应该再一次引起我们的重视——所有的墙壁上都贴着金饰，正如西班牙人描述的那样，宫殿内的确有许多金制花朵和猛兽，简直就跟希腊神话中的梅内莱厄斯(斯巴达国王)的金殿如出一辙——镶着金框的门窗，铜地板上面铺着玻璃面的银壁柱，即使壁炉的横梁上也被镀上银框；门铃是用打磨一新的黄金制成的，门两侧一左一右立着两只分别用黄金和白银制成的护院犬。"

温切尔博士说，"我个人已经验证，在对秘鲁古代陶瓷的研究过程中，我的头脑中不断闪现出这样一个想法，那就是它们让我想起了古埃及文化。"

谢里曼博士在对特洛伊遗址进行挖掘的过程中发现了大量的花瓶，他将它们称之为"猫头鹰头像"花瓶。我们在秘鲁也发现了许多与特洛伊遗址中一模一样的猫头鹰头像花瓶。当然，我们还可以找出许多类似的发现；但是这些非同寻常的巧合一定与人类长期以来研究的古代文化交流的起源有关。大量的证据让我们越来越相信，曾经有一个白色皮肤、留着头发、蓄有胡须的民族，在非常遥远的年代，带着在亚特兰蒂斯十分盛行的某种宗教，以及亚特兰蒂斯文明，翻山越岭穿越亚马孙山谷，来到玻利维亚和秘鲁高原，正如雅利安人当年西迁，到达地中海一样。来自不同的地区的人说着同一种语言。

　　来自乌拉圭首都蒙得维的亚的西班牙裔绅士塞纳尔·文森特·洛佩兹，1872 年出版了一本名为《秘鲁的雅利安人种》的书中一直试图证明印加帝国强加给其占领地区的、目前仍在秘鲁和玻利维亚使用的盖丘亚语，实际上也是雅利安语或印欧语系的一个分支。这里我引用一下安德鲁·朗对于这个证据的概括"洛佩兹认为，秘鲁人是雅利安人的后裔，我们可以用民族语言、宗教信仰、古代传说以及工艺陈迹来加以印证。"其中语言的证据是最为科学的，说明这绝对不是信口拈来或是精心编织的构想。有种观点认为目前尚存的秘鲁人的方言纯粹是遗留下来的野蛮人语言，洛佩兹最先站出来驳斥了这一说法。盖丘亚语绝不是一种由某个游牧民族偶尔遗留下来的语言。因为这是一种已经发展到一定阶段的语言，它已经相当成熟，语言中的各项要素非常紧凑，词根与词根之间紧密相连，一个生词的结构更加趋于独立并富有变化，有时辅音词根甚至被完全省略掉，这种语言只有语言学家才能识别。大家都知道。雅利安语言就非常富有变化，也许你会认为洛佩兹的话自相矛盾，因为他也说过盖丘亚语也是雅利安语言的一种演变体。但他引用了马克思·穆勒先生的观点："就像都兰语中也保留有雅利安语的词根一样，一定是在历史上的某个时期，当雅利安语还没有发展到有那么多变音的阶段的时候，盖丘亚人就将其吸收并发展成盖丘亚语。"如果可以这么理解的话那么盖丘亚语就真可能是与历史失去联系的一种语言了。

　　盖丘亚语大多数呈现在我们眼前是以"hu"开头的单词，甚至超过"q"的出现频率，这似乎同印第安语系中的阿茨蒂克语一样奇怪。但是在字母表中却无法找到类似的形式，因此只能发出类似的声音，还有很多单词跟西班牙语一样毫无规律可循。

　　鲁道夫·法尔伯博士已经发现盖丘亚语与雅利安语及闪语(希伯来语、阿拉伯语等)特别是阿拉伯语之间存在着令人难以置信的密切关系"，法尔伯博士从少年时起就已十分精通这门语言。我们将法尔伯博士的发现列举在下面：

　　1.秘鲁语与雅利安语词根之间有一定的关联；

　　2.最终找到了这种关系的源头，即"闪语词根就是泛化的雅利安语"。我们可以在盖丘亚和艾玛腊语(雅利安语)找到不同单词的变体中共有的词干的基本形式。于是法尔伯博士从这个于是现实中得出这样一个结论：秘鲁和玻利维亚的平原很可能是现代人类的一个发源地的。

如果在这两块大陆与亚特兰蒂斯之间没有沟通的桥梁，盖丘亚语和艾玛拉语也根本不可能跨越缥缈的大西洋来到欧洲。

那么到底是盖丘亚人和艾玛拉人是来自于亚特兰蒂斯岛的移民，还是亚特兰蒂斯岛的居民是来自南美的移民呢?相比较而言，显然前者的可能性更大一些。据史书记载古代秘鲁人这个民族肤白，蓄须，拥有高度的文明，他们是从外进入或者侵入这个国家的，这表明这种文明是从外地植入的，并非起源于秘鲁，同时我们发现白皮肤、蓄胡须的民族只有在亚特兰蒂斯这个方向才能够找到。所以说秘鲁的文明很可能起源于亚特兰蒂斯。

生活在远古时代的这个拥有同样艺术、操持同样语言的民族有许多宗族，其中大部分移民是从亚特兰蒂斯出发，分别向东和向西进发，不断在新的国家和地区续写他们母国的文明。这些国家主要分布在地中海沿岸、红海沿岸和波斯湾；而另一部分则远赴亚马孙平原，并在亚马孙河上游、安第斯山山谷和太平洋沿岸创建了许多强盛的国家。

非洲殖民地

在亚特兰蒂斯的统治下，同欧洲和美洲一样，非洲也见证了多民族的大融合：黑人不再是皮肤黝黑，头发卷曲的模样；非洲的原始居民先后与西班牙人肤色近似的稍白一些的柏尔人和塞内加尔人、甘比亚的黑皮肤的罗罗夫人互相融合。

在非洲大陆的许多地区都可以发现红色或古铜色皮肤的民族。真正的黑人分为四类，而其中的第二类则颇具特色：其他部落的人在体态和显著特点上都很像欧洲人。他们有黑色、棕褐色，或是接近黑色的古铜色皮肤，略带卷曲的头发。他们包括比沙利人、丹尼尔人、哈萨塔人和埃塞俄比亚肤色最黑的部族。埃塞俄比亚各部族的肤色和头发有很大差异，肤色有白色、棕色或黑色的，头发有直的、略微卷曲的，也有完全卷曲的。

地中海和大沙漠之间的非洲北部海岸的国家(像阿尔及尔、摩洛哥、本拉瑞、纳黎波里和突尼斯)都位于一片被称为亚特拉斯的绵延的高地上，它包括古老的亚特兰坦斯、现在的巴巴里共和国……在巴巴里我们发现一个奇特的种族，它包括许多散居在各地的部族，也许他们最初曾经共同生活在亚特拉斯的某个山坡上……柏柏尔的真正名字是"mazirgh"，如果加上前缀"T—amazirgh"，或后缀"A-mazirgh—T"，它就表示自由的、支配的，或者"高贵的民族"。……我们认为柏柏尔人在远古时代就有其独特的信仰和身体特征……他们在美尼斯的时候也生活在这片土地上，文明状况与建立迦太基前，尼基航海家发现他们的时候近似。他们是一个性格坚韧的游牧民族，在有了骆驼之后曾大举向大沙漠迁徙……他们的部族中有的皮肤白，有的皮肤黑，但头发都是羊毛那样完全卷曲的。

巴巴里的摩尔人的身材与东欧人相似，如果肤色略黑的话，也许是这个国家气温稍高的缘故，他们的个体之间存在很大的差异。

泰姆塞纳和绍维亚的人健硕高大，有古铜色的皮肤，其中的女子各个貌美。斐松的女子与欧洲妇女一样漂亮，只是她们的头发和眼睛都是黑色的。曼奎纳斯的妇女也十分漂亮，她们的皮肤白里透红像英国的妇女。

摩尔人身材高挑，皮肤棕褐色，黑发柔顺，圆形脸，高额头，眉毛弯又细，眼睛黑且大，鼻子细长但不尖，嘴唇较厚。

土专瑞目人是柏柏尔人中白皮肤的一个分支；也许是与阿拉伯的贝都同人融合的缘故，莫桑比克人也是白种人。瓦德里甘人和武格兰人都是黑褐色的皮肤，羊毛卷一样弯曲的头发。

夫拉人、费拉尼人和威夷拉塔人都是西非和中非的民族。

夫拉人的语言、体征和历史都迥然于其他的民族，智商也高于其他民族，只是在体质上略逊一筹。现代旅行家认为夫拉人必然会成为黑人土地上的统治者。他们是强壮，勇敢，皮肤红褐色，五官端正，头发长而略带弯曲，智商很高的人。这一部落里的人的身体特征差异很大，他们有的皮肤黑，有的皮肤白，还有一些介于黑白之间，从黝黑到白皙都有。在欧洲的古陶文物上刻有他们的面容和头骨。他们自己的传说中也通称是白人的后裔，有些部落也自称为白人，他们是从位于现在居住地北部的延力克图迁移来的。

在布鲁塞尔国际会议上，雷德赫比将军发表了一篇题为《阿尔及利亚的巨石纪念物——(石)棚》的演讲。他认为这些(石)棚就是为了纪念死者而修的坟墓，在对五六千个纪念物进行考察之后，他声称非洲和欧洲的(石)棚是由同一个民族在从波罗的海海岸向地中海南岸迁移的过程中建造的。然而他没有解释其他地区(像印度斯坦、美洲)的(石)棚。"在非洲，"他说，"这些巨石柱群被称作崇神者的坟墓"——这些神的崇拜者既不是罗马人，也不是基督徒，也不是腓尼基人，而是某个古老的民族。他认为（石）棚的最初建造者是柏柏尔人的祖先。我们在一些埃及的巨石上发现了对公元前 1500 年的一个从西方来的金发民族入侵下埃及的描述。在石棚中出土的骨头证明这个民族的人的头又大又长。费德赤比将军说没有一个头骨是短的，普遍的身高(包括妇女)在 1.65 米到 1.74 米之间，而法国的卡家人的平均身高是 1.65 米。这种长头骨证明这个民族有着极高的智商。根据埃及的文献记载这种人被为塔栎，这个词不是埃及语，可能是来自那个民族的语言。人们认为今天的柏柏尔人典型代表了塔木平民族。他们身材魁梧，长着蓝色的眼睛，通常双手上会握一把长剑。在尼日尔河畔的苏丹，生活着一个由王室(马萨斯)统治着的黑人部落，他们有白皙的皮肤，自称是白人的后裔。马萨斯很可能就是埃及文献中指代塔木平的马沙诗。因为马萨斯人的发型与塔木平人的一模一样，费德赫比将军认为（石）棚建造者也是他们的祖先。

国际研究家们普遍认为这些人也是亚特兰蒂斯的移民，他们分属于白种人、黄种人和晒黑的或红种人三个民族。

爱尔兰殖民地

当时的亚特兰蒂斯占领爱尔兰只是一种短暂的行为。

鉴于爱尔兰的地理位置，我们猜测亚特兰蒂斯移民可能只是把它当做临时修整的地点。然而，据编年史记载，爱尔兰在大洪水之前已有人类定居。在他们最古老的传说中流传着这样一个故事：在大洪水以前，一股逆风将三个西班牙的渔夫吹到了爱尔兰。之后在大洪水之前由班哈夫人凯撒尔统领的福摩瑞人来到这里。班哈夫人的女仆名叫爱尼成柏巴，她带着三个男人，比斯、莱德罗和费坦与50名女仆。莱德罗是他们的统领，他后来被葬在爱尔兰。爱尔兰史书上说福摩瑞人是一个热衷于战争的民族，《克朗迈克诺斯编年史》上说"他们是诺亚的孩子，塞姆的后代，经常扰乱侵犯其他民族，破坏了世界的和平和安宁。"

根据柏拉图的描述，他们带着武器来到埃及和雅典，后来由于他们的高傲自大和欺凌压迫，最后遭到神的惩罚，在大洪水中沉入海底。

福摩瑞人来自亚特兰蒂斯。他们被称为"Fomboraic"，"Fomoraig Afraic"和"Formoragh"，翻译成英语就是福摩瑞。他们拥有船只，正如"FomoraigAfraic"表示的，这些名字证明他们来自非洲。但那时的非洲并不是我们现在意义上的非洲。非洲，一词是从"Aper"，"Aphar"，"Apara"或"Aparica"而来，这些词代表的是"西方"，正如我们把亚洲称为"东方"一样。所以当福摩瑞人说他们来自非洲，其实就是来自西方——即亚特兰蒂斯——因为除了美洲再没有其他国家在他们的西方。因为他们很早就来到了爱尔兰，所以被当做那里的原始居民。

爱尔兰在福摩瑞人之后，又遭到了一次由帕索兰率领的民族的入侵，爱尔兰史书上将其称之为"帕索兰人"。他们很可能是来自西班牙的亚特兰蒂斯人。不列颠王子古尔贡涅斯(或古尔蒙德)在赫布里麻群岛遇见了一个帕索兰率领的30只船组成的舰队，其中有男人，也有妇女。他说他们来自西班牙，想开拓殖民地。不列颠王子就把他们带到了爱尔兰。

那时西班牙在伊比利亚和巴斯克人的统治之下。福摩瑞人打败了入侵者的部队，杀死了帕索兰，把他们赶出了爱尔兰。

福摩瑞人是一个强盛的民族，他们拥有"一个60只船的舰队和力量强大的军队"。赶走帕索兰人之后，尼米赫德又来侵犯，他曾占领了福摩瑞人的一个防御工事，但又被"莫克"率领的福摩瑞人夺了回去。亚特兰蒂斯人将尼米赫德赶出了爱尔兰，又在岛上度过了400多年的和平生活。然后夫博格人来到了爱尔兰。他们征服了这座海岛，将其分为5个省。但他们只统治了短短的37年，就被沃萨德达南人推翻了。沃萨德达南人的国王努德华在战争中失去了一只手，技师给他装了一只银手，据说手指还可以动。这个小细节足以证明沃萨德达南人文明程度极高。这个伟大民族的统治持续了 197 年，之后被西班牙移民，很可能是巴斯克人、伊比利亚人或亚特兰蒂斯人打败。这个民族是"米利德的子孙"或是"米利苏的子孙"，他们拥有强大的舰队和军队。沃萨德达南人的入侵发生在公元前 1700 年；尼米赫德的入侵大约是在公元前 2334 年；帕索兰人的入侵比这还要早，福摩瑞人从西方来到爱尔兰的时间则更早。

关于爱尔兰，曾经有一个较为真实的历史故事，故事描述了沃萨德达南人与夫勃格人之间的一场战争，在战争中他们发现双方使用的是同一种语言，并且都与福摩瑞人存在密切的关系。当双方大军靠近时，夫博格派他们伟大的将领之一——布里斯出使敌营；而沃萨德达南人也安排了一位名叫斯兰的英雄来接待敌军的使者；两位勇士碰面后很惊奇地发现他们说的是相同的语言。后来夫博格人的国王努德在战争中被杀死；布里斯继承了王位，但却在充满敌意的诗人们的逼迫下不得不退位。接着他去投奔他的岳父——海盗王艾雷斯，但并没有受到热情接待，他便去了福摩瑞的首领——独眼巴勒的营地。福摩瑞人的大本营似乎是在赫布里底群岛。布里斯利巴洛和夫勃格纠集了众多的陆军和海军进犯爱尔兰，但被沃萨德达南人击败。

这些史实说明了夫博格、沃萨德达南人的身份，以及他们之间的密切关系。

沃萨德达南人似乎是一个文明程度很高的民族：他们拥有船只、军队、金属工具，还有一批有组织的外科医生，他们的职责是救治在战争中受伤的士兵；他们还有诗人或祭司阶层，他们主要负责记录国家的历史、国王和英雄们的事迹。

帕索兰的人"、尼米亚人、夫博格人、沃萨德达南人和米利都人都是两兄弟的后裔，这两兄弟是马高的儿子，雅弗的孙子，而雅弗是从大洪水中幸存的族长的儿子之一。这样看来所有的民族都是亚特兰蒂斯人。他们与亚特兰蒂斯的非洲移民、柏柏尔人和埃及人都有联系。米利都人生活在埃及，后来被赶出埃及。后来他们在克里特岛和锡西厄分别居住过一段时间，并最终定居在了非洲的盖苏里或盖图里。他们在那里住了 250 多年，繁衍生息了八代。然后他们来到了西班牙，在那里建立了殖民地，并用他们国王布瑞干的名字给殖民地命名为布瑞干或布瑞干泽。他们在西班牙生活了很长时间。米利苏的后代，来到了埃及，在那里加入了与埃塞俄比亚人的战争，并娶了埃及公主斯格塔为妻，他在西班牙去世，但他的人民很快占领了爱尔兰。一登上这块海岸，他们就开始祭拜海神尼普顿或波塞冬，即亚特兰蒂斯人的神祇。

塞姆、哈姆和雅弗是诺亚的三个儿子。雅弗的儿子是戈默、马高、雅万、图巴、默什和蒂拉斯。戈默和雅万的后代的名字我们也知道，但是马高的后代我们却不知道，不过很有可能是锡西厄人。锡西厄人是腓尼基人，他们中的一支在摩西时代被赶出了埃及。曾经有记载说："他在非洲流浪了 42 年，然后穿过萨里乌湖来到了位于卢西卡达和艾热山之间腓力斯人的营地，然后他经过默龙河和大海来到了'海格力斯之柱'，又渡过了托斯卡纳海来到了西班牙，在那生活了许多年，他在那里成长了起来，他的部族也逐渐壮大。"这些记载表明爱尔兰人并非来自亚洲，而是来自西方——它是从亚特兰蒂斯迁移出来的众多民族中的一支。由此我们就可以解释那个一直困扰雅利安学者的问题。与波斯、希腊、罗马和斯堪的纳维亚相比，爱尔兰距离旁遮普相对更远，所以凯尔特人很可能是最早从印度中心分离出来的民族。但一些学者宣称凯尔特语是在其他语言之后从梵语中分离出来的，与其他雅利安语言相比，它与拉丁语的联系更为紧密。如果假设雅利安人和凯尔特人在同一时期离开亚特兰蒂斯，这种现象就很容易解释了。

要支持这种假设还有很多其他的证据。

爱尔兰有着悠久的历史，其史书上有亚特兰蒂斯移民在大洪水之前来到了这里的记录，却没有记载之后爱尔兰人被大洪水毁灭。这个海岛从大洪水之前到来的福摩瑞人时代到有史时代之后从西班牙迁入的米利都人时代，一直有人居住。这些事情表明：

（1）这些传说不是基督教徒写的，因为《圣经》中记载了一次毁灭了所有民族的大洪水，只有诺亚和他的家族得以逃生；

（2）这也证实了我们的假设——大洪水只发生在个别区域，并没有将地球上所有人类灭亡；

（3）福摩瑞人是在大洪水之前来到了爱尔兰，也就是说大洪水是在其定居在爱尔兰之后暴发的；

（4）大洪水是一场区域性的灾难，它发生的地方应该距离爱尔兰不太远，否则他们是不会知道这场大灾难的。因为在那个年代，发生在亚洲中部的大灾难，是不太可能为一个未开化的民族得知的。旧大陆的人认为爱尔兰人的文明历史久远。在梵文书籍中爱尔兰被称为希兰雅，代表"太阳之岛"，也就是认为它是欧洲、亚洲、非洲和美洲崇拜太阳的宗教中心。西方神话认为爱尔兰是"太阳神阿波罗的花园"。希腊人把爱尔兰称作"圣岛"或者"奥杰吉厄岛"。

爱尔兰为什么被称为奥杰吉厄岛，没人能够解释，可能这个名称是从古代传下来的，希腊人把那些历史极为久远的东西称作奥杰吉厄。在希腊神话中奥杰吉厄与一场洪水有关，他是一个神话中的人物，很久以前就已消失。也许这又一次证明了这些殖民者是亚特兰蒂斯人，因为最初的时候他们崇拜太阳；其他国家也是这样，后来偶像崇拜取代了太阳崇拜。偶像崇拜始于泰伊摩丝统治的时期，祭司立了都伊德教。很明显，都伊德教和其他源自亚特兰蒂斯的宗教之间存在许多相似之处。在亚特兰蒂斯以及欧洲和美洲普遍盛行这种太阳崇拜，都伊德教很可能是从爱尔兰传到了英国和法国。相信身体再次复活是他们在毕达哥拉斯时代以前的信仰之一；它很可能起源于亚特兰蒂斯，之后传到了都伊德教徒、希腊人和印度人。都伊德教徒都服从大祭司的旨意。传统又传到了腓尼基人、埃及人、印度人、秘鲁人和墨西哥人那里。高卢和不列颠的都伊德教还出现了人祭，这在爱尔兰是不存在的。这种对亚特兰蒂斯纯粹而简单的献祭习俗的残忍发展，与他们民族的野蛮和残忍有关。后来在大西洋两岸也都出现了人祭的习俗。

爱尔兰都伊德教的仪式是为了表示对太阳的崇拜。与腓尼基人信仰的神相同，他们的主神是太阳神。爱尔兰人称太阳为格瑞恩、格瑞尼斯，这些都是对太阳神阿波罗的称呼。直到圣帕特里克时代，爱尔兰人依然存在对太阳的崇拜，甚至在今天的农民中也有这种信仰。

在秘鲁、罗马和其他一些国家中，在一年中某一天，全国的火种都要被熄灭，然后在神庙里通过太阳光重新燃起火把，人们从这里获得新的一年的火种。爱尔兰也有同样的风俗。在今天的米斯都有一块四省交界的土地，圣火就在那块土地上的特拉查塔神殿上燃起。在万圣节的夜晚，都伊德教徒会在这里集会举行祭祀，全国各地的人们都不能点火，否则会受到严厉的惩罚。5 月的第一次集会，都伊德教徒在原诺特国王的王宫中举行，人们在那里点燃两个火堆，为了防止牛疫和其他疾病，他们会把牛群从火堆中赶过。这一天叫做贝蒂尼或太阳神火日。直到今天爱尔兰人仍把 5 月的第一天称作"拉贝尔幕尼"，意思是"太阳神火日"。

爱尔兰人在圣约翰节前夜观火的风俗就是对亚特兰蒂斯的太阳崇拜的远古风俗的延续。赶牛穿过火堆的风俗持续了很长时间，在 20 世纪英格兰的北安普顿，这一天还有在火堆中烧死一头牛来献祭

的习俗，目的是为了"防止疾病"。在英格兰、苏格兰以及爱尔兰仍有这种燃起火堆的迷信活动，所以在某种意义上来说大不列颠人依然处于亚特兰蒂斯的太阳崇拜与信仰之中。

今天的爱尔兰仍保留着许多东方的习俗。罗马有一种叫"杰克斯"的游戏，就是扔起五颗石子，然后用手背把它们接住。在阿尔及利亚和古埃及，甚至(据希罗多德所言)在利比亚的妇女中都能听到爱尔兰悼歌。埃及、伊比里亚和罗马也有唱悼歌的习俗。爱尔兰人有守灵的习俗，这与罗马人、希腊人和伊比里人的葬礼有非常大的相似性。爱尔兰人和罗马人在打喷嚏的时候都有说"上帝保佑"的古老习俗；据说在过去曾流行过一种瘟疫，它的最初症状就是打喷嚏。爱尔兰和印度的习俗也有许多相似之处，在两国都有债主坐在欠债人家的门口绝食直到债主还钱为止的习俗；爱尔兰人说"上帝保佑你"与东方人说的"上帝会保护你的，我的孩子"是一样的。

这些事情都充分证明了人们的起源是共同的，可是爱尔兰人却被认为是起源于东方，是印度移民。不过关于这一结论却没有实质性的证据支持，关于印度人曾经进行殖民活动或派出舰队探险的记

载也是没有的，但是亚特兰蒂斯人曾经东迁的记载却有。梵语文献只是保留了爱尔兰、英格兰和西班牙的地图，海岸线的形状和轮廓甚至还有名称，而并没有记载他们是如何了解这些探险活动。

爱尔兰的"圆塔"也为我们的假设提供了支持。有一些学者竭力要证明这些不同寻常的建筑物是由现代的基督教徒建造的，以便用来存放奉献盘。但《马尔斯特编年史》上记载公元 448 年发生了一次地震，在这次地震中共有 57 个人死亡；吉雷多斯·坎伯西斯宣称尼夫湖形成于公元 65 年的一场洪水之后。

有一部很著名的文献曾将爱尔兰描述成："大洋中的一座海岛，大洋那边是高卢，这座海岛就在西西里的北方，面积与西西里差不多，那里土壤肥沃，一年只需铲除杂草两次。"文献中还描述了技艺精湛的竖琴师、神圣的花园和奇特的圆塔。

在美洲、撒丁尼亚和印度也有这种圆塔的遗址。在奥克兰群岛和设德兰群岛也有许多类似的建筑物。有人认为它们很可能是斯堪的纳维亚人修建的，但是在丹麦、瑞典和挪威却没有发现这种圆塔，所以这种建筑的年代比斯堪的纳维亚人的出现要早。

设德兰群岛的莫萨镇的圆塔呈圆形，高 41 英尺，内部直径 20 英尺，塔基壁厚 14 英尺，顶部壁厚 8 英尺，且顶部有一个开口。塔内有一个梯子通往入口。在撒丁尼亚岛上也有类似的圆塔的遗址。在新墨西哥和科罗拉多有许多这种建筑物。

用机缘巧合来解释奇特而又极为相似的史前圆塔是站不住脚的。如果那样的话，我们也可以说印欧语系中各语言间的相似之处无法证明它们有共同的根源，仅仅是一种吧巧合罢了。我们也可以赞同150 年前的哲学家的观点，说岩石中发现的化石与现存生物之间的相似之处恰恰是自然创造惊人的巧合的方式，即所谓的"自然的创造力"，而并不表示它们之有任何关系，或者说这仅仅表明化石是存留在石头中的古生物的遗体或遗迹。我们在爱尔兰"远两"地区的农民和沃萨德达南人中流传的传说中又得到了爱尔兰人是亚特兰蒂斯移民的证据。

关于爱尔兰人是如何来到美洲，以及他们与那个大陆之间的种种交流，有大量流传下来的传说，而且这些传说都远远早于哥伦布那个时代。我们已经知道是腓尼基人(或他们那个民族的人)创建了爱尔兰殖民地。公元 8 世纪萨查利教皇在任时期曾有一位名为弗吉尔的爱尔兰圣人被指控散布异端分子的邪说。

弗吉尔为自己辩护，后来又亲自去了罗马，并向教皇证明爱尔兰人在很早的时候就与大西洋那边的有接触。

爱尔兰的史料中有关于克隆福特的圣布伦丹的远西航行，以及他在公元 545 年到达西方的事迹的记载。他在圣塔夫人的照看下度过了幼年时期。从他 5 岁起，开始受到艾克斯主教的管教。他的家乡位于大两洋沿岸的克立牛：那里流传着许多关于两方伊甸园的传说，他曾向阿兰岛男修道院首任院长圣安达请教过。很可能是在那时他受到了鼓励，要把真理传到那遥远的国度。"他在梅奥河沿岸向人请教关于西方那片乐土的传说。回到克立牛后他就决定要去探险。如今的圣布伦丹山就是以他的名字命名的；在这座山脚下的海湾他开始远航去'那遥远的西方'。与他同行的是几个要好的伙伴，他们坐在一艘供给充足的小帆船里向西南方漂去。经过一段艰苦又危险的航行后进入了一片平静的海域，在那里漂流了好几个星期。"同哥伦布遇到的一样，他很可能漂进了那股从非洲、欧洲海岸延伸到美洲的洋流。他最终到达了一片陆地，他向陆地的腹地走去，直到看到了一条由东向西流去的大河，这条河可能是俄亥俄河。"7 年后他终于又回到了爱尔兰，他在那里讲述着他旅行中的所见所闻，还在克隆福特创建了一所有 3000 修道士的学院。"在巴黎的法国皇家图书馆里保存着 11 份关于这段传说的拉丁文手稿，日期从 11 世纪到 14 世纪都有，但都早于哥伦布的航行。

引领世界的高度文明

指南针首见雏形

如果亚特兰蒂斯人是最早使用指南针几乎无法让人相信。但是资料显示，亚特兰蒂斯时期的经济贸易已经高度发达，他们不仅是一个临海的强大民族，而且贸易往来远及如秘鲁、叙利亚等国家，这么发达的海外贸易，如果没有航海的技巧，是无法在海上生存的。研究人员在研究亚特兰蒂斯经济的时候发现他们在很早以前就认识到磁石的价值并加以利用。几个世纪前才刚刚从半愚昧状态发展起来的欧洲人总是趾高气昂地宣称他们才是文明的始祖，但是他们的文明仅仅是是从其他更古老的民族那里获得的。指南针的发明也是如此。人们普遍认为最早发明指南针的是公元 1302 年意大利一个叫阿玛菲的人。但是人们在古德里奇的一本名为《哥伦布的一生》的书里，发现了一段关于 1302 年以前的磁石的鲜为人知的历史的记录：

"在公元 868 年，古斯堪的纳维亚人已开始使用它了。"同样在公元 1190 年的一首意大利诗歌也提到了指南针，诗歌里说那个年代的水手已经在航海的时候已广泛使用磁石。磁石在梵文中被称作"能吸引铁的珍贵的石头"。犹太教法典中也有相关的记载，说它是"有吸引的石头"；在早期希伯来祈祷文中把它称为卡拉米塔，希腊人也这样称呼它，也许是因为指南针飘浮其上的芦苇杆。腓尼基人早期的时候也知道怎么用磁石。在他们的船头上有一个女人(阿斯塔蒂)像，她一手拿着十字架，一手指路；十字架就代表指南针，即那个被放在小木片或芦苇杆上而飘浮在水面上的有磁性的针。腓尼基人后来将十字架作为他们的徽章象征，也许不仅仅是因为它代表了对亚特兰蒂斯四大河流的记忆，更是因为它代表了使他们产生极大的民族自豪感的海上航行的秘密。

磁石被称作"海克力之石。"腓尼基人将海克力当做自己的守护神。亚特兰蒂斯人也将海克力之神当做他们的诸神之一，可能是亚特兰蒂斯曾经的国王或者著名的航海家之一。柏拉图在相关的记载中提到，亚特兰蒂斯是一个依海而生、善于经商的民族，他们的贸易范围沿着地中海向上延伸到埃及和叙利亚，又越过了大西洋到达了"大洋对面的大陆"。腓尼基人是他特兰蒂斯的后裔，他们在继承古老文明的基础上还在地中海建立了自己的殖民地，其中包括航海的技巧，包括怎么使用指南针。之后的年代里，腓尼基人将指南针传到了印度，又传给了国人。在公元前 2700 年黄帝的马车前面就已安装了一个有磁性的人像，他伸出的胳膊永远指向南方，中国人称之为地极。中国的这个人像和腓尼基人的阿斯塔蒂是一样的。其实波罗的海和德国的沿海早在 17 世纪的时候就开始使用指南针了。

古埃及人把天然磁石叫做哈洛里的骨头，把铁叫做堤丰的骨头。哈洛里是奥里西斯的儿子，是瑞亚的孙子，而瑞亚是掌管大地的女神，也就是传说中的亚特兰蒂斯的王后，波塞冬的母亲；堤丰是代表邪恶的风神，他也是瑞亚之子。希腊流传着一个古老的传说，杜卡里恩把地球的骨头抛了身后，之后地球上出现了很多人，这个时候的世界上再次充满了人类。这样的传说是否能够解释磁石和铁的"地球后裔的骨头"这其中存在的内在关系，没有人知道这是否意味着大洪水过后，杜卡里恩在指南针的帮助下到达了亚特兰蒂斯的那个早已有人类居住的欧洲殖民地，这些都成为有待考证的历史。

曾经也有人在相关的作品中对磁石做了描述："传说，海克力因无法忍受太阳烘烤的炙热，拉开他的弓箭想要把太阳射下来；太阳神阿波罗非常钦佩他的勇猛，就把自己航海时带着的金杯送给了他。"这里的"杯子"就是古人称为拉皮斯海克力的磁针。皮桑德尔说奥西娜斯把杯子借给了他，卢西恩说它是一只海贝壳。人们最开始的时候认为杯子是普通的杯子，可以放在水平面上的，而不是固定在一个轴上的。考古学者对于这一点已经做了考证，所谓的杯子就是固定在轴上的一个物品。考古学者还发现了，阿戈斯的金羊毛中有指南针，在黑人崇拜的可传神论的圣针以及其他许多事物中都看到了指南针的踪迹。毫无疑问关于杯子似乎是有迹可循的。奥桑纽斯说公元 1260 年伽马和葡萄牙人从好望角的海盗手里得到了磁针。法国文物工作者麦福切特发现在公元 1180 年的布列塔尼半岛的古诗歌中明显地提到了磁石。13 世纪，保罗·维努力图斯把它从中国带了回来，指南针在古中国也是被认为有神谕的。金布兰德说那不勒斯人梅尔菲雅斯在公元 1303 年把指南针带到了欧洲。布拉瓦说伽马人从伊斯兰的水手那里得到了它。这些拥有指南针的民族都把指南针与希拉坎神话流传的那个地方联系在一起。其中最有趣的一个是古代的不列颠人和现在的威尔士人都把领航员叫做"llywydd"（矿石）。这个词在斯金纳的词源学中，被当做付给航海员的酬劳。没有人知道是不是这个词被神化了，可能它与西方的神话联系在一起只是一种巧合。

海克力是亚特兰蒂斯诸神之一，因此希腊人把借给他杯子的奥西娜斯的名字用以命名大西洋也就不足为怪了。也许这就是为什么在许多古代图画和雕像中出现杯子的原因。海克力也经常被表现为手拿杯子的形象：甚至在丹麦发现的青铜上也有杯子的踪影。当时的杯子可以自由游动，而且永远指向北方，还能传达神谕，这样的东西无疑在人们的脑海中留下了深刻的印象，接着人们将这种印象反映到创作中。希腊神话曾经描述说：当海克力准备离开欧洲远航去西方的大两洋上的艾里提岛的时候，他借来了赫利俄斯生夜航时用的"那个杯子"。这里再次提到了远航会使用有磁力的杯子，这也从一个侧面说明亚特兰蒂斯人在航海的时候就学会了用指南针。

现在人的生活中叶多处能够看到海格力斯之柱的形象，钱币上雕刻着海格力斯之柱(它们也许是被放在地中海的海口处的)，《圣经》中的《创世纪》中也曾提到有蛇盘绕的生命树或是知识树；据说美元的符号$，最初就是来源于两根柱子和蛇的圆形结合。一个世纪前德多内兹在危地马拉城发现的的一枚厚3毫米，直径约2英寸的硬币，其中一面的中心区域可以看到磁针的踪迹，这一面上还有一个裹着头巾，长着胡子，在两个凶残的动物头像之间的人，那两个凶残的动物很像鳄鱼，似

符号语言

乎它们在守卫着一个遍布山丘，树木茂密的国家的人口。古币的另一面刻着一棵结满了果实的树，还有一条蛇盘绕其中，树旁的山丘上还有一只鹰。按照这里的记录，这里的山丘的另一边也许就是传说中的卡尔华坎城。

桑收尼亚通的《腓尼基神话，亚特兰蒂斯人的天神》中描述一种石头时说："发现了一种仿佛有生命、自己会动的石头，人们认为它是从天上掉下来的。"这些石头也许就是天然磁石，因此也有人说，亚特兰蒂斯的第一位神祇奥拉努力斯发明了航海中使用的磁针。

《关于太平洋铁路路线的美国调查报告》中有记载了一个新墨西哥的印第安巫师的描述：他把一块木片放在一碗水中，可以让它根据自己的意思左右转动、上浮或下沉，这样他可以预测出一场还在筹划中的战争的结局。这简直让人难以置信，如果真的是那样，那么就会和中国古代人使用的磁针那样，里面隐藏了一块磁铁。这样巫师手里拿着另外一块磁铁，把它放在碗的外面，就可以把那块木片吸近、排开甚至拉下。因此有人就说了，如果这些记载都是真的话，那么航海器材只是一些古老文明的遗留，在人们的世代中相传。人

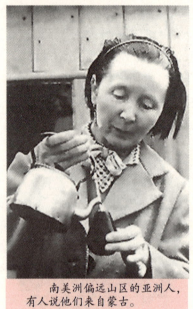

南美洲偏远山区的亚洲人，有人说他们来自蒙古。

们在中美洲发现的查默尔的侧身像也是在胸前托着一只碗或碟。伊特鲁里亚人利用磁针的极来建造方正的庙宇；采用同样方法的还有埃及人、墨西哥人和美洲的筑堤人。如果不是利用了磁针，他们根本不可能做到这一点。罗马人和波斯人把地球的经线叫做"cardo"，这个单词在磁针中指的就是经线，而这个单词也是大洪水泛滥时人类避难的那座山的名字。不仅如此，亚特兰蒂斯还在很多方面都是走在世界的前面。

亚特兰蒂斯的航海技术在远古时候也领衔于世。洪宝德在《宇宙》一书中记载说："在英雄从特洛伊凯旋的途中，阿里斯塔克斯让梅内莱厄斯绕开了非洲，这比尼夫从加德拉航行到印度早3500多年。"其中有一个可能是腓尼基人关于海的描述，说有一个古老的民族，他们的战船是靠帆行进的。今天最快的帆船的船体比例是300英尺长，50英尺宽，30英尺高；这恰恰与诺亚方舟的船体比例——300肘尺长，50肘尺宽，30肘尺高相吻合。古德里奇在《哥伦布》一书中记载说："在阿基米德的指导下，圣锡拉丘药建造了一艘大船，所需材料相当于50艘大帆船所需材料；它有亭廊、花园、马厩、鱼池、磨坊、浴室、维纳斯神

庙，还有可以投 300 磅重的巨石和 36 英尺长的巨箭的武器装置。这
艘大船的甲板上还镶嵌着荷兰的《伊利亚特》里的故事画面。"曾经
有资料记载现实，古巴比伦著名女王西美腊美斯在侵略印度时受到
了 4000 艘战船的抵抗。考古人员在 1300 年后从黎克塞欧里湖里打
捞上来的船的外壳是用铜钉钉牢的铅片。人们甚至发现了在早期人
们用铁链而不是绳子来系住锚。

　　种种资料似乎都显示，亚特兰蒂斯的人是当时最早使用指南针
的人，但是今天的社会，有据可循的证据现实最早使用指南针的是
古代中国人。指南针的发明被认为是中国古代劳动人民同大自然长
期斗争的结果，是中国人的祖先认识自然、改造自然的结晶。

　　据古书记载，远在春秋战国时期，当时的社会经济证实由奴隶
社会向封建社会过渡，生产力有了前所未有的发展，特别是农业的
发展已经到了鼎盛的时期，因此也带动了采矿业、冶炼业的发展。
因此人们从铁矿石中认识了磁石。公元前 600 多年管仲的著作《管
子》中记载："上有磁石者。下有铜金。"这里的意思就是说山上有磁
石的时候，山里就有铁矿。《山海经》中记载"题灌山中多磁石"。
《水经注》里记载了秦国阿房宫前面，用磁石制成大门，防避有人进
宫谋刺暗杀，如坏人暗披盔甲、暗藏兵器入宫，就会被门吸住而被
发现。这也说明人们发现了磁石之后加以应用，制作了相关的机械。
《韩非子·有度篇》中和《鬼谷子》一书中都有记载关于磁石制作的
机械的故事。《鬼谷子》中记载说，郑国人到深山密林中去采集玉
石时随身携带这"司南"的仪器，目的是防止在行走的时候误入森
林而迷路。这里的"司南"其实就是一种指南针机械。东汉王充在
《论衡》中对"司南"进行了描述，说它像只水勺，用天然磁石磨制
而成，勺底为球面体，勺呈椭圆状，勺柄通体渐渐缩成柱状。为了
确定方向，还配有一个"地盘"，它是铜质或涂漆木制盘，中央是平
滑圆槽，形状可能是内圆外方，框上刻划出定向的刻度，用天干和
地支以及八卦等表明二十四方位。将会投于地盘中央时，它的柄部
就会大体停止在指南的方位上。这里的"司南"其实就是指南针的
雏形。而"指南"的名词是张衡在《东京赋》中第一次提出来的，
以后经过魏晋、南北朝、隋、唐，直到宋代经过一千多年才逐渐发

展起来了。

宋代杰出的科学家沈括在《梦溪笔谈》中对指南针的发展做了详述的概括。当时的经济发展迅速，带动力对外贸易的发展。这个时期的航海业也走向了繁荣的时期，因此，指南针逐步发展起来。沈括总结了人们制作指南针的集中方法，第一种是水浮法，将磁针浮于水面进行指南，虽然比较平稳，但容易动荡不定；第二种是指甲旋定法，将磁针置于指甲上，这样既有利于转动的灵活，也有利于滑落；第三种是碗唇旋定法，将磁针置于碗口边上，转动较灵活，这种方法的不足之处就是容易滑落；第四种是缕旋法，用蚕丝将磁针悬挂起来，可达到转动灵活而又稳定。沈括还记载了人工授磁的方法："以磁石磨针锋，则能指南。"这种用人工制成磁体在人类历史上是一个巨大的进步。

中国指南针的迅速发展为海航事业的发展带来了巨大的影响，例如宋、元、明时期航海贸易的发展，带动了中国的邦交，其中的郑和七下西洋，经历了30余国，最远曾到达非洲东岸、红海和伊斯兰教圣地麦加。郑和当时就将指南针作为指明方向的仪器，而不是沿用古代的按照北斗星的位置寻找方向，也因此说明在中国明朝初期已经开始广泛使用指南针了。中国指南针的发明和应用，对后世创制定向装置和推进自动化科学技术的出现，起了先导作用。

火药的发明

多年以来，人们一直以为火药是德国修道士伯尔索德·施瓦茨或古巴比伦著名女王西美腊美斯发明的，其实火药的发明也要追溯到亚特兰蒂斯时代，其实早在这之前欧洲就已出现了火药。1257年涅布拉人围攻西班牙的时候就已经开始使用火药了。13世纪的阿拉伯故事中描述公元811年的时候，统治者圣利奥使用了火药武器。当时叫做"希腊之火"，可能是由树脂和石油混合制成的火药，它被放在可被炸碎的外壳里又装上了导火索。这种火药是在公元668年前从埃及传入的。公元690年，阿拉伯从印度人那里学到了火药的制法，并在与麦加的战争中使用了它。也有人推测说腓尼基的将军汉尼拔在穿越阿尔卑斯山的时候就曾经使用了火药，当时对火药还没有任何认识的罗马人则说汉尼拔通过在石头上点火，又在灰烬上浇醋和水来开路。威廉·马金博士推测汉尼拔用火烧林可能是为了获得木炭；而被译为"醋"的那个单词很可能指的是一种类似硝酸和硫磺的物质，如果推测是成立的话，那么也就是说汉尼拔用火药来炸开岩石开辟道路。他还认为，当时的汉尼拔大军被罗马人围困在阿尔卑斯山，战士们处于饥饿的危险之中，他通过把烧着的木头系在2000头公牛的角上。趁着天黑的时候让这些公牛冲入罗马的军队中，从而得以脱险，这个故事也表明了火箭兵器的使用。但是这样的故事另马金感到很困惑，如果汉尼拔当时有2000头牛，又怎么会让自己的军队出于饥寒交迫之中呢？而那些久经沙场的罗马军队怎么会被牛角上系着燃烧着的木头的牛群而吓得如此惊慌失措呢？

还有一个故事关于汉尼拔和弗拉西门在弗拉米尼斯湖战役中的描述，这里人们可以确信汉尼拔在战争中的确运用了火药。据罗马历史学家考证，当时在一场战役中发生了一场"地震"。当时的情形描述的是他们在行军途中突然听到了巨大的轰隆声，接着士兵脚下的大地开始摇晃，眼前烟雾弥漫，地面裂开，岩石砸到了罗马士兵的头上。这段描述中好像是迦太基人把罗马人引入了一个早已埋好了炸药的地方，然后在恰当的时刻引爆了炸药，这次爆炸引起了罗马军队的恐慌。这样的描述并不是完全的猜想。亚历山大大帝时期，印度的一座城市在抵抗围攻时就使用了火药。当时的记载说他们是得到了神灵的帮助，因为士兵们看到雷电顺城墙而下来抵抗攻击者的进攻。既然希伯来人是腓尼基种族的一个分支，那么人们在他们的历史中发现使用炸药的传说也似乎是在情理之中的事情。还有资料记载说可拉·大丹和亚比兰领导了一场叛变来反对摩西，摩西把忠诚于自己和背叛自己的人分开，然后顷刻之间"他们脚下的地面开裂，大地张开了大嘴，把那些叛乱的人还有他们的房屋，财产全都吞了进去……接着上帝降下一场大火，将勾结他们的250个人全部烧死了……但第二天所有的以色列居民的孩子都在悄悄地谴责摩西和亚论，你杀死了上帝的子民"。这里的记载似乎显示摩西用炸药炸死了叛乱者。

罗杰·培根认为吉迪恩发现火药是通过无数大水罐破碎发出的碰撞声、许多灯笼汇成的光和喇叭的喧闹声，占领每人 3 米的营地的史实再一次证明了火药的使用。这里的喇叭的喧闹声也是指火药的轰隆声，水罐的破碎声就是爆炸，灯笼的光即爆炸的强光。这样接下来发生的事就能得到合理解释了。这样我们就能理解水罐的破碎、灯笼的闪光和喇叭的喧闹就能引起军队的恐慌，"甚至开始相互残杀，最后溃退到贝斯·西塔"；但这场动乱对以色列人毫无影响，"他们镇定自若、井然有序地站在营地周围；但所有的米甸人都叫喊着四处逃窜"。如果这些都是所谓的神灵的作用，那么他们就没有必要用这些东西来吓唬敌人，如果在亚特兰蒂斯种族的各分支中追溯火药的历史，那么也说明只有用亚特兰蒂斯人已掌握了火药技术来解释，那么希腊神话里的描述才显得合情合理。

亚特兰蒂斯的传说中他们还爆发过一场反对宙斯的叛乱，神话里将这场战争描述为"泰坦之战"；默里在《神话信》中描述这场战争说："战争持续了许多年，奥林匹斯山上的众神都无能为力，直到在大地之神盖亚的建议下，宙斯把凯克洛普斯和希加各查里斯和王 tekatoncheices"(即对船只的使用)带来。"这场战争带来的效果极具爆炸力，因此有人推测说一定是远古时代的某个民族发明了火药，可能就是传说中的那个伟大的民族——亚特兰蒂斯。

青铜之路

已经证实的欧洲历史上人类经历了三个不同时代的证据。

第一个是石器时代。这个时代可追溯至遥远的古代，而且这个时代又分为两个时期，一个是粗糙的石器时代，一个是稍晚一些的年代，这个稍晚的年代里人们将这些石器打磨得更加光滑圆润，从形状上也有所改观。第二个是青铜器时代。这个时代的手工业也有了较大的发展，许多混合金属工具被大批制造出来，这种金属是由 9∶1 的铜、锡混合而成的。第三个是铁器时代。铜被广泛应用于装饰品，但是随着时代的发展，铁器时代的到来让铁成为制作武器和切割工具的原材料。

青铜器时代曾经使很多欧洲学者赶到困惑，因为在那个大洲的很多地方都发现了青铜器的制品，其中在爱尔兰和斯堪的纳维亚发现的更多些。这些青铜制品说明在其制作者中掌握了极为先进的精炼技术和文明。学者们不明白制作这些工具的人是谁，这些人又是在哪里定居的等问题。

根据事物的发展规律，铜时代是早于青铜器时代的，在青铜器时代之前的年代，人们还无法将它们彼此混合起来，但是在欧洲并没有发现青铜器时代的遗迹。约翰·鲁布克阁下说："对我来说，在欧洲发现了小数量的铜制或锡制工具这一事实似乎告诉我们青铜的制造技术是被传进欧洲而非发明于欧洲的。"人们在欧洲并没有发现

青铜人面像

多少的铜器，而且其中所有的铜器标本都是在爱尔兰发现的，在都柏林的大博物馆中的 1283 件青铜制品中，用纯铜制作的只有 30 件铜斧和一件铜剑，而且这些物品好像还有某方面的瑕疵。

有人提出疑义，难道不能在地球的另一端发现铜器的存在吗？或许早期的亚洲就有呢？但是学者的考察发现这是不可能的事情，学者在考察西方的经历中发现了从玻利维亚到苏必利尔湖的每个地方都发现了历经持久的铜器时代的踪迹；确实，在墨西哥存在青铜，但是它与铜的关系就像它和欧洲铜器关系一样——也是背离一般规则的一个例外。研究人员在苏必利尔湖岸边的赤皮威人中找到了一些和铜器生产起源相关的传说，而且在那个湖的岸边发现了纯铜。因此有人推测，很可能人们在掌握提炼之术之前，人们打造金属工具就是用纯铜打造的，而且他们在靠近这个美洲湖岸边的地方发现了古代的矿山，很可能千年前的人们就是在这座矿山中提取铜。

维尔德先生说："(在欧洲)只发现了这么一点的古代铜器是令人不

解的，虽然人们对这种金属的了解肯定是在青铜的产生之前。"同时他认为只有了解熔炼技术和提炼铜中的矿砂技术之后，人们在短短的时间内就学会了把锡熔入铜的技术，于是青铜器开始被制造和使用。人们在美洲发现的大量的证据也说明当时的人们把 1／10 的锡混入铜中就可以使边缘更加坚硬，古时候的人们已经能在这个基础上产生一种更高级的金属，也就说明美洲人对铜的使用已经有了上千年的历史了。

青铜器的到来并不是罗马人的功劳，著名学者约翰·鲁布克说："从来没有发现青铜制的武器和罗马的硬币或陶器或者罗马时期的其他残留物之间有一丝一缕的联系；在像爱尔兰和丹麦一样的国家发现的青铜制品最为丰富，而这些国家一向未曾受过罗马军队的入侵；青制制品上面的装饰物并不具有罗马特色，罗马的青铜中包含比例很大的铅，这种情况在我们的青铜器时代从来都没有出现过。"

人们之前的观点认为青铜器的到来是因为腓尼基人，但是约翰·鲁布克的观点却让人重新审视这个时间，他认为腓尼基人不可能是青铜器时代的领导者，其中的主要观点如下：首先，装饰物不一样。在青铜器时代"装饰物中总能看到一些几何图形，而且绝少有动植物的图案出现，而在荷马所描述的被装饰过的盾牌上，以及所罗门的庙宇的装饰物中，则有大量的动植物的图案"。其次，青铜器时代葬礼的形式与腓尼基葬礼的形式不同。再次，在人们所知的范围内，腓尼基人对铁器的使用已经非常熟悉了。荷马史诗中描述士兵们的装备就是铁制的武器，而且用于准备所罗门寺庙材料的工具也都是由铁制成。

这种观点同样得到了学者德·福伦博格的认可。他说："令人惊讶的是，腓尼基人最近的邻居——希腊人、埃及人、伊特鲁里亚人和罗马人——本应该生产过含铅的铜，但是腓尼基人带给北方人的只是不含铅的纯铜。如果地中海的文明人在他们的青铜中混入了铅的话，毫无疑问，那些有策略的腓尼基人也会做到这一点，至少他们应该像远古的半文明部落那样，用这种更便宜的金属取代了锡这种更贵重的金属……那么，总的来说，我认为将青铜器的知识传入这个青铜器时代的人不仅是腓尼基人还有其他在更靠东北的地方定居的文明人。"

戴瑟教授同样在他的著作中也有提到他对于青铜器的一些观点，他说："腓尼基人当然很熟悉铁器的使用，而且几乎无法想象为什么在他们与在斯堪的纳维亚海岸之间的贸易没有这种金属……此外，伊特鲁里亚人也像腓尼基人一样对如何用铁非常熟悉，而且我们已经看到他们的青铜的成分是不一样的，因为他们的青铜里含有铅，这对于我们的青铜器时代是完全陌生的……现在，我们的目光必须超越伊特鲁里亚人和腓尼基人，以确认我们史前湖上高架小屋的青铜器时代的贸易。是不是在腓尼基人和迦太基人之外，就没有其他人从事航海和贸易了？在铁被发现以前这些人通过力久利亚港坚持与意大利湖边青铜器时代的人们进行交易。调查这个问题应该是历史学家的任务。我们都还记得，我们并不能证明腓尼基人是第一批航海家。相反，历史确实提及了被称为多卡里的俘虏，他们是在上一纪元13世纪的一次海上战斗中被哈姆斯三世打败的，而且，依据摩顿的描述，他们的面貌和赛而特人的面貌属同一类型。现在，可以假设如果这些多卡里的精力旺盛，以至能与一个强大的埃及国王比试他们在海上的力量的话，那么我们更有理由相信他们绝对与地中海沿岸和大西洋沿岸的国家和人民之间已经展开贸易了。如果在腓尼基人的时代之前确实存在着这样一种贸易，它肯定不会仅限于阿尔卑斯山南面的斜坡；它肯定也已经扩及石器时代在处于现在的瑞士这个位置的民族了。因此，青铜的引入可以追溯至非常遥远的古代，毋庸置疑，这个古代已经超越了最古老的欧洲民族的界限。"

人们不应该将眼光放在腓尼基人的身上，应该发到更多的地方，例如青铜器时代的商人多卡里。相关的描述说多卡里是大约公元前12世纪在与第20个朝代的哈姆斯三世的海战中被俘虏的人。他们可能是斯特雷波所说的吐火罗人。随附的图案上画着一个和埃及纪念碑上的画像一样的人。他不是亚特兰蒂斯的人，很可能是来自一个混血的民族，而且这个民族是被亚特兰蒂斯统治的。摩顿博士认为这些人跟埃及纪念碑上的人长得很像，他们有强壮的身体，这点跟塞尔特人很像，他们在表达上与苏格兰人很像。

很多世纪以来，东方的民族都会觉得这些人是麻烦的，研究人在发现，770年，被画在亚速尔人的纪念碑上图案中有这样的描绘，其中的一个图案中是塞纳克瑞布时期的一个多卡里人。学者们通过观察发现这两幅图案中的人虽然相隔600年，但是他们都戴着相同的头饰。因此，人们认为柏拉图所描述的关于欧洲青铜器时代也更为合理——他们是用金属工作的工人，他们有着发达的文明，他们生活在所有我们称之为古人之前的时代。就是这些人在到达青铜器时代之前经历了一个铜器时代；在美洲的殖民地，他们是这种旧式的冶金术的代表，而这种技术已经存续了很多年了。就如戴瑟教授所说的那样："当我们被问到如果青铜制品不是本土的发明的话，起源于阿尔卑斯斜坡上的又是什么呢?……"

关于这样的观点，也有人提出了疑问，他们认为，如果真的是这样的话，那么像美洲的古老部落一样的本土人，早就生产出铜制的器皿了，但是这样的金属制成的器皿只是在嘎达湖边发现了几个，在其他地方根本就没发现。相当数量的金属物品都是用青铜制造的。制造青铜器需要使用锡，而锡只能通过贸易往来交换得到，因为在阿尔卑斯山上压根就找不到锡。所以这样把锡和铜混合起来的技艺是从国外引入的，这样的推理更容易让人相信。后来的学者虽然在阿尔卑斯山上发现了金属铜的矿砂，但这也可能是从国外运过来的。因为那个时代所生产的铜的数量很庞大，独立的贸易分支本身就需要不断的贸易沟通。

因此，能够让贸易持续下来的不是罗马人、希腊人、伊特鲁里亚人或者腓尼基人，因为他们的文明是在铁器时代才繁荣起来的。青铜器是早于他们的时代，人们需要关注的是这个时代的伟大人物，他们的贸易往来带动了青铜器文明的发展，这些人将数量庞大的铜、锡和青铜带到了丹麦、挪威、瑞典、爱尔兰、英格兰、法国、西班牙、瑞士和意大利。如果这些行为不是亚特兰蒂斯人做的，那么还有什么人能比他们更有这样先进的技术和文明呢？人们从柏拉图的记录中得知，亚特兰蒂斯人的船、船坞、运河和贸易都令古埃及人感到匪夷所思。塔尔迪克族语中水这个词的词根是Atl；秘鲁人表示铜的单词是Anti(安第斯山脉的名字或许就是以它为依据的，因为在这些山的斜坡上有一个叫做Anti的领域)；亚特兰蒂斯这个名字有可能不是从它产生的吗?它的意思难道不是铜岛或者大海中的铜山吗?是不是从这里生产出了成千上万吨的铜和锡,然后这些铜和锡在青铜器时代又被引入了欧洲呢?尽管有很多这样的推测,但是没有相关的证据能够证实早期开采康瓦耳的锡矿用了多长一段时间。学者指出澳大利亚铜制工具的源头在外国,因为它们不含有铅或银。

如果那些被带到欧洲的大量的铜不是亚特兰蒂斯人带去的,那么是不是还有别的源头就有待考证。假如这些货物是来自美洲苏必利尔湖的岸边,那么古代人所从事的矿业,被保存下来的数量惊人,不仅遍布湖边甚至延伸至湖中的岛屿。考古学者在罗伊尔小岛上发现了数量众多的 60 英尺深的铜矿;即使在被干扰的时候,后续最富的矿脉还是让后人看到了开矿者的伟大智慧;矿中的坑道都是通过地下排水管排水的。在这个岛屿上的三块土地上,古代人的开矿量比 20 年来我们开矿最多时的数目还要多,并且投入了大量的人力。在一个地方,矿中的坑道几乎连续延展了两英里。在这些矿的四周没有发现尸体也没有发现坟墩。因此有人推断说这些工矿人员来自遥远的地方,他们死后的尸体被运回去了本土的地方。亨利·格里曼做过一种猜想,他认为密歇根之所以被称为"花园床"的原因就在于那些地方是那些开矿的古代人获取食物的地方。他还补充道:"在罗伊尔小岛上的发现使我们得以观察到了那些'坟墩建造者'的特点,也使我们对他们有了一个彻头彻尾的不同的概念,这个发现使他们被赋予勇敢和冒险精神的尊荣,而这些品质往往都是和有着更高文明的民族联系起来的。他们在采矿的过程中获得的铜,有可能是用或大或小的船只运输的,这些船只载着它们穿越危险四伏并且常有风暴袭击的大海。这种危险性对我们现代人来说都难以应对,我们最大的船只对它都有着深深的恐惧,并丧身其中。而那些远离故乡的古代人却有面对未知世界的勇气,敢于面对海洋深处和荒野上的艰难与危险——他们确实是在被一股我们今天也不会羞于承认的雄心激励着。"

那么遥远的地方存在着大量的工作量,跟当时那个国家的对外贸易的需求有必然的联系。那些青铜器的生产遍及欧洲、亚洲和非洲的古老而伟大的国度,正如柏拉图所描述的那样拥有着可以到世界各地进行贸易的庞大舰队，他们的领土延及意大利和埃及，而且他们还使与美洲"相对的那块巨大的大陆"处于自身控制之下，但是有人就说，这样的工程为什么不由他们自己的国家来完成呢，甚至从亚特兰蒂斯的岛屿一直到墨西哥湾有一条连续的水道不断延伸，然后向上到达密西西比河，它的支流几乎触及了苏必利尔湖所有的铜矿。

亚瑟·米契尔说："从智力程度上讲，发现和制造青铜要比发现和制造铁所需的智力水平要高。因为如果要制造青铜，首先要发现铜，还要掌握从矿砂中将它提炼出来的技术；其次要发现锡，还要掌握从矿砂中将它提炼出来的技术；最后是进一步学会将比例适中的锡和铜混合起来，只有如此，才能生产出这种具有坚硬金属特性的合金来。在把铁从矿砂中提炼出来以及从铁向钢转化的过程中要耗费同样的脑力劳动的说法当然没错。但是石器到青铜器要有一个相当大的跨越，而从青铜器到铁器的跨越相对而言是很小的……人类在其发展的某个时期，会在这里、那里或者不管什么地方独立地发现把铜和锡混合起来就能生产出一种非常坚硬的金属，而且用这种金属还能生产出生产工具或者武器——这种说法虽然不那么荒诞无稽。但是其可能性也没有多大。在人类进步的历史过程中也并没有类似的事件。可能性更大的情况是：最初的时候青铜器是在一个地方被一个或者一群人发明的。于是就开始在这里被使用。后来这个发明得到了更好的完善，而且人们也发现它适用于各种不同的用途，之后，它才会被在地球上广泛传播——这样就更容易理解了。"

人们从亚特兰蒂斯所开拓的所有殖民地上发现关于青铜的知识。但是在其他的地方就有没有这样的发现，但是柏拉图通过文字告诉人们亚特兰蒂斯人在早些时候就使用了这些金属。而且人们还知道，在青铜器时代，新的人类已经出现了新的文明，——即文明人就出现了。人们相信，在那个时代，欧洲第一次出现了驯养的动物——马、牛、绵羊、山羊和猪。而且这个民族的特点就是都是小手的小人国家，因为人们从剑柄的尺寸上就可以推测出来，甚至对于今天的欧洲人来说，它们使用起来都不合手。与石器时代的人相比，这个民族的人的头颅比较长。因此，他们在移民的时候将自己生活的手工艺和生活工具带到了法国、西班牙、意大利、爱尔兰、丹麦和挪威的海岸。后世研究人员在欧洲不同地方发现的青铜镰刀表明他们还种植谷物这种农作物。

著名的学者洪宝德认为人们对冰岛的研究结果是不正确的，他说："当北方人第一次在冰岛登陆的时候(公元875年)，虽然那个国家空无一人，不过他们在那里发现了爱尔兰的书籍、钟和被称为帕帕鲁的早期来访者留下的其他物品，这些papae(父亲)都是传教士。那么，如果根据我们在此处提到的证据，我们猜想这些物品属于来自法罗岛的爱尔兰修道士的话，为什么本土的传奇故事却将他们描述成穿越大海来自西方的'西方人'？"

这里的那些人如果是来自"西方"，那么他们不可能是从爱尔兰来的，因此斯堪的纳维亚人可能轻而易举地就会错把亚特兰蒂斯的书和钟当成了爱尔兰的书和钟了。他们并没有提到有任何能够证明这些遗迹属于最近造访这个岛的人的证据；并且因为他们发现这个岛上没有人居住，他们不可能辨别出这些书和钟在那里放了多少年了。同样，在瑞士、爱尔兰、丹麦和非洲遍布的青铜器都有相同的地方，这也证明了青铜器产生于同一个地方的同一时代，而不是每个国家都经历了青铜器的发展。当时的国与国之间不可能存在着陆地上的贸易往来和沟通。因为人们出土的文物上发现了非常巧合的事情，研究人员比较过两把装饰过的斧头，其中的一把来自爱尔兰，另一把则来自丹麦；然后把这两把斧头与在田纳西坟墩中发现的斧头进行对比。就可以看出它们的形状是完全相同的。将来自爱尔兰、瑞典、瑞士和丹麦的四把青铜剑进行比较会发现它们和来自田纳西的石剑在形状上很相似。

随着研究的深入，人们发现腓尼基人和亚特兰蒂斯人之间有不可分割的关系，腓尼基人崇拜的太阳神和天地之神可能就是来自亚特兰蒂斯，而且这些神灵的名字很可能就是以巴比伦人的天地之神、犹太人的神和魔王以及阿拉伯人的上帝的名字命名的。而且研究人员还发现，腓尼基人深处地中海，而且普遍崇拜太阳神，这样的现象在欧洲北部和西部海岸有莫大的关系。而且有人在斯堪的纳维亚发现了崇拜太阳神的痕迹。因此有人认为人们对太阳神的崇拜并不是从速尔述或者阿拉伯传入爱尔兰和挪威的，而是把有关太阳神的

青铜铸造的浮雕

知识带到的地中海的先人也把这种崇拜带到了欧洲西海岸，与此同时，他们也将自己生活中的青铜器带到了欧洲西海岸。

随着历史的脚步，人们会看到磁针，也有人将它称作"水手的罗盘"，这个罗盘是由在水杯中漂浮的一块木头上的一根磁铁组成，这些迹象都表明，这样的历史可以追溯到赫拉克勒斯的时代。可能在这个青铜器时代的古老遗迹中我们还会看到一个磁杯。在欧洲，从地中海到波罗的海所有海岸的人们都要在这种磁针的帮助下开展他们之间的贸易，因此对他们来而言，磁针具有重要的意义。

考古人员在青铜器时代的遗迹中发现了一个壶，它的出现对研究亚特兰蒂斯有一定的帮助，研究人员认为，其中壶上的图案代表的是一座房子，它甚至展示了固定门的粗糙式样。曼丹族的印第安人所建造的圆形房屋的式样和这个并没有太大差别。慕尼黑博物馆中有一件有意思的陶器，人们推测它代表的是湖上村庄或小村庄——在那个时代，瑞士人还在从湖底搭建起来的高大建筑里居住。上面双螺旋形的装饰物告诉我们它是青铜器时代的产物。出土的青铜器时代的文物中人们发现了许多像刮胡刀一样的刀子。因此有人推测，在远古的时代，人们已经习惯用器皿刮掉脸上的胡子或者毛发之类的东西了。

关于青铜这个词是从巴斯克语或者伊比利亚语中的来的，远古社会，巴斯克人的铜矿得到了普遍的开采，这些铜矿的开采者要么是亚特兰蒂斯人，要么是巴斯克人自己，其中巴斯克人是亚特兰蒂斯民族中的一部分移民，因此也说明青铜器名字的源头可以追溯到柏拉图所描述的岛屿。人们在研究青铜器时代的饰品的时候也发现

了古人的一些习惯。那个时代的人已经有了相当高的文明程度，他
们种植谷物，并且懂得用工具收割成熟的谷物，而且她们的女人已
经懂得佩戴手镯、臂镯、耳环、戒指、夹发针和护身符装饰自己。
那些从事工作的人懂得使用锤子、扁斧和凿子，他们制作的陶瓷工
业也很漂亮。约翰·鲁布克说："象征一个新的文明的不仅是青铜的
存在，还有那些用青铜制造的物品的美观和多样。我们发现，这些
物品中仅有以前石器时代的斧子、箭和刀，还有剑、矛、镰刀、鱼
钩、耳环、手镯、别针、戒指和各种各样的其他物品。"

出土的文物显示，欧洲的青铜器并不是源于腓尼基人、希腊人、
伊特鲁里亚人或者罗马人，因为人们在那里发现青铜器的数量不是很
多，丹麦已经发现了350多件青铜剑，而且都柏林的博物馆中有1283
件在爱尔兰找到的青铜武器。但是在意大利总共只有6件青铜剑。这
些事实都表明，亚特兰蒂斯距离爱尔兰要近一些，因此人们能够在哪
个地方发现很多青铜器，而在稍远的意大利却很少发现青铜器。

欧洲的很多地方都发现了青铜器，而且这些都表明，盛产青铜
器的地方就是某些伟大的从事航海的人们，他们同时还与丹麦、挪
威、爱尔兰、西班牙、希腊、埃及、瑞士和匈牙利进行贸易。芮特
先生说："不管什么时候，只要我们发现青铜剑或斧头，不论是在爱
尔兰的远西、在苏格兰、在遥远的斯堪的纳维亚、在德国还是在更
远的东方的斯拉夫国家，它们都是一样的——不是特征相似，而是
毫无差别。"约翰·鲁布克阁下说："不但在欧洲发现的几种不同种类
的斧头是相同的，还有一些剑、刀、短剑等等，它们看起来都极为
相像以至于好像是出于同一个制作人之手。"研究表明，在希腊人、
罗马人、伊特鲁里亚人和腓尼基人的铁器时代之前，除了亚特兰蒂
斯人之外没有人能够拥有这样的文明。

铁器时代

希腊神话记载的亚特兰蒂斯在被海水淹没之前，不但有青铜器
时代，而且还有铁器时代。埃及人是最早知道铁器的，因为人们在
最古老的金字塔里发现了铁的碎片，考古证明，北欧的铁器时代远
远早于与希腊或罗马人的交流。人们也在密西西比河谷的古墓里发

现了铁器的碎片。《秘鲁文明》中写道："古秘鲁的统治者在的的喀喀湖西岸的安科利亚梅斯开采着最好的铁矿。"莫林娜说："一直认为古代美洲人是不知道铁的，没想到在他们的某些语言中，铁有其独特的名称。"秘鲁语言中将这种铁器称为奎雷，而智利语言中将帕尼利克称为铁。由此可见，生活在远古时代的大西洋两岸的民族已经开始掌握了铁的技术，因此也有理由相信，这些技术是从亚特兰蒂斯传入那里的。

纸与丝绸

人们在埃及最古老的纪念碑里曾发现了纸纱纸卷轴画，同样人们在墨西哥发现了当时的人们已经能够生产出精美的纸张并装订成跟现代类似的书本。在秘鲁人们用车前草叶来造纸。可见在早期的时候，书籍已经成为一种普遍的现象，赫姆勃特也提过藩瑟斯的象形文字的书籍，这种书籍是捆在一起的纸张，与现在的四开本很像。

人们能够从蚕茧中提取出精致的纤维来编制精美织物，这也就说明这个民族是一个高度发达的民族。而且要制作丝绸必须具备一定的条件，例如要有精巧的编织工具，而且要在人口稠密的地区，而且编织的工人不但要有耐心，而且要技艺高超，具备一定的美学知识，否则怎么会编织出如此好看的物品，而且要有能够消费起这种物品的阶级。穆哈迈德·卡希姆在《印度史》和穆罕穆德王朝的介绍中提到，印度国王在公元前3870年将种类繁多的丝绸制品礼物赠送给了波斯国王。在公元前2600多年中国人已掌握了制造丝绸的工艺，在那个时代是他们最先拥有的文明。相关的资料现实，腓尼基人很早以前就开始跟丝绸打交道。腓尼基人不但从印度人手里买丝绸，而且将买来的丝绸转手卖给地中海沿岸国家的人。埃及人也可能是在这样的情形下懂得制作丝绸工艺品，而且在《印度史》中提到的亚干为之丧命的"巴比伦外衣"，这件衣服很可能就是一件丝绸做的外衣，如果是那样的话，那么它要比金银还要贵重。

印度人在公元前3870年就已经懂得如何制造丝绸的方法了，而在古中国和腓尼基则早已掌握了丝绸制作的方法。如果将这种神秘而非凡的工艺归咎于亚特兰蒂斯，那么也是情理之中的一种推测。

农业与天文

希腊神话有"金苹果"与"金羊毛"的神话，这个神话与亚特兰蒂斯有着较大的关联。金苹果神话中的大西洋上的"极乐世界"是一个像果园一样的地方。人们则在埃及发现很多现代的果蔬和谷物，也因此说明埃及人在很远古的时候就开始种植这些可以供人食用的植物。古以色列人在田野中偷偷地谴责摩西时代时大喊："谁能让我们有肉吃?我们还记得在埃及时可以随时吃到西瓜、黄瓜、洋葱、韭菜、大蒜还有鱼。"这也说明很早时候的埃及人还种植小麦、大麦、燕麦、亚麻和大麻等作物。事实上要是没有埃及人在古代就已种植的果蔬、谷物以及饲养的家畜，那么文明人类的谷类食物甚至食物也就非常稀少了。

相关的资料现实，古代人很早的时候就会使用天文学的知识。相关资料记载说卡利斯塞尼斯曾经陪伴亚历山大大帝去巴比伦，回到国家后他送给亚里士多德一套他在巴比伦发现的天文记录册，那套记录可以追溯到公元前 2234 年，记录在许多烘干的粉色土块上。赫姆勃特说过："古巴比伦人掌握月亮运行的精确知识，正是在这个基础上希腊天文学家推算出了阴历。古巴比伦人对慧星有清楚的认识，他们能预测它再次出现的时间。在巴比伦遗址中曾发现过一个有相当倍数的放大镜片；它的直径是 1.5 英寸，厚度是 0.9 英寸。"早期的资料记载，尼禄在观看角斗士的时候就使用了望远镜，而这些都可能是从埃及或者东方那里得来的。普卢塔克也提到过阿基米德使用的"可以让人看到巨大的太阳"的光学仪器。事实上，日历是在天文计算的基础上形成的，其正确性已得到了英法著名天文学家的证明。这就把天文学以及星座的知识上溯到了大洪水之后那几年。这甚至比希腊纪年表的历史还要久远。约瑟夫斯则认为人们对星座的认识应该开始于亚当的儿子塞斯的家庭，因为奥利金在《以诺书》中提到在族长制的年代里人们就已区分了星座并给它们命了名。希腊人把天文学的起源与阿行拉斯和海克力联系在一起。埃及人认为透特，或亚特·豪蒂斯是天文学和字母表的创造者，毫无疑问他代表的是他那个统治于埃及的文明民族。而其他学者认为天文学

"一定是在夏至点刚到达室女座的时候确立的，而且阳历和阴历12宫图几乎同样古老，它们大约都出现于公元前4000年，他们推测最早的创立者可能居住在北纬40度线恰好经历亚特兰蒂斯。"柏拉图认为"地球是宇宙中心体"，而且这个"球体"绕着一个轴日夜不停地旋转。他还说："地球绕着一个极(它贯穿了宇宙)旋转，从而有了昼夜之分。"因此有人推测说希腊人的天文知识是从埃及那里学来的，而相关的证据现实，只有欧洲和美洲的亚特兰蒂斯人才知道怎么使用天文常识，这也对人类进入文明阶段做了一个推动作用。

货币交换

货币被拜伦·斯托苛称为"使我们获得财富和文明的难以置信的工具"。不管是任何时期、任何地域，只要有人的地方就会需要物品的交换，早期的人们把他们认为最有价值的东西当做货币来交换，例如牛、珠宝、奴隶、盐、毛瑟枪的子弹、别针、鼻烟、威士忌、棉布衬衫、皮革、斧子和锤子；或者那些异国人需要的，可以作为必需品与商人进行交易的物品——比如茶叶、丝绸、鳕、浣熊皮、可可壳和烟叶。随着经济的发展，人们越来越追求交换的方便，于是到了晚期的时候，在木头上或者纸张上出现了政府的标准，这些东西就被赋予了在法律上可用于交换的合法性。这也是纸币的雏形。

社会经济的发展总是先进的文明带动落后的文明，当先进的社会文明与落后的民族进行交易的时候，他们就需要用物品进行交换。研究发现他们最开始把一些金属作为衡量价值的标准，那些从事金属制造的人会将金属当做货币使用，因为其中有很多金属可以当做战争的武器使用。很多人就有疑问了，既然金属都能当做货币来使用，那么为什么金子的价值要高于银子的价值呢。这其中的关系跟他们本身有重要的联系，因为金子或者银子不可能被当做普通的金属被人制作成日常使用的工具，例如他们不能将金银制作成罐子或盘子，剑或者矛；它们所做的物品并不一定比玻璃或锡铜的合金更漂亮。美洲人无法理解西班牙人怎么会赋予金子和银子你们高的价值。哥伦布在自己的游记中记载说，当他们一行人行驶到西印度的时候，一个当地的野蛮人用金粉和一个随行的海员交换了一些工具，然后他拼命地跑回森林，因为害怕那个海员后悔这次交易并把他叫回去。墨西哥人有一种形状像字母 T 的锡制硬币。这个不难理解，因为锡是使他们的青铜工具变得更为坚硬的必需品，所以在他们眼中锡可能是具有最高价值的金属。在帕伦卡发现了一枚上面印有一条蛇的圆形铜币，在中美洲的废墟中还有大量的 T 形铜币。这些现象都说明，铜在任何艺术性工作或实用性工作中都是必须的一种工具。

不管是金子还是银子，对于所有的民族来说都是相当熟悉的，但是更多的民族将金子和银子作为神圣的金属，用于装饰为表示对太阳和月亮的崇拜而建造的神庙。金子的颜色与太阳光的金色一样，银子的颜色像月亮苍白的颜色，因此它们分别因代表伟大的太阳神和月亮神而受到崇奉。这可能就是这些金属相对价值的起源。

秘鲁人把金子称为"太阳滴下的眼泪"。尽管金子如此高贵，但是并没有被人们用作装饰品或者货币。库斯科的大太阳神庙被称为"黄金地带"。神庙里的墙壁、飞檐、雕像、盘子、装饰品，全都是用金子做成的。甚至包括那些大口水罐、输送管和水道，还有花园中使用的农用工具都是用金子或银子做的。装饰这座庙宇的珠宝的价值不菲。曾经西班牙的一个探险家在奇穆王国的金字塔中拿走了价值4450284 美元的黄金和白银，可见当时的那个王国是何等的富有。由此可见，秘鲁的金子和银子极大地促进了金属货币的形成，在最近的300 年中，欧洲的贸易就是借助这种金属货币才得以坚持下来的。

金银被秘鲁人看的很重要，虽然他们本身并没有实用价值，但是金银在那个国家代表着两位伟大的天神。根据资料现实，早期的大西洋两岸都有金矿和银矿的开采以及金银制品的制造。因此可以确定当时的亚特兰蒂斯人知道金银。而且从柏拉图的描述中也可以得到证明，他所描述的亚特兰蒂斯物品的状况和皮沙洛在秘鲁发现的是完全吻合的。毋庸置疑，在这两个国家黄金和白银大量堆积是由于这些金属是不允许普通民众使用的。在秘鲁，每年人们都要因为从金矿和银矿中挖出的金子和银子向印加国王纳税。这些神圣的金属全部被用做庙宇的装饰；因此堆积金子、银子的工作就时代流传下来。相同的过程也应该发生在亚特兰蒂斯，这无疑会使庙宇中堆满了金子和银子，像柏拉图描述的一样。亚特兰蒂斯到处都充满了耀眼的光芒。

　　资料记载，亚特兰蒂斯早期的时候曾经于欧洲和西亚的一些国家进行了贸易往来，他们用一些东西换取金银来装饰他们的庙宇，因此他们就产生了对这种在其他方面对人类都相对毫无用处的金属的需求并且赋予其价值———一种高于人们能够提供给他们的文明的顾客的所有其他货物的价值。亚特兰蒂斯人崇尚太阳神，因此他们将象征神圣太阳的金子的价值就远远高于象征神圣月亮的银子。在塞尔特语、希腊语和罗马语中金子一词的词根为梵文卡刺特，即"太阳的颜色"。与秘鲁一样，压速尔人也崇拜太阳和月亮。因此金子和银子也被奉为神圣金属。尼尼微宫殿里的金字塔反复出现在碑铭中。塔高7层，每层的高度一样，但是每一层的地面面积都比下一层小。而且每一层都被粉刷成不同的颜色。相关的研究发现，其中的每一种颜色都代表着天堂里的一位神，而越往下，代表的等级就越低。

　　研究人员还发现，多年前的欧洲，如果有人生病了，他们还会被医生放血祛病。因为他们的祖先早在很多年前就延续这种方法治病，他们认为放血能够赶出人身体里的恶魔的灵魂、如今的很多人都在追逐"太阳留下的泪水"，这与当年的亚特兰蒂斯人有同样的目的，但是有一个问题需要注意，当年亚特兰蒂斯时代的人们对金银很向往，最后也因为他们的贪婪和不思进取而导致了文明的泯灭，这些对今天热衷金银的人依然有重要的警示作用。

第7章 走向没落轨迹

在古老的时代，亚特兰蒂斯人是遵循着"海神"的律法生活的，因此他们安居乐业，生活富庶。但是随着国力的强盛，亚特兰蒂斯逐渐开始对外扩张，随着战争的演变和人们道德的下滑，一个伟大的民族逐渐走向了没落。

消失的天堂

追名逐利与对外扩张

亚特兰蒂斯是个富庶的地方。这里土地肥沃，气候湿润，植物丰茂。除了作为主食的谷物外，还生长着各种奇花异草，家禽牧畜也多如牛毛。这里矿产富饶，城墙镶满铜和锡，庙宇镀着金和银，宫墙砌的是黄金砖，地面铺的是银砖。道路宽广，运河纵横，贸易兴旺发达，人民安居乐业。亚特兰蒂斯兵多将广，骁勇善战。

据柏拉图记载，当时的亚特兰蒂斯科学技术高度发展，教育也空前领先。他们认为唯有身心一致的提升才能使人类发挥最大的潜能。所以孩子们的理想并不是获得权力或者成为富翁，反而是想在六十岁时能成为一位受人尊重的"智者"，因为智者可以为人指点迷津，传递天象预知未来，将一切人、事、物导入最和谐、最适当的位置。在这样一个思想与心灵至上的社会里，人们对于野蛮粗暴的定义标准要高于我们现代人很多。

当时亚特兰蒂斯的生活非常奢华，人们根本无须用劳力赚取生

探索

活，一切都是自动化的，百姓享尽便利。大多数人面貌非常俊美，衣服由珠宝点缀，人们跳舞、聚会、服用迷幻药物。亚特兰蒂斯人用脑高达90%，跟动物可轻易沟通，不但制造机器人，也通过基因工程创生半人半兽的"卡美拉"，例如美人鱼。整个城市都是机械管理，人不需专门读书，知识可以从特殊装置中吸取，十五六岁小孩的智慧就已超过现在的高等学者。

亚特兰蒂斯在其特有的体制下保持着繁荣与富裕，居住于此的人民也很温和、贤明，没有人会沉溺于巨富，人人崇尚道德。

由于生活富庶以及智慧的得来毫不费力，亚特兰蒂斯人慢慢脱离了最初的节制与安分，他们越来越沉迷于物质享乐以及精神和肉体的欢愉，人们变得越来越注重利益的最大化。

亚特兰蒂斯人因为过分强调对于个体的尊重，所以认为自己要为自己的心灵成长与提升负责，对于一些野蛮与道德下滑的现象并不会给予惩罚。在当时并无婚姻制度，导致有些亚特兰蒂斯人在性生活产生杂交的乱象，更有与动物交配等人伦颠倒的变异行为。虽然一般人认为以这种选择动物的人，通常在精神上失去了平衡，被认为是不成熟的，但这样的行为并不被制止。

在整体道德下滑的情况下，也出现科学家为了名利，以改变宇宙基本元素来调节气温净化空气等手段试图充当上帝。许多的智者都对这些行为所导致的后果提出了警告，无奈多数人对于这样的预言听而不闻。

可是亚特兰蒂斯的社会开始腐化了，民间竟崇拜起贪财爱富、好逸恶劳和穷奢极欲的各种伪神。

到了圣洁的一念逐渐黯然失色，并且被凡俗魔障掩盖以致人欲横流的时候，那些担不起齐天鸿福的亚特兰蒂斯人，做起不正当的事来，明眼人都看得出亚特兰蒂斯人日趋堕落，他们天生的美德逐渐丧失，不过那些盲目的俗人利欲熏心，不明是非还兴高采烈自以为得天独厚。

——柏拉图

安逸的生活并没有让人们更加感谢神的恩惠，反而为了追求更多的欲望满足，人们崇拜起了"各种伪神"。这些人们开始做不正当而且不道德的事情，不自觉地一步一步走向毁灭，然而人们不知道这样做的严重后果，反而变本加厉的追求利益，还以为是自己的能力了不起。很多人"做恶犯错"、"忽视错误"、"纵容变异"、"默许邪恶"、"是非不分"，逐渐造成了人性的扭曲，造成社会道德水平的急速下落，最终将文明推向了末路。

依仗着强盛的力量，亚特兰蒂斯国王欲征服周围的国家，常常率兵征战。为了吞并埃及和希腊，大约在9000年前，国王又率兵东征。他的统治从利比亚扩张到埃及，又从埃及扩张到第勒尼安。

当亚特兰蒂斯国王率兵进攻希腊时，却遭到了顽强的抵抗，后被希腊人打败。但他不甘心，想重整旗鼓，再与希腊人决战。就在这时，灾难将临了，发生了突如其来的强烈地层和海啸，大西国也急速地沉入海中，消失得无影无踪了。

最根本的道德问题

上帝的洪水将亚特兰蒂斯淹没，亚特兰蒂斯顷刻间消失于世界的视线中。这样的结局也许是一种注定，这样的注定却有着最根本的原因。

当亚特兰蒂斯的文明发展到最高点的时候，人们的品性再也支撑不住高高在上的善与爱，随着逐名逐利之心的日益膨胀，道德下滑，人们沉浸在钩心斗角与对外侵略的快感之中，也许上帝是有心的，他惩罚了亚特兰蒂斯和它的子民，试图将人们从道德的边缘拉回来。

时代发展到现在，道德一直贯穿其中，每一个时代都有自身的局限性，相对应的道德也在起着不尽相同的作用，归纳起来主要有以下几点。

社会调控性

社会是人组成的，每个人都是在自己的意识、意志支配下为实现某种利益，达到某种目的而行动着的。这就使得人们的个别行为往往是相互冲突的、相互矛盾的。但任何一个社会都只有在一定的秩序中才能正常运转。因此，为了能将各个社会成员的行为尽可能纳入社会直接需要的秩序范围内，以保证社会各个生活领域的正常运转，任何社会都必然形成某种相应的社会控制系统。在社会控制系统中，道德作为一种重要的社会调控力量是不可缺少的力量和方式，起着特殊的调控作用，它不仅能疏导和调适社会成员的思想和行为，而且能为其他社会调控力量的实施提供社会成员现行状况的信息。

第一，道德在阶级社会里是一种阶级斗争的工具。任何阶级都是以自己的道德标准、价值尺度为本阶级的利益、制度和行动(包括经济、政治、军事、科学、文化等)作道德上的论证，以证明他们是善的、正义的、合理的，同时证明敌对阶级的利益、制度和行动是恶的、非正义的、不合理的。

第二，培养一定社会的理想人格。任何社会的各个阶级都需要有能代表本阶级的利益和意志的人来为自己服务。因此，他们就要按照本阶级的愿望来培养和塑造具有本阶级的道德要求、道德理想和道德品质的人格。

第三，调节本阶级内部矛盾，以达到步调一致。在阶级社会中，各个阶级都竭力通过道德宣传和道德教育，使本阶级成员都能认识并践行符合本阶级根本利益的道德原则和行为规范，以调整本阶级成员之间的关系，缓和或消除矛盾，加强团结，使他们自觉地为本阶级的根本利益而斗争。

第四，影响和改造敌对阶级的成员，使其为本阶级的利益服务。历史上占统治地位的剥削阶级总是虚伪地把本阶级的道德冒充为全人类的道德，利用自己手中控制的舆论工具，通过各种渠道，影响、欺骗、麻醉被统治阶级的成员，使他们心甘情愿、俯首帖耳地接受其统治。当然，被统治阶级的道德对统治阶级的个别成员也会发生一定的影响作用。

第五，作为社会道德最低层次的社会公共生活规则，是维护社会正常秩序、保证社会正常生产和生活的重要手段。这种规则千百年来一直担负着维护人们的公共生活，防止威胁公共生活的破坏捣乱行为，如盗窃、打架、侮辱妇女、破坏公共财产等流氓行为的任务。

正因为道德具有如此重要的社会作用，所以，它受到历代统治阶级及其思想家的重视。孔子主张"德治"。他认为："为政以德，譬如北辰，居其所而众星共之。""导之以政，齐之以刑，民免而无耻；导之以德，齐之以礼，有耻且格。"这在孔于看来，道德对社会具有政治、法律所不能起到的作用。

道德推动经济的发展

道德对经济基础的形成、巩固和发展具有积极的推动作用。

社会的发展是由社会的基本矛盾，即生产力和生产关系、经济基础和上层建筑的矛盾运动的结果。道德属于上层建筑，一方面它由经济基础所决定；另一方面，它对经济基础的形成、巩固和发展产生巨大的推动作用。如建立在资本主义商品经济基础之上，要求自由、平等、博爱等道德观念，在资本主义经济关系建立过程中及形成之后，都在为资本主义的商品经济，包括自由贸易、等价交换、劳动力的自由买卖唱颂歌；同时，它又对封建社会的特权思想、等级观念、封建专制进行激烈的批判，这些对于资本主义经济基础的形成、巩固和发展都发挥过重要作用。

道德能够促进或阻碍社会生产力的发展。一定的道德，当它们反映的经济基础是适应生产力的要求，所代表的阶级是社会的进步力量的时候，它就能对社会发展起积极作用，反之，则起消极阻碍作用。科学技术和社会生产力的发展，都是和人的积极性和创造性活动分不开的，积极性的高低又与道德水准的高低密不可分，道德水平高的科技工作者会以极大的热情投入工作，在业务上精益求精，只有如此，在科学上才会有新发现，技术上才会有创新，进而为社会创造无穷的财富。

■ 政治、法律需要道德的服务

道德不但要为一定阶级的经济利益服务，而且也为一定阶级的政治服务。在阶级社会里，统治阶级的道德原则和规范一旦成为普遍的习惯和传统，就直接成为巩固现有政治制度的强大力量。无产阶级的共产主义道德积极地为无产阶级的政治服务。列宁曾经说过，共产主义者的全部道德就在于这种团结一致的纪律和反对剥削者的自觉的群众斗争。正因为如此，崇高的道德品质，始终伴随着无产阶级的革命斗争及其社会主义建设事业，无产阶级不可能离开观念、道德方面的斗争来进行其夺取政权的政治斗争。道德本身对社会制度的作用是有限的，但如果服务于给千百万人指出目标和方向的政治决策，它就可能成为变革社会的强大精神动力。因此，无产阶级总是以忠于共同事业，与剥削和任何形式的压迫进行毫不妥协的斗争精神教育人民群众。无产阶级革命战士不仅在马克思主义政党所领导的政治斗争中提高了自己的政治觉悟，而且形成了为战胜资本主义所必需的道德品质。

在历史上，无论哪个统治阶级，都把他们的道德和法看做维护自己阶级的经济和政治利益的有力工具。道德与法律的相互联系、相互作用表现为：道德和法律虽然有不同的性质和特点但可以互相作用，相互补充。统治阶级往往一方面把基本的道德规范写进法律条文，通过法制的力量推行道德规范；另一方面，也通过道德教育来维护法制，使法律获得道德支持。在中国封建社会里，统治者一直强调"制礼以崇敬，立刑以明威"，"德威兼施"。与此同时，还把"三纲五常"的封建道德规范赋予法律的意义，强迫人们严格遵守。这表明了封建统治阶级的道德与人民利益的对立，因而不得不以法律为靠山，借法律来推行道德。

道德是文艺的源泉

人们的精神活动和道德风貌直接影响着文艺作品的内容，文学艺术家的世界观和方法论、伦理观对文艺创作有着重大影响。真正的艺术是要确立从社会现实和人民生活中成长起来的理想。重要的是，艺术家的理想要依靠对不断发展的现实及其规律的正确认识和理解。

在现实生活中，人们之间的道德关系占有重要地位。人们总是把美同善、丑同恶联系在一起，用"美好"和"丑恶"来评价人和人的品行。可见，离开了人们现实的社会生活和道德面貌，文艺就失去了源泉；离开了道德，也谈不上文艺的审美意义和审美价值。每一时代，每一民族的文艺作品又常常是了解和研究该时代、该民族的道德关系和伦理问题的生动丰富的材料。

人们的道德生活和道德面貌是文艺取之不尽、用之不竭的源泉。人们的道德生活和道德面貌的变化发展，总是要影响文艺内容的变化和发展。文艺的美来源于生活的美，文艺的道德价值来源于生活的道德价值。另外，文艺家的道德观念、道德情感和道德理想，必然直接影响他们的文艺创作。在一定意义上讲，文艺作品也是文艺家的道德面貌和道德理想的形象显现。

文艺作品中所反映出来的生活要"比普通的实际生活更高，更强烈，更有集中性，更典型，更理想，因此就更带普遍性。因而文艺更容易为广大人民群众所接受。社会主义时期的文艺创作必须以马克思主义的世界观为指南，只有这种世界观才有可能深切理解社会发展规律，提出人类摆脱剥削与压迫、走向光明与未来的唯一正确道路。社会主义社会为革命文艺开拓了进行道德教育最广阔的前提。革命的文艺家应该加强对党和人民的高度政治责任感和道德责任感，深入到人民群众的生活和斗争中去，善于发现人民群众一切好的品质，在实现对人民的社会主义道德教育任务中，反映新人、反映我们这个伟大时代所产生的新的人际关系，同时也严厉地批评社会中的一切落后东西和保守现象，同人们意识和行为中的旧残余，同封建主义和资产阶级腐朽道德进行积极的斗争，努力创作出真善美高度统一的、具有深刻意义的文艺作品，为提高人们的良好道德品质，提高我们中华民族的整体道德水平而努力。

削弱宗教的不良影响

在历史上，特别是在剥削阶级统治的社会里，道德与宗教有着极为密切的联系。剥削阶级往往把他们的道德观念宗教化，借助宗

宗教法老

教的神力来宣扬他们的道德论。一切宗教学说都信奉人与神、人间与天堂、肉体与灵魂的绝对对立。宗教把人分为肉体与灵魂两个敌对的本原，认为前者是罪恶的根源，后者是克服肉体罪恶需要的无益尝试，这种划分的结果就是对人的轻视。人被描绘成一种过着牛马生活的、只能幻想灵魂得救的永久罪人。力求得到拯救的人要么成为禁欲主义者，要么在理想与现实的永久矛盾中彷徨无策，要么陷入口是心非和假仁假义。剥削阶级极力让被剥削阶级相信，尘世生活是"苦海无边"，禁欲主义和甘于困苦是最大

的美德，这种美德在天堂里会得到回报。显而易见，在剥削阶级占统治地位的社会里，宗教道德的主要目的在于保护剥削制度的基础，使被广大群众安于剥削阶级的统治。列宁说："对于辛劳一生贫困的人，宗教教导他们在人间要顺从和忍耐，劝他们把希望寄托在天国的恩赐上。对于依靠他人劳动而过活的人，宗教教导他们要在人间行善，廉价地为他们的整个剥削生活辩护，向他们廉价出售进入天国享福的门票。"这就是剥削阶级道德与宗教联姻的秘密。在我国历史上，佛教从魏晋的时候起，就得到统治阶级的大力扶植。千百

年来，宗教及其所宣扬的宗教道德在我国广大人民群众中间深有影响，直到现在，余毒未尽。因此，在社会主义条件下，加强无神论的宣传，破除宗教迷信，对于社会主义、共产主义道德教育具有重要意义。

道德的社会作用有进步的、革命的和保守的、反动的区别。我们判断一种道德对社会发展起什么作用，主要看它在历史上代表什么阶级的利益，维护什么样的经济基础。凡是维护新的经济基础，保护或推动生产力发展的道德，是进步的和革命的；凡是维护旧的经济基础，阻碍或破坏生产力发展的道德，是保守的和反动的。比如资产阶级道德，在推翻封建制度，建立和发展资本主义制度的过程中，它起着一种积极的推动历史前进的作用。但是，到了帝国主义阶段，资本主义制度已经腐朽，资产阶级道德便丧失了革命性，所起的作用则是保守的和反动的。这时，促进社会进步的则是为争取建立社会主义制度而斗争的共产主义道德。

永远的亚特兰蒂斯

日月凌空

无论是在世界的古代史，还是在近代史上，都曾经出现过一些称雄世界的强大帝国，如亚历山大的马其顿帝国、罗马帝国、土耳其奥斯曼帝国、蒙古大帝国、西班牙帝国以及大英帝国等。这些帝国，无一不是依仗强大的军事机器，对外进行扩张与铁血征伐，从而在累累白骨与废墟之上，建立起了版图辽阔的庞大帝国。在这些因军功与领土广阔而显赫一时的帝国中，唯有英国被称"日不落"帝国。原因无它，因为大英帝国是世界上最早进入工业革命的国家，先进的生产力使它拥有了对外扩张的资本。它所拥有的殖民地，曾遍布东、西两个半球，不仅包括北美与澳大利亚，还曾包括亚洲的印度、新加坡与中国的香港。其实，早在英国的炮舰与商船出现在大洋之上的几千年前的史前时代，一个让人类引以为傲的伟大文明之国，就已经成为世界上的太阳不落之国。这个太阳不落之国的伟大，不仅在于它的疆域曾横跨东、西两个半球，更由于这个蓝色的太阳文明所高擎的文明火炬，曾照亮了史前的整个世界。

这个伟大的光荣，应该属于大西国文明。而对这个最早的日不落之国在史前世界曾经存在过的最早、最明确的记载，则来自于柏拉图。

根据柏拉图的说法，在大西国的整个疆域中，不仅有大西岛，还包括了北非与亚细亚地区以及欧罗巴与大西岛的对岸大陆等地区。大西岛是美洲，而大西国的本土又在与美洲遥遥相对的东亚大陆。可见大西国的疆域地跨东、西两个半球上的四大洲，即亚洲、美洲、非洲与欧洲。在如此辽阔的土地上与海洋中，太阳当然永远不会落下(当太阳在东半球落下时，又是在西半球升起之时)。因此在一天中的任何时间，太阳都会灿烂地照耀着高高飘扬在天空的大西国旗帜。

在中国的古文献中，并不缺乏可以为大西国曾是日不落之国的记述提供佐证的相似内容。

这些文献记载大致可归纳为两大类：

(1) 有关中国上古帝王赴海外地区并在海外建国的记载。

(2) 有关上古中国庞大疆域四至的记载。

在谈及上古中国帝王在海外建国的古文献中，最著名的莫过于《山海经》。在《大荒东经》的卷首，开宗明言："东海外大壑(有)少昊之国，少昊孺帝颛顼于此，弃其琴瑟。""弃其琴瑟"虽使人不甚了了，但关于中国上古帝王少昊、颛顼在中国东海外建立名为少昊的海外属国的内容却非常明确，而且丝毫看不出有神话的成分在内。此处的东海外是个十分重要的地理位置。因为中国上古所称的东海，泛指位于中国大陆东方的整个海洋，这与柏拉图记述中称直布罗陀海峡外的西方整个海洋为西海的道理一样。因此，狭义的古东海至少可以包含整个太平洋直至美洲。佐证这一说法的，除了逻辑上有着与西海的论证相同的理由外，还有《尔雅》。书中将太阳自东海升起称为"日出太平"。太义为大，平的意思就是平坦。故太平是指太阳升起之处中国东方那无边无际的广阔海洋。从日出东海与日出太平的说法中，可见东海与太平洋本就是一个海洋的不同名称而已。

与东海外这个地理概念联系在一起的，还有东海内与东海中。这三个概念是表示中国东方地理的三个重要标志。而且这三个概念彼此是不能混淆的。比如朝鲜半岛，在《山海经·海内经》中就称之为"东海之内"。尽管朝鲜半岛伸人东海(太平洋)，但因其与大陆相连，故只能是在东海内。日本(倭国)虽然在朝鲜的旁边，但由于它是海中的岛屿，故只能称位于东海中。

因此，《山海经·大荒东经》提到的东海外大壑，当是指远离中国本土的东方海外地区。大壑被后世的注释家注为巨大的无底深渊，实际上指的就是极大极深的海洋，而非浅海区。

在《山海经》中，除了明确归于少昊、瑞顼名下的少昊之国外，上古中国在东海外的属国还有许多，比如，大人国、君子国、青丘国、小人国、蔿国、黑齿国、玄股国、毛民国、劳民国、中容国、困(因)民国、夏州之国、白民之国、埋民之国、女和月母之国等等。这些在《山海经》的《大荒东经》、《海外东经》中记载的古国，究竟位于世界的何处，一直是个无法被确定的谜。但不言而喻的是，无论是从《大荒东经》、《海外东经》的篇名以及所记述的内容看，这些上古中国的众多属国都位于中国东方的海外，应无疑义。

但这个东海外的范围实在是太大了。由于中国东方的海洋可以是指整个太平洋，甚至还可以包括大西洋(广义)，故与这两个海洋有关的美洲、欧洲与非洲均在此范围内。这一说法并非没有任何依据。《山海经》中所提及的白民之国的白民，系"自身披发"。对此，《山海经》的注释家郭璞注为："言其人体洞白。"另一注释家高诱亦称："白民白身，民披发，发亦白。"这些注释都指出了白民的特征，就是白皮肤与白头发。这就与欧洲的白种人很相似。经文中提到的劳民国之人则是"面目手足尽黑"，就与非洲的黑种人的特征非常相似。由此可见，有着白肤色的白民与黑肤色的劳民所生活的史前东海外地区，应该不能排除白种人的欧洲与黑种人的非洲这两个地区。对祖先这种业绩的记载，自然不会仅限于《山海经》。《吕氏春秋》中也有大禹的足迹曾踏遍海外许多山水的记载："禹东至榑木之地、日出、九津、青羌之野、攒树之所、㨾天之山、鸟谷、青丘之乡、黑齿之国。南至交趾、孙樸、续樠之国、丹粟、漆树、沸水、漂漂、九阳之山、羽人、裸民之处、不死之乡。西至三危之国、巫山之下、饮露、吸气之民、积金之山、共肱、一臂、三面之乡。北至人正之国、夏海之穷、衡山之上、犬戎之国、夸父之野、禺强之所、积水(冰)、积石之山。"这些地区分别在东、南、西、北四个方向，是否都在东海外不得而知，但该记载中的青丘与黑齿之国，在《山海经》中亦曾提到过，均在中国的东海外。青丘这个地方，黄帝亦曾去过，《抱朴子》中记载："(黄帝)东到青丘；过风山。"

大禹东至的"日出"与"樽木之地"，当在东海之外。"日出"自不必说，樽木就是扶木，樽木之地实际上就是扶桑之地；扶桑之地，亦即上古先民所认为的太阳升起之处。无庸讳言，古籍中的古怪地名所代表的真正所在，恐怕已经很难加以详尽考证。

除了《山海经》与《吕氏春秋》外，相关记载还见之于中国最早的诗歌总集《诗经》。《商颂》中有"相土烈烈，海外有截"的诗句，以歌颂商族祖先开拓海外疆土的业绩。更为有力地为柏拉图的记述提供依据的，来自中国古文献中关于上古中国疆域及四至的记载。

在稍晚于柏拉图时代的中国西汉武帝时期成书的《史记》中，有这样的记载："颛顼北至幽陵、南至于交趾、西至于流沙、东至于蟠木，动静之物、小大之神、日月所照、莫不砥属。"这一节是讲颛顼(就是《山海经·大荒东经》中少昊之国的共同创建者的孺帝)所辖疆域四至，包括了凡是世界上能被太阳与月亮照耀的地方，这些地方的一切，无论是神还是物，不论是有生命的还是无生命的，无不臣属于上古中国。故上古中国的辽阔疆域，不仅太阳可以永远不落，而且月亮也永远不落。这就是"日月所照，莫不砥属"的精义所在。我们认为，《史记》的记载基本上是可信的，理由有四点：

(1) 司马迁的记载与柏拉图的记述基本吻合。大西国运河就是鸿沟运河的考证结果证明了东、西方这两位同样伟大的学者，在其著作中记述的内容在许多方面应该是源自一个共同的原始资讯。

(2) 司马迁是后世公认的以治学严谨著称的史学家，作为西汉王室的太史令，他不仅可阅览所有的王室藏书，而且年轻时又曾游历过中国许多地方，使他可以比同时代的其他人更多地知道一些上古逸史，为他的日后撰写《史记》打下了坚实基础。

（3）司马迁对上古中国疆域记述的重要依据，显然来自于上古中国的四至，即，北至幽陵，南至交趾，西至流沙，东至蟠木。"至"有到达或界限的意思。如现代产权人的土地使用证或图纸上都有东、西、南、北四至的范围确定，说明四至就是土地权属所能达到的四处界限。既然颛顼时代的上古中国有着明确的东、南、西、北四至，就说明中国上古的疆域是具体的，故"日月所照，莫不砥属"绝非空穴来风。否则，以司马迁的严谨，不会不知道这一记载对后世所意味的重大含义。

（4）司马迁的记述绝非孤证，与《史记》相似的记载，也出现在《淮南子·主术篇》中："昔神农氏之治天下者，其地南至交趾，北至幽都，东至旸谷，西至三危，莫不服从。"

《淮南子》是西汉淮南王刘安麾下江淮智者名士集体智慧的结晶，书中的原始史料及素材大部分源自江淮平原的楚地。作为上古文明的昌盛之地，楚地显然在当时还保存了不少上古的历史资讯。记载中的上古中国四至地名以及神农时代虽与《史记》的记述略有出入，但大体相似。《淮南子》中对神农时代疆域的记载，倒与《春秋命历序》的记载相合："神农始立地形，甄度四海远近，山川林薮所至，东西九十万里，南北八十二万里。"记载中虽未提到四至，但四海的远近，显然亦是一种地理上的距离界定。东西与南北间的距离显得有些夸张，但究竟是作者的笔误还是对原始史料的误解，我们已经无法知道。但这一记载至少可以说明上古神农时代的疆域是非常辽阔的。更为重要的是提出了神农时代曾进行过地理考察，勘定了四海的距离远近，而且考察范围包括陆地上所有的山川林薮。看来，这绝不像是一次简单的小范围的地形勘察。而据《元命苞》中"神农图地形，脉海道"的记载可知，神农时代的地理考察者不仅仅是对陆地上所有的山川林薮进行了勘定，而且还对海洋的航路进行了考察。考察海洋航路，显然具有深意，就是要远航大海，考察海外之地，否则有什么必要脉海道？

由此可见，古籍记载的神农时代的天下，即疆域的四至，应该是上古的地理考察者经过了"图地形，脉海道"以及"甄度四海远近，山川林薮所至"后才被确定的。

此外，古文献中还有将上古中国的海外属地与辽阔疆域四至的内容结合在一起的记载。《尚书·尧典》中说："帝尧任命羲仲居住(驻守)在东方的旸谷(即东至)，每天主持恭迎太阳从东方升起的仪式；任命羲叔居住在南方的交趾(南至)，每天恭迎太阳从南天经过；任命和叔居住在北方的幽都(北至)，每天观察太阳北行的情况；任命和仲居住在西方的昧谷(西至)，负责主持每天恭送太阳落下的仪式。"表明上古中国的帝尧时代已正式委派代表驻守在国土的四至，专门负责代表中央王朝主持在当地的太阳崇拜仪式。太阳的升降地均非在中国本土，旸谷与昧谷均为海外地区，这亦是海外四至地区早已"莫不砥属"于上古中国的证明。

所有以上所引文献，似乎都指向了一个事实，即上古中国是世界上最早走向海洋的蓝色文明。对此的证明不仅有古帝海外建国以及图地形、脉海道等实践的文献记载，而且还有建立在这些实践活动之上的对世界地理的理论总结。这个著名的理论就是"大九州"理论。这是个反传统的海洋文明学说，被视作"离经叛道"。这一理论的提出者为中国战国时代齐国的阴阳家邹衍。这位生活在与柏拉图大致同一时代的阴阳家的著作早已不存，他的"大九州"理论保留在《史记》中："中国名曰赤县神州，赤县神州内自有九州，禹之序九州是也，不得为州数。中国外，如赤县神州者九、乃所为九州也。于是有裨海环之，人民禽兽莫能相通者，如一区中者，乃为一州，如此者九，乃有大瀛海环其外，天地之际焉。"其大意是：被称为赤县神州的中国地域内，被大禹划分为九州。但在中国之外，与中国这个赤县神州的地域大小相似的地区还有九处，这就是大九州(而中国本土内的九州则是小九州)。裨海的裨实为稗，有小之意，故裨海实相对应于巨大的大瀛海而言。为裨海所隔的各洲，相互之间是无法交往的。因此，这些存在于海洋中的陆地就成为独立的一洲。在这样的九洲之外，则是另外一个巨大无比的海洋，围绕在最外围的天地之间。

我们不需要去评论邹衍所提出的"大九洲"理论是否正确，以及上古中国本土之外，是否有九个与"赤县神州"大小相似的州存在过。重要的是，这个"大九洲"理论的提出，至少说明，邹衍认为或者是说知道，中国本土这一块大地，并不是世界的全部。除中国之外，世界上还有很多像中国一样的洲存在着。这也许就是中国古代的知识精英对世界的认识。同时，这不可能是中国之所以称中国，即中央或中心公园的原因所在。

问题是，既然世界上各洲之间均为裨海所阻，"人民禽兽莫能相通者"，则无论邹衍如何学究天人，他又是如何知道"中国外赤县神洲者九"的?若不是与为裨海所阻的这些洲有过来往，是不会知道海外还有陆地之洲存在的，而邹衍既不是航海家或水手，也非地理学家。

看来，"大九洲"的理论，还是传承于更早的祖先记忆，邹衍只是作了理论上的归纳与总结。《帝王世纪》在提及黄帝事迹时讲道:"自神农以上有大九洲、柱洲、迎洲、神洲之等，黄帝以来，德不及远，惟于神洲之内分为九洲，黄帝受命，风后割(划)地布九洲置十二国。"这一记载与"大九洲"理论可以互证。这些与神州(中国本土)并立的大州，均非中国境内九州之中的洲，而是"大九洲"中的洲。该记载中耐人寻味的是:黄帝时代以后的中国帝王德政已不能或已无力有效地再管辖遥远的海外辖地，如柱洲、迎洲等，所以只能放弃，而专注于在神州(中国本土)之内办自己的事。

虽然这一记载并未告诉人们，海外的这些辖地，即大九洲中如柱洲、迎洲等究竟位于世界的何处，但这些原始资讯无疑完全可以为柏拉图的大西国故事提供强有力的依据。

不被遗忘的永生之地

随着对亚特兰蒂斯的了解，人们已经深切地感受到这个文明民族的伟大与睿智。

希伯来人、埃及人、腓尼基人、埃塞俄比亚人以及一些其他的古老民族实行割礼的仪式和传统也可以追溯到亚特兰蒂斯时期。

在那个时期，行割礼是一种必须的宗教仪式，目的是为了杜绝一种人们最可怕的疾病，这种疾病不断地折磨着美洲的民族，严重阻碍了他们的发展和文明进程，亚特兰蒂斯国王，希腊的神——克洛诺斯在大灾难时期，命令他的所有军队都实行这种仪式。割礼消灭了亚特兰蒂斯的这种病。后来迁徙到欧洲的移民带去了这种仪式，却没有带去最初源于他们之中的这种病；哥伦布的航行重新建立起了与西印度群岛中有这种病的岛民的交流，于是这种病漂洋过海"传到了欧洲"，使欧洲成了"停尸场"。

据统计，希伯来人的平均寿命比其他民族的人要长许多；他们把这归功于他们从那个伟大的充满智慧的亚特兰蒂斯祖先那儿继承的这个传统礼仪。

我们将以这些从各处收集的证据为基础，还原那个古老民族在大洪水之前的生活场景。他们时代居住的岛屿非常大，周围环绕着大大小小的岛屿，它们向东西延伸，可以到达欧洲和非洲，或西印度群岛及美洲大陆。岛上有许多火山，有的甚至有 15000 英尺那么高，山顶终年积雪，山下是高原地带，居住着王室和贵族。高原之下是"宽广辽阔的亚特兰蒂斯平原"。有 4 条河流从内陆向东南西北四个方向流去。气候与亚速尔群岛类似，温和怡人、非常温暖，那里土壤肥沃、林木茂盛，适合多种热带和温带作物的生长。

岛上主要居住着两大族群：一个族群皮肤是棕红色，外形像埃及人、中美洲人和柏柏尔人；另外一个有着白皙的皮肤，外形与希腊人、凯尔特人、斯堪的纳维亚人和哥特人相似。为了争夺统治权，各民族间不断争战。黑皮肤的民族似乎在体形上稍小，手也偏小；而白皮肤的民族体形高大——因此有泰坦和巨人的传说。迦纳利群岛的关彻斯人就是体形高大的民族。青铜器时代的文物表明它们出自手小的民族，而且这个民族拥有船只和火药，并且与巨人之间发生过战争，由此我们可以很容易地推断出肤色较黑的民族更加先进，他们拥有加工金属的技术和航海术。

我们发现大洋两岸的人们有着相同的习俗，这表明他们都起源于美洲，只是后来的迁徙让他们忘记了其根源。人们在欧洲，而非美洲发现了家养的牛和重要的谷类作物，小麦、大麦、燕麦、稞麦表明在这个民族从美洲迁移到亚特兰蒂斯后，又有了更为深入的发展。但在后来的时间里，亚特兰蒂斯与欧洲的交流要比其与美洲的交流频繁密切得多。在那个时代，船是不带篷的，因此要从亚特兰蒂斯经由大片海洋把体积巨大的家畜运到美洲是极为困难的，但要经由地中海上的如今已经下沉的那些小岛再到西班牙海岸则容易得多。也许小麦、燕麦、大麦和稞麦更适合在西班牙和意大利的气候下生长，而气候干燥的美洲则更适合玉米的生长。就连现在的中美洲也很少种植小麦或大麦；同样在意大利、西班牙和西欧的其他地区也很少种植玉米，那里湿润多雨的天气不适合玉米的生长。而在古时，中国和埃及就因为气候干燥优势早已开始种植玉米。通过研究亚特兰蒂斯原始语言在其分支语言中的遗留和消失的词语，能够重现雅利安民族的移民史，那么我们通过比较大西洋两岸民族的词汇、习俗、观念和艺术来重现亚特兰蒂斯历史的那一天也为期不远了。

这个民族也有较为发达的农业。在埃及和秘鲁境内发现的犁，证明他们已拥有并使用了这种工具。从太阳神头上的牛角形图案中我们可以看出在他们心中牛占据着崇高的地位，我们可以推测出他们已经超越了人拉犁，进入牛拉犁的时代，瑞典在有史以后的时期里也是这样。他们最早驯化了马，因此波塞冬跟马联系在一起；还出现了柏拉图所记录的跑马道。他们有绵羊，生产羊毛制品；还有山羊、猪和狗。他们种植棉花，制作棉制品；也许还种植小麦、大麦、燕麦、稞麦、豆类、玉米、烟草和大麻，可能还包括马铃薯；他们开凿沟渠，进行灌溉；他们是建筑师、雕刻师和雕塑师；他们有字母表；岛上还有铜、锡、青铜、金、银和铁。

在他们漫长的历史进程中，人口在和平和农业发展的催化剂下有了大幅度增长，并开始向东西扩张。这次扩张长达几千年；其中各殖民地的关系就如同后来由腓尼基人、希腊人和罗马人分别建立的殖民地之间的关系；他们还与当地的一些更古老的土著居民融合：有史记载的历时上千年的各民族融合从那时即已开始，由此诞生了新的种族和语言。民族融合使得人丁稀少的古老民族逐渐变得强大，体质特征互相融合，导致了从白色到黑色之间还有不同肤色的人种的出现。

在某些方面，亚特兰蒂斯与不列颠岛很相像：不列颠中存在同样的甚至更多的民族差异；也把殖民地建在欧洲、亚洲和美洲，曾把文明传播到四方。在第3和第15世纪，大不列颠的殖民者在法国海岸——布列塔尼半岛定居，他们在民族特征和语言上都代表着他们起源于亚特兰蒂斯。同样我们可以推断闪米特人从亚特兰蒂斯迁移到了叙利亚、埃及和巴西。发生在亚特兰蒂斯的民族大迁徙就好比是大批的爱尔兰人、威尔士人、苏格兰高地人和康沃尔人离开英格兰，把那里的文明传播到其他地方，但他们使用的是其他语言而不是英语。发源于亚特兰蒂斯文明的英格兰，居住着来自于同一个地方的不同民族，就仿佛是宙斯和克洛诺斯帝国的历史再现；正如特洛伊、埃及和希腊与他们的母系民族作战一样，布列塔尼和美国也从英格兰中脱离出来，而他们与母系民族的联系也就此中断。

宗教在亚特兰蒂斯时期已基本上形成。他们认为世界上存在一个无处不在的万能的神祇。在秘鲁和埃及也有对万能的神灵的崇拜。他们认为太阳就是这个伟大神灵的化身。这种想法与文明息息相关。而科学上却是在后来才意识到地球上的生命对阳光的绝对依赖。

"所有的动物能量都直接或间接地来源于能够吸取有机物及其能量的植物；而植物的能量又来自于阳光。"风、洋流、雹暴、雨、冰川、江河和瀑布都是太阳能的直接产物。我们所有的机械，无论是风车、水车、马车或蒸汽机以及民用的电子和电磁变化的产物即我们的电极、时钟、手表，都源于太阳能的作用。

太阳几乎是地球上一切现象的能量之源。无论是气象的、地理的，还是地质的、生物的，一系列千变万化都可以从源于太阳光的分子运动中找到动力。

但亚特兰蒂斯人走得更远；他们认为灵魂是不朽的，可以在肉体中复活；也就是说他们认为"灵魂不朽，肉体可以复活"。所以他们用防腐材料对死者进行处理。"从雅利安语言的最古老记录中，我们发现越古老的宗教思想越高级、越简单、越纯粹，最后我们在流传下来的最古老的文献中发现神是祈祷辞的开篇语。我们无法得知最古老的吠陀的雅利安语文献的确切年代。马克斯·穆勒教授认为它大约可以追溯到公元前 5000 年……我们能确定的就是人类最早期的发明也是最伟大的……如火的首次使用、点火办法的发明、野生动物的驯化、从野草中辨识出各种谷类——后世发明无论在创造性和重要性上都不能与这些相提并论。然而历史上却没有这些发明的记载——它们被丢失在黎明前夕。"

亚特兰蒂斯人的祭祀制度等级分明；他们的宗教信仰简单而纯粹。他们的国家由国王统治；他们有法庭、法官、书记员、刻有铭文的纪念碑以及矿山、铁厂、工厂、织布机、磨坊、小船和帆船；以及大道、沟渠、码头、海岸和运河；他们有游行、旗帜和纪念国王和王后的凯旋门；他们建造了金字塔、圆塔和方尖石碑；他们实行洗礼，他们知道如何使用磁石和火药。简言之，除了印刷机和其他利用蒸汽、电和磁的发明，他们的文明几乎达到了我们现在的水平。德瓦·纳胡莎曾巡游过在印度偏远地带的殖民地。一个从安第斯绵延到印度(如果不是中国的话)的帝国一定是灿烂辉煌的。在它的市场上也还可以看到希腊、意大利和瑞士的小麦和大麦，密西西比河谷的玉米，秘鲁和墨西哥的金银，威尔士和康沃尔的锡，大湖区的铜，伊比利亚的青铜，印度的香料和波罗的海的琥珀。

伴随着一场骚动，这个伟大的帝国与它的上百万的子民在大洪水中消失殆尽，这一事件，给人类留下了挥之不去的记忆。我们可以假设大不列颠在将来也会经历同样的过程。那会给它的殖民地以及人类造成怎样的惊恐!整个世界也许会再次退回到蛮慌状态。征服者威廉、狮心王理查、阿尔弗雷德大帝、克伦威尔、维多利亚女皇也许会在后世的传说中成为神灵或魔鬼；然而人类永远不能忘记使这个伟大民族瞬间毁灭的大灾难；这场灾难也许会残存(或完整地保留)在人类的记忆中；它会超越人类对其他众多自然灾难的记忆，它会保留在各个王朝、民族、宗教和语言中；只要人类还生活在这个星球上，它就永远不会被遗忘。

科学已经开始能够构拟过去及那个民族的社会生活情况，但没有哪一项研究比这个沉入海底的古老民族需要人类付出更多的想象力。他们是我们的基本信仰的缔造者；他们几乎是我们的艺术和科学的创造者；他们是最早的文明者、航海家、商人、殖民者；当埃及还是孩童的时候，它已经有了历史悠久的文明，甚至比巴比伦的出现要早上万年。我们是这个覆灭了的民族的后裔，我们的身体里流淌着他们的热血；他们在城邦、法庭和庙宇中讲着与我们类似的语言。每个民族和观念，每个血脉和信仰都源于他们。

也许有一天我们可以让这个古老民族的遗迹重见天日。他们的海岛只在海下几百尺的地方。既然我们时常地从打捞上来的古船中发现成千上万的达布隆金币(西班牙其在美洲殖民地使用的货币),为什么不能尝试去亚特兰蒂斯的文明遗址探索和考察呢?如果我们能从柏拉图描述的那个海岛中发掘并打捞出一块有铭文的石头,那么对科学界的意义会极为重大,它给人类意识上的冲击也会远远大于所有秘鲁的黄金、埃及的纪念碑、迦太基博物馆中的陶器碎片所带给我们的。

也许在亚尔群岛的科尔汰沃岛上发现的所谓"腓尼基古币"其实是亚特兰蒂斯人留下的?作为世界殖民地的开创者,这个伟大的民族怎么可能在有些时代轻轻地来到这些岛屿,然后轻轻地离去,让它一直荒无人烟地等待葡萄牙人去开拓呢?

我们对过去还知之甚少:100年前,我们对于埃及古墓和庙宇中大量碑文的重大意义,尤卡坦、墨西哥和秘鲁的古文明遗址,庞培或赫库兰民姆古城,巴比伦箭头状的铭文,印欧语系中各语言间的联系,都一无所知。虽然对过去的探索我们才刚刚起步,但已取得不小的进步。也许100年后,陈列在博物馆中的将不再是亚特兰蒂斯的各种雕像、宝石、武器和工具,取而代之的是有关亚特兰蒂斯的解读资料,它们也许会揭开困扰我们已久的有关人类历史重大秘密的铭文的神秘面纱,谁又能肯定这不可能发生呢?

第8章：重走文明之旅

　　关于亚特兰蒂斯的故事听起来像是一则教人向善的寓言。它试图告诉人们，只有正直善良，才能逃脱被神惩罚的命运。在世界各地的文化传统中，始终承传着难以计数的关于神秘古代文明的故事，在这些故事中，我们的先祖不断创造并且享有相当发达的文明。

人类文明的传说与发展

埃及金字塔

　　埃及金字塔建于 4500 年前，是古埃及法老（即国王）和王后的陵墓。陵墓是用巨大石块修砌成的方锥形建筑，因形似汉字"金"字，故译作"金字塔"。埃及迄今已发现大大小小的金字塔 110 座，

大多建于埃及古王朝时期。

金字塔是古埃及奴隶制国王的陵寝。这些统治者在历史上称之为"法老"。古代埃及人对神的虔诚信仰，使其很早就形成了一个根深蒂固的"来世观念"，他们甚至认为"人生只不过是一个短暂的居留，而死后才是永久的享受"。因而，埃及人把冥世看做尘世生活的延续。受这种"来世观念"的影响，古埃及人活着的时候，就诚心备至、充满信心地为死后做准备。每一个有钱的埃及人都要忙着为自己准备坟墓，并用各种物品去装饰这些坟墓，以求死后获得永生。以法老或贵族而论，他会花费几年，甚至几十年的时间去建造坟墓，还命令匠人以坟墓壁画和木制模型来描绘他死后要继续从事的驾船、狩猎、欢宴活动，以及仆人应做的活计，等等，使他能在死后同生前一样生活得舒适如意。相传，古埃及第三王朝之前，无论王公大臣还是老百姓死后，都被葬入一种用泥砖建成的长方形的坟墓，古代埃及人叫它"马斯塔巴"。后来，有个聪明的年轻人叫伊姆荷太普，在给埃及法老左塞王设计坟墓时，发明了一种新的建筑方法。

他用山上采下的呈方形的石块来代替泥砖，并不断修改修建陵墓的设计方案，最终建成一个六级的梯形金字塔——这就是我们现在所看到的金字塔的雏形。

在古代埃及文中，金字塔是梯形分层的，因此又称作层级金字塔。这是一种高大的角锥体建筑物，底座四方形，每个侧面是三角形，样子就像汉字的"金"字，所以我们叫它"金字塔"。伊姆荷太普设计的塔式陵墓是埃及历史上的第一座石质陵墓。

左塞王之后的埃及法老纷纷效仿他，在生前就大肆为自己修建坟墓，从此在古埃及掀起一股营造金字塔之风。由于金字塔起源于古王国时期，而且最大的金字塔也建在此时期内，因此，埃及的古王国时期又被称为金字塔时代。古代埃及的法老为什么要将坟墓修成角锥体的形式，即修成汉字中的金字形呢？

原来，在最早的时候，埃及的法老是准备将马斯塔巴作为死后的永久性住所的。后来，大约在第二至第三王朝的时候，古埃及人产生了国王死后要成为神，他的灵魂要升天的观念。在后来发现的

《金字塔铭文》中有这样的话："为他(法老)建造起上天的天梯，以便他可由此上到天上。"金字塔就是这样的天梯。同时，角锥体金字塔形式又表示对太阳神的崇拜，因为古代埃及太阳神"拉"的标志是太阳光芒。金字塔象征的就是刺向青天的太阳光芒。因为，当你站在通往基泽的路上，在金字塔棱线的角度上向西方看去，可以看到金字塔象撒向大地的太阳光芒。

《金字塔铭文》中有这样的话："天空把自己的光芒伸向你，以便你可以去到天上，犹如拉的眼睛一样。"后来古代埃及人对方尖碑的崇拜也有这样意义，因为方尖碑也表示太阳的光芒。

古埃及所有金字塔中最大的一座，是第四王朝法老胡夫的金字塔。这座大金字塔原高 146.59 米，经过几千年来的风吹雨打，顶端已经剥蚀了将近 10 米。在 1889 年巴黎建筑起埃菲尔铁塔以前，它一直是世界上最高的建筑物。这座金字塔的底面呈正方形，每边长 230 多米，绕金字塔一周，差不多要走一公里的路程。胡夫的金字塔，除了以其规模的巨大而令人惊叹以外，还以其高度的建筑技巧而得名。塔身的石块之间，没有任何水泥之类的黏着物，而是一块石头叠在另一块石头上面的。每块石头都磨得很平，至今已历时数千年，就算这样，人们也很难用一把锋利的刀刃插入石块之间的缝隙，所以能历数千年而不倒，这不能不说是建筑史上的奇迹。另外，在大金字塔身的北侧离地面 13 米高处有一个用 4 块巨石砌成的三角形出入口。这个三角形用得很巧妙，因为如果不用三角形而用四边形，那么，一百多米高的金字塔本身的巨大压力将会把这个出入口压塌。而用三角形，就使那巨大的压力均匀地分散开了。在四千多年前对力学原理有这样的理解和运用，能有这样的构造，确实是十分了不起的。

金字塔一直是人类智慧的奇迹和骄傲。奇迹的创造者既没有起重机，也没有滑轮，甚至根本就不采用轮子，他们的建筑材料也只是巨大的石块，但一切却显得如此的精确和精致。据说，他们采用了一种非常独特的方法，即用"金属栓"使石块相互连接、保持稳固。

除了建筑上的成就，金字塔建造者所表现出来的天文学知识更令人拍手叫绝。大金字塔的轴线刚好呈东西和南北走向，与罗盘上的南北两极相一致，其精确度就连现在的建设者都自愧不如。金字塔完全是按猎户座的三颗星星的位置排列的，它是夜空在沙漠里的真实反映。在3月21日和9月21日两天，这些金字塔会沿着轴线形成一条巨大的阴影带，使其成为一个奇异的"永久时钟"，人们可以通过它来确定时间。

印加人的石墙

印加人的建筑工艺同样精妙绝伦。印加古建筑残留的石墙，其契合程度在科学家看来是近乎完美，想在任何两块石块之间的缝隙中插入一根针都是徒劳的。这些古代建造者使用一种特殊的技巧使墙体保持稳固。他们把金属栓嵌入石块，使石块相连，而不使用灰泥。这样他们就必须有一种可以活动的小型熔铸设备，在每个需要稳固石块的地方，为他们提供所需要的金属条。这与埃及金字塔建筑者所采用的"金属栓"可谓是异曲同工。

和埃及金字塔一样，印加人除了建筑上的巨大成就外，他们表现出的天文学知识也很高深。在石墙附近，坐落着古代的观测台，它如同一个巨大的时钟一样，既可以用来测定太阳的位置，也可以帮助人们确定时间。因为在一年中的不同时间，太阳从地平线上的不同位置升起。在春季的第一天，太阳刚好从观测台的中心位置升起；在冬季和夏季的第一天，太阳会从观测台墙角石上方升起。

但是，印加人的伟大却明显留下了不尽如人意的地方。根据当今科学家的实地观测，在冬季和夏季的第一天，太阳并没有从观测台的墙角石上方升起，而是有一定角度的偏差。天才的建筑者们怎么会如此粗心，有这样的失误呢？但那面由数百吨重的石块砌成的天衣无缝的石墙，却使科学家们不甘心接受如此矛盾的现实。他们进行了大量的研究，试图对偏差角的原因做出解释。结果终于得出结论，一万多年前，地球轴线的倾斜度与现在的倾斜度稍有差别。也就是说，如果这些观测台建于一万年以前，那它的设计和建造就是完美的。在冬季和夏季的第一天，太阳会准确地从墙角石上方升起。

埃及木乃伊

在古埃及，死者会被制成木乃伊。埃及人在制造木乃伊时，首先从死尸的鼻孔中用铁钩掏出一部分的脑髓并把一些药料注到脑子里去进行清洗。然后，用锋利的石刀，在侧腹上切一个口子，把内脏完全取出来，把腹部弄干净，用椰子酒和捣碎的香料填到里面去，再照原来的样子缝好。这一步做完了之后，便把这个尸体在泡碱粉里放置 40 天，再把尸体洗干净，从头到脚用细麻布做绷带把它包裹起来，外面再涂上通常在埃及代替普通胶水使用的树胶，然后把尸体送给亲属，亲属将它放到特制的人形木盒里，保管在墓室中，靠墙直放着。

科学家在对木乃伊进行解剖的过程中，得到一个惊人的发现。许多木乃伊的身上都有可卡因和尼古丁的痕迹。随后科学家对数百个木乃伊进行了检查，这一情况都得到了相同的印证。事实是，在当时只在位于今天南美洲的地区才有可卡因和尼古丁这样的物质。既然如此，它们又怎么可能出现在古埃及呢？

墨西哥人面雕像

在墨西哥发现了许多巨型的人面雕像，据考证，至少已有两千多年的历史了，应该是由古代墨西哥奥尔梅克人雕刻完成的。很明显，这些雕像中的巨型人面有些看上去有着非洲人的特征。但据我们所知，在哥伦布发现美洲之后，非洲黑人才到达那里。同时，这些人面中有些像是留有胡须的高加索白人，但事实上至少在雕像完成两千多年后，西班牙人才到达美洲新大陆。

如果那些雕塑家与非洲黑人和西班牙人都素未谋面，怎么可能凭想象雕刻得那么相像、那么生动呢？如果他们曾经见过，与世隔绝的非洲黑人又是如何在两千年前漂洋过海，到了遥远的美洲，而西班牙人又怎会先于哥伦布与美洲人会面，但这一切却没有载入史册呢？

南极古地图

南极，一个被巨大冰层所覆盖的大陆，直到两百多年前，人们才对它的地理概况有所了解。由于那里的冰层厚度达到一千多米，自穆德后地被冰雪覆盖以来，世人就无缘一睹它的真面目。直到 1949 年，它的神秘面纱才被揭开。但人们发现的一张有着一百多年历史的古地图对南极地区冰封的穆德后地进行了描绘，却精确地显示了 1000 米冰层覆盖下的地理特征。在通过与来自海军和空军所绘制的南极地图与南极的山峰、山脉相对照，这张古地图的精确标准令人叹为观止！

地图上的一个注解表明，这张古代地图是依据更早的一些资料绘制而成的，也就是说，它是把一张张地图拼凑在一起的。许多研究人员认为，这些资料的来源要追溯到亚历山大大帝时期，也许比那还早。

那些被后世的地图绘制者所借鉴的数千年前的南极地图，其原绘制者无疑创造了一个奇迹，因为它所需要的航海技术和绘图知识的文明，是哥伦布时代都不具备的，他们却在几千年前完成了。他们究竟是谁？我们的祖先或是神？

在以上这些传奇故事里，我们总能找到一些相似的东西。比如，它们都表现出建造者在天文学方面的知识和造诣。在墨西哥的传说中，特奥蒂瓦坎遗址曾经是女神创造的城市，用来引领人类通往"天国"，与埃及的吉萨金字塔一样，它们也是通向"天国之路"的建筑。

墨西哥巨型人面像上的非洲黑人和高加索白人模样，埃及木乃伊中发现了南美洲才有的物质，它们都在久远的历史以前独自完成了漂洋过海的旅程，来到了在那个被现代人认为是未知的大陆。

在蒂亚瓦纳科这座神奇的古城，人们有着自己的崇拜对象，一根石柱上雕刻着一位蓄着胡子的高个子白人，他就是维拉科查，他渡海而来，为人们带来了文明和智慧。在墨西哥的特奥蒂瓦坎，人们也崇拜着类似的神灵。人们笃信，是魁扎尔科亚特尔神从高度发达的东方，为这里带来了文明。

而关于狮身人面像和印加石墙的研究似乎也很含蓄地在向我们透露了同一个信号：这些我们心目中古代文明的标志，似乎并不是他们这个时代文明的结晶，而是更早的一种不为我们所知的文明遗产。

这一切，让人很自然地联想起亚特兰蒂斯，那个神秘的位于大洋中央的国家。难道在一万两千多年前，真的曾经有过一个以航海业为生的国度，早在有历史记载之前就曾穿越大洋，把他们航海、建筑、天文学方面的高超知识传给了他们所经之地的人们，从而影

画家描绘的亚特兰蒂斯婚礼场景

响了古代埃及、古代墨西哥和古代南美洲的发展，影响了大西洋两岸的文明？

信奉科学的人对传奇故事永远都只是嗤之以鼻，他们认为这一切只不过是古代哲人的幻想。可是为了解释这些不可思议的巧合和谜题，也许我们应该重新审视这些传说和故事，它们可能并不仅仅存在于想象之中。那个文明的王国，可能是亚特兰蒂斯，也可能是希腊的三托里尼岛，或者古代的特洛伊城，或者还没有为人所知的某座神秘的城市……

一个非常有趣的现象是，与亚特兰蒂斯毁于一场大洪水的故事相巧合，世界上的大部分地区和大部分民族的文化中都流传着关于大洪水的传说，尽管内容各异。

传说与神话

《圣经》故事

亚当和夏娃被上帝逐出伊甸园后，不得不学习劳动，刀耕火种，自食其力，人类开始迅速繁衍。为了生存，人们之间的怨恨与恶念日增，无休止地互相厮杀、争斗、掠夺。人世间的暴力和罪恶令上帝非常痛心，后悔曾经造人。他想将地球上所有的人、走兽、昆虫、飞鸟都消灭，建立起一个新的理想世界。于是，在 2 月 17 日这一天，海洋的泉源都裂开了，巨大的水柱从地下喷射而出，大雨昼夜不停，下了整整 40 天。地球上汪洋恣肆，海面迅速上涨，比最高的山巅还高。凡在旱地上靠肺呼吸的动物都死了。由于事先得到了上帝的告谕，刚刚度过了 600 岁生日的诺亚和他的家人躲进了预备好的方舟里，里面还储藏了各种各样的动物以及植物的种子，以备在大水退却后继续生存。就这样，方舟载着上帝的厚望漂泊在无边无际的海洋上，直到大水消失，人类重新开始繁衍。

《圣经》上对这次大洪水曾经有过这样的记载：

"在古代，当人类在地球表面繁衍生息之时，他们有女儿降生，上帝之子看到人类的女儿相貌非凡，于是他们将其心仪的那些人类的女儿娶来做了妻子。

"上帝说，我的灵魂不会持久地和人类抗争，因为他也有肉体，虽然他能生存一百二十年。

"在那个时候，地球上生活着众多的巨人，而且自上帝之子娶了人类的女儿为妻之后，她们为他们生儿育女，这些孩子照例也变成了巨人，也就是古老的声誉卓著的巨人。

"上帝看到地球上人类的邪恶行为造成了极为严重的后果，每种对他内心想法的想象都仅仅是不断的邪恶。这使得上帝对当初自己创造了人类而懊悔不已，他的心因此而悲痛万分。上帝说，我要把我所创造的一切在地球上毁灭，无论是人类、四足野兽、爬行动物还是飞翔于天空的鸟儿，因为我对创造了他们而后悔万分。但是诺亚发现了上帝眼中有仁慈存在。

"诺亚为人善良，他的后代秉承了这一优良传统，而且诺亚和上帝走在一起。诺亚总共有三个儿子，闪、哈姆和雅弗。

"地球在上帝的跟前逐日堕落：它的暴力行为愈加频繁。上帝看到了地球的堕落：因为地球上有生命之物都步向堕落之路。于是上帝对诺亚说，结束地球上所有生物的生命的时候到了；因为地球已经在他们的暴力之下变得千疮百孔，面目全非；看，我将会让它们和地球一起毁灭。用香槐木为材料给你自己建造一座方舟；在方舟里你要建造好房间，并且在方舟上搭上帐篷。下面我告诉你要建造的这座的方舟的式样：方舟应该有300腕尺长，50腕尺宽，30腕尺高。你要在方舟上面一腕尺的地方建一扇窗子；然后再窗子的旁边建一扇门；而且你的方舟应该有三层。看哪，我的确要让洪水吞没地球，让所有的生物毁灭，在那里有天堂下生命的呼吸，地球上的一切将不复存在。但是我要和你一起订立我的圣约：你要在方舟里躲避一时，你、你的妻子和你的儿子们，还有你儿子们的妻子们。所有有血有肉的生物，把他们其中的两个成员带到这座方舟里来，让它们和你共生共存；这两个成员中应有一男一女、一公一母或者一雄一雌。你要带上家禽类、家畜类和地球上所有种类的爬行动物；每种动物中都应该有两只躲到这座方舟里，以让它们生存下来。你还要带上所有的食物，让它们追随你的左右；这将会成为你和它们的食物。

"于是诺亚依照上帝的命令就这样做了。

"上帝对诺亚说，你要把你所有的房屋都搬到方舟上去；因为我看到正直在你后代的身上得到了延续。每种干净的走兽你都要带上7只，一只公的和它的配偶们；不干净的走兽你要带上2只，一只公的和它的配偶。会飞的家禽也要带上7只，一只公的和它的配偶们，以保存地球上所有生命的种子。7天之后，倾盆大雨将持续降在地球上，40昼夜不断；我所创造的每一种有生命的物质都会因此而从地球上消失。

"诺亚的确遵循上帝的命令做了所有的事。当洪水袭击地球的时候，诺亚已经有600岁了。

"由于洪水的到来，诺亚、诺亚的妻子、诺亚的儿子们和他们的妻子们一同躲进了方舟，生命得以保存。正如上帝命令诺亚做的那样，干净的走兽、不干净的走兽、家禽、地球上的每一种爬行动物都一对一对地登上了方舟，都是一公一母、一雄一雌。

"7天之后，洪水淹没了地球，在诺亚生命的第六百年第二个月的第十七天，所有深水的源泉都被打开，天堂之窗也统统打开。地球上持续降雨，40昼夜未断。在同一天，诺亚，诺亚的三个儿子，闪、哈姆和雅弗，诺亚的妻子和三个儿媳，各种走兽、所有的家畜、地球上的每种爬行动物、每种家禽和每种鸟类都登上了方舟：它们都是成双成对地和诺亚一起带着延续他们生命的呼吸登上了方舟。所有的生物都是一公一母，一雄一雌，就像上帝命令诺亚做的那样：然后上帝把他关在了方舟中。

"洪水淹没地球达 40 天之久；随着水位高涨，方舟逐渐显现了出来，而且被抬到了地球上面。洪水肆虐，水位升得更高了；于是方舟随着升到了地表以上。洪水继续肆虐着地球；整个地球上的所有山峦皆隐没于洪水之中。水位一直升到了 15 腕尺高；山脉被淹没了。所有生活在地球上的生物都遭受了灭顶之灾，家禽、家畜、走兽和每种在地球上爬行的动物、一切干燥土地上的生物全部灭亡了。地表上的所有有生命的物质都被毁灭了，人类、家畜、爬行动物和天上的家禽，它们在地球上被毁灭了：只有诺亚和与他一起躲在方舟中的生物活了下来。洪水肆虐地球的时间达到了 150 天。

"后来上帝想起了诺亚和每种活下来的生物以及和他在一起的所有家畜仍然躲在方舟中：于是上帝在地球上刮起了一阵风，就这样，洪水渐渐缓了下来。所有深处的泉源和天堂之窗都关闭了，雨也停了。洪水一天一天从地球上消退：经过了 150 天的时间，洪水缓和了。在第七个月的第十七天，方舟仍然停留在 Ararat 山脉上。直到第十个月洪水才渐渐退去：在第十个月的第一天，被淹没的山脉的顶端显露了出来。

又过了 40 天，诺亚将他建造于那座方舟上的窗子推开：他将一只乌鸦放了出去，这只乌鸦在地球上方飞来飞去，直至洪水从地球上全部消退。他又将一只鸽子放飞出去，让它查探一下洪水是不是已经退去了。但是那只鸽子甚至连让它可以立足的地方都没发现，于是它返回了他的方舟；因为地球表面上全都是水。他伸出了他的手，把鸽子带进了方舟。7 天之后，他再次从方舟上放飞了鸽子。晚上鸽子回来了，嘴中衔着一片摘下来的橄榄叶：诺亚因此知道洪水已经从地球上退却了。他又在方舟中待了 7 天，又把鸽子放了出去，但是那只鸽子飞出去后再也没有飞回。

已经是第六百零一年了，在第一个月的第一天，地球上的洪水全部消退了：诺亚搬开方舟的盖子，看到洪水淹没之处都已干涸。在第二个月的第七天和第二十天，整个地球都干了。

上帝对诺亚说，你带着你的妻子，你的儿子们和他们的妻子们离开这座方舟到地球上去。你要带着和你在一起的每一种生物、家禽和家畜，每一种在地球上生活的爬行动物，它们可以在地球上繁衍生息，大量繁殖。

于是诺亚带领他的妻子，他的儿子们和儿子们的妻子们，并带着各种走兽、各种爬行动物、各种家禽和在地球上爬行的任何东西一起从方舟中走了出来。

诺亚为上帝修建了一座神坛；他抓住了每一种干净的走兽和每一种干净的家禽，并且将烤熟了的祭品都供奉在了神坛上。上帝闻到了一种极为香甜的味道，上帝在内心说，我将不会再因人类的过失而将厄运降临在地球上；因为人类内心的想象力在他们的青年时期就已经是邪恶的了。我也不会像我曾做过的那样再去折磨任何生物了。由于地球经此大难仍然保留了下来，因此播种和收获、寒冷和炎热、夏天和冬天、白天和夜晚都不会终止了。

让我们对这段记录进行具体深入的思考分析。

与《创世纪》的开篇章节联系起来，它说明：

1.在洪水中被淹没的那块土地就是人类文明的起源地。亚当最初是赤身裸体的；之后他开始用树叶系在身上当做衣服穿；后来又把兽皮做成衣服穿在身上。他是在地球上开始耕作的第一人；之前他的状态更为原始更为落后，在那个时候，他以森林里的野果充饥。第一个管理羊群的人是他的儿子亚伯；他的儿子该隐是建造第一座城市的人；他的后代土八该隐是第一个冶金者；雅八是搭建帐篷和管理家畜的第一人；犹八是制造乐器的第一人。在这里，我们能看到了原始民族由野蛮落后走向文明发展连续的每一步。在接下来的论述中，我们还会发现亚特兰蒂斯人的发展步骤是与此完全相同的。

2.《圣经》和柏拉图都把大洪水之前的人类社会状况描述为人口极为密集，四处遍布邪恶，而且就是因为这种邪恶，上帝才决定让他们毁灭。

3.在两种情况之中，那块命数将终的土地都是在一场洪水之中毁于一旦的。

4.《圣经》告诉我们，在人类毁灭之前的一个更早的时期，他们在伊甸园中居住，过着安静、和平、快乐的生活。而从柏拉图那里我们得知在亚特兰蒂斯的早期也出现了同样的情况。

5.据《圣经》和柏拉图在故事中的描述，上等民族或者神圣民族近族通婚在很大程度上导致了人类的毁灭，"上帝的儿子们"和劣等的祖先"人类的孩子们"通婚，于是他们被降低了身份，而且被描述为居心不正之人。

在后面我们将会看到，希伯来人和他们有关大洪水的传奇故事与腓尼基人有着千丝万缕的联系，而腓尼基人在诸多方面与亚特兰蒂斯又不无关联。

现在，学者承认《圣经》中的宗族表并不意图包括纯正的黑人种族或者中国人、日本人、芬兰人或者拉普人，澳大利亚人或者美洲的红色人种。它所指的全部都是地中海的民族，亚利安人、库施特人、腓尼基人、希伯来人和埃及人。"哈姆的子孙"并不是黑人，而是深棕色人种。

假如这些民族(中国人、澳大利亚人和美洲人等等)并非诺亚的后人，他们可能被包括在遭遇洪水的人中。如果中国、日本、美洲、北欧和澳大利亚等国家和地区的人口并不曾因为洪水而减少过的话，那么洪水就不具有普遍性。但是据称的确有一个国家毁

洪水传说

于一场大洪水的灾难中，并且除了诺亚和他的家人之外，所有人在这场洪水中丧生了，那么这个在大洪水中被毁灭的国家不可能是欧洲、亚洲、非洲、美洲或者澳大利亚，因为在那些地区并没有发生人类在灾难中大量丧生的事情；或者，就算发生过这样的事情，那么，对于仍然有人类遍布于各大洲的这一事实我们又能作何解释

呢?——《创世纪》并没有把这些人的起源追溯至诺亚,并且实际上,《创世纪》的作者对于这些人的事似乎一无所知。

因此我们可以得出下面的结论之一:要么《圣经》中有关洪水的记录根本就是寓言,要么它与除了欧洲、亚洲或者澳大利亚以外的其他地方有某种联系——某块在洪水中被淹没的土地。它并不是寓言;它指向的那块土地不是欧洲、亚洲、非洲也不是澳大利亚——而是亚特兰蒂斯。在历史上或者传说中没有另外的土地是在洪水中被毁灭的;这块养育着大量人口的土地是文明而又强大的,并因邪恶而终遭毁灭。

高尚而正统的权威弗兰西斯·莱诺蒙特说:"被摩西们如此崇敬地归入人类目录的闪、哈姆和雅弗的后代仅包括人类中的白人种族,他们的三个主要分支已经得到了人类学家的认可。另外三个种族——黄色人种、黑色人种和红色人种——并没有出现在《圣经》中所记载的起源于诺亚的民族名单中。"因此,《圣经》中记载的那次洪水灾难仅仅是淹没了诺亚的那块土地和那块土地上的人们,它也不可能具有什么普遍性。宗教世界并没有试图固定伊甸园的位置。乔治·里奥·赫多克教士说,"不能确定准确的位置;我们并不知道它的具体范围"。在后面我们还会看到基督教会中口头流传的传说指向了一个西方的区域,这个区域就是超过欧洲西边海洋的那个区域,即,"人类在大洪水之前定居"的那个位置。

随着我们对其他民族关于大洪水的传说进行深入地论述,大洪水之前的世界就是亚特兰蒂斯这一事实将会渐渐地水落石出。

希腊洪水

希腊神话也弥漫着洪水的记忆。公元前8世纪,希腊诗人海希奥德搜集的古代希腊民间传说中提到,在现今的人类出现之前,地球上曾经有过4种不同的人类,每一种都比后来的先进,而每一种都在命定的时刻被一场地质剧变"吞没"。这4种人类依次为金族、银族、铜族和我们所属的铁族。

根据希腊神话的描述,铜族拥有"巨人的力量,四肢十分粗壮"。但众神之王宙斯为了惩罚巨人普罗米修斯盗窃天火并为人类带来火种的罪行，发动了一场大洪水，"从地峡到伯罗奔尼撒半岛，极目所见尽是一片汪洋"，将这群顶天立地的大汉全部消灭。

埃及洪水传说

古代埃及神话和传说也不乏大洪水的故事。例如，在法老塞提一世陵墓发现的一篇丧葬经文就提到，一场洪水将充满罪孽的人类消灭。古埃及《亡灵书》第175章中说，由于人类的种种罪行，争吵、殴斗、犯罪、制造仇恨、杀害生灵、到处惹事生非、欺压善良，月神索神决定把她当初创造的一切全部消灭。于是，一场大洪水降临世上，把地球转变成一个大水坑，让大地恢复太初时期的原始面貌。

中国洪水传说

早期的耶稣会教士曾进入中国的皇家图书馆，查阅一部传自古代包含"所有知识"的4320卷的文集(所指不详——著者)。这套大书有几则神话和传说提到，古时人类曾经背叛神祇，致使宇宙失序，陷入全面混乱：星体改变运行方向，天空向北倾斜，日月星辰颠倒失序，大地崩裂，洪水爆发，淹没地上万物。

中美洲神话

在地球另一端的墨西哥河谷，不论在文化上或在地理位置上，都被阻隔于犹太教、基督教势力范围之外，然而，早在西班牙人入侵之前，当地居民就已经流传许多有关大洪水的故事。美洲居民相信，在第四太阳纪末期的时候曾经发生过一场大洪水。洪水淹没了整个地球，"豪雨骤降，山洪暴发，大地一片汪洋，高山隐没水中，人类变成鱼虾"。

玛雅人的神圣典籍《波波武经》也记载这场天神惩罚人类的大洪水。根据这部古老的经书描述，天神在开天辟地之后就决定创造人类。在这场实验中，它"用木头雕制人像，让他们开口说话"。这些木头人后来失去它的欢心，因为"他们忘记造物主的存在"。于是，上天发动一场大洪水，波涛滚滚，淹没了这些木头人，浓稠的树脂从天而降，大地一片阴暗，黑雨倾盆而下，昼夜不息，木头人一个个被砸碎、摧毁。

南美洲神话

在哥伦比亚中部的齐普卡族印第安人的神话中，一位名叫波齐卡的老翁教会了齐普卡族人学会建造茅屋，组成一个社会，开始过群体生活。他的妻子名叫齐雅，虽然长得非常标致，但却生性狠毒，千方百计阻挠丈夫，不让他帮助齐普卡族人。她不敢正面跟丈夫作对，便在暗中施展魔法，发动一场大洪水淹死村中大部分居民。

在南美洲极南端的火地群岛，雅马纳族流传着一则神话：月亮娘娘憎恨人间的纷扰和动乱，发动一场大洪水，给地球上的人类带来一场大灾祸。人类全都葬身在洪水中，只有少数几个人逃到矗立在水面的五座山峰上而幸存下来。

大洪水的奥秘

据专家估计，全世界已知的洪水神话和传说有五百多则。在针对其中 86 则(亚洲 20 则，欧洲 3 则，非洲 7 则，美洲 46 则，澳大利亚和太平洋地区 10 则)进行分析研究后发现，其中 62 则是各自独立形成的，与美索不达米亚及希伯来文化传统无关。我们完全有理由说，在地球上每一个文化圈中，类似的神话传统都被保存了下来，遗留给后世子孙。这些悲壮的神话以鲜活的语言，讲述古代发生过的一场全球性的、几乎毁灭全人类的大灾难。近年来，考古学和地质学的成果不断为这样的解释提供依据。

传说中的大洪水是如何形成的呢？科学家推测：在冰季末期，大气动荡不安，大量的火山喷发，冰层迅速融化，洪水泛滥。仅仅数十年间，一千六百多米厚的冰床被融化了，海平面升高了近150 米，往日的陆地变成了一片汪洋。随着冰床融化，大不列颠和斯堪的纳维亚半岛从此形成，巨大的气候变化使北海最终成形。此时，也是大洪水覆盖南美洲的时候，在美国密歇根州所发现的鲸鱼遗骸就是证明。在科学和神话之间，我们似乎找到了某种契合点。

狮身人面像水蚀痕迹

科学家研究发现，屹立在干涸的北非大漠中的埃及狮身人面像曾长期经历过雨水的侵蚀。通过观测石像，科学家注意到了匀称的波浪形侵蚀痕迹，这一结果与在这一地区其他发现有所不同。显然，这些印迹是数百年大雨侵蚀的结果。科学家推测，狮身人面像并非出现在法老时期，而是出现在大约公元前一万五百年左右，那时正值最后一个冰季末期。从最后一个冰季结束后，这里就再也没有出现过如此丰富的降水。

拉布利油坑

拉布利油坑是一个著名的旅游景点，这里分布着大大小小的坑池，在它的地下有一个盐湖油田。油层如同一本记载了数千年自然历史的书籍，而每一油层就是书中的一章。它们显示出一些物种在几十年间毁灭的过程。大约在公元前 10500 年左右，也是最后一个冰季末期。当时，仅仅在几年间，气温就猛升了 5 度。从裂缝中渗出的柏油曾使这些坑池成为一个捕捉各种史前动物的巨大陷阱。

格陵兰冰帽

一支气候学小组曾凿开格陵兰冰帽，经过对冰层的分析，他们找到了那里气候发生巨变的证据。他们发现，在那里的冰层融化期间，冰层中的火山灰含量与密集度远远超过了过去 11 万年中的任何时候。

南极大陆的真相

南极大陆一直默默无闻地横亘在地球的南端。但是，随着时间的推移，在有关人类早期文明的讨论中，它的身影逐渐出现在人们的视线中。"相对论"思想家爱因斯坦甚至相信，南极大陆也可能是文明的发祥地之一。他认为，在一万多年前，曾经发生过地壳平移断层，即"地壳曾像橘子皮一样，发生过骤然地断层移动现象"。

他认为，两极地区厚达两英里的冰层绵延伸展，其中心地区曾与美洲大陆相接，这些冰层重达数百亿吨。如果这些冰层的构成失去平衡，就会引起地球像车轮一样急速旋转，这种剧烈的旋转运动会引起冰层断裂、滑落。在公元前 12500 年左右，北极也许位于加拿大的北海岸附近，随后，经过大约 3000 公里的移动，最终到达现在的位置。或者说，地壳的突然运动驱使土地和海洋越过极点。如果真是这样，那么北美洲就应该是从极地中分离出来的，只是覆盖在它上面的冰层融化掉而已。如果北极发生过位移，那么南极同样也发生过移动。在大约 12000 年前，南极洲的一部分应该位于温带地区。因此，那里很有可能孕育过一种古代文明。但地壳的位移而引发了洪水和气候的突变。南极大陆的气候变得寒冷异常。随着大陆被冰雪覆盖，文明也随之消失。

我们是否可以设想，在 12000 年前，南极大陆处于温带。优越的自然环境孕育了高度发达的文明。那里的人们掌握着先进的航海技术和天文知识，他们率领着船队，穿梭于大洋大陆之间。他们把自己的文明带到世界的每个角落，给蛮荒落后的大陆带去智慧和奇迹，也成为彼此文化间交流和联系的桥梁。地壳的突然变动，引发了一场巨大的灾难，洪水淹没了整个世界，大洋、大陆不断发生位移。南极大陆逐渐被冰雪覆盖，曾经传播文明的王国和人民也随着冰雪的覆盖，被永远埋葬。

这样的推断和解释似乎比文明起源的谜题更显得骇人听闻。这会是事实的真相吗？人类文明的起点真的久远到我们曾认定是野蛮洪荒的 1 万年前？那场洪水真的冲毁了世界，也冲毁了超越今天的人类文明以及与这样的文明相关的一切？冰雪覆盖下的南极大陆真的曾经有过人类文明？

这些问题，有的或许在不久的将来就会有一个答案，有的或许永远都不会给出谜底。当然，也许有一天我们会发现，人类追寻真相的努力，不过是在打破旧神话的同时创造出另一个神话而已。

四大文明之路

根达亚文明

根达亚文明是地球上的第一个太阳纪，根据推测，人类三亿年的历史之中，就像河水流过掀起的气泡一样，无数的文明诞生又消失了。

根达那大陆是距今九十六万二千年前，海底火山爆发之后海底隆起的大陆块。现在连接非洲大陆和南美大陆的海域就是该陆块以前所在的位置。其后在距今七十三万五千年前，因大陆分裂、移动，一大陆块消失，出现了二个大陆。

该大陆曾历经四次的文明诞生，本文仅就其最后的文明来谈，该文明就称为根达那文明。

根达那文明的繁盛大约始于距今七十六万年前，直到大陆消失约持续了二万五千年。该文明如前所述是以"超能力"为中心的文明。

当时的人类大小，男性约一百一十公分，女性约八十公分。这是标准尺寸。这个时代的男性最有趣的是有第三只眼。其位置正好在额头的中央部分，也就是眉间之上的二公分左右之处，有一只如翡翠般绿色的圆眼。

这第三只眼平常都是闭着的，只有在发挥超能力时才打开。女性没第三只眼。因此，女性对拥有超能力的男性的第三只眼都感到非常害怕，逐渐沦为隶属性的地位。

流传于根达那文明末期的一则神话指出，"神是平等的创造人类的男女。其证据是赐予男性第三只眼以保护自身的安全、一族的安全：赐予女性的是子宫，以繁衍家族。"

当时女性的子宫据说应该也是超能力的器官。因为女性经由子宫这种超能力器官，得以和灵天上界通信，并宿入婴儿的灵。所以，即将成为母亲的女性，事前会和灵天上界将成为婴儿的灵充分交谈，待两者合意时，才把婴儿宿入体内。因此，像现代的人工流产在当时是不存在的。

根达那文明时代，有八个民族侵入，为了竞得盟主地位，人们必须始终防止外敌的侵袭。第三只眼遂成为武器。第三只眼的色彩依各民族而异，似有黄、绿、紫、黑、灰、褐等色，各民族的超能力发达程度也不一。

不过，第三只眼的主要力量，应该还是物理性的能力，也就是以精神力为中心。然而，依民族的不同，也有的是以预知能力为主。换句话说，利用预知能力，防犯外敌攻击于未然，以保护家族。

这个时代的神力很可惜的是，似乎没有所谓"心"的东西。主要着眼于使超能力发挥于某方面，它才是具体的修行方法。因此，这些人随着根达那大陆消失，返回彼世后，创造了灵天上界的仙人界、天狗界、魔术界（西洋的仙人界）。

随着道德的丧失，上帝决定惩罚所有人，忽然的大洪水席卷了一切，根达亚文明从此消失。

美索不达米亚文明

美索不达米亚文明(Mesopotamia culture)，又称两河流域文明。是指在两河流域间的新月沃土（底格里斯河和幼发拉底河之间的美索不达米亚平原）所发展出来的文明，是西亚最早的文明。主要由苏美尔(Sumerian)、阿卡德、巴比伦、亚述等文明组成。

最早的苏美尔时期由数个独立的城市国家组成，这些城市国家之间以运河和界石分割。每个城市国家的中心是该城市的保护神或保护女神的庙。每个城市国家由一个主持该城市的宗教仪式的祭司或国王统治。

两河流域文明最早的创造者是前4000年左右来自东部山区的苏美尔人。他们会制陶，发明了文字，根据考古资料，当时处在原始社会解体阶段。前3000年，苏美尔人建立了城邦。在前24世纪被阿卡德王国所灭。

阿卡德王国的创建者是萨尔贡，国力强盛时疆界直到伊朗西部，西到叙利亚和小亚细亚。前2191年覆灭。苏美尔人重新复兴，统一了苏美尔和阿卡德，建立了乌尔第三王朝，后于前2006年被埃兰人和阿摩利人所灭。阿摩利人在前1894年建立起巴比伦城邦。

巴比伦开始比较弱小，到第六代国王汉谟拉比时逐渐强大，统一两河流域，建立了古巴比伦王国，并颁布了汉谟拉比法典。到前1595年被赫梯所灭。

随後统治两河流域的国家是亚述帝国。到前7世纪，亚述帝国范围包括了全部两河流域、叙利亚、巴勒斯坦和埃及，在亚述巴尼拔在位时国力达到鼎盛，已经进入铁器时代。到前605年被迦勒底人所灭。

迦勒底人于前626年在巴比伦建国，史称新巴比伦王国，或迦勒底王国。在尼布甲尼撒二世时，占领了叙利亚、腓尼基、巴勒斯坦，灭了犹太王国，俘巴比伦囚房，国力达到鼎盛。并且修建了空中花园，重建马尔杜克神庙。到前538年被波斯帝国所灭。

公元前4000年到公元前2250年是两河文明的鼎盛时期，《旧约全书》称其为"希纳国"（Land of Shinar）。两河沿岸因河水泛滥而积淀成肥沃土壤，史称"肥沃的新月地带"（南美的那个和"金三角"齐名的地区堪称"罪恶的新月地带"）。由于两河不像尼罗河一样是定期泛滥的，所以确定时间就必须靠观测天象。

两河文明的历法很有特色。在阿卡德时代，苏美尔人制定了太阴历，以月亮的阴晴圆缺作为计时标准，定每个月29或30天，12个月为1年（6个月为29天，6个月为30天），每年354天，并发明闰月，通过置闰月的办法调整。开始依靠经验置闰，后来先后有8年3闰和27年10闰的规定。把一小时分成60分。在亚述时期，确定了今天星期的名称和7天1周的规定。

在天文学方面，已经能够区别恒星和五大行星，还观察到黄道。

苏美尔人还会分数、加减乘除四则运算和解一元二次方程，发明了10进位法和16进位法。他们把圆分为360度，并知道π近似于3。甚至会计算不规则多边形的面积及一些锥体的体积。

苏美尔的技术有：轮、锯、皮革、镯子、锤子、鞍、钉子、大头针、指环、铲子、釜、刀、长矛、箭、剑、胶、匕首、袋子、头盔、船、盔甲、箭桶、剑鞘、靴子、拖鞋、叉和酿酒。

苏美尔语是一种孤立语言，它不与任何其他已知语言相近。将苏美尔语与其他，尤其是乌拉尔—阿尔泰语系的语言联到一起的企图都没有成功。苏美尔语是一种黏着语，也就是说，它的词由黏在一起的词段组成。

苏美尔人发明了一种象形文字，后来这种文字发展为楔形文字。这是最古老的已知的人类文字之一。今天已经发掘出来的有上十万苏美尔文章，大多数刻在黏土板上。其中包括个人和企业信件、汇款、菜谱、百科全书式的列表、法律、赞美歌、祈祷、魔术咒语、包括数学、天文学和医学内容的科学文章。许多大建筑如大型雕塑上也刻有文字。许多文章的多个版本被保留下来了，因为它们经常被复制（比如作为写字练习）。抄写是当时的人唯一的传播文章的方法。闪族语言的人成为美索不达米亚的统治者后苏美尔语依然是宗教和法律的语言。

即使专家也很难懂苏美尔文字。尤其早期的苏美尔文字非常困难，因为它们经常不包含所有的语法结构。

古代巴比伦人是具有高度计算技巧的计算家，其计算程序是借助乘法表、倒数表、平方表、立方表等数表来实现的。巴比伦人书写数字的方法，更值得我们注意。他们引入了以 60 为基底的位值制 (60 进制)，希腊人、欧洲人在 16 世纪亦将这系统运用于数学计算和天文学计算中，直至现在 60 进制仍被应用于角度、时间等记录上。

巴比伦人有丰富的代数知识，许多泥书板中载有一次和二次方程的问题，他们解二次方程的过程与今天的解法、公式法一致。此外，他们还讨论了某些三次方程和含多个未知量的线性方程组问题。

在公元前 1900 ～ 前 1600 年的一块泥板上(普林顿 322 号)，记录了一个数表，经研究发现其中有两组数分别是边长为整数的直角三角形斜边边长和一个直角边边长，由此推出另一个直角边边长，亦即得出不定方程的整数解。

巴比伦的几何学与实际测量是有密切的联系。他们已有相似三角形之对应边成比例的知识，会计算简单平面图形的面积和简单立体体积。我们现在把圆周分为 360 等分，也应归功于古代巴比伦人。巴比伦几何学的主要特征更在于它的代数性质。例如，涉及平行于直角三角形一条边的横截线问题引出了二次方程；讨论棱椎的平头截体的体积时出现了三次方程。

人口迅速增长，而可耕土地的数量相对减少。过度开垦，整体生态环境遭波坏，有的可以恢复，但其弹性是有限的。超过可恢复的临界值后，恢复的可能性就很小了，几乎是不可能的。苏美尔地区的历次朝代更替，都没能恢复土地的生产力和改善环境和资源的恶化状况。有限的土地不堪人口之重负，土地的恶化，使文明的"生命支持系统"濒于崩溃，并最终导致文明的衰落。

由于人类不断繁衍，整个世界充满噪声，吵得天神不能成眠。于是众神决定消灭人类。

大洪水来临之前，天际涌现一堆乌云；风暴之神阿达德策马驰骋，铁骑过处传出阵阵雷声；风暴之神将白昼转变成黑夜，如同敲碎杯子一样摧毁大地。随后，风暴席卷了整个大地，四处引发山洪，天地间一片漆黑。一连六天六夜，暴风和洪水同时发威咆哮，洪水淹没整个世界。第七天黎明，南方刮来的暴风终于平息，海面逐渐恢复宁静，洪水开始消退，地球上的生灵全都葬身水中。

穆里亚文明

穆里亚文明也称生物能文明。是上个文明（米索不达亚文明）的逃亡者的延续。

亚特兰蒂斯文明

根据玛雅历法的预言传说，地球人类所生存的世界，共有五次毁灭和重生周期——每一周期即所谓的"太阳纪"，并认为在每一纪结束时，都会演一出惊心动魄的毁灭悲剧。第四个太阳纪是宗德里里克亚特兰蒂斯文明，又称光的文明，是继承上一个文明。这里用继承，不用延续是因为，亚特兰蒂斯是来自猎户座的殖民者。他们拥有光的能力是火雨的肆虐下引发大地覆灭。早在利莫里亚文明时期亚特兰蒂斯就建立了。后来这两个文明之间还打核战争（火雨）。

在梵蒂冈城国保存的古代墨西哥著作抄本和存留至今的墨西哥合众国的印第安文明的作品中，有过这样的叙述："地球上曾先后出现过四代人类。第一代人类是一代巨人，他们毁灭于饥饿。第二代人类毁灭于巨大的火灾。第三代人类就是猿人，他们毁灭于自相残杀。后来又出现了第四代人类，即处于"太阳与水"阶段的人类，处于这一阶段的人类文明毁灭于巨浪滔天的大洪灾。

现代科学发现，在大洪灾之前，地球上或许真的存在过一片大陆，这片大陆上已有高度的文明，在一次全球性的灾难中，这片大陆沉没在大西洋中。而近一个世纪以来，考古学家在大西洋底找到的史前文明的遗迹，似乎在印证着这个假说。在民间的说法中，人们把这片陆地叫做"大西洲"，把孕育着史前文明的那个国度叫做"大西国"。其实，科学界早就给这片神秘消失的大陆命名了，那就是沿用了柏拉图提出的名字：亚特兰蒂斯。

追溯亚特兰蒂斯

我们所掌握的几乎所有对文明至关重要的技艺都可以追溯到亚特兰蒂斯时代——当然也可以追溯到那个与亚特兰蒂斯同时代并为其衍生物的古埃及文明。6000 年以来，人类从亚特兰蒂斯继承的文明全部都没有任何进步。

腓尼基、埃及、巴比伦、印度、希腊和罗马将文明的火把依次传递，在时间的流逝中，它们在埃及历史上最早期就已经存在的技艺的基础上没有添加任何东西。仅仅两三百年前，在建筑学、雕塑、绘画、雕刻、采矿、冶金、航海、陶器、玻璃制品以及运河、公路和高架渠的修筑方面，腓尼基人和埃及人的技艺有所发展，但是并没有实质性的变化或进步。现在我们已经步入了一个新的时代，亚特兰蒂斯的目录中也增添了一系列奇妙的发明：蒸气和电被人类征服并为其所用。但是这个工作才刚刚开始：也就是说，人类的文明将继续被提高到一个比现在高得多的水平，就像人类现在的文明程度比原始人要高出很多一样；并且在将来会有这样的说法，即，在亚特兰蒂斯文明诞生和新的文明的形成之间有一段历经几千年的时期，在这个时期人类并不是在发明，而仅仅是在延续。

希罗多德告诉我们，根据他从埃及教士那里获得的信息，他们的书面历史可以追溯到他那个时代的 11340 年之前，就是说几乎是现在的 14000 年前。那些埃及教士将他带进一座宽敞的教堂，并且为他展示了 341 名高级教士的塑像，这些教士是前后相继的；然而，在哥伦比亚时期除了绘画(这种技艺在中国是最古老的)以外就没有什么其他技艺了，但是埃及人并不知道这一点；埃及文明在其最初出现时的水平比它在后来历史上任何时期的水平都要高，这说明它的伟大文明是从水平更高的文明那里继承而来的。在早期，埃及人只崇拜一个神，在后来的时期，这种简单而崇高的信仰被多神主义的腐化所埋葬。埃及最大的金字塔是由第四王朝建立的，那时候人们普遍受到教育，这可以从工匠在建造金字塔的石头上留下的字迹上看出。埃及的第一个国王是美尼斯。

温切尔说："在美尼斯时代，埃及人已经是一个文明的并且人数众多的群体。"曼尼索告诉我们，第一个国王美尼斯的儿子爱索提斯建造了孟菲斯的宫殿；而且他还是一个医生，留下了很多解剖学方面的书。所有的这些说法都表明，甚至在早期，埃及人的文明程度就已经很高了。理查德·欧文教授说："在美尼斯时代，埃及人中很早就有建筑师、雕刻家、画家、神话学家和神学家了。根据记载，在美尼斯时代之前，埃及是一个管理型的社区。就像摩西五经中所描述的一样，是一群游牧家族的牧人社区，这可能被认为是早期踏入文明的一步。但是在这个时期的多长时间之前，一个由国王的政府管理的国家，包括不同等级并且有劳动分工——其中一种分工就是对神职人员的委派的社会，就要记载或记录那些国王们的名字和朝代以及他们在位持续的时间和主要事件了！"厄恩尼斯特·芮南指出："看起来埃及最初经历的是一个成熟、古老并且完全没有神话和英雄的时代，就好像这个国家从来没有经历过'青年'时期一样。它的文明没有初期；它的艺术也没有创始时期。这个古老君主国的文明不是从'婴儿时期'开始的，因为从初期开始它就已经是成熟的了。"

像柏拉图在他的记录中描述的一样，我们应该试图说明它是在亚特兰蒂斯时代开始成熟的，但是埃及人却没有能力将这种成熟保持在它被继承时的水平。虽然在地中海的早期历史中，我们发现埃及第一个国王的儿子被记录为"一个医生，并且留下了许多解剖学方面的书"，但是亚速尔、希腊、罗马以致这些现代国家的国王们在为全人类献身于医学研究和医学书籍的撰写方面又做了什么呢？——实际上代表他们的集团主要是在扼杀人民而不是在治疗人民。

毋庸置疑，在地球的一些区域，原始人类在一段很长的时间里，在一个很大的空间中肯定已经是存在的了，并且在最有利的情况下，创造、发明和发现了构成文明的艺术和事物。当看到6000年以来，欧洲、亚洲和非洲的人们，即使由伟大的民族领导，被最有才智的人启发，都没有超越埃及艺术哪怕一英尺的时候，我们可以想象在历史进程中，由野蛮人最初的状态发展到埃及人所拥有的文明，这期间要经历一段多么长的历史时期和历史的暂停状态。那个杰出的法国人H.A.泰因看到了体现在的语言、文学和哲学中的印欧家族的联合，并且声称这些先前的显赫印记是"一个初期典型的伟大标志"。如果我们"在我们的时代之前的15、20甚至30世纪之前就会遇到他们——一个雅利安人、一个埃及人、一个中国人，发现他们代表的是多年的，也许是几万世纪的成果……这就是那些历史事件得以发展的最初也是最丰富的源泉并且他还看出如果这个源泉是有力的，那是因为这不是简单的源泉，而是一种湖，一个深水库，在这里其他的源泉，在很多世纪中，已经排放出它们的几条河流"。换句话说，埃及人、雅利安人、迦勒底人、中国人、撒克逊人和塞尔特人保持文明的能力只是在"无数世纪中"、在该种族的一些最初的本部中所进行的文明训练的结果。

我无法相信伟大的发明会自然地成倍增长，而在不同的国家，一些人却会使我们相信这一点：在基本生存压力下的人们将会用同样的发明来满足自身需要的理论是毫无真理性可言的。如果是这样的话，所有的野蛮人就都已经发明了回飞棒；所有的野蛮人也都会有陶器、弓箭、投石器、帐篷和独木舟；简而言之，因为人们生活的轻松度都彼此相同，所有的种族都应该已经步入文明了。

文明不是对所有人都可传达的，很多野蛮部落都没有能力达到文明的程度。人类有两个大的分支，一支是文明人，另一支是野蛮人，并且，正如我们应该证明的一样，世界上每一个文明的民族都有一些文明的东西是来源于最早的时期的。正所谓"条条大路通罗马"，所有文明的线索都聚集到了一点——亚特兰蒂斯。文明人和野蛮人之间的鸿沟是绝对无法丈量的；它不仅象征着艺术和生活方式的差异，还象征着心理构成、才能和灵魂的倾向性的不同。文明种族的后裔在他们嬉戏的过程中创造了水车、马车和玉蜀黍的穗轴搭成的房子，野蛮人的后代则用弓箭自娱自乐，一个是建设和创造的种族，另一个则是野蛮和狩猎的民族。在历史发展的进程中，如果没有外在的影响，从来没有一个民族能够凭借它最初的力量逾越野蛮和文明的鸿沟。历史初期为野蛮人的人仍然是野蛮人：野蛮的奴隶们可能从他们的主人那里学到了一些技艺，被征服的民族也可能分享到了其征服者所拥有的一些有利条件，但是即使我们努力寻找野蛮人独立发展自身文明的例子，仍然是一无所获。我们可能会想起高卢人、哥特人和不列颠人，但是这些人并不是野蛮人，他们有书面语言、诗歌、修辞和历史，他们是为宗教信仰所支配的，他们信仰上帝和灵魂的不朽，以及死后的报应和惩罚。罗马人无论在什么地方接触到高卢人、不列颠人或日耳曼人的部落都会发现他们使用铁制的武器武装起来的。根据泰西塔斯的说法，苏格兰人在一场战役中用了两轮战车和铁制的剑。高卢的塞尔特人已经使用了铁头的矛和盔甲上衣，在公元前 222 年遭遇罗马军队的高卢人则装备了柔软的铁剑，恺撒征服他们的国家时也是一样。在高卢人中，人们愿意借出到下个世界才能得到偿还的款项。没有一个基督徒的诚信能达到如此高的境界；他们在耕作土地、建造房屋、修筑城墙、织布、使用有轮子的交通工具，他们几乎拥有我们的所有谷类和家畜，他们锻造铁、青铜和钢。高卢人甚至发明了一种有轮子的机器用以收割谷物，因此比我们早两千年享受到了收割机和除草剂的服务。恺撒统治下的罗马文明和斡斯陶隶克斯统治下的高卢文明的区别是程度上的而不是种类上的。罗马文明只是所有欧洲人民所拥有的文明的发展的尽善尽美，它也是来自共同的亚特兰蒂斯之源。

如果我们发现在大西洋两岸确实有相同的艺术、科学、宗教、信仰、习惯、风俗和传统的话，两块大陆的人民经过相同的过程，分别抵达了这两个大陆并且得到了相同的结果的说法是非常荒谬的。如果我们思考一下地中海国家文明的相似性，没有一个人会愚蠢到认为从罗马、希腊、埃及、亚速尔到腓尼基的每一个国家都是自发地、独立地发明了艺术、科学、习惯和一致的信念；我们只会去继续探索历史的线索或者他们彼此之间的联系。为什么一条在大西洋两岸流行的解释规则，应该与地中海两岸保持完整的规则不一样？如果在一种情况下，相同的起源已经毫无疑问地产生了相同的艺术、风俗和状态，为什么在另一种情况下，艺术、风俗和状态的相同就不能证实起源的同一呢?在这个由两种人构成的人类社会中，是否有任何这样的例子，即，在人们彼此既不了解也没有交往的情况下，碰巧会有同样的发明，而无论该发明是箭头还是蒸气机。如果人类在重新开始发明工作之前需要一个至少6000年的暂停期，并且吸收了亚特兰蒂斯留下的一系列最初的思想，三个或四个独立的国家以同样的速度进步并且最终达到同样的艺术和思想水平的可能性又有多少?所以这个理论是站不住脚的。

那么，如果我们确实发现大西洋两岸的文明从本质上是完全相同的，我们就已经证明了他们肯定是彼此继承，或者是来源于一个共同的源头。

我们会重蹈覆辙吗

狂热的黄金梦

16世纪末，在英国流传着一本一个探险家在对美洲探险之后写成的书。这本书名叫做《辽阔、富饶、美丽的圭亚那和大黄金城马

大理石宫殿遗迹

诺亚之发现》。在这本书里，作者描写了一个神奇诱人的黄金城——马诺亚。书中称："在马诺亚那个地方，有大理石和斑岩做的宫殿，宫殿里的东西都是用黄金做的：金的箱子，金的桌子，金的厨具和餐具，金的长矛和匕首，金的飞禽和走兽模型。那里还有珍珠山和黄金山、当地居民屋子里都堆满了财宝……"

1536 年，一个名叫贡萨洛的西班牙人率领着一支 900 人的探险队，从哥伦比亚出发，南下深入亚马孙河流域寻找黄金国，可是这支 900 人的探险队在三年的时间里几乎全军覆没，自然没有找到什么黄金之国。

1584 年，一个野心勃勃的西班牙殖民者贝里奥组织了一支探险队，深入圭亚那腹地去寻找黄金之国。他花费了将近四年时间寻找所谓的黄金城，结果一无所获。

从 16 世纪初叶直到 20 世纪初叶，为了寻找传说中的那个神秘的黄金国、黄金城，不知有多少人把财产、名誉，甚至性命都葬送了，但到头来都是竹篮打水一场空。

人们对黄金的狂热源于对财富的不切实际的占有欲，从亚特兰蒂斯到如今人类的第五个文明，美德无时无刻不在接受着利与义的考验。很多人为了财富，利益而丧失了道德，甚至为了追求利益不惜丢掉身家性命。社会风气日渐败坏，假如真的有上帝，那么如今的那些悲痛的自然灾害也许就是上帝用来惩罚无知的人类的吧。

历史剧变

随着时间的推移与人类的发展，对利益与财富的狂热不但发生在人类个体身上，国与国之间的关系也发生了巨大的转变。随着某些国家对外扩张野心的日益增长以及各国政治经济发展的不平衡，世界风起云涌，人类毁于自己亲手酿造的苦果。

1914 年 7 月底，第一次世界大战爆发，战争一直持续到 1918 年的 11 月。战争持续了 4 年零 3 个月，给社会造成了极大的损失与破坏，在这次战争中，参加国家多达 30 多个，约 15 亿人口，占当时世界人口的总数的 67%。按当时的美元计算，参战国直接经济损失高达 1805 亿美元，间接经济损失也达 1516 亿美元。战争主要发生在欧洲，有人估计，欧洲的工业生产水平至少倒退了 8 年。

战争给人类带来了重大损失，但是在第一次世界大战中，沙皇俄国、德意志帝国、奥匈帝国、奥斯曼土耳其帝国等四大帝国覆灭了。而巴尔干半岛与中东地区的民族国家则随之而起，如南斯拉夫、匈牙利及伊拉克等。

第一次世界大战结束后，帝国主义时代所固有的各种基本矛盾一个也未解决，而又增加了战胜国与战败国的矛盾以及帝国主义战胜国之间的矛盾。随着帝国主义国家间经济、政治和军事发展不平衡的加剧，军事实力发展较快的德、意、日三国要求重新划分世界势力范围，使帝国主义之间的矛盾进一步尖锐起来。

1939 年 9 月 1 日至 1945 年 9 月 2 日，以德国、意大利、日本法西斯轴心国(及芬兰、匈牙利、罗马尼亚等国）为一方，以反法西斯同盟和全世界反法西斯力量为另一方进行的第二次全球规模的战争。从欧洲到亚洲，从大西洋到太平洋，先后有 61 个国家和地区、20 亿以上的人口被卷入战争，作战区域面积 2200 万平方千米。据不完全统计，战争中军民共伤亡 9000 余万人，4 万多亿美元付诸流水。

第二次世界大战是历史上死伤人数最多的战争，大约有 7000 万人死亡。

其中苏联约为 2700 万死亡；中国约为 1800 万死亡；美国共有 42 万人死亡；英国共有 40 万人（包括军人和平民）死亡；法国有 80 万人（包括军人和平民）死亡，其中平民占到多数。另外还有至少 1.3 亿人受伤，合计伤亡 1.9 亿人（其中苏联约为 6000 万伤亡，中国约为 3500 万伤亡）。轴心国方面，德国有 2800 万人死伤；日本有 690 万人死伤；意大利有 70 万人死伤。

两次世界大战给社会带来的经济损失是无以计量的，给人们带来的伤痛是难以痊愈的，由于战争的演变与破坏，战后东欧部分国家的政体发生了彻底的改变。

战争造成了人员的伤亡与历史的倒退，战争所到之处，饥荒遍野，民不聊生，人类由于自己的贪欲与利欲熏心的道德败坏导致经济的萧条与衰败，最终导致了战争的发生，不知道这是否也是上帝对我们的惩罚呢？

■■
■ 惩罚中的觉醒

1.加尔维斯敦飓风——1900 年 9 月 8 日

19 世纪末，加尔维斯敦曾被誉为"德克萨斯的珠宝"，然而这一美誉在一场致命的飓风扫过后便不复存在。当时，熙熙攘攘的岛城是得克萨斯州最大的城市，以及棉花贸易的中枢要地。喜人的成绩滋生了民众的自满，小城的官员和所有的居民都因此疏于建造一个海堤，用以防波护城。终于，1900 年 9 月 8 日清晨，当 4 级飓风以 135 英里每小时的风速在加尔维斯敦登陆后，所有的建筑物均在 15 英尺高的海浪下毁于一旦，到当日下午，整个岛城都被淹没了，8000 多人丧生。尽管整个城市在日后得以重建，但是昔日繁华和当年"南部纽约城"的声名不再。

2.卡特里娜飓风——2006 年 8 月 29 日

当大西洋风暴吹过南佛罗里达州，风暴转为 1 级飓风。这场毁灭性的飓风袭击使美国损失惨重。当风速高达 125 英里每小时的卡特里娜飓风咆哮而过路易斯安那州沿岸时，暴风摧毁了庇护新奥尔良地区的防洪堤，使整个城市约 80% 的区域置于洪水之下。卡特里娜飓风中，至少 1836 人丧生，直接损失约 1250 亿美元。

3.沙尘暴——20 世纪 30 年代初

在 20 世纪 30 年代初以前，美国大平原是农场主的天堂。第一次世界大战促进了小麦需求的增长，刺激了居民对南部平原草地的开垦。然而，当经济作物代替了可以在夏季保持土地湿润的草和树木，大面积的农业耕作便使土地易于被侵蚀。长达 10 年的干旱气候使松散的表层土变成了沙尘，被风暴扬起向东吹去，一直遮暗了至到大西洋沿岸的天空。随着绝大部分区域的农作物被毁，三分之一的农场主不得不向政府求援，约 50 万美国居民无家可归。

4.旧金山火灾和地震——1906 年 4 月 18 日

一个春天的早晨，旧金山居民被为期不到一分钟的一次地震惊醒，然后接下来地震带来的一连串连锁反应使整个城市足足在大火中燃烧了四天。7.7 到 7.9 级的地震破坏了天然气总管和给水干管，前者引发了大火，后者则使消防部门只能利用有限的水资源进行救火抢险。在整个大火中，500多个城区被毁，3000人丧生，幸免于难的22.5万人无家可归。

5.奥基乔比飓风——1928年9月16日

当奥基乔比湖旁已经撤离的居民得知飓风并未按期到来时，许多人就返回了家园，以为他们不会遭到飓风的毒手。然而，不久后飓风于9月16日夜突然来临，风力高达140英里每小时。这场高强度的飓风带来的风暴摧毁了奥基乔比湖南端的一个小水坝，接下来数周的洪涝灾害导致了至少2500人丧生。

6.1980年的热浪——1980年夏

1980年的热浪是美国历史上最具灾难性的长期天灾。在高压脊作用下，美国中部和南部的气温在整个夏天几乎一直高达90华氏度。在6月至9月份期间，堪萨斯州只有几天气温降至90华氏度以下。得克萨斯州的达拉思和沃斯堡经历了69天的超高温天气，6月26和27日两天最高气温记录为117华氏度。干旱天气造成的农业损失约为480亿美元，1万人丧生。

7.1988年的热浪——1988年夏

1988年的热浪加剧了长达一年的干旱，摧毁了整个农业经济，造成了高达610多亿美元的农业经济损失。这个数字超过了美国大平原在4月至6月整整3个月中遭受暴雨的损失。久旱天气导致了当年夏天横扫黄石国家公园和美国总统山的一场野火，5千到1万人死于各种因酷热产生的健康并发症。

8.约翰城大水——1889年5月31日

19世纪末，宾夕法尼亚州的工业小区约翰城被誉为优质钢铁的生产地。然而，当位于离约翰城14英里远的山上、年久失修的南佛克大坝被倾盆大雨冲垮后，所有的工业进展全部毁于一旦。2千多万吨的洪水和碎片从大坝中奔涌而出，用近似尼亚加拉瀑布大小的力量冲毁了整个小城，1600个房屋被夷为平地，2209人丧生。

9.佩什蒂戈大火——1871年10月8日

这场大火与几乎成为美国灭顶之灾的芝加哥大火在同一天发生，不过名气小了许多。当时的佩什蒂戈城久旱不已，因此当一阵强大的风暴刮过一个着火的小牧场后，方圆一百多万英亩的林地就被

"噌"地点燃了。野火甚至跃过了佩什蒂戈河，将河两岸的城镇全部困在大火之中。等到这场地狱之火退去后，12个城镇全部被烧焦，约1200人丧生。

10.三州龙卷风——1925年3月18日

三州龙卷风是美国历史上最致命的一场龙卷风。它始于密苏里州的中心地带，迅速进入伊利诺斯州和印第安纳西南部。在这场龙卷风长达三个半小时的肆虐中，15000多幢房屋被摧毁，近700人丧生，其中613人来自伊利诺斯州。灾害过后，政府气象预报员开始采取措施研制一套龙卷风预警系统，以挽救居民生命。

——2010大自然的报复

2010年当地时间1月12日，海地发生7.3级大地震。

2010年2月7日，台湾花莲外海7日下午2时10分发生里氏6.3级地震，全台皆有震感。目前尚无灾情传出。

2010年2月27日凌晨3时34分，位于智利马乌莱地区外海，距智利城市康塞普西翁100公里处，发生8.8级强震。

2010年3月6日，澳大利亚墨尔本市下了一场暴风雨，带来罕见巨型冰雹。

2010年3月20日的风沙天气带给中国一场巨大的沙尘暴，来自内蒙古干旱地区的沙尘蔓延数千公里抵达中国东部和南方地区。甚至扬尘天气还影响至台湾和日本。

2010年3月25日由于季节性融雪，美国北达科他州红河水位近日暴涨，泛滥的支流河水导致大量农田和道路被洪水淹没。3月30日，美国马萨诸塞州的莱克维尔被洪水淹没。

2010年4月，墨西哥、印尼7级地震。

2010年4月7日巴西里约热内卢持续暴雨引发洪灾，山坡地区发生泥石流，在24小时累积的雨量多达278毫米，打破了1966年的历史最高纪录245毫米。

2010年4月9日18时51分在河北省唐山市丰南区发生4.1级地震，天津是余震。

2010年4月14日早晨7时49分，青海省玉树藏族自治州玉树县发生7.1级地震，震源深度33公里，属于浅源地震，震中位于县城附近。

2010 年 4 月 14 日凌晨 1 时(北京时间 9 时)，位于冰岛南部亚菲亚德拉冰盖的艾雅法拉火山开始喷发，喷发地点位于冰岛首都雷克雅未克以东 125 公里，岩浆融化冰盖引发洪水，火山喷出的火山灰还在大气层中扩散，导致冰岛、英国、德国、波兰等多国阴天。截至 16 日，西部欧洲多国航线已经中断。

2010 年 5 月 11 日，美国俄克拉荷马州斯劳特维尔，龙卷风对当地建筑房屋造成严重损坏。美国南部平原地区 10 日晚遭龙卷风袭击。

2010 年初至今中国西南大面积干旱，由最先的贵州现已渐渐扩散到云南、四川、广西等地。干旱情况还在持续。

仅仅是一年的时间，世界上就发生了这么多的天灾，每一次灾难发生时，或生灵涂炭，或哀鸿遍野。我们倾尽所有的力气去弥补伤害，却收效甚微。大自然已经在以实际行动为人类敲响了警钟，人类也已经意识到因为素质的降低导致环境遭到破坏，日积月累，日复一日，年复一年，它终于给我们带来了惨痛的教训。

行走于钢丝上的未来

回首亚特兰蒂斯，我们发现，历史行进到这里，自有其本身不可抗拒的因素，也有人为的因素。亚特兰蒂斯曾经是柏拉图心中的

史前脚印

神圣之地，更是现今人们无法触及的美好期盼。柏拉图深切崇拜着亚特兰蒂斯的文明，却又为它的毁灭而感到痛心。他希望自己的国家可以达到像亚特兰蒂斯那样的高度，同时又对存在的隐忧提出了告诫。

柏拉图设计理想国的根本出发点在于防治国家的纷争与混乱。他认为，人们之间的混乱都是由于财产、儿女与亲属的私有造成的。因此，柏拉图试图实行公有制以从经济和社会方面切断社会纷乱的根源，人们可以参与享受社会上的各种资源，从而保障全民的利益。

在柏拉图的观念里，认为正义在本质上追求的就是一种社会各阶级间的和谐相处，分工合作，互不干扰僭越。正义就存在于社会有机体各个部分间的和谐关系中，每个阶级的成员都专心致力于本阶级的工作，且不应干涉其他阶级成员的工作。社会成员的整体利益就是国家最大的正义。一个国家实现了正义，它就会朝着善的方向发展，因此，追求正义与和谐的最终目的就是寻求整个社会的和谐与幸福，进而保障所有人的权益，从这个角度看，社会保障的最高境界就是社会的和谐有序，每个人的利益得到平等且绝对的保障。

在《理想国》的论述中，柏拉图从多个角度涉及对公民权益进行保障的观点。柏拉图在辩论中表达了每个人无论财富的多少都有平等的就业权利的观点。只要有能力，所有人具有同等的竞争机会，即当代提倡的任人唯贤，这是对公民就业权益的最基本的保障。

同时，柏拉图也看到了社会中存在的人数最多的是一般的劳动者，他们凭借自己的能力而从事手艺工作——农夫种地，商人贸易，以此来保障自己的生活。

> 第三种人就是员双手劳作为生的人了，他们与政治无缘，多半是穷人。在民主政体的国家里，这个阶级的人数最多，他们联合起来的时候，力量也是最大。

此外，在柏拉图论述正义的过程中，认为失业的人很多会成为乞丐，还有的会去犯罪，成为造罪的渊源。这对国家一点好处都没有，因而主张要解决这些失业人口的就业和生活问题，以减少给社会带来的不安定因素。在社会如何对待孤儿的论述中，柏拉图表明："那些把财富看得高过一切的人，不具备处理好问题所需要的教养，要想看出这种人的恶行，只要看看他是怎样对待孤儿就行了，因为这时他可以毫无顾忌地为所欲为。"尽管柏拉图在这里是谈寡头政治，但是提到这些人管理社会是不会考虑到给孤儿、失业等这些具有特殊性的群体以更多关注的，而柏拉图主张当权者要善待孤儿，给予他们生存、生活上的保障。这在当时的社会中无疑是具有科学远见的思想。

> 这个国家最糟糕的地方莫过于造成庞大的失业群——人民在一个国家生活，而在这个国家里既没有他的位置，也没有他的职业。他们既不是商人、工人，也不是士兵，只是没有工作也没有钱的穷人。

从利的角度来看正义是否令人幸福，具有表面的意义而不具有实质的意义。表面的获得与灵魂层面的快乐差之甚远，因为柏拉图幸福观是抽象的。在柏拉图看来，灵魂分为三个部分，欲望、激情和理性。欲望这一部分的灵魂都集中"利"上，通常表现为爱财、爱利；激情这一部分灵魂争强好胜，追逐至高无上的荣誉；理性的灵魂追求知识和智慧。在三种灵魂中，柏拉图推崇的是理性部分。他提到："三种快乐中，灵魂中那个我们用以学习的部分的快乐是最真实的快乐，而这个部分在灵魂中占统治地位的那种人的生活也是最快乐的生活。柏拉图的理想世界是偏向于找寻超越现实的精神家园的，在他的理想国里，智慧和理性受到最高的礼遇。每个人追求到个人真实的快乐，才是最幸福的，而这个真实的快乐喻指灵魂在一种合理的调和平衡下的最佳状态，而正义的灵魂就是和谐的灵魂，和谐的灵魂是快乐的，内部的冲突只会导致不幸。因此，灵魂正义的人，是幸福的，从而正义是令人幸福的。

那些有财富、有权势、有激情的人都未必是幸福的，他们的灵魂导向他们的选择，爱利的将更爱利，追逐权力和荣誉的人在拥有的更多以后只会更贪婪……而这些最终是毁灭性的，其灵魂不是幸福，他们的所作所为也不正义，没有控制好灵魂导向的人得不到幸福和真正的快乐而无论他是平民的保护着还是富有的贵族统治者。而柏拉图认为理性不但主导一个和谐的灵魂，他更追求的是某种抽象的知识。

再来看我们所在的年代，生态破坏与道德沦丧已经成为一个较为严重的问题了，所有这一切的背后，隐藏着人们对绿色生态和道德下滑的无视。地球的伤疤可以治疗，却无法真正痊愈。

破坏生态平衡的因素有自然因素和人为因素。

自然因素包括水灾、旱灾、地震、台风、山崩、海啸等。由自然因素引起的生态平衡破坏，称为第一环境问题。

人为因素是生态平衡失调的主要原因。由人为因素引起的生态平衡破坏，称为第二环境问题。

人为因素造成的第二环境问题具体表现在以下三方面。

（1）使环境因素发生改变

人类的生产活动和生活活动产生大量的废气、废水、废物，不断排放到环境中，使环境质量恶化，产生近期或远期效应，使生态平衡失调或破坏。此外，是人类对自然资源不合理的利用，譬如盲目开荒、滥砍森林、草原超载等。

（2）使生物种类发生改变

在生态系统中，盲目增加一个物种，有可能使生态平衡遭受破坏。例如美国于 1929 年开凿的韦兰运河，把内陆水系与海洋沟通，导致八目鳗进入内陆水系，使鳟鱼年产量由 2000 万 kg 减至 5000kg，严重地破坏了水产资源。在一个生态系统中减少一个物种，也有可能使生态平衡遭受破坏。中国大陆 50 年代曾大量捕杀过麻雀，致使一些地区虫害严重。究其原因，就是由於害虫的天敌麻雀被捕杀，害虫失去了自然抑制因素。

（3）信息系统的破坏

生物与生物之间彼此靠信息联系，才能保持其集群性和正常的繁衍。人为向环境中施放某种物质，干扰或破坏了生物间的信息联系，就有可能使生态平衡失调或遭受破坏。例如自然界中有许多雌性昆虫靠分泌释放性外激素引诱同种雄性成虫前来交尾，如果人们向大气中排放的污染物能与之发生化学反应，则性外激素就失去了引诱雄虫的生理活性，结果势必影响昆虫交尾和繁殖，最后导致种群数量下降甚至消失厄尔尼诺现象和南极臭氧空洞。

现在地球上的生态灾难，可以说是愈演愈烈且毫无冷场，空间尺度之大横跨陆海空，时间尺度之大影响数十代。地球本身就是一个生命共同体，因果关联复杂得难以想像，生态灾难牵涉层面之广难以衡量。根据世界守望机构的统计，每年各种生态灾难所造成的生态难民高达1000万以上。以下让我们来看看分别在天空，陆地，海洋正在进行的全球性，区域性与地方性的生态灾难。

最引人注目的全球性生态灾难之一是天空的臭氧层破洞。臭氧层因人类活动的破坏变得愈来愈稀薄。臭氧层阻止辐射抵达地表，如果臭氧层继续消失，地球上的生命将不保。科学家指出，臭氧层变化只要达到1%，10年之内就可能导致几千万人罹患皮肤癌。2000年南极臭氧层破洞面积已达2830万平方公里，已经比三个美国还要大，而且扩展到南美洲南端的上空。北极上空也已经出现臭氧层破洞，将会影响西欧，东北亚及北美洲等稠密人口的地区。

再来看欧洲陆地一场人为蓄意制造的区域性生态灾难——莱茵河恐怖污染事件。

德国国家电视台ZDF揭开近年莱茵河生态灾难的祸首，即前苏联秘密特工的恐怖活动。1986年间，欧洲的大型化工厂，制药厂及其仓库接二连三发生爆炸，剧毒化学物质流入莱茵河，带给流经多国的莱茵河一场毁灭性灾难，死鱼堆积如山。甚至经过十余年后的今天，附近居民各种怪病的发病率远远高於其他地区。

在台湾海洋意外发生的地方性生态灾难——阿玛斯号漏油污染事件，阿玛斯号在恒春鹅銮鼻东方海域发生触礁搁浅海难，船上重油与柴油约有1100吨外泄而污染鹅銮鼻海域及海岸，在东北季风的吹袭下，垦丁国家公园的龙坑生态保护区首当其冲，珊瑚礁等生态资源遭到严重破坏，近二十年来，全球各地因船难油污而造成的生态灾难层出不穷，对生态、渔业、观光都造成了致命冲击。

制造生态灾难，不只是现代人的专利。在历史上，甚至史前时代，也可见到许多人为的生态灾难，中国汉代繁荣一时的楼兰古国因过度开发导致沙漠化而亡国，这是历史记载的人为生态灾难，科学杂志日前发表人类大量捕杀野生动物造成各大陆史前动物的大规模灭绝，这是史前时代的人为生态灾难。

生态灾难，可说是这世纪最普遍的灾难。那么，哪些是属于生态灾难呢？生态灾难(eco-disaster)是指特殊干扰事件引起的生态性结构损毁与功能丧失，进而造成对相关生命的伤害，冲击与灭亡等灾难，灾难幅度有大有小，大型生态灾难所涵盖的时空尺度大，伤害范围广，复原时间长。这些生态灾难是怎么来的呢？早期虽然这些人为生态灾难的类型各有不同，但是却有以下荒谬的相同之处，气候灾害增多、加剧，全球气候变暖，冰川消融，海平面相应升高，沿海低地受到海水淹没的威胁；大气成分发生不利于人的变化，二氧化碳增加，缓解紫外线辐射的臭氧层浓度降低，地球两极上空臭氧层出现空洞并在加大，还有多种有害于人类的成分也在增加。据 1997 年美国里奇国家实验室的报告，大气中二氧化碳的浓度，自工业革命以来已增长了 30%，甲烷增长了一倍，氮氧化物增长 15%。二氧化碳、甲烷、氮氧化物都是能产生温室效应的气体，其浓度的增加导致气温升高。

因此，生态灾难需要慎重管理，不仅要事后恢复，更是要事先预防。首先，国家需要生态安全的保障，因为许多生态灾难都是渐进形成的，这需要国家的监测与因应；其次，个人需要生活方式的调整，太多生态灾难都是无知制造的，这需要个人的警觉与认知。面临这么多的生态危机，所剩的时间不会太多，人类必须尽快在拯救和毁灭之间作个选择。

目前，中国国土上的荒漠化土地已占国土陆地总面积的 27.3%，而且，荒漠化面积还以每年 2460 平方公里的速度增长。中国每年遭受的强沙尘暴天气由 50 年代的 5 次增加到了 90 年代的 23 次。土地沙化造成了内蒙古一些地区的居民被迫迁移他乡。

1972 年黄河发生第一次断流，1985 年后年年断流，1997 年断流天数达 227 天。有关专家经调查推测：未来 15 年内中国将持续干旱。而长江流域的水灾发生频率却明显增加，500 多年来，长江流域共发生的大洪水为 53 次，但近 50 年来，每三年就出现一次大涝，1998 年的大洪水造成了巨大的经济损失。

　　1986年4月26日，世界上最严重的核事故在苏联切尔诺贝利核电站发生。乌克兰基辅市以北130公里的切尔诺贝利核电站的灾难性大火造成的放射性物质泄漏，污染了欧洲的大部分地区，国际社会广泛批评了苏联对核事故消息的封锁和应急反应的迟缓。在瑞典境内发现放射物质含量过高后，该事故才被曝光于天下。

　　切尔诺贝利核电站是前苏联最大的核电站，共有4台机组。4月，在按计划对第4机组进行停机检查时，由于电站人员多次违反操作规程，导致反应堆能量增加。26日凌晨，反应堆熔化燃烧，引起爆炸，冲破保护壳，厂房起火，放射性物质源源泄出。用水和化学剂灭火，瞬间即被蒸发，消防员的靴子陷没在熔化的沥青中。1、2、3号机组暂停运转，电站周围30公里宣布为危险区，撤走居民。事故发生时当场死2人，遭辐射受伤204人。5月8日，反应堆停止燃烧，温度

废弃的核反应堆

仍达300℃；当地辐射强度最高为每小时15毫伦琴，基辅市为0.2毫伦琴，而正常值允许量是0.01毫伦琴。瑞典检测到放射性尘埃，超过正常数的100倍。西方各国赶忙从基辅地区撤出各自的侨民和游客，拒绝接受白俄罗斯和乌克兰的进口食品。原苏联官方4个月后公布，共死亡31人，主要是抢险人员，其中包括一名少将；得放射病的203人；从危险区撤出13.5万人。1992年乌克兰官方公布，已有7000多

柏拉图塑像

人死亡于本事故的核污染。

5月9日，国际原子能机构总干事布利克斯应苏联政府邀请，乘直升飞机从800米高空察看核电站的情况，他认为这是迄今为止世界上最严重的一次核事故。

灾后两年之中，26万人参加了事故处理，为4号核反应堆浇了一层层混凝土，当成"棺材"埋葬起来。清洗了2100万平方米"脏土"，为核电站职工另建了斯拉乌捷奇新城，为撤离的居民另建2.1万幢住宅。这一切，包括发电减少的损失，共达80亿卢布(约合120亿美元)。乌克兰政府已作出永远关闭该电站的决定。

白俄罗斯共和国损失了20%的农业用地，220万人居住的土地遭到污染，成百个村镇人去屋空。乌克兰被遗弃的禁区成了盗贼的乐园和野马的天堂，所有珍贵物品均被盗走，也因此将污染扩散到区外。近核电站7公里内的松树、云杉凋萎，1000公顷森林逐渐死亡。30公里以外的"安全区"也不安全，癌症患者、儿童甲状腺患者和畸形家畜急剧增加；即使80公里外的集体农庄，20%的小猪生下来也发现眼睛不正常。上述怪症都被称为"切尔诺贝利综合症"。

土地、水源被严重污染，成千上万的人被迫离开家园。切尔诺贝利成了荒凉的不毛之地。10年后，放射性仍在继续危胁着白俄罗斯、乌克兰和俄罗斯约800万人的生命和健康。专家说，切尔诺贝利事故的后果将延续一百年。

享受利益的与负担损害的总是不同的一群，搞破坏的与搞拯救的也是不同的一群，代罪羔羊总是在历史重演，经济系统的不完善总是以牺牲生态为代价，不仅转嫁环境成本给人民，还要国家动用人民纳税来补贴处理，造成贫富更加悬殊，许多发展中国家因此收成了许多沉重的生态灾难,例如干旱、洪水、土石流与沙尘暴等等。有了这么多的案例与教训,我人民对生态的无知,冷漠与傲慢,所酿成的生态灾难不仅摧毁自然,甚至毁灭自己。

再来说说道德方面。

如今的社会,是一个利益化时代的产物,我们甚至无法相信自己"眼睛"看到的东西,太多的人为了利益而轻视一切,失去自己的道德底线。

社会上水货、假货、冒牌货层出不穷;贪污腐败的现象日趋严重;物价几乎每年都要上涨;一些本很廉正的人也变成不廉正起来;公平合理越来越难做到……

国家是由人组成,个体成员与国家之间的关系微妙而互相作用,一个道德沦丧的国家很难有道德高尚的公民,一群道德沦丧的公民也很难组成一个高尚的国家。

不论是战火纷飞的年代,还是冷战对抗时期,少数不可一世的国家出于种种不可告人的目的曾进行过一些泯灭人性的所谓"科学"实验。它们往往以邻为壑,肆无忌惮地将弱小邻国的土地甚至这些国家的人体作为实验室和试验品,给这些国家带来了深重的灾难。

有些实验的真实详情数十年后才得以真相大白,有些直至当下仍不能还原历史。但是这些实验的毁灭性后果却长久而深深地折磨甚至威胁着这些国家的人民。

健康是人类生存最基本的诉求之一,除力免战火外,从现在起,国际社会也应努力杜绝某些国家打着科学的幌子从事不人道、泯灭人性的所谓"科学"实验。

冷战时期,美国用危地马拉囚犯做性病实验,导致1300多人感染。1946年至1948年间,卡特勒在危地马拉的监狱里展开了一项秘密人体实验,美国医疗人员在受害者不知情或者未经受害者允许的情况下故意让当地人感染上淋病和梅毒。实验对象随后接受青霉素治疗,以测试青霉素是否能治愈或预防梅毒。两年多的实验过程中,1300多名危地马拉人染上淋病和梅毒等性病。美国实验人员有时让囚犯、妓女或精神病患者喝下含有性病病毒的蒸馏水;有时为了让一些妇女感染性病,拿带有病毒的注射器划破她们的口、脸和手臂……截至 1953 年底，共有 83 名实验对象死亡。尽管对梅毒等性传病的研究是当时一项重要科学目标，但没有任何理由通过上述方式进行，这是一种违背人性的犯罪。

美国不但在国外进行这样的惨绝人寰的实验，类似于这样的事情，在国内也频频上演。

20 世纪 40 至 60 年代，美国政府曾打着"研究治疗方法和研发新型药物"的旗号，对国内的囚犯和疾病患者进行了"高达 40 多次"人体实验，包括让精神病患者感染肝炎病毒、让囚犯感染流感病毒以及向慢性病患者注射癌细胞等。更令人愤慨的是，一些实验仅仅出于研究人员的好奇，根本没有任何成果可言。

事实上，在美国开展人体实验早已不是什么新闻。从 1932 年开始，美国卫生部门官员在亚拉巴马州征召了大约 600 名黑人，秘密开展梅毒对人体危害的研究。在长达 40 年的时间里，这些被无辜剥夺了健康乃至生命的受害者和他们的亲属竟然一直被蒙在鼓里。

冷战时期，苏联曾经在哈萨克斯坦做秘密核试验而导致 100 万人受害。

塞米巴拉金斯克核试验场曾是原苏联最主要的核试验场，也是世界最大的核试验场。该试验场方圆 1.85 万平方公里，位于哈东北部地区。在 1949 年至 1989 年期间，苏联在此共进行了大约 500 次公开和秘密核试验，约占其核试验总数的 64%。

六十年以前，苏联在其位于哈萨克斯坦东北部草原地区的测试场成功地引爆了他的第一颗核弹，这颗核弹名为"第一闪电"。

军方进行核试验时并未对当地居民进行有效的防护。早期的核污染导致牲畜幼仔畸形，但该现象一直未引起苏联当局足够的重视，以致官方将试验场附近地区癌症发病率提高和畸形儿数量增加归结为生活水平低下。到目前为止，核污染仍是最让当地人心痛的话题。

在这个名为塞米巴拉丁斯克的核武器测试场长达 40 年的历史上，大约有 456 颗核弹在这里引爆。居住在测试场周围的居民对此一无所知，但是他们却有意无意地被暴露在核弹爆炸后所留下的恶果中。

核弹的放射性物质慢慢地侵蚀了哈萨克斯坦整整三代人的健康，

受到核爆炸影响的人总数估计超过 100 万，核爆炸所带来的健康问题种类多种多样，从甲状腺疾病、癌症、出生缺陷、畸形、心血管疾病等各不相同。当地人的平均寿命比哈萨克斯坦国整体的平均寿命还要少 7 年。

二战期间，日本 731 部队拿 6000 多中国人做细菌实验。侵华日军 731 部队是日本军国主义最高统治者下令组建的细菌战秘密部队，是人类历史上最大规模、最灭绝人性的细菌战研究中心。他们利用健康活人进行细菌战和毒气战等实验，与奥斯维辛集中营和南京大屠杀同样骇人听闻。

731 部队 1932 年在中国哈尔滨设立研究中心。这支部队拥有 3000 多名细菌专家和研究人员，分工负责实验和生产细菌武器，残忍地对各国抗日志士和中国平民的健康人体用鼠疫、伤寒、霍乱、炭疽等细菌和毒气进行活人实验和惨无人道的活体解剖，先后有一万多名中、苏、朝、蒙战俘和健康平民惨死在这里。到 1943 年末，侵华日军几乎每个师团都配有防疫给水部队，以防疫给水为名进行各种人体实验活动。

受害者被日本侵略者称作"马路大"，所谓"马路大"意思是"圆木"，是 731 部队对那些接受人体实验的受害者的污辱性称呼。在这支世界上规模最大的细菌战部队的特设监狱里，他们一律无名无姓而只有编号，像动物一样被强制接受各种细菌或毒气的折磨，或被活活冻死，最终毁尸灭迹，无一生还。

二战结束前，日军为消灭罪证炸毁了 731 细菌战实验基地的大部分设施，并将实验资料移交美军，后被用于朝鲜和越南战场，对战后西方细菌战研究产生了重大影响。731 部队的大部分战犯至今未能受到应有的审判。

二战期间，德国"改良人种"实验造成 40 万人死亡。

"希特勒婴儿"是第二次世界大战时期德国纳粹秘密计划的受害者。当时，德国纳粹为实现雅利安人对世界的统治，在残忍屠杀数百万犹太人和被纳粹归为"劣等"族群的同时，还炮制了一个名为"生命之源"的秘密计划。

秘密计划由党卫军头目海因里希·希姆莱牵头，目的是在全欧范围制造"优等"雅利安人。纳粹在欧洲建立特殊产房，符合种族标准的女性可以在此生产金发碧眼的未来精英。其中约 60% 产妇为未婚妇女。纳粹利用当时社会不接受未婚先孕的现实，将新生儿从母亲手中夺走，送到纳粹党徒家中抚养。

以 1940 年为例。纳粹占领德国周边一些国家后，鼓励士兵在当地寻找雅利安血统的妇女，并在这些国家建立 10 所特殊产房。最后约有 8000 名婴儿出生。

两年后，即 1942 年，纳粹开始在这些国家仔细挑选具有雅利安人特征、金发碧眼儿童，并把他们强行带回德国，接受纳粹教育，使之"德国化"。

为掩盖事实，纳粹在二战结束前销毁"生命之源"计划的许多文件。欧洲到底有多少"希特勒婴儿"至今仍是未知数。据估计，仅在德国一地，这一数字就在 5500 人以上。

许多人不肯公开自己的身份。纳粹的秘密计划造成"希特勒婴儿"被迫与亲生父母分离，遭受许多创伤。由于许多"希特勒婴儿"在纳粹党徒家中长大，或父亲就是党卫军成员，他们有很强的负罪感，除遭到社会歧视与遗忘外，许多"希特勒婴儿"从小接受纳粹教条"洗脑"，因而受教育程度不高、情感不健全。在挪威，不少"希特勒婴儿"仍在通过法庭争取他们在战后遭受耻辱与忽视的赔偿。

现如今的"彭宇"事件更是为我们人类的道德沦丧涂上了厚重的一抹黑色。

2006 年 11 月 20 日上午，南京市民徐寿兰女士在某公交车站等车，据其称被正在下车的市民彭宇撞倒，而彭宇则称下车时候见老人摔倒，所以扶至旁边，并且在其亲属到来以后一起送该老人到医院，其中还垫付了 200 元的医药费。当好心的彭宇离开以后，却被告知要赔偿医药费用。2007 年 1 月 4 日，徐老太将彭宇告上了法庭，9 月 3 日，判决的结果是彭宇应该赔偿 40% 的损失费计 45876.36 元。判决结果引起极大争议。

"徐老太"的判决生效不久，无独有偶，9 月 19 日 8 时 43 分，在重庆南坪，一位约 80 岁的老翁也摔倒在地，手足抽搐，无人敢扶，不少人提醒：不要扶，扶了要遭殃。老人脸朝下倒在人行过道上，一根拐杖丢弃在一边，旁边是七八个围观者犹豫的脚。

不是人心太冷漠，不是我们道德丧失，不是我们不想学雷锋，而是有前车之鉴，不敢学雷锋了。大家想一下，连法官都说，"扶不起，那得冒倾家荡产的危险"，我们学雷锋的积极性还能剩几分？其实我们都想学雷锋，担心的是官司上身。

有律师说，在扶老人前先拍照摄像或者让倒地者签字，录下声音留下证据，想想多么滑天下之大稽，在有些危急的时刻，老人的健康与生命危在旦夕，难道我们的拍照摄像录音签字设备就那么恰好是给倒地的人准备的吗？

还有人说，在扶起摔倒的老人之前，最好找几个路人作为见证，然后一起将老人送往医院，让医院也做个见证。

当学雷锋到了这么麻烦的地步，到了必须有很多琐屑的、程序化的东西做铺垫的时候，还有几个人愿意出面出头救人呢？

如果我们所有人在做好事之前，首先想到的是那么复杂的一系列担心灾祸上身的问题，那我们的社会就无可救药，诚信不在了。

2010年12月29日，福州六一北路与湖东路交叉路口附近，一

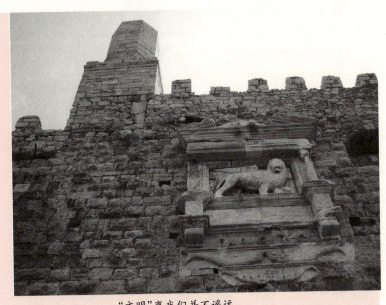

"文明"离我们并不遥远

位八旬老依伯摔倒在人行道上。围观的五六人，没人出手。就在两名女子试图将其搀扶起来时，旁人的一句"善意提醒"，又让她们缩回了手。老人孤独地躺在冰冷的马路上，直到生命的终结。

一桩桩惨痛的事件、一幕幕令人心酸的往事，构成了这个低道德社会的基本形态。自然灾害、地震洪水、细菌实验、"彭宇"案件会不会在未来再次出现，没有人知道答案，在沉重的思考之后，人类会否在自我反省之后重建和谐社会？答案永远是一个谜。

也许我们能够做的就是将美德之衣再次穿在身上，用心凝望曾经的亚特兰蒂斯——那一座屹立巅峰的千年之城。让我们行走于钢丝之上的未来不再那么令人担忧，也许，一个踉跄，便会跌下万丈深渊，从此没有轮回。